El monstruo y el asesino en serie

Ciencias humanas y sociales
Psicología

Biografías

Vicente Garrido es doctor en Psicología y Graduado en Criminología, así como uno de los pioneros y de las autoridades más reconocidas en el ámbito de la criminología violenta. Su interés profesional ha oscilado entre dos polos: por una parte, desarrollar programas de prevención de conductas antisociales en niños y jóvenes; por otra, llegar a comprender y tratar a los agresores más implacables y sistemáticos, incluyendo agresores sexuales y delincuentes psicópatas. Impulsor de la psicología criminal y de la pedagogía correccional, es autor de un importante trabajo científico y de divulgación en el ámbito de la criminología y la readaptación de los delincuentes. Ha sido consultor de Naciones Unidas para la prevención de la delincuencia en Latinoamérica, y un firme impulsor de los programas para tratar a jóvenes y adultos sobre quienes ha publicado numerosos artículos y libros, entre los cuales figuran *El rastro del asesino*, *Cara a cara con el Psicópata*, *Los hijos tiranos* y *Perfiles criminales*.

Virgilio Latorre es doctor en Derecho. Compagina el trabajo de profesor en la Universidad de Valencia con el de abogado. Ha escrito diversos artículos y libros, entre los que destacan *Anatomía de un asesinato* y *El silencio de los corderos: una exploración del mal*.

Vicente Garrido y Virgilio Latorre

El monstruo y el asesino en serie

De Frankenstein a Hannibal Lecter

Ariel

Obra editada en colaboración con Editorial Planeta – España

© 2023, Vicente Garrido Genovés y Virgilio Latorre Latorre

Iconografía: DAU/Grupo Planeta

Derechos exclusivos de edición en español:
© 2023, Editorial Planeta, S. A. – Barcelona, España

Derechos reservados

© 2025, Ediciones Culturales Paidós, S.A. de C.V.
Bajo el sello editorial PAIDÓS M.R.
Avenida Presidente Masarik núm. 111,
Piso 2, Polanco V Sección, Miguel Hidalgo
C.P. 11560, Ciudad de México
www.planetadelibros.com.mx
www.paidos.com.mx

Primera edición impresa en España: octubre de 2023
ISBN: 978-84-344-3674-9

Primera edición impresa en México en Booket: febrero de 2025
ISBN: 978-607-569-930-1

Impreso en los talleres de Corporación en Servicios
Integrales de Asesoría Profesional, S.A. de C.V.
Calle E # 6, Parque Industrial
Puebla 2000, C.P. 72225, Puebla, Pue.
Impreso y hecho en México   */ Printed in Mexico*

Índice

Introducción

El término «asesino en serie» ha llegado a constituir una marca registrada para denotar la maldad, una fábula reconocida en todo el mundo para representar la oscuridad inhumana disfrazada de forma humana que aparece de la nada, una fuerza que aterroriza a la humanidad hasta que esta logra destruirla.

SARAH MARSHALL, escritora y crítica cultural

La maldad ha sido objeto de innumerables teorías y debates en Filosofía y Teología durante siglos, a diferencia de las ciencias sociales y médicas, que han desechado este concepto con el argumento de que estaba fuera de los límites de la ciencia. Sin embargo, durante el siglo XIX alcanzaron notoriedad una serie de criminales que parecían actuar de modo incomprensible, sin que sirvieran para explicar sus delitos, los vicios y debilidades característicos del ser humano como los celos, la avaricia o la venganza.

Del mismo modo, tampoco les eran aplicables los tradicionales diagnósticos asociados con la locura puesto que, a diferencia de los locos homicidas, aquellos conservaban la capacidad de raciocinio, pues no presentaban síntomas de delirio, su percepción y contacto con la realidad no estaban alterados por alucinaciones visuales o auditivas, que son las más características de lo que hoy en día llamaríamos trastornos mentales graves o psicosis.

La razón de esa notoriedad no era su novedad. La historia nos ha dejado claras pruebas de que siempre ha existido ese tipo de criminales. Las causas habría que encontrarlas en lo que sucedió durante el siglo XIX y, aunque es mucho lo que podríamos señalar de esta época, para los propósitos de esta obra nos ceñiremos a tres hechos fundamentalmente. El primero es que el desarrollo industrial trajo consigo profundos y masivos desplazamientos de migrantes desde el campo a las ciudades, lo que creó hábitats propicios para el desarrollo de múltiples problemas sociales y sanitarios, entre los que estaban la delincuencia y el crimen en sus formas más graves. Los estrechos vínculos del mundo rural ya no funcionaban, la prioridad era la supervivencia en barrios degradados que acogían a los obreros de las fábricas. Las oportunidades para *los depredadores humanos* aumentaron de forma significativa, también debemos de añadir la falta de una policía preparada (y una metodología de investigación adecuada), que tuvo que esperar hasta bien entrado el siglo XIX para constituirse en una fuerza profesional eficaz.

El segundo hecho se relaciona con el importante desarrollo que alcanzaron disciplinas interesadas en estudiar al hombre, tales como la Medicina psiquiátrica y forense, la Antropología, la Sociología y la Psicología. Los que cultivaban estas ciencias, en la medida en que se interesaban por estudiar el crimen, se referían a sí mismos como criminólogos y en este libro utilizaremos el término Criminología para incluir los conocimientos relacionados con este campo, con independencia de que sus disciplinas de origen fueran unas u otras, salvo que sea pertinente precisarlo. Todo esto tiene sentido: en la medida en que aumentaba el delito en las ciudades, era lógico que el Estado no solo impulsara la policía, sino también las ciencias que podían ayudar a entender sus orígenes, así como controlarlo.

El tercer elemento a destacar es la aparición de una opinión pública a la que informar diariamente y con celeridad. La gente quería saber lo que pasaba y en este siglo, sobre todo en su tramo final, ya se dispuso de máquinas que podían imprimir velozmente periódicos, panfletos y otros formatos de lectura, que llegaban con celeridad a cualquier esquina de la ciudad. Esto significó que ciertos crímenes «monstruosos» e «incomprensibles» alcanzaran una repercusión extraordinaria, lo que antes no sucedía.

El resultado de estas tres circunstancias es evidente. Debido a que la sociedad había cambiado profundamente (cientos de miles de personas viviendo hacinadas en condiciones laborales de miseria y explotación), ahora el número de personas que *parecían estar locas —por sus crímenes inmotivados— pero sin estarlo*, realmente se había incrementado de forma notable. Estos casos empezaron a ser muy publicitados y era normal que la gente quisiera saber qué tipo de criminales eran y cómo se les podía neutralizar. Finalmente, *alienistas* —el término para los psiquiatras de la época— primero y criminólogos después reclamaron para sus especialidades hacerse cargo de sujetos tan extraños, porque el siglo XIX fue también el vivero del desarrollo científico que posibilitará la especialización profesional en todas las ramas de la ciencia, un proceso que continuará durante el siglo XX. Como consecuencia, los jueces tuvieron que dejar paso a los testigos expertos en estas ciencias, porque las categorías tradicionales donde ubicar a los acusados («cuerdo», «loco») no parecían ser aplicables a estos individuos. Los alienistas y forenses aceptaron como misión probar de algún modo que sus clientes, aunque no eran locos convencionales, sí que habían sufrido —al menos en el momento de cometer el crimen— los efectos de una aberración mental que había afectado sobre todo a su voluntad. Era una lucha para que se rebajara su pena o se les considerara enajenados mentales, cuyo destino debía ser entonces el manicomio y no la cárcel.

Así es como lo que hoy llamamos *psicopatía* empezó a forjarse como categoría médica y criminológica. Solo que los primeros alienistas en estudiarla acuñaron diferentes términos para designarla, entre los que acabó prosperando el diagnóstico de «locura moral» (*moral insanity*), donde lo más definitorio era la *actividad criminal incontrolable e incomprensible* a cargo de sujetos que no estaban locos al modo tradicional, *pero que no eran normales*, porque moralmente eran imbéciles o incapaces. Entonces, por esta puerta, el Mal entró en el mundo de las ciencias criminológicas: los locos morales eran los que, sin causa comprensible, cometían actos atroces (malvados) que repugnaban a la sensibilidad humana. En muchos de ellos —lo que aumentaba su sensacionalismo— había además actos sexuales violentos que los individuos acusados de tales crímenes tenían que reconocer, si querían que sus abogados pudieran esgrimir algún tipo de atenuante por enajenación mental.

La parte I de esta obra se ocupa de poner al lector en contexto de cuáles fueron los caminos que emprendieron los criminólogos del siglo XIX para definir y diagnosticar al psicópata. Por tanto, tenemos en el siglo XIX psicópatas criminales y a finales del siglo XX aparecerán los llamados asesinos seriales. Como es lógico, las noticias de esos casos no solo interesaron al público y a los criminólogos, sino también a los artistas de la narración, a los escritores. Estos no podían dejar pasar este *crimen antinatural*, especialmente porque estaban inmersos, como artistas, en el movimiento gótico, que había aparecido a finales del siglo XVIII, y una constante de ese movimiento era su interés por lo siniestro, lo oculto, el crimen y la muerte. Justamente, como dice Marie Léger-St-Jean, en este campo, «[...] la amenaza definitiva de la que trata el gótico es la existencia de *un mal incontrolable*, que invade nuestro mundo desde el exterior —como entidad supernatural— o desde el interior —como entidad humana—». Pero no solo es un mal incontrolable, sino que en la mirada gótica además se percibe como *misterioso o incomprensible* ante el sentido común y la ciencia. Precisamente ante ese mal monstruoso —incontrolable y misterioso—, un puñado de escritores extraordinarios, todos del Reino Unido (porque este era el gran imperio dominante en el mundo), por diferentes razones, empezaron a pensar en tramas cuyo elemento esencial era un personaje que cometía crímenes atroces por razones extraordinarias, un mal que resultaba *incontrolable* mientras el personaje siguiera con vida.

En este libro hemos seleccionado un canon de cuatro novelas que tienen el común denominador de iluminar el origen y características de esa maldad incontrolable. *Frankenstein o el moderno Prometeo, El extraño caso del Dr. Jekyll y Mr. Hyde, El retrato de Dorian Gray y Drácula.* Estas novelas dieron cuerpo y aportaron ideas innovadoras a la investigación científica sobre el psicópata (loco moral) en décadas posteriores, así como acerca del asesino serial.

La parte II está dedicada a realizar un análisis de estas obras, poniendo el acento en sus contribuciones para la formación de la categoría científica y popular del psicópata y el asesino serial, al tiempo que discreparon de modo profundo y denunciaron las teorías criminológicas existentes para explicar su naturaleza y los actos atroces que se le atribuían.

Ahora bien, estos monstruos atacaron a una o pocas personas, como hacen los psicópatas y asesinos seriales en general (aunque algunos tienen cifras de dos dígitos). Otras dos novelas que cierran el siglo gótico representaron al psicópata criminal de masas, porque fueron capaces de unir la psicopatía con el ejercicio de poder, en detrimento de la vida de mucha gente. Se trata de *El corazón de las tinieblas,* de Joseph Conrad, y *La isla del Dr. Moreau,* de H. G. Wells. Estas obras visionarias ofrecen unas claves psicológicas de enorme calado en la interpretación de los crímenes de guerra, genocidio y asesinatos de masas, que desafortunadamente serán compañía habitual del siglo al que ambas alumbran. A ellas se dedica la parte III.

La parte IV cambia totalmente de registro. Dejamos el gótico del siglo anterior y entramos en la novela negra del siglo xx. La Segunda Guerra Mundial ha mostrado lo que el hombre es capaz de hacer y, aunque se va a iniciar el periodo de mayor prosperidad económica y social de Occidente, no todo lo que se espera va a ser bueno, o al menos así lo vieron Patricia Highsmith y Jim Thompson que, en sus respectivas novelas, *El talento de Mr. Ripley* y *El asesino dentro de mí,* transformaron en clave policíaca a los monstruos que habían descrito los escritores góticos, trasladándoles a Estados Unidos, que había sustituido al Reino Unido en su papel de país hegemónico. Del mismo modo, estas novelas responden también a un contexto criminológico distinto: los psicópatas ya no eran seres atávicos o degenerados. Durante el medio siglo transcurrido, se había quedado en el desván de la ciencia el paradigma del criminal atávico de Cesare Lombroso, y se había avanzado en la comprensión del psicópata, pero hubo mucho desconcierto acerca del sentido real de este término hasta que, en 1941, el psiquiatra norteamericano Hervey Cleckley fijó el paradigma, que continúa hasta la actualidad con su obra *The Mask of Sanity* [La máscara de la cordura].

Highsmith había leído muchas obras sobre psiquiatría, al igual que Thompson. El resultado es que ambas novelas retratan a dos psicópatas, cada uno en un perfil diferente, y en una fecha tan temprana como es inicios y mediados de los años cincuenta, asentaron las bases para el psicópata criminal y el asesino en serie de la modernidad tardía. Para que el lector comprenda en qué medida fueron visionarios estos dos maestros del género negro, hemos incluido en esta parte un capítulo donde exponemos la figura del psicópata en la investigación que precedió y siguió en los años posteriores a estas dos obras.

Finalmente, la parte V se ocupa de manera concreta de presentar la figura del asesino en serie en la modernidad tardía, y para ello en esta ocasión nos serviremos menos de la literatura (*El silencio de los corderos*, de Thomas Harris) y más del cine (la película rodada en 1991 del mismo título, basada en la obra de Harris) porque es innegable que, a diferencia del siglo XIX donde dominaba la novela, el siglo XX tuvo en este arte el principal medio de entretenimiento y de construcción de relatos culturales del mundo. Sin el cine no se puede entender la imagen colectiva actual del psicópata criminal y del asesino serial. Todo empezó con *Psicosis*, en varios sentidos: como obra maestra del cine, como expresión del horror en estado puro, como relato que influirá sobre la percepción que tendrá el público de este tipo de asesinos; pero también como heraldo de la época donde iban a aparecer multitud de *serial killers*, en Estados Unidos principalmente, pero con reflejo también en todo el mundo.

La visión que dio a la sociedad la obra de Alfred Hitchcock acerca del asesino serial fue dominante hasta la llegada a las librerías de Hannibal Lecter en *El silencio de los corderos* (1988)

14

y, sobre todo, al cine (1991), ya que fue una película alabada por la crítica y adorada por el público, que se hizo enormemente popular. Lecter no es Norman Bates, es mucho más sociable, inteligente, rico y cosmopolita. Lecter es el asesino de un tiempo en que los peores cazadores humanos alcanzaron (y todavía sucede) el estatus de celebridades. Pero la diferencia esencial es que Norman Bates es un asesino *psicótico*, y durante muchos años esa era la imagen que tenía el público de este tipo de criminal (*un loco homicida*), mientras que Lecter es claramente un *psicópata* y, a pesar de ser un caníbal superdotado, representó ante el público la imagen que Ted Bundy y Jeffrey Dahmer habían interpretado en la vida real. En ambos tipos de asesinos, vemos huellas de Jekyll y Hyde y de Drácula. El maridaje entre ciencia y arte (literatura y cine) continuó también durante el siglo XX y prosigue en la actualidad (la serie *Dexter*), aunque más en las innumerables horas de televisión que han propiciado las plataformas de *streaming*, que en las oscuras salas cinematográficas.

La tesis que exponemos en este libro es que un número reducido de grandes literatos del siglo XIX pertenecientes al ámbito gótico (fundamentalmente) y, en menor medida, del siglo XX, ayudaron a forjar con el genio de sus creaciones la figura del psicópata criminal y del asesino en serie, toda vez que estas aportaciones penetraron en el imaginario cultural y, desde allí, «rebotaron» e influyeron en el desarrollo de los estudios científicos de la psicopatía, incluso en la práctica de la investigación criminal. A su vez, los escritores que analizamos en esta obra se caracterizaron, entre otras cosas, por seguir de cerca los conocimientos psiquiátricos y psicológicos que iban alumbrando diferentes teorías y aspectos del hecho criminal. Todo ello en su conjunto conformó *una alianza implícita y no reconocida* entre científicos y escritores en el ofrecimiento de visiones y descripciones del psicópata criminal. Ahora bien, la alianza mencionada no significó que las corrientes científicas y literarias estuvieran siempre de acuerdo. Bien al contrario, en muchas ocasiones la literatura discrepó profundamente del modelo científico de su época, algo que, a nuestro juicio, permitió un avance muy importante en el estudio de la psicopatía a partir, sobre todo, de la segunda mitad del siglo xx.

¿Qué fue lo que aportaron los literatos? En suma, su contribución se centró en tres aspectos: el desarrollo del concepto del doble, sombra o «lado oscuro», donde se guardan fantasías inconscientes e inconfesables (aunque no solo); el análisis del fracaso del desarrollo pleno de la identidad humana (identidad fracasada, pero también «no identidad») y finalmente, la explicación de la maldad humana como forma de generar un relato compensatorio de esa identidad malformada, mediante actos que buscan la sensación de dominio y poder, concretados en *actos monstruosos*. Como corolario, concluimos que el psicópata criminal y el asesino en serie sustituyeron al viejo concepto de «monstruo» a partir de los años posteriores a la Segunda Guerra Mundial, en buena medida debido a la influencia de las obras literarias que analizamos (y a su posterior difusión gracias a incontables adaptaciones en el arte cinematográfico y visual). De lo anterior se sigue, a modo de conclusión, que los escritores góticos desplazaron la monstruosidad desde el exterior (el aspecto físico) al interior del sujeto (su psicología o mente) y, por consiguiente, potencialmente cualquiera podía ser un monstruo. Por ello mismo, no existe *una naturaleza monstruosa a priori*, sino que son los actos monstruosos los que, *a posteriori*, pueden llegar a definir a alguien como «monstruo».

Parte I

LA CIENCIA Y EL MONSTRUO

En busca del monstruo

En su obra de 1927, *Estructura y dinámica de la psique*, Carl Jung señalaba que muchas veces la terminología clínica añadía muy poco al término popular y acientífico. Por ejemplo, cuando se decía que una mujer estaba embrujada, quería decir que estaba poseída por el diablo, mientras que ahora decimos que tiene una «personalidad histriónica». El asunto es que, en el caso de la psicopatía, ningún estudio descriptivo del cerebro puede empezar a recoger la experiencia real que este sujeto tiene del mundo y las situaciones que le resultan significativas. La ciencia tiene sus límites. ¿Por qué no incluir el conocimiento procedente del arte? La capacidad de penetración psicológica de un escritor dotado puede llevarnos más lejos que muchos trabajos científicos, si es capaz de abrir nuevos caminos de indagación, de formular nuevas preguntas, provocar conceptos antes nunca explicitados, formular hipótesis en sus tramas que a los científicos nunca se les hubiera ocurrido. No es casualidad que entre los grandes impulsores de la psicopatía (como Hervey Cleckley) y de la investigación forense y criminal (como Edmond Locard o John Douglas y Robert Ressler, máximos exponentes de la Unidad de Ciencias del Comportamiento del FBI) haya un reconocimiento unánime a la literatura que leyeron como inspiración para su trabajo.

Este libro reconoce sin lugar a dudas la necesidad de integrar todo tipo de conocimientos, no solo entre diferentes disciplinas científicas, sino entre los ámbitos de la ciencia y del arte, concretamente (pero no exclusivamente) del arte narrativo, pues la persona es un ser narrativo, es decir, crea su identidad y su visión de la vida aprendiendo historias, relatos, narraciones de todo tipo. Esto nos lleva al siguiente punto.

¿Qué es la psicopatía? ¿Por qué no paran de crecer exponencialmente los estudios académicos sobre los psicópatas? ¿Por qué son personajes muy frecuentes y habituales en los productos de la cultura popular? Es probable que haya varias respuestas para eso, pero lo que queremos poner de relieve en esta primera parte del libro es que hay profundas razones culturales y evolutivas para ello. En otras palabras: nuestra historia como *especie biológica y cultural* no puede permitirse el lujo de no prestar mucha atención a aquellos coetáneos que tienen los mejores recursos para hacer daño físico, moral y psicológicamente. Además, si logran una posición de poder, pueden ser autores o impulsores de masacres y muchas otras calamidades.

Piensen un momento en los rasgos más sobresalientes de la condición psicopática: habilidad para fingir una personalidad amable y honesta; para manipular y engañar; un narcisismo elevado, donde domina el derecho a sentirse superior y a disfrutar de más cosas y mejores que el resto del mundo; una gran dificultad para sentir profundamente las emociones que nos vinculan afectivamente con los demás, como la empatía, la compasión o el amor; un casi nulo sentimiento de culpa o arrepentimiento por los desmanes cometidos; una tendencia a echar la culpa de sus fechorías a las víctimas o a cualesquiera otros; un comportamiento que a veces puede ser muy impulsivo, llevado por su deseo de tener algo *ahora*, a toda costa o por la fuerza; pocas ganas de participar en proyectos que requieran de un esfuerzo serio y sostenido en el tiempo; tendencia a explotar o usar al prójimo en beneficio propio... Convendrán con nosotros, que alguien con estas características de personalidad está particularmente bien dotado para violar cualquier ley o norma moral.

Se sigue de lo anterior que el psicópata criminal haya sido una figura compleja y resbaladiza para los criminólogos y forenses, acostumbrados a enfrentarse a gente motivada por pasiones habituales, como la codicia, la venganza y los celos, o bien con personas que revelaban señales inequívocas de enfermedad mental. Los capítulos 2 y 3 de esta parte nos muestran esos esfuerzos durante el siglo XVIII y, sobre todo, el siglo XIX —cuando empieza el modelo de sociedad tal y como hoy lo conocemos, con la expansión de la industria, la ciencia y el mercado—. Será en este último siglo cuando se formará una alianza no reconocida, pero claramente pragmática en cuanto a sus objetivos, entre criminólogos y alienistas, por una parte, y literatos por otra.

Aunque no existía el término de «asesino serial» en aquella época, sí que existían los asesinos seriales, pues los científicos del siglo XIX los estudiaron como seres inhumanos o monstruos morales, como una prueba irrefutable de que ese tipo de «bestias sedientas de sangre» (por utilizar una expresión del célebre Cesare Lombroso) solo podían venir de una raza aparte degenerada o bien eran una aberración genética que revivía en el siglo del progreso la psique de ancestros primitivos y salvajes. Las cuatro novelas canónicas del XIX para pergeñar esas figuras monstruosas que ya nos pertenecen —porque están instaladas en el imaginario cultural de Occidente— usaron los conocimientos de antropólogos, médicos y de los incipientes psicólogos y criminólogos de la época, pero gracias a su intuición humana y artística hicieron quizás mucho más que todos ellos por el avance en el progreso de la psicopatía y del asesinato serial.

Esta primera parte presenta ese contexto científico y criminológico, así como un primer capítulo donde precisamos cuestiones previas importantes acerca de la emoción del horror y la imagen del monstruo.

1

El horror, el monstruo y el asesino en serie

Sí, yo soy malvado. No en un cien por cien, pero sí, soy malvado. El mal siempre ha existido, el mundo perfecto que la mayoría de la gente busca nunca será realidad, y se pondrá peor. Lo mejor de la vida es cuando ganamos el coraje de rebautizar nuestras malas cualidades como nuestras mejores cualidades.

RICHARD RAMÍREZ, asesino en serie

EL INTERCAMBIO

En 1926, Sanford Clark era un niño de trece años que vivía con sus padres en Saskatoon (Canadá). Con ocasión de una visita que había hecho el hermano de su madre, Gordon Stewart Northcott, sus padres acordaron que, de regreso a casa Northcott, el tío se lo llevaría consigo para que le ayudara en las tareas de la granja de pollos que poseía junto a la pequeña ciudad de Wineville, en el estado de California, Estados Unidos. Pero, en realidad, la principal ocupación de Northcott no eran los pollos, sino el asesinato.

En el transcurso de dos interminables años, «el tío Stewart» secuestró, violó, torturó y mató al menos a veinte niños varones, muchos de los cuales eran hijos de inmigrantes del área de Los Ángeles. Lo peor de todo para Sanford, es que su tío no solo lo violaba repetidamente, sino que le obligó a ocultar las pruebas de los asesinatos. Amenazado con tener el mismo final que las víctimas indefensas, Sanford tuvo que quemar los cuerpos para luego enterrar los restos en la granja y, en una vuelta de tuerca adicional de terror, su tío le hizo dar el golpe de gracia a algunos de esos niños, para asegurarse su obediencia.

Una vez detenido Stewart Northcott, la vida de Sanford empezó de nuevo, gracias a la inestimable ayuda que el fiscal de la causa le prestó, sabedor de que esos actos de complicidad que protagonizó no nacían de su voluntad, sino del miedo y la situación de cautividad al que lo tuvo sometido el asesino en serie. Ya convertido en adulto, Sanford vivió sesenta y dos años más tratando de compensar con sus actos *el sentimiento de culpa que nunca llegó a abandonarle.* En efecto, esa experiencia vivida en la adolescencia tuvo en la vida posterior de Sanford una huella que nunca podrá desaparecer. Luchó con honor durante toda la guerra en Europa, estuvo casado durante cincuenta y cinco años y crio a dos hijos, fue un miembro activo en su ciudad para promover medidas para la mejora de las condiciones de la gente que vivía con grandes dificultades, pero todo eso no sirvió para desterrar sus pesadillas por la noche, la insidiosa conmoción interna que le acosaba por todo lo ocurrido en la granja entre los trece y los quince años de edad. Con toda seguridad, lo que le salvaron fueron las acciones de amor y preocupación hacia él que tuvieron determinadas personas en esos momentos clave de su vida.

El papel principal lo desempeñó su hermana mayor, Jessie Clark. Ella se independizó en cuanto pudo del hogar familiar. Tenía buenas razones para ello. Su madre, Winnifred, era una persona sin corazón, que no dudó en urdir con su hermano Stewart una falsa historia para desembarazarse de su hijo y convencerle de que se marchara con él. En realidad, la familia de la madre compartía rasgos de psicopatía notables, pues también Louise —la hermana de Winnifred y madre de Stewart Northcott— carecía de compasión y de empatía. Cuando, al final de esos dos años de permanencia de Sanford en la granja, ella descubrió lo que estaba haciendo su hijo, no dudó en ayudarle ocultando pruebas e incluso participó en el homicidio de uno de los niños, Walter Collins, porque si este hubiera sobrevivido, su hijo habría afrontado el riesgo de ser detenido.

Es posible que a algunos lectores les haya resultado familiar el nombre de Walter Collins, por la película dirigida por Clint Eastwood titulada *El intercambio* (2008). El filme narra el hecho real vivido por Christine Collins, madre de Walter. Cuando este desaparece en marzo de 1928 a los nueve años de edad, su desesperada madre hace todo lo posible por encontrarlo. Pocos meses después, la policía de Los Ángeles afirma que ha encontrado al niño, pero, a pesar de que Christine les asegura que él no es su hijo, la policía, apoyada por las autoridades civiles locales, no duda en amenazar y extorsionar a la madre para que acepte a ese niño como suyo, hasta el extremo de que llegan a ingresarla en un manicomio (cualquier cosa, antes de reconocer que se habían dejado engañar por un impostor). ¿Pero cómo se pudo llegar a esta situación?

Cuando se encontró a un chico en DeKalb, Illinois, que decía ser Walter, Christine y todos los que participaban en la búsqueda contuvieron la respiración. Después de ver las fotos, las autoridades estaban convencidas de que el caso estaba resuelto. Christine reunió el dinero necesario para traer al niño y la policía de Los Ángeles organizó un auténtico montaje mediático para el reencuentro entre el niño y la desesperada madre. Estaban convencidas de que distraería la atención del público y alejaría la presión a la que empezaban a estar sometidos por su incapacidad para resolver este caso (y la mayoría de otros), y que además haría olvidar los numerosos escándalos de corrupción. Pero el problema fue que el niño en cuestión no era Walter. A pesar de que Christine Collins declaró inmediatamente y en repetidas ocasiones que el niño no era su hijo, el agente encargado del caso, el capitán J. J. Jones, según el testimonio de ella misma ante el Consejo Municipal, le dijo que «probara el niño un par de semanas». Confundida y desorientada, aceptó. Y el caso se cerró. Ese otro niño era Arthur Hutchins, que finalmente reconoció la verdad: había urdido el engaño porque había leído que Walter vivía en Los Ángeles y pensó que, si se hacía pasar por él, tendría la oportunidad de conocer a su ídolo, el actor Tom Mix. Lo cierto es que Walter Collins fue una de las víctimas de Stewart Northcott, que le llevó a la granja con el cuento de que tenía unos ponis que podría montar, aprovechando que ambos se conocían porque su madre solía llevarlo a la tienda de comestibles en donde Northcott había trabajado durante un tiempo.

Dos personas fueron determinantes en la recuperación mental y espiritual de Sanford: su hermana Jessie y el fiscal que procesó a Stewart Northcott, Loyal C. Kelley. Jessie, preocupada porque las escasas cartas que recibía de Sanford no parecían haber sido escritas de modo libre y sincero, aunque sí eran de su puño y letra, con tan solo veinte años empleó sus vacaciones para ir a visitarle en cuanto pudo reunir el dinero para el viaje desde Saskatoon, Canadá (donde vivía ella sola en una habitación alquilada) hasta Los Ángeles, y así averiguar qué estaba pasando. Sanford solo había podido construir un vínculo seguro con ella, dada la escasa calidad humana de su madre y el hecho de que su padre siempre hubiera estado bajo su dominio, pues no fue capaz de oponerse a que Stewart se llevara a su hijo. Será Jessie la que posibilitará que Sanford escape de la férrea vigilancia a la que le tenía sometido Stewart y sus padres, que también aparecieron por aquellos días.

Finalmente, cuando Sanford se presenta ante la policía, el fiscal del distrito Kelley pondrá todo su empeño en que el chico no tenga miedo de hablar, asegurándole que él es una víctima más y que hará todo lo posible para protegerlo. Y así, una vez que Sanford acompaña a la policía a la granja y les muestra dónde están enterrados los restos de tres niños, la suerte está echada para Stewart, porque Sanford se mantiene firme y, a pesar del terror que le inspira la sola visión de su tío, logra testificar ante el tribunal de modo inapelable. Mientras Stewart espera su ejecución y la madre es condenada a pena de cárcel, Sanford inicia una nueva vida como interno en un centro experimental para jóvenes con dificultades ante la justicia, bajo la atenta mirada del fiscal Kelley. Es el comienzo de un regreso a volver a sentirse humano, que le llevará a esa vida de *redención* que antes mencionábamos.

Si Gordon Stewart Northcott representa el misterio de la maldad inexplicable, personificado en el asesino en serie, Sanford Clark nos presenta también todo un desafío. Pues, al contemplar su historia, surge necesariamente la pregunta de cómo es posible que un chico que vivió tales atrocidades lograra desarrollarse como una persona con unos valores tan elevados. ¿No hubiera sido más habitual que, como tantas biografías de asesinos en serie nos revelan, este sufrimiento intenso e indescriptible hubiera hecho de él también un monstruo?

La fragilidad y la libertad

El ser humano es por definición un ser frágil o vulnerable, tal y como nos recuerda el filósofo Miquel Seguró. Esta vulnerabilidad es la condición que hace posible toda experiencia humana, no tiene el sentido negativo de denotar dolor o enfermedad, sino que, al contrario, subraya la necesidad que tiene el ser humano de estar abierto al mundo, de responder a los desafíos que nos presenta la vida cada día. Como resultado de esta apertura, nos suceden cosas buenas, pero también malas. Al ser vulnerables, estamos siempre afectados por lo que el mundo —la vida— nos ofrezca, pero también por las decisiones que tomamos, ya que no somos agentes pasivos a expensas de lo que nos suceda, sino que, en mayor o menor medida (dentro de las múltiples circunstancias físicas y sociales que necesariamente nos constriñen), actuamos *propositivamente* sobre nuestra realidad, es decir, persiguiendo unas metas o fines.

Entonces, esta fragilidad implica un desafío existencial. Puesto que estamos abiertos al mundo, hemos de asumir la tarea ineludible de encontrar respuestas a nuestra vida y, para ello, tenemos que darnos cuenta tanto de nuestras limitaciones como de nuestros recursos y posibilidades. En un sentido amplio, como seres vulnerables, todo se decide en el uso de los fines que pretendamos para los diferentes momentos o etapas de nuestra vida, y los medios que estamos dispuestos a utilizar para lograr esos fines. Porque al vivir, arriesgamos todo el tiempo: a ser heridos o destruidos físicamente, a enfermar, pero también a sentirnos decepcionados, enojados, deprimidos...; ahora bien, en ese riesgo está también la ganancia del triunfo logrado con esfuerzo, de contar con un amigo que nos da su apoyo en momentos difíciles, de la familia que nos reconforta y enorgullece.

Así pues, la fragilidad o vulnerabilidad no puede separarse de la libertad. Desde una perspectiva filogenética, el profesor de biología evolutiva Lalueza-Fox ha documentado cómo las condiciones sociales y económicas asociadas en poblaciones antiguas, han tenido repercusiones en el genoma humano, lo que viene a confirmar una vez más que la persona y la cultura (en el sentido de lo que no es genoma o biología) están en continuo diálogo, influyéndose recíprocamente en un bucle interminable. Esto que es verdad para la especie, también lo es para el individuo. La biología y la cultura condicionan, pero no determinan, como puso de manifiesto el relato al inicio de este capítulo. A pesar de ciertas hipótesis inquietantes que proceden de la neurociencia (en el sentido de que nuestro cerebro —como soporte físico u orgánico de la mente— habría *tomado ya la decisión por nosotros*, ante una situación, *una milésima de segundo antes* de que nosotros fuéramos conscientes de ello), se ha visto que, cuando la decisión a tomar tiene una cierta complejidad, *sí somos conscientes al mismo tiempo que se activan las neuronas del cerebro*. Por supuesto, es una forma de hablar, el cerebro también es «nosotros», pero es una metáfora que sirve para reflejar el estado de la investigación actual que concluye que *el ser humano tiene el poder de tomar decisiones libres*, entendiendo por libres conscientes, propositivas, en mayor o menor medida reflexionadas.

EL HORROR

Uno de los grandes problemas de la humanidad —el ser humano que se complace en causar un gran sufrimiento en los demás o su muerte— queda bien reflejado en la historia criminal de *El intercambio*. Se desprende de ella que estamos hablando no de una mera infracción de la ley o de las convenciones morales, sino de *actos malvados, aquellos que llegan a horrorizarnos.* ¿Pero qué es el horror?

El profesor de la Universidad de Sevilla, Eduardo Bericat, hizo un análisis del horror muy interesante del que tomamos aquí algunas de sus ideas esenciales. El horror es una *emoción compleja*, que se compone de la síntesis de tres emociones diferentes: el terror, la repugnancia (asco) y la conmoción. Escribe Bericat:

> El horror comporta siempre un *intenso miedo o terror*, pues revela la presencia de una fuerza muy poderosa capaz de causar en el sujeto un inmenso mal. Al mismo tiempo, el acontecimiento horroroso nos provoca una *profunda repugnancia o asco*, una potente revulsión de las vísceras con la que el cuerpo expresa la voluntad de rechazar absolutamente algo moralmente detestable e intolerable que ha penetrado en su interior. Por último, el acontecimiento horroroso nunca llega como un suceso normal o cotidiano, sino como ruptura radical de la normalidad, como una sorpresa tan completa e inimaginable que nos deja absolutamente perplejos *en un estado de fuerte shock o conmoción.*

Ahora bien, el ser humano no vive aislado. La emoción del horror es también una emoción social en la medida en que —con independencia de las diferentes variedades en la respuesta frente a un mismo hecho que puedan presentar los individuos— la sociedad comparte unos principios y valores comunes; o si se prefiere, *un sentimiento de pertenencia a una comunidad.* En Austria, Josef Fritzl mantuvo durante diecisiete años encerrada a su hija Elisabeth en el sótano, forzándola a ser madre en siete ocasiones. Finalmente, en el año 2008 consiguió escapar. Esto significa que el horror tiene una labor muy importante como seres sociales: nos señala aquello que amenaza nuestra vida en sociedad (el orden social) y apuntala la frontera de lo que no puede ser traspasado, la frontera donde quedan nítidamente separados «lo humano de lo inhumano, el Bien del absoluto Mal».

Estamos frente al acto malvado, el acto que representa el mal «inhumano». Los crímenes atroces, gratuitos, «impensables» o profundamente injustos son los grandes candidatos a provocar nuestro horror. Esta emoción nos marca la línea: los acontecimientos que la provoquen serán una amenaza para la identidad (producto de la cultura compartida) de la sociedad que la ha establecido. Cierto que no todos los mismos hechos han sido descritos como susceptibles de causar horror en todas las sociedades y que, desde luego, en el transcurso de la historia, la línea de esa frontera ha ido variando (por ejemplo, quemar a alguien acusado de brujo hoy en día no provocaría el entusiasmo de hace cinco siglos), pero no es menos cierto que en el mundo actual globalizado (y sobre todo en las sociedades avanzadas), hay una gran convergencia acerca de los acciones horrorosas como nunca antes ha habido, y cuesta imaginar lugares donde matar cruelmente a alguien no cause horror, baste con pensar en los crímenes de México por mano de los cárteles.

El mal del que trata el presente libro es este: el que puede calificarse como monstruoso, demoníaco, inhumano, bárbaro, aborrecible... *Es el mal capaz de instalarse como una posibilidad profundamente inquietante y permanente* en ciertas personas o, si se prefiere, en ciertas personalidades (aunque, como veremos, también dentro de las instituciones). Estas son las personalidades psicopáticas y el plural enfatiza el hecho de que, si bien hay rasgos esenciales comunes en la psicopatía, hay modos muy diversos de «ser» un psicópata. Entre los psicópatas, son los psicópatas criminales —y su variedad más extrema, los asesinos seriales— la representación más genuina de la fuente del horror en la modernidad.

La maldad, el monstruo y el miedo

Vemos, por consiguiente, que podemos definir el mal en mayúsculas como «monstruoso», «inhumano» o «demoníaco», esto es, el que amenaza de modo intolerable la frontera de lo moralmente aceptable en nuestra sociedad. Sin embargo, esto no basta para explicar por qué en todas las culturas, desde que hay memoria, existen *relatos semejantes acerca de monstruos que encarnan la maldad*, como ha detallado el antropólogo David Gilmore o el profesor Stephen T. Asma, para quien «demonios, dragones, fantasmas, Budas iracundos y animales sobrenaturales ocupan el folclore y los rituales religiosos en todo el mundo». Incluso la psicología, que tradicionalmente ha mirado despectivamente el estudio de la maldad —al considerarla un mero tema filosófico o religioso— no ha podido menos que reconocer que «la imagen del mal es tan familiar hoy como lo ha sido en los últimos miles de años», escribe el profesor Roy Baumeister, para preguntarse a continuación: «¿Cómo tantas poblaciones y culturas en todo el mundo tienen una imagen tan parecida de la maldad, si esta no está fundamentada en la realidad?».

El psicólogo evolucionista Mathias Clasen ha encontrado una respuesta: la maldad se representa en forma de monstruo (generalmente con un componente sobrenatural), porque los monstruos reflejan *disposiciones psicológicas innatas*, que fueron útiles para preservar la supervivencia a lo largo de nuestro pasado evolutivo de millones de años. (Más adelante, volveremos a la psicología evolucionista.) ¿Y dónde estaba esa utilidad? Más allá de su papel como elemento de cohesión de una sociedad, el terror o miedo muy intenso (y la ansiedad o el miedo difuso) fue un mecanismo que, en los más de dos millones de años de evolución del género *Homo*, *facilitó* su capacidad adaptativa. Solo que ese miedo no estaba provocado por monstruos míticos o imaginarios, sino por las fieras depredadoras o los guerreros feroces de tribus enemigas que amenazaban la supervivencia de nuestros ancestros. En resumen: *permanecer vivo en ambientes peligrosos* fue una tarea que la evolución se tomó muy en serio, porque solo pasarían sus genes a la siguiente generación quienes aprendieran a responder con mayor prontitud a una amenaza vital, es decir, quienes pudieran activar cuanto antes su ansiedad o miedo ante el peligro. Esta es la razón por la que, afirma Clasen, los estímulos que nos provocan fobia no se distribuyen al azar en el mundo: reconociendo las posibles adaptaciones culturales, los antropólogos han encontrado que el miedo a las serpientes y a las arañas, a la oscuridad, a las grandes alturas, al agua profunda y a gente extraña o «diferente» es un común denominador en todas las culturas.

Entonces, aunque los monstruos no existan, se nos presentan ante nuestra imaginación despertando el mecanismo de supervivencia que nunca ha dejado de acompañarnos: el miedo ante aquello que puede destruirnos. Tal es el poder de su fascinación perenne: porque activa la emoción del miedo en un contexto de seguridad, lo que nos emociona de forma placentera. Así pues, los monstruos de la mitología o de la imaginación más ancestral (grifos, dragones) y los que se desarrollaron durante las épocas del medievo y moderna, como los demonios, el hombre lobo o el vampiro, todos nos dan miedo porque sus garras, los dientes afilados como cuchillos, su aspecto amenazante, bestial o demoníaco fueron claves que activaron durante *una eternidad* nuestro miedo más intenso. Y con él, nuestra capacidad para luchar o escapar. De modo inverso, la razón por la que no tengamos, por ejemplo, fobia generalizada a los coches, a pesar de que matan mucho más que las arañas o las serpientes, es porque existen tan solo hace cien años, que en términos del periodo evolutivo de la especie humana es solo un parpadeo.

IMPORTANCIA DEL RELATO DE HORROR

Hemos visto hasta ahora que, en primer lugar, el horror como emoción tiene una gran importancia en toda sociedad porque establece la frontera entre lo que puede tolerarse y lo que de ningún modo puede ser aceptado; esto último, en cuanto *actos malévolos*, es lo inhumano, demoníaco o monstruoso. El miedo intenso, la repugnancia y la conmoción que nos causan los actos malvados quedan fijados en cada cultura. Pero, en segundo lugar, junto a esta dimensión social existe otra de naturaleza antropológica, pues los relatos que dan cuenta del horror se comparten en sus elementos esenciales en todas las culturas. La razón de todo ello es que esos relatos se ajustaron a la disposición esencial del cerebro de las diferentes especies del género *Homo* para detectar los riesgos o amenazas vitales provenientes de bestias depredadoras desde tiempos inmemoriales.

Pero hay otra razón para que los relatos de horror (o de lo monstruoso) hayan sido una compañía perenne en todas las culturas y en todas las épocas: estas historias *nos ofrecen una zona segura donde ejercitar nuestras respuestas frente a esas amenazas,* porque el peligro solo está en la ficción. Lo que queremos decir es que, aunque no tengamos la seguridad de cómo vamos a reaccionar frente a alguien que quiera asesinarnos porque nunca nos ha pasado, *sentimos el deseo de vivir en la imaginación el relato que presenta ese tipo de situación.* El relato de horror nos ofrece una guía acerca de cómo podemos enfrentarnos a situaciones incontrolables y amenazantes.

Dicho de otra manera, se trata de un relato que permanece en nuestra imaginación, cuya razón está radicada en la vulnerabilidad que compartimos todos, lo que se comprueba con un breve repaso por la historia. Las escenas de caza y lucha entre hombres y animales, entre tribus de las pinturas prehistóricas; los relatos de conquista y ajusticiamientos en los papiros egipcios y textos babilónicos; así como en otras culturas de las que hay registro, como la judaica (la Biblia); los mismos orígenes de la literatura griega y europea en la *Ilíada* y la *Odisea,* que tienen a la guerra y a la violencia como temas centrales; la propia tragedia griega de *Edipo Rey* y *Medea,* donde el asesinato es moneda de cambio; las obras teatrales más célebres de Shakespeare, urdidas de pasiones ancestrales y resueltas mediante la venganza y el derramamiento de sangre (*Hamlet, Macbeth, Otelo, Ricardo III, Tito Andrónico*), son solo unos ejemplos de ello hasta el siglo XVI. Escribe Stephen T. Asma: «El monstruo es un enemigo beneficioso porque nos ayuda a representar virtualmente los obstáculos que la vida nos puede poner en nuestro camino. En tanto en cuanto existan enemigos reales en el mundo, no cejará nuestro interés en los relatos donde aparecen estos de forma ficticia». Por su parte, H. P. Lovecraft (1890-1937), en su celebrado ensayo *El horror sobrenatural en la literatura* (1927), invocó la herencia de nuestra especie, afirmando que «la emoción más antigua e intensa de la humanidad es el miedo» y, en consecuencia —continuaba—, «el [relato de] horror siempre ha existido y siempre existirá».

Desde la Segunda Guerra Mundial se vio claramente que, junto al terror gótico (que nunca ha perdido su vigencia, como demuestran las continuas adaptaciones de sus monstruos y otros nuevos, como los que protagonizan el universo de las películas de la serie *Alien*), el monstruo de la modernidad (o posmodernidad) tiene rostro humano y se encarna en la figura del psicópata criminal y del asesino en serie, como Gordon Stewart Northcott. En una sociedad de consumo y de rápido desarrollo tecnológico, *el miedo provenía de su interior*, y lo que es peor, el monstruo ya no daba claves por su aspecto, no nos avisaba produciendo repugnancia, sino que, al contrario, parecía alguien en quien podíamos confiar. Un error fatal.

El asesino en serie y su relato

Como señaló la profesora Nicola Nixon, los asesinos seriales han pasado a ocupar el lugar de monstruos clásicos como Drácula, Frankenstein o el hombre lobo. Son comparables no solo por su monstruosidad —que en su caso no reside solo en su aspecto, sino en su *interior moral monstruoso*— sino también por la fama o celebridad que han llegado a alcanzar en nuestra cultura. Dado que nuestra cultura tiene el consumo de masas como uno de sus rasgos esenciales, ese consumo se ha adueñado de los propios asesinos como de cualquier otro famoso, de ahí todo el *merchandising* y *murder memorabilia* que los rodea, desde biografías, camisetas y pósters, hasta colecciones de sus actividades artísticas o pertenencias. Por no hablar de todas aquellas personas —muchas de ellas mujeres— que, como si fueran estrellas del *rock*, buscan cartearse o acercarse a ellos.

Pero hay algo más que contribuye a su fascinación y consumo masivo. *Cómo operan en la sociedad* y *su modo de matar* los coloca en un sitio prioritario como objeto de interés de la cultura popular, que los representa y recrea en sus medios de comunicación y producciones culturales. Con respecto a lo primero, el asesino serial encarna el tema literario clásico del doble; es un monstruo oculto, es Jekyll y Hyde. Mientras confiamos en el bondadoso y altruista doctor, desconocemos que, despedido ya el último invitado, puede salir inadvertido por la puerta de atrás de su laboratorio transformado en Hyde, un depredador que, después de haber saciado su compulsión, volverá a la seguridad de su otra personalidad convencional, de la que nadie sospecha. Con respecto a lo segundo, el hecho de matar de forma serial, esto es, por episodios, y que lo haga manteniendo un patrón reconocible, expresión de su fantasía compulsiva (su «sello», «firma» o «tarjeta de visita»), se ajusta admirablemente a la narrativa moderna, donde la violencia tiende a serializarse en sus diferentes manifestaciones, tanto literarias (por ejemplo, los libros sobre Hannibal Lecter o Jack el Destripador[1]) como audiovisuales (documentales y series de ficción *true crime*) y cinematográficas (las películas de *slashers* como *Halloween* o *Viernes 13* y todas las que las siguieron hasta hoy). Este ajuste idóneo entre el *serial killer* y la narrativa moderna tendría como resultado final una exaltación brillante y glamurosa de aquel, porque para que el interés no decaiga, el monstruo ha de ser un villano con atractivo y astucia, alguien que ofrezca aristas y recovecos en su vida como para apreciarlo en su misteriosa complejidad.

Regresamos entonces al principio. ¿Cómo es posible que existan personas como Gordon Stewart Northcott? ¿Quién podría imaginar que con su aspecto afable y su cultura —tocaba el piano— podía solazarse en la violación, tortura y asesinato de niños pequeños? El psicópata criminal agrupó en su figura el miedo más atávico, mientras que los científicos empezaron a dedicar muchas de sus energías a comprender *quiénes eran* o *qué eran*. A lo largo de todo el siglo xx, la Neurociencia, la Criminología y Psicología forenses plantearon otras cuestiones relacionadas con las causas de tales criminales y los posibles remedios. El «milagro» del sobrino del asesino, Sanford Clark, convirtiéndose en un adulto admirable a pesar de una madre psicópata (herencia) y un ambiente tendente a convertirle en un monstruo, es una imagen excelente de la magnitud del desafío emprendido.

2

La Criminología a comienzos del siglo XIX: el rostro delator

En la novela *Frankenstein,* como tendremos ocasión de ver más adelante, la joven institutriz Justine es acusada injustamente de haber asesinado a su pupilo William, el hermano pequeño de Victor Frankenstein. Cuando la prometida y prima hermana de Victor, Elizabeth, le dice que no cree en absoluto que fuera culpable, Justine siente un inmenso alivio, pues un crimen de esa naturaleza (el niño muere estrangulado a manos del monstruo), dice, «solo podría haberlo cometido el mismo diablo en persona», en otras palabras, *alguien no humano.* En efecto, la pregunta acerca de la naturaleza del asesino, de quién tiene la capacidad de cometer actos malignos y crueles, es uno de los temas esenciales de la obra de Mary Shelley, así como de las otras tres que revisaremos en la segunda parte de la obra.

LAS BIOGRAFÍAS DE LOS CONDENADOS

Sin embargo, el problema era que no se trataba de la idea dominante en el pensamiento criminológico de la sociedad en los siglos XVII y XVIII en Europa, pero especialmente en Inglaterra —por extensión Estados Unidos y Australia— donde se creía más bien que el crimen era el producto de la debilidad innata (pecadora) del ser humano. El género conocido como biografías *de criminales*, repartidas a modo de panfletos o folletos entre la gente que se reunía para presenciar las ejecuciones

36

públicas mediante ahorcamiento —y que se podían adquirir por unos peniques—, recordaba a los lectores que todos los ajusticiados eran como ellos, y que, en consecuencia, debían estar siempre prevenidos de la seducción del demonio, pues la virtud de la honestidad se debía ganar con esfuerzo. Por ejemplo, Gilbert Burnet recoge en su obra, *The Last Confession, Prayers and Meditations of Lieutenant John Stern* [Última confesión, oraciones y meditaciones del teniente John Stern] publicada en 1808, que este asesino, condenado en 1682, «siempre había creído que él era incapaz de cometer un delito de esta gravedad, y que nunca tendría un fin como el que tuvo, lo que sin duda es un error, ya que cualquier hombre puede tener el mismo final».

Así era, los nobles eran tan capaces de pecar contra Dios mediante actos viles como los desahuciados. En la compilación de biografías criminales titulada *Lives of the Most Remarkable Criminals* [Vidas de los criminales más notables], publicada en 1735, se señala esto explícitamente: incluso los caballeros (*gentlemen*) «podían sucumbir al vicio y convertirse en piratas y asesinos». En resumen, nadie podía sentirse seguro ante las tentaciones del dinero, el alcohol, la soberbia o de lujuria, porque en el corazón de todo hombre moraba un pecador.

Se desprende de lo anterior que la explicación popular acerca del origen del crimen es que había personas más propensas que otras a caer seducidas por las tentaciones del pecado. En el siglo anterior a *Frankenstein* de Mary Shelley, el pueblo comprendía que esta mayor indulgencia de algunos con las flaquezas propias del cuerpo y del alma, acababan por endurecerles emocionalmente, lo cual afectaba a su moralidad. La clave era la voluntad sostenida por la templanza: cuando la primera empezaba a flaquear y se participaba en ciertos vicios, entonces, como si fueran fichas de dominó, aparecían otros que progresivamente ganarían en gravedad y sordidez.

La especialista en historia del crimen, Marie Léger-St-Jean, nos brinda un ejemplo excelente, en clave de humor, de esta concepción cultural que existía en aquella época, citando un fragmento de la biografía criminal titulada *Eastward Ho!*, escrita por el cronista Ben Jonson en 1605: «La pereza atrae al placer, del placer se deriva la pelea, la pelea lleva a pecar con las prostitutas, de las prostitutas viene el despilfarro, de este viene el robo, y el robo lleva a la horca». Los cronistas que se dedicaban a recoger las palabras y lamentos de los condenados no aspiraban a dar explicaciones «teóricas» sobre el crimen, confiaban en que el pueblo sencillo aprendiera naturalmente a reconocer los caminos que habían llevado al ahorcado a la perdición.

Un ejemplo de biografía criminal.
El sermón de ejecución de Esther Rodgers

Esther Rodgers había nacido en Kittery, estado de Maine, en 1680. A los trece años entró a trabajar para una familia religiosa. Cuatro años después cometió su primer asesinato, al asfixiar a su hijo recién nacido, fruto de su relación ilícita con un hombre negro que trabajaba en la misma casa que ella, en Newbury, Massachusetts. Enterró el cadáver y el crimen pasó desapercibido. Pero, cuando unos años más tarde volvió a matar a otro hijo suyo recién nacido, los vecinos la descubrieron. Interrogada, confesó también el primer homicidio. Fue condenada por infanticidio y, tras permanecer ocho meses en la cárcel, fue ejecutada por ahorcamiento.

Conocemos los hechos porque «el reverendo John» los relató en un sermón que pronunció antes de la ejecución de Esther y, junto con la «declaración y confesión» de la condenada, se imprimió bajo el título *Death the certain wages of sin to the impenitent* [La muerte como recompensa del pecado para el impenitente]. En el relato, «esta mujer, que al comienzo no tenía fe, ni observaba la castidad, decidida a matar a su propio hijo para ocultar su conducta pecaminosa», se había transformado tras ocho meses de reclusión en una mujer «limpiada, reconfortada, en una candidata al cielo». El editor del escrito dejaba constancia de la alegría y compostura de Esther mientras iba camino del patíbulo, una presencia que logró «transformar los corazones de todos los que estaban presentes viendo y oyendo en lágrimas de afecto».

Pero a finales del siglo XVIII la que podríamos considerar como *incipiente criminología* vino a refutar esa concepción religiosa del origen de los delitos. Por ejemplo, los filósofos de la Ilustración, entre ellos el fundador del derecho penal moderno y la llamada Escuela Clásica de Criminología, Cesare Beccaria (1738-1794) y el filósofo inglés Jeremy Bentham (1748-1832), destacaron el papel fundamental de la razón en la comisión de los delitos. No negaban que el criminal fuese un hombre como cualquier otro, pero en vez de acatar la explicación de la naturaleza débil y pecadora de la persona frente al vicio, señalaron que la *tendencia natural de todo hombre era perseguir el placer, lo cual hacía que cometiera delitos*. Por ello, las leyes debían compensar el beneficio del placer que obtenía el delincuente con su crimen, añadiendo la cantidad de pena (sufrimiento) que sirviera para que, un hombre en el uso de su razón, decidiera que no le salía a cuenta delinquir. Las penas aplicadas *de forma rápida, cierta y con la gravedad necesaria*, harían que el hombre se abstuviera de reincidir, y servirían también para la prevención general de la gente, que podría así tomar buena nota de lo que les sucede a los que violan el contrato social.

Así pues, el pensamiento propio de la Ilustración, que se desarrolla en el último tercio del siglo XVIII, nos presenta a un hombre cuya naturaleza no está corrompida desde el nacimiento por el pecado original, sino a un ser racional, capaz de controlar su temperamento (autogobernarse) y de conducirse en el respeto del contrato social. Finalmente, esta visión propia de la llamada época de la Razón era compatible con la tesis de que el hombre era bueno por naturaleza, que había desarrollado el filósofo Jean-Jacques Rousseau (1712-1778), al que la sociedad corrompe por sus malas enseñanzas. Si el hombre desea el bien ilícito porque racionalmente piensa que va a obtener beneficio sin pagar por las consecuencias, como afirman Beccaria y Bentham, se debe a que la sociedad le ha corrompido primero para que desee robar o usar la violencia para lograr sus fines.

Ahora bien, Beccaria y Bentham eran filósofos sociales, teorizaban sobre la naturaleza del hombre y los problemas de la sociedad. La literatura de las biografías de los criminales surgió porque constituía un buen negocio para aquellos que sabían escribir (y tenían buena inventiva, puesto que no siempre los condenados tenían deseos de explayarse sobre sus pecados), de suerte que, sin que nadie se lo propusiera, sirvieron de relato popular moralizante para el público que se arremolinaba junto al patíbulo. Junto a estas corrientes culturales de la criminología de la Ilustración y la criminología popular, Mary Shelley también pudo tener acceso a una seudociencia que, de forma harto imperfecta, trataba de probar científicamente —entiéndase, con arreglo a la observación empírica— que los criminales eran el resultado de graves desviaciones de su tipo corporal y, singularmente, de su rostro. Como veremos, *Frankenstein* va a proponer dos teorías diferentes acerca del crimen: una representada por Victor Frankenstein, y otro por la Criatura que él crea. En el desarrollo de esos puntos de vista transcurre la trama de la novela. De un modo que solo podemos calificar de extraordinario, esta joven de dieciocho años iluminará en su obra claves esenciales del asesino serial.

LA FISIONOMÍA

La entonces considerada *ciencia de la fisionomía* por sus defensores debe su origen a la obra del escritor y clérigo Johann Kaspar Lavater (1741-1801). No cabe duda de que la fisionomía era claramente una seudociencia, pero en todo caso es el primer intento por desarrollar una explicación del crimen basada en principios científicos, unos esfuerzos que en el siglo XIX darían paso al desarrollo de la Antropología, la Psicología, la Sociología y la Criminología.

Aunque Lavater no se centró en la conducta criminal, su tesis principal la incluía, porque esta era que el carácter de la persona y otros aspectos de su disposición intelectual y moral podían «leerse» a través de la apariencia del cuerpo del individuo y, especialmente, de su rostro. Así, en su obra *Essays on Physiognomy*, que apareció en Inglaterra en 1789, escribía que «La cuestión es si es posible explicar las innegables y evidentes diferencias que existen en las caras y formas del cuerpo entre las personas, no mediante ideas oscuras y confusas, sino por virtud de ciertos caracteres, signos y expresiones; si tales signos pueden comunicar la fortaleza y debilidad, salud y enfermedad, del cuerpo; la estupidez y la sabiduría, la generosidad y la maldad, la virtud y el vicio de la mente».

La respuesta a esa cuestión era la nueva ciencia de la fisionomía, que realmente no lo era tanto, porque ya en la antigüedad podemos encontrar la idea de que la fisionomía reflejaba el carácter moral de la persona. Así, por ejemplo, Plinio el Viejo (*c.* 20-79 d. C.) mantenía esta tesis, razón por la cual, añadía, todos los monstruos tienen un aspecto repulsivo. Posteriormente, Giovanni Battista della Porta (1535-1615), en el Renacimiento italiano, dedicó su tratado *De humana physiognomonia* (1586) a la interpretación del carácter de acuerdo con los rasgos de la cabeza y del rostro, una obra que influyó poderosamente en Lavater.

Lavater fue explícito al respecto: «En su sentido más amplio, denomino con la palabra fisionomía el exterior o superficies del hombre, en movimiento o en descanso, ya podamos verlo en persona o mediante un retrato. La fisionomía es la ciencia que se ocupa del conocimiento de las correspondencias existentes entre lo externo y lo interno del hombre, las superficies visibles y los contenidos invisibles».

El crimen, por consiguiente, al igual que otras conductas y hábitos reprobables, podría explicarse porque existe una correspondencia entre los atributos intelectuales y morales del hombre —inteligencia, bondad, moral juiciosa, prudencia, etc.— y su semblante, particularmente el rostro. En palabras de Lavater: «Queda igualmente claro que la vida intelectual o los poderes del entendimiento y de la mente, se muestran mayormente en la circunferencia y partes sólidas de la cabeza, especialmente en la frente. Si bien para un observador atento, también se manifiestan en todo el cuerpo humano, mediante la composición armónica de sus diferentes partes». Dado que Lavater era también clérigo, se basó en la teología para apuntalar la certeza de su escuela: Dios, que es un ser perfecto, no podría permitir que existiese una discrepancia entre la belleza corporal y moral; por consiguiente, si un rostro exuda vicio y maldad, así ha de ser su alma. En los siglos XVIII y XIX la expresión «alma» era sinónimo de psicología, en todo caso abarcaba la parte más noble de la persona: su entendimiento y facultades morales, por provenir de Dios.

Los científicos del siglo XIX dieron la espalda a la tesis y método de Lavater a medida que el interés por la superficie de la cabeza y del rostro se trasladaba al *interior*, dando paso al estudio de la forma de los cráneos (Frenología) y a planteamientos antropológicos acerca del desarrollo de las funciones mentales que encerraban dichos cráneos (la Escuela del Atavismo de Lombroso). No obstante, el planteamiento de que el exterior del cuerpo y de la cabeza se relacionaba con el desarrollo intelectual y moral del sujeto pervivió en esas nuevas corrientes, de hecho, ya en 1866 era posible encontrar un estudio en el que se «demostraba» la relación existente entre diferentes tipos de narices y sus respectivas características distintivas, tanto en temperamento como en conducta.

Por otra parte, entre literatos y ciudadanos del siglo XIX, la idea de que «la cara es el espejo del alma» seguía siendo muy atractiva (y quizás lo siga siendo en la actualidad), a menudo era utilizada en sus conversaciones y, en el caso de los escritores, aparecía con frecuencia en la composición y explicación del carácter de sus personajes.

Por ejemplo, Charles Dickens, que siempre fue un abanderado de la denuncia de la pobreza y la explotación que las condiciones de la revolución industrial exigían sobre los trabajadores —en especial los niños—, no dudó en aceptar la tesis de la fisionomía —lo que probablemente sea una contradicción—, tal y como aparece en su relato de misterio publicado en 1859, *Hunted Down* [Atrapado], en el que Dickens, como el narrador en primera persona que nos introduce en la historia, declara (la cursiva es nuestra):

No hay nada más cierto que [los postulados de la] la fisionomía, si se toman en consideración junto con los modales [de una persona] [...]. Yo confieso, por mi parte, que he sido engañado una y otra vez. ¿Cómo ha sido esto posible? *¿Acaso había leído de forma incorrecta sus caras?* No. Créanme, mi primera impresión de aquella gente, fundamentada en sus rostros y maneras, fueron siempre correctas. Mi error fue permitirles que se acercaran y dejarles que se explicaran.[1]

La tesis de la fisionomía era determinista: la gente tiene la cara que tiene; si en ella se podía leer sus *naturales* disposiciones intelectuales y morales, poco se podía hacer para cambiar. Lo mejor era estar atento y saber leer correctamente sus caras. Es interesante aquí, el comentario del autor de *David Copperfield*: lo que le confunde es que el otro puede explicarse, esto es, atraparle en su diálogo plagado de mentiras, en su capacidad de ser convincente... uno de los rasgos característicos de la psicopatía.

3

La Criminología en el siglo XIX: nace el monstruo moral

El siglo XIX fue una época dorada para los exploradores, que en pleno desarrollo industrial y científico-tecnológico sintieron el entusiasmo que proporcionaba recorrer partes ignotas del planeta, una empresa que se alimentaba también de los deseos expansionistas de naciones poderosas, como Gran Bretaña, entonces la más poderosa del mundo gracias a su imperio. Pero no solo se exploraron nuevas geografías; el siglo XIX fue también testigo del advenimiento de los exploradores de la mente, una tarea que hasta esa época había quedado en manos de los filósofos, pero que ahora se erigía como una empresa propicia para los científicos que deseaban aplicar métodos empíricos —que analizaban las funciones mentales— y no meramente los especulativos, propios de la filosofía. Los criminólogos todavía no se reconocían como tales, los responsables de estos incipientes estudios científicos eran sobre todo médicos que profesaban un gran interés en el comportamiento criminal y en el amplio campo de la locura o la enfermedad mental, a ellos se sumaban investigadores con otras inquietudes propias de la antropología, la biología (como el propio Charles Darwin) y más tarde, de la psicología.

Para comprender lo mejor posible cómo se produjo el progreso de la Criminología en este siglo, revisaremos diferentes ámbitos que tuvieron unos objetivos definidos y unos impulsores reconocibles, sabiendo que estos diferentes desarrollos o aproximaciones se solaparon durante buena parte del siglo y que pudieron seguir siendo relevantes años después de que hubieran perdido el favor del cuerpo general de científicos dentro del ámbito. Por ejemplo, la Frenología, que comentaremos a continuación, a pesar de que a partir de mediados de siglo dejó de contar con el favor de los científicos como explicación aceptada del crimen, siguió teniendo muchos adeptos, que utilizaban algunas de sus ideas en conjunción con otras corrientes de pensamiento.

Los cuatro desarrollos científicos que vamos a analizar en este capítulo son: la Frenología, la locura moral, la teoría de la degeneración y la antropología criminal de Lombroso.

LA FRENOLOGÍA

Los frenólogos, aunque hace tiempo que se los condenó al olvido bajo la etiqueta de constituir una seudociencia, formaban parte de una corriente o escuela muy importante, porque constituyó el primer esfuerzo sistemático por explicar la conducta delictiva apelando a una metodología empírica, que en su caso se relacionaba con estudiar y tomar medidas de las protuberancias del cráneo de los individuos en hospitales mentales, prisiones y escuelas. Su punto de partida fue compartido por la generalidad de los médicos de su tiempo: que el cerebro estaba compuesto por un agregado de órganos o funciones independientes y por ello era posible que determinadas funciones mostraran signos de anormalidad, mientras que otras actuaban correctamente. A partir de esta idea, los frenólogos podían explicar cualquier tipo de comportamiento criminal, desde el hurto hasta los crímenes con gran violencia y homicidios.

Por ejemplo, tal y como se podía leer en un texto frenológico de la época, la causa de lo que hoy llamaríamos un asesino en serie estaba en un *defecto cerebral innato*. El sujeto en cuestión (al que llamaremos el Violinista) vivió a principios de siglo en Holanda, en la provincia de Cleves, y durante mucho tiempo no pudo ser identificado. Finalmente, gracias a algunos comentarios realizados por sus hijos, se pudo detener a un músico que tocaba el violín en la calle. Confesó treinta y cuatro homicidios, dijo que lo había hecho sin que tuviera enemistad alguna hacia sus víctimas, tampoco quería robarles, simplemente sentía un gran placer al cometer los asesinatos.

Los frenólogos tenían claro que el cerebro era el órgano de la mente, que a su vez se componía de treinta órganos o funciones que actuaban de forma independiente, cada una de las cuales recibía un nombre que reflejaba su función, como: «la destrucción», «la lucha», «la sexualidad», «el amor parental», «la autoestima», etc.

El fundador de esta corriente, Franz Joseph Gall (1758-1828), alcanzó cierta notoriedad a finales del siglo XVIII por sus estudios en craneometría (o craneología). Su propósito fue desarrollar una anatomía funcional y fisiológica del cerebro, tal y como lo reflejó en su obra de 1810 *Anatomie et physiologie du système nerveux en général et du cerveau en particulier* [Anatomía y fisiología del sistema nervioso en general y del cerebro en particular]. No obstante, fue su discípulo y amigo, el médico Johann Gaspar Spurzheim (1776-1832), el principal divulgador de esta escuela, gracias a su obra, *The Physiognomical System of Dr. Gall and Dr. Spurzheim* [El sistema fisionómico de los doctores Gall y Spurzheim], publicada en 1815 y en la cual realizó una labor admirable de síntesis y sistematización de los escritos de su maestro. Siguieron más obras que alcanzaron gran popularidad a ambos lados del Atlántico.

La Frenología establecía dentro de la cabeza una jerarquía entre sus diferentes funciones u órganos. Así, ubicaba las funciones que compartíamos con los animales (la *sexualidad*, la *lucha* y la *destrucción*) en la parte más inferior del cráneo. Las facultades intelectuales como la *razón* y el *lenguaje* tendían a caer más hacia el frente y centro, mientras que los órganos de las facultades morales como *benevolencia, esperanza* y *responsabilidad* se situaban en lo alto. Este sistema jerarquizado también interpretaba probablemente el modelo de convivencia social propugnado por los pensadores de la época, donde la bondad, la racionalidad y la inteligencia debían imponerse sobre la impulsividad, la criminalidad y las tendencias compartidas con los animales. La Frenología, por su fundamento biológico en el cerebro, era determinista en su inicio: la gente nacía con un cerebro determinado y poco podía hacerse al respecto, el libre albedrío era una quimera. Pero ese pesimismo le restaba aceptación entre las élites progresistas, razón por la que el mismo Spurzheim y otros seguidores ahondaron en la posibilidad de que una vida sana y orientada al enriquecimiento de las facultades nobles del cerebro pudiera introducir cambios significativos en el futuro del sujeto.[1]

Ahora, podemos volver al asesino holandés, el Violinista. En un principio, entre los órganos «descubiertos» por Gall, figuraba el del *asesinato* (*murder*). Él mismo había observado en dos asesinos una protuberancia muy notable en la zona del cráneo donde ubicó esta función, pero Spurzheim objetó que no era un buen nombre, ya que esta zona del cerebro no solo incluía el homicidio, sino que contenía también acciones de violencia con un fin defensivo e incluía actos específicos como morder, cortar, romper, trocear... Así, escribió que: «Estamos convencidos, después de realizar un gran número de observaciones, que este órgano está situado en la zona de la cabeza inmediatamente encima de las orejas... y es comúnmente más grande en los hombres que en las mujeres». En consecuencia, el violinista callejero y asesino serial apareció en los libros frenológicos como un ejemplo nítido del origen o causa del homicidio, que no era otro sino el desarrollo excesivo del órgano de la destrucción, donde residían tanto modos de destrucción reprobables —el homicidio— como aceptables —la defensa o autoprotección—.

Los frenólogos introdujeron a la mente en el cerebro y se desmarcaron de las ideas teológicas del siglo pasado acerca del alma viciada por el pecado (lo que les supuso ataques furibundos de la Iglesia, que los tildaba de materialistas, de negar la existencia del alma). El crimen reflejaba ahora una predisposición del hombre a matar o robar, una mente que tenía mayor o menor facilidad para quebrar la ley. Ello supuso un cambio revolucionario —en el que participaron otras corrientes que veremos en este capítulo— porque por vez primera se exigía a la ley que no solo atendiera al crimen cometido por un sujeto, sino también a su potencial criminal o peligrosidad. De este nuevo principio se seguía que el Estado tendría que ser el responsable de separar aquellos criminales de riesgo escaso o tolerable, sin gran perjuicio para la sociedad, de aquellos otros que no podían más que continuar con un comportamiento violento irreductible, debido a la fuerza de sus propensiones innatas, en su mayor parte heredadas.

Los frenólogos participarán activamente durante la mayor parte del siglo XIX en las discusiones sobre el origen del crimen y la responsabilidad que un individuo de «órganos» mentales anormales podían tener ante la ley. Según esta escuela, un criminal como el Violinista estaría gravemente afectado por su anomalía cerebral y, por consiguiente, era susceptible de ser defendido en un tribunal bajo la etiqueta de *ser mentalmente enfermo o anormal*. A ellos se les unirán los otros representantes de otras corrientes, como los científicos que estudiaron la llamada «locura moral» (*moral insanity*), que examinaremos en un apartado posterior. Un ejemplo extraordinario de la relevancia de la Frenología en nuestro país lo constituye el caso que fue conocido en la historia criminal española como el Sacamantecas.

Un ejemplo de biografía criminal.
Juan Díaz de Garayo, el Sacamantecas[2]

Juan Díaz de Garayo (1821-1881) mató a seis mujeres en Vitoria, pero lo intentó en otras tantas ocasiones. No fue el primer asesino en serie reconocido de España, pues ese puesto lo ocupa otro: Manuel Blanco Romasanta (1809-1863), conocido como el Hombre Lobo de Allariz (en Orense), cuyas víctimas se estimaron entre nueve y diecisiete, que conservó la vida porque la reina Isabel II conmutó la pena de muerte por la prisión perpetua. Este asesino también recibió el apodo de Sacamantecas, con mucha más propiedad que en el caso de Garayo, el cual se limitó a imitar la conducta extrema de mutilación que otro asesino serial desconocido (y nunca atrapado) realizaba en la misma época.

Sin embargo, Garayo fue el primer asesino en serie español objeto de un estudio científico profundo, porque los mejores alienistas de aquellos años se dieron cita para contraponer sus argumentos. Por una parte, los frenólogos y por otra, los que consideraban a esta escuela como una corriente sin rigor. Ahora bien, cuando Garayo es capturado en 1879 domina en la ciencia la *tesis de la degeneración* (véase más adelante), según la cual los asesinos crueles lo son de nacimiento, debido a que sus instintos dominan sobre su razonamiento, porque han heredado una mente (con sus facultades morales e intelectuales) degenerada, producto de varias generaciones en las que los ascendientes mostraron conductas criminales enajenadas y, en general, fruto de una vida desordenada y ociosa.

José María Esquerdo (1842-1912), eminente doctor español que estudió bajo los preceptos de la Frenología y la teoría de la degeneración, sostuvo la idea de que el tipo de criminales como Garayo estaban determinados a cometer actos de gran violencia, porque la Frenología afirmaba que el sujeto era un producto del cerebro que había heredado, que difícilmente podría reformarse si el individuo no contaba con un ambiente positivo y regenerador de las funciones anormales. Es decir, para Esquerdo, Garayo era un enfermo mental que debía acabar encerrado en un asilo para dementes, no condenado a muerte como un hombre mentalmente sano.

La apasionante pugna entre Esquerdo y el doctor Ramón Apraiz (1845-1926) —este como adalid de la cordura de Garayo— se resolvió a favor del segundo (Garayo fue ejecutado por garrote vil). Pero, sin que ellos lo supieran, ese debate asentó una de las prácticas penales más interesantes y difíciles a día de hoy: la de dictaminar si, tras los actos atroces y sin aparente motivación racional, se oculta la locura o solo mera maldad. («Nadie que estuviera en sus cabales sería capaz de perpetrar esos crímenes, solo un enajenado cuyo cerebro estuviera tan podrido como su alma hubiera sido capaz de hacer algo así y, por lo tanto, no se le debía aplicar la pena de muerte», fue el argumento de la defensa.)

La escritora Gisela Baños ha consultado los documentos originales de la época y reproduce en su obra las dos declaraciones de sus dos primeros asesinatos. La primera víctima fue María Dolores de Cortázar. Garayo declaró: «Maté a la tal Dolores, pero tampoco son caminos esos para que una muchacha así vaya sola, entiéndalo. No quería, de verdad que no lo vi venir, pero es que cuando me da... me da... y la moza estaba de muy buen ver y uno... es hombre. ¿Usted no le hubiera dado también lo suyo? [...]. No se tendría que haber resistido, porque así me obligaba a matarla sí o sí, tendría que haberse dejado hacer...». La segunda se llamaba María Audícana:

—Pues a esa me la encontré por allá por el monte, que volvía a su pueblo, me dijo. Se puso a llover y nos refugiamos bajo un árbol... y, a ver..., ¿qué cree que podíamos hacer allí mientras escampaba? Yo le propuse..., bueno, ya sabe... De buenas maneras, pero no quiso. Se hizo la digna, así que la tuve que obligar, pero ni así. Yo... —Miró al suelo avergonzado—. Y luego... Bueno, después de haberla atacado, es que podían descubrirme, no podía dejar que se fuera.

—¿Y por qué ese ensañamiento con ella? —preguntó el juez.

—Sí, eso es muy asqueroso, pero es que todos hablaban del Sacamantecas ese que sacaba los intestinos y arrancaba los riñones a la gente... y yo no quería que me culparan a mí. Mejor que lo culparan a él.

—¿No es usted el Sacamantecas?

—Claro que no, señor, yo soy Juan Díaz de Garayo.

A pesar de que confesó haber violado y matado a cuatro mujeres más, no se pudieron obtener pruebas más que de estos dos asesinatos, por los que fue enjuiciado y condenado a la pena capital.[3] Juan Díaz de Garayo se convirtió en uno de los primeros (si no el primero) casos criminales en alcanzar una gran repercusión en toda la nación. Ayudó mucho que las personas que lo conocían nunca hubieran sospechado de él como un criminal de estas características, también concitó de inmediato atención de los grandes médicos de la época.

Por un lado, una docena de médicos afincados en Vitoria, de los cuales el doctor Ramón Apraiz Sáenz de Elburgo era el rostro más visible, elaboraron un informe cuya conclusión era que Juan Díaz de Garayo estaba del todo cuerdo y había sido plenamente responsable de sus actos cuando cometió sus crímenes (el informe decía textualmente que sus crímenes habían sido realizados en virtud de «su libre albedrío, con verdadera libertad moral»). Por otro, el experto doctor y especialista en Frenología, José María Esquerdo Zaragoza, discrepaba de sus colegas y achacaba a la dejadez en su educación, a la herencia genética y a las supuestas deformidades del cráneo de Garayo, una locura que lo llevaba a cometer ese tipo de actos infames. En concreto, «era la forma de su cabeza lo que perturbaba al doctor Esquerdo —escribe Gisela Baños— [...], era demasiado ancha en la base y angosta en la coronilla, estrecha en la frente y dilatada en la nuca, y en la parte posterior no presentaba apenas curvatura. El diámetro transversal era mayor que el anteroposterior, y la mitad derecha mucho mayor que la izquierda. Por no mencionar las facciones de su rostro: pómulos salientes; arco superciliar pronunciado, *como el de un simio*; ojos pequeños y hundidos, desiguales y con estrabismo en el derecho... Para el psiquiatra de Madrid no cabía duda de que aquel sujeto tenía una importante tara genética que le impedía comportarse como un hombre de honor».

Tal y como refieren los documentos que obran sobre el caso, recogidos por Gisela Baños en su obra, el doctor Esquerdo llegó a afirmar que: «No me he topado en toda mi carrera, con un hombre de tan escasa inteligencia y afectos tan menguados. Jamás vi un modelo de imbecilidad tan perfecto». En otro momento, dice: «Además de otras cuestiones, a todas luces es un caso de herencia. De los antecedentes familiares que nos ha contado, no puede esperarse otra cosa. La apoplejía de que murió el padre es un claro indicio de parálisis de la mente, que seguro que heredaron los hijos. Solo ha salido uno cabal de los cinco hermanos».

Pero lo cierto es que Díaz de Garayo, en los meses en los que estuvo preso, aprendió a leer en apenas unas semanas, como pudo atestiguar Ricardo Becerro de Bengoa, un intelectual de la sociedad vitoriana y catedrático de Física y Química en un instituto, que lo visitaba con frecuencia y escribió un libro muy completo sobre los hechos.

Idiota moral, enajenado, con una genética degenerada... Díaz de Garayo fue un ejemplo meridiano del estado de ebullición al que había llegado el último tramo del siglo XIX como consecuencia del desarrollo de las teorías criminológicas desde el comienzo de ese siglo y los enfrentamientos y tensiones que provocaba en el ámbito del derecho penal. Seguimos a continuación con la presentación de tales teorías.

LA LOCURA MORAL (*MORAL INSANITY*)

La nueva ciencia mental descansaba en dos premisas básicas: *la naturaleza somática de la enfermedad,* entendida como una enfermedad del cerebro y —como hemos visto en los frenólogos— la *psicología de las facultades,* que dividía a la mente (el producto de la actividad cerebral) en diferentes facultades o funciones. Más allá de las treinta anunciadas por los frenólogos, lo usual era considerar que existían tres grandes áreas que agrupaban esas funciones: el intelecto o el razonamiento, la facultad afectiva/moral o emocional, y la voluntad o facultad volitiva. Esta división era importante, porque podía ocurrir que un sujeto tuviera afectada una facultad, pero no las otras, y todavía más, esas funciones a su vez podían estar solo *parcialmente* afectadas.

Justamente, uno de los grandes desarrollos de la investigación sobre la mente criminal se produjo en el ámbito de la facultad moral, dando lugar a los primeros estudios que se centrarían en un tipo de criminal que, en el siglo XX y en la actualidad, dio lugar a la figura del psicópata. (A finales del siglo XIX la locura moral se ampliará para incluir con frecuencia a la enfermedad del control de la voluntad, que daba lugar al «impulso incontrolable».)

A lo largo de todo el siglo, los que posteriormente serían conocidos como criminólogos —en su mayoría médicos y psiquiatras— tenían una gran preocupación por intentar comprender a los criminales que parecían no temer ante el castigo y que cometían hechos particularmente violentos, con frecuencia sin un motivo «racional» aparente. *En ellos se observaba una falta grande de compasión, sus crímenes se asemejaban mucho a una obsesión o una compulsión.* La profesora Nicole Rafter aseguró que la criminología comenzó con la aplicación de la ciencia para poder explicar la psicología de estos sujetos, es decir, lo que luego se conocerán como psicópatas.

Los términos usados para identificar a esta peculiar forma de conducta criminal variaron con el tiempo y desde el punto de vista del investigador, pero a pesar de tal variedad (que incluyó etiquetas como degeneración moral, locura moral —la más aceptada—, locura (o manía) sin delirio, degeneración, imbecilidad moral, incorregibilidad, criminal nato) el propósito era el mismo: explicar las acciones de criminales *moralmente enfermos.* Los estudiosos concluyeron que la locura moral era un estado, un «modo de ser», no un mero catálogo de comportamientos.

Esto fue una innovación, porque con anterioridad el crimen se había definido siempre como una conducta, por ello el castigo tenía que enfrentar a tal conducta. Cesare Beccaria y otros miembros de la Escuela Clásica de Criminología del siglo XVIII se ocupaban de los delitos y poco tenían que decir de los delincuentes. Pero en el siglo XIX todo esto cambió, porque los que veían, desconcertados, a determinados sujetos cometer multitud de crímenes, muchos de ellos especialmente perversos o sangrientos, sin que sus autores dieran muestras de arrepentimiento alguno, llegaron a la conclusión de que la causa de este proceder estaba dentro del criminal, en su cerebro, que era de origen innato y podría definirse como producto de la *facultad moral enferma.* Por tanto, los que así delinquían debían carecer de sentido o facultad moral, que, sin duda, sí poseía el resto de la sociedad, que cumplía lo dictado por las leyes. También podía ser que tal facultad moral estuviera infradesarrollada, al mismo nivel que en los hombres de periodos evolutivos anteriores; esto es, *su tendencia irresistible hacia el crimen era un elemento atávico*, lo que devolvía a los criminales varios peldaños atrás en la escalera evolutiva, un lugar en el tiempo donde se ubicaban —en el siglo de la revolución científica e industrial— los «salvajes», los pueblos incivilizados que eran conquistados por las potencias coloniales europeas, singularmente por el Imperio británico. (Otro modo de llegar a la misma conclusión era decir que los sujetos, desde varias generaciones atrás, *habían degenerado* en su facultad moral como consecuencia de la acumulación de una vida entregada al vicio, al crimen y a la holganza, lo que les situaba en el nivel de los salvajes.)

Vamos a revisar brevemente a los grandes descubridores de la locura moral.

PHILIPPE PINEL Y LA LOCURA SIN DELIRIO (*MANIE SANS DÉLIRE*)

El alienista Philippe Pinel (1745-1826) fue un hijo de la Revolución francesa, y en su labor vemos la voluntad firme de proporcionar un trato más humano a sus pacientes, primero como director del asilo (manicomio) de Bicêtre en París y luego del asilo de mujeres La Salpêtrière. Pinel tuvo claro que los locos eran enfermos, no seres poseídos, pero dedicó su atención a aquellos pacientes que no paraban de delinquir de forma incontrolable y que, sin embargo, no parecían tener en absoluto sus facultades mentales alteradas.

¿Quiénes eran esos pacientes? Esta pregunta tuvo una enorme importancia, porque por vez primera en la historia de la medicina un médico (hoy diríamos «forense») toma en consideración el comportamiento violento y furioso incorregible —sin alteración de las funciones intelectuales o de razonamiento— como síntoma de un tipo determinado de locura. Dado que Pinel no pensaba que el enfermo mental tuviera obligatoriamente un cerebro anómalo o deforme (lo que le alejaba de la Frenología), sino que era su mente la que estaba enajenada, se dedicó a recoger informes detallados del comportamiento de sus pacientes, porque pensaba que solo a través de los síntomas podían clasificarse correctamente los trastornos de la mente. Pinel identificó cinco tipos de locura, pero ha pasado a la historia como el gran pionero de los estudios sobre los psicópatas por su identificación de una en particular: la «locura (o manía) sin delirio», propia de aquellos pacientes que «en ningún momento manifiestan lesión alguna en el entendimiento». Esto lo afirma en su obra fundamental, *Traité médico-philosophique sur l'aliénation mentale ou La manie* [Tratado médico-filosófico de la enajenación del alma o manía] (original de 1801), donde pone como ejemplo, entre otros, a un interno que había intentado matar a unos que se habían portado muy bien con él, y a otro paciente que, periódicamente, tenía ataques de «manía homicida» sin que tuviera problemas con su intelecto. Pero hay un ejemplo que quizá sea más significativo para nosotros; se trataba de un joven que atacaba con furia desmedida —incluso homicida— a cualquier persona o animal que le causara frustración o enojo, pero «cuando no estaba bajo la influencia de esa pasión, hacía gala de un juicio perfectamente apropiado [...] y se distinguía por sus actos compasivos y benéficos». Al final, este hombre acabó en el asilo de Bicêtre encerrado a perpetuidad, debido a que arrojó a una mujer a un pozo después de que ella le hubiera ofendido —o al menos, así lo entendió él— verbalmente.

JAMES PRICHARD Y LA LOCURA MORAL

El médico inglés James Cowles Prichard (1786-1848) siguió profundizando en los métodos observacionales de Pinel, en su calidad de médico sénior del Hospital de Bristol (Inglaterra) publicó su obra más reconocida, *A Treatise on Insanity*, 1835 [Un tratado sobre la locura], donde acuñó el concepto de *moral insanity*. En su trabajo, que reconocía su deuda con aquel, hacía hincapié —a diferencia del francés— en que la causa de la locura era «la perversión mórbida que afecta exclusivamente a los afectos (emociones) y a los sentimientos morales». Es decir, Pinel había identificado un tipo de locura en personas que razonaban de modo correcto fuera de los episodios violentos, pero no había señalado una facultad moral «enferma» o pervertida como el origen de esa violencia. Esto lo hizo Prichard, extendiendo de este modo el concepto de Pinel de «locura sin delirio» para incluir lo moral o psicológico, con ello tuvo una influencia extraordinaria en los caminos que iba a recorrer la criminología durante los siguientes cien años. Su explicación de la locura moral sigue siendo hoy en día relevante en muchos sentidos:

> La *moral insanity* es un tipo de enfermedad (*derangement*) mental donde las facultades intelectuales parece que no han sufrido lesión alguna o muy escasa, mientras que el trastorno se manifiesta principalmente o de forma única en el estado de los sentimientos, el temperamento o los hábitos. En estos casos, los principios morales y activos de la mente están extrañamente pervertidos y depravados; el autogobierno se ha perdido o está muy disminuido. Encontramos a este individuo *incapaz* no por el modo en que habla o razona de cualquier tema que le propongamos —frecuentemente con gran astucia y locuacidad— sino por su imposibilidad de conducirse con decencia y propiedad en los asuntos de la vida.

El loco moral, según Prichard, es lógico en sus razonamientos e incluso puede «mostrar una gran ingenuidad» en la justificación de sus fechorías. Otros rasgos que le confiere Prichard son una irascibilidad extrema y un maquinar maldades hacia los demás, sin que estos hicieran nada para provocar tal antagonismo. La locura moral podría estar con frecuencia detrás de crímenes violentos, incendios, robos y obsesiones sexuales como erotomanía, satiriasis o ninfomanía, es decir, actos que obedecen a unas pasiones o emociones persistentes y exacerbadas.[4] Por consiguiente, ahora, los médicos tenían que prestar atención a las emociones y, por extensión, *a los actos utilitaristas* (esto es, a los esfuerzos que ponían para conseguir lo que deseaban) que seguían los locos morales, *donde el logro de sus deseos parecía un impulso incorregible.*

Para Prichard, las causas de esta enfermedad eran un misterio. Aunque no descartaba el papel de la herencia, así como la posible influencia de la epilepsia o de determinadas fiebres, tenía claro que los motivos del «loco moral» cuando cometía un crimen, en nada se parecían a los más habituales como la venganza o la deficiencia (o retraso) mental. Tampoco comulgaba con las ideas de los frenólogos, a los que consideraba poco rigurosos. Simplemente, pensó que no se conocían tales causas y que una vía prometedora en el futuro sería el estudio del cerebro.

Prichard pone varios ejemplos de locos morales. Uno de ellos es el de un preceptor que pidió ser relevado de su cargo porque sentía deseos muy fuertes de matar al niño que era su pupilo. Otro, fue un soldado mayor que mató a una niña pequeña en un bosque y luego violó su cuerpo y bebió su sangre. Posteriormente, el soldado confesó su crimen muy tranquilo, incluso con «un aire de alegría y satisfacción». Varios de los casos por él estudiados —a diferencia de los locos tradicionales, muchos de ellos provenientes de las clases depauperadas— podían reflejar la locura moral que exhibirá el Dr. Jekyll (en su doble Edward Hyde), dado que mostraban a hombres de «edad considerable» y «reputación intachable», que presentaban «una subversión total del carácter» y, en consecuencia, «realizaban comportamientos indignos, depravados, temerarios y del todo contrario a los principios morales».

Prichard lamentaba que los jurados no comprendieran el hecho de que uno podía hablar sin mostrar signo alguno de locura y, sin embargo, *estar loco*, lo que tenía como consecuencia que normalmente se dictara su ejecución en la horca. Para Prichard se trataba de locos auténticos y, por ello, deberían ser confinados en un asilo, no sentenciados a morir. Hubo muchos seguidores de Prichard en Estados Unidos. Quizás el más influyente fuera el autor de *A Treatise on the Medical Jurisprudence of Insanity* [Tratado sobre jurisprudencia médica de la enfermedad], el Dr. Isaac Ray (1807-1881), que utilizó el concepto equivalente de «manía moral» para referirse a aquellos individuos que cometían crímenes sin motivo, que no se podían controlar y que no sentían remordimientos.

Así pues, tenemos un concepto que iba a convertirse en un diagnóstico muy popular tanto en Europa como en Estados Unidos a lo largo del siglo XIX, haciéndose habitual en el lenguaje psiquiátrico y legal para referirse a aquellos crímenes que impresionaban a la opinión pública por su crueldad y ausencia de piedad, así como por sus autores, que no parecían temer al castigo y que no sentían cargo alguno de conciencia. Ahora bien, ¿qué causaba este tipo de locura? Había opiniones para todos los gustos, las explicaciones no parecían llegar a ninguna parte. Sin embargo, a partir de la segunda mitad del siglo, la teoría de la evolución formulada por Darwin en *El origen de las especies* (1859) iba a cambiarlo todo. Dos escuelas criminológicas se vieron muy influidas por los estudios sobre la evolución: *la teoría de la degeneración y la antropología criminal*, de Cesare Lombroso.

La teoría de la degeneración

La Criminología científica es una hija directa del gran descubrimiento científico del siglo y quizá, de toda la ciencia: la teoría de la evolución, es decir, que los organismos van cambiando a través de millones de años. Antes de que *El origen de las especies* de Charles Darwin cambiara el mundo para siempre, es cierto que los estudiosos ya se habían dado cuenta de que los fósiles y los estratos geológicos casaban difícilmente con la idea de un Dios que había creado a todos los seres en un momento, con su forma ya inmutable, tampoco con la creencia de que la historia del mundo no podía superar los seis mil años (una edad que obedecía a un cierto cálculo hecho por los Padres de la Iglesia). En otras palabras, los científicos y filósofos tenían que dar cuenta de esas señales que revelaban la existencia de cambios a lo largo de periodos de tiempo de (se decía) decenas de miles de años. De igual modo, aunque la genética como base de la herencia no sería descubierta por Mendel hasta principios del siglo XX, ya desde principios del siglo XIX los científicos habían comprendido que, mediante mecanismos desconocidos, existía el fenómeno de la herencia o la transmisión de ciertos caracteres físicos y psicológicos a las siguientes generaciones, en virtud de lo que se denominaba un «plasma germinal».

Los criminólogos, antes de desarrollar plenamente la tesis

de Darwin con la teoría del criminal nato de Lombroso, encontraron una explicación en la teoría de la degeneración, según la cual había individuos que, producto de condiciones malsanas del ambiente sostenidas durante generaciones —por el comportamiento vicioso, abuso de alcohol y opio—, retrocedían a estados más primitivos de la sociedad, cuando el ser humano era menos sofisticado y más «salvaje». En otras palabras, en la visión de la teoría de la degeneración, los seres humanos están expuestos a un gran número de influencias (vicio, pobreza, crimen, alcoholismo, etc.) que puede inducir procesos degenerativos, lo que produce la atrofia de las facultades mentales, morales y físicas del individuo, una degeneración que se transmite por herencia a sus descendientes y —si no se toman las medidas adecuadas— puede llevar al ocaso de todo un pueblo o nación. La «biblia» de los partidarios de la degeneración fue la obra de 1857, *Traité des dégénérescences physiques, intellectuelles et morales de l'espèce humaine* [Tratado sobre las degeneraciones físicas, intelectuales y morales de la especie humana], escrita por el director de un asilo para dementes, el francés Bénédict Augustin Morel (1809-1873). Morel aseguraba que aquel que porta los «gérmenes» de la degeneración será incapaz de pensar con claridad y atender a sus obligaciones como padre, esposo o ciudadano, convirtiéndose en un lastre para una sociedad que está en continuo progreso.

Esta teoría se apoyaba en la aceptación de la teoría de Jean-Baptiste Lamarck (1744-1829) de la heredabilidad de los caracteres adquiridos,[5] de tal manera que vicios y crímenes podían pasar de una generación a otra, acumulándose degeneración tras degeneración y, con ello, el comportamiento desordenado y criminal, poco apto para ser útil al industrioso siglo XIX. Criminales, locos, borrachos, débiles mentales... todos ellos eran subproductos humanos, indeseables en una sociedad que miraba hacia el progreso de una tecnología sin precedentes. El elemento de la teoría de Morel que más influyó en la criminología y en los científicos en general fue su insistencia en que los resultados de la degeneración eran intercambiables. Esto es, las deformidades físicas, las enfermedades físicas y mentales, el crimen y el vicio, todos eran signos de degeneración, que podían variar en el tiempo y en los individuos, porque no eran sino signos externos de una condición interna, a modo de un veneno que recorre las venas de los afectados a través de generaciones.

En un principio se creyó que el proceso degenerativo podía ser revertido, aunque se tardara varias generaciones en lograrse, si se revertían las condiciones de miseria y vida desordenada en las que vivían las familias afectadas y se educaba a los niños en el esfuerzo, la obediencia, dándoles buen ejemplo, lejos de las calles llenas de golfos, truhanes y prostitutas. Pero, a medida que el siglo avanzaba y se apreciaba que el crimen y la pobreza no cejaban, los teóricos fueron más pesimistas y llegaron a convencerse de que se trataba de una *condición fijada* en los sujetos afectados en el «plasma germinal». El estudio realizado por Richard Dugdale (1841-1883) sobre la familia Jukes (1877) fue un hito en este sentido: muchas generaciones de la familia Jukes mostraban una vida entronizada en la pobreza, la enfermedad, la debilidad mental y el crimen. Cuando los médicos tomaron conciencia de la perdurabilidad en el tiempo de toda esa miseria humana y vital, llegaron a la conclusión de que no tenía sentido invertir esfuerzos (mejor educación, sanidad, etc.) para cambiar algo que no podía mejorar. Esta conclusión fue algo paradójica, ya que el propio autor del estudio (Dugdale) sí creía en la mejora mediante medidas higiénicas y sociales. La teoría de la degeneración dio lugar a finales del siglo XIX y principios del XX a los primeros programas eugenésicos tendentes a esterilizar a aquellas personas consideradas intelectual o moralmente imbéciles o degeneradas.

Como parte de la sociedad científica, los criminólogos no eran ajenos a estas consideraciones y aceptaron los presupuestos de este racismo científico, de acuerdo con el cual la raza blanca era la que ocupaba la posición más elevada en la escalera evolutiva. Los peores criminales eran como los salvajes o los pueblos primitivos, razas inferiores (como la negra) que mostraban un sentido moral muy inferior al de los blancos. Tanto en el caso del criminal degenerado como en el que es producto de un «salto evolutivo hacia atrás» (atavismo) —que veremos a continuación— se apuntaba en una misma dirección: los cerebros de los criminales debían ser inferiores a los que poseían los hombres blancos de bien, plenamente evolucionados.

La locura moral se entronizó con la teoría de la degeneración sin mayores problemas. La causa de aquella estaba en la herencia envenenada de los ascendientes, con frecuencia durante generaciones. Uno de los grandes psiquiatras del siglo XIX, el doctor Henry Maudsley (1835-1918), editor del prestigioso *Journal of Mental Science*, unió las investigaciones de Prichard con los desarrollos de la teoría degeneracionista. Maudsley definió a la clase de los criminales como «una variedad degenerada y mórbida de la humanidad». Maudsley dijo que algunos colegas rechazaban el concepto de locura moral porque se confundía con el de criminal persistente, pero él se reafirmaba en que los locos morales representaban una categoría bien real de enfermos mentales, porque «[en ellos] hay un trastorno de la mente sin que existan ilusiones, delirios o alucinaciones, mientras que aparecen los síntomas de la perversión en las funciones mentales generalmente denominadas morales, que afectan a los sentimientos, emociones, inclinaciones [actitudes], el temperamento, los hábitos y la conducta». Lo más relevante para identificar al loco moral, continúa Maudsley, es el hecho de que «la vida afectiva del sujeto está por completo desequilibrada, tal y como se observa en aquello que desea, siente y hace. No tiene capacidad para el sentimiento moral auténtico; todos sus impulsos y deseos, a los que no ofrece ninguna resistencia, son egoístas. [...] Hay una insensibilidad moral asombrosa».

La antropología criminal de Lombroso: la criminología gótica

Lombroso encarna mejor que nadie al científico que estudia al criminal. Este médico forense, antropólogo y psiquiatra se consideraba a sí mismo un criminólogo por encima de todo y pretendió, a finales del siglo XIX, explicar el origen de lo que hoy llamaríamos el psicópata criminal y que él denominó el «criminal nato». Pero en el logro de esta empresa, Lombroso hizo un uso extenso de la narrativa gótica, constituyendo el principal representante de lo que hoy entendemos como *criminología gótica*.

Las ciencias naturales de finales del xix suscitaron profundas cuestiones acerca de la identidad humana y, con ello, generaron una ansiedad existencial en la sociedad de su tiempo. El hombre ya no estaba hecho a imagen de Dios, «sino que era una bestia entre otras muchas, más cerca del mono que de una deidad» —escribe Rafter— y el gótico se apresuró a introducir imágenes de monstruos o de bestialidad que dejaban claro este hecho. Igualmente, el fenómeno del doble también reflejaba la indefinición de quién o qué era un hombre: el bello y educado Dorian Gray podría ser un monstruo en su retrato, al igual que el admirado Dr. Jekyll podía ser un asesino repulsivo como Mr. Hyde. Así mismo, un sujeto aparentemente ordinario podía ser un vampiro oculto. Ernst Haeckel, el médico que dijo que cada niño reproduce en su desarrollo la historia del desarrollo de la especie humana (la ontogenia reproduce la filogenia), inspiró a Lombroso la idea de que los niños no eran seres inocentes, sino que empezaban su vida como pequeños «salvajes», es decir, como «criminales natos» en miniatura.

UN CIENTÍFICO SINGULAR

La obra de Cesare Lombroso, *L'uomo delinquente* [El hombre delincuente], que publicó en 1876, constituyó el primer proyecto de crear la ciencia de la criminología, de este modo puede ser llamado en justicia el «padre de la criminología». Posteriormente, en 1893, publica *La donna delinquente* [La mujer delincuente], que es la primera monografía sobre la mujer criminal. Ahora bien, la obra del médico de Verona siempre ha sido objeto de gran controversia, lo que quizá le ha privado de ser honrado como un gran pensador dentro de la criminología. Se le acusaba de haber practicado un método científico *descuidado* —incluso para los criterios de su época— y haber contribuido con su obra —a pesar de que él formaba parte del sector progresista por sus ideas liberales— al desarrollo de la corriente de la eugenesia, que fue muy popular a finales del siglo XIX y principios del XX (otros muchos científicos y pensadores liberales abrazaron esas ideas).

La gran historiadora de la criminología, Nicole Rafter, dedicó los últimos años de su vida a examinar la obra de Lombroso (1835-1909), y estas páginas dan cuenta en lo fundamental de su gran aportación a la historia de esta ciencia. En particular, nos interesa mucho subrayar sus estudios sobre Lombroso bajo la perspectiva del movimiento gótico de finales del siglo XIX. En resumen, *su tesis es que el concepto de «criminal nato» enunciado por Lombroso fue una creación gótica, reminiscente de la muerte, lo misterioso y siniestro, aspectos esenciales de la literatura y las artes visuales que denominamos góticas.* En efecto, Lombroso consideró que el criminal nato representaba un salto hacia atrás en el tiempo en el proceso evolutivo, porque un criminal así entendido —malévolo y retorcido en cuerpo y alma— no podía formar parte de la sociedad moderna, cultivada y espiritualmente elevada. Con objeto de hacer frente a esos criminales de nacimiento, irracionales y de aspecto fiero o «salvaje», Lombroso proponía un control social intenso, que a su vez exigía que la nueva ciencia de la antropología criminal —que él mismo fundó— invirtiera sus esfuerzos en poder identificarlos e incapacitarlos de por vida.

Lombroso había servido como médico en el ejército durante las guerras de la independencia de Italia y buscaba aplicar la ciencia a los problemas del nuevo país, llevándolo a la modernidad. Cuando le asediaban las críticas, siempre se vio como un pionero en la búsqueda de la verdad. En su libro póstumo *After Death What?* (*Después de la muerte: ¿Qué?*, 1909, trad. inglesa) él se presenta como un cartógrafo dedicado a elaborar un mapa de los territorios desconocidos del alma, atreviéndose a viajar por lugares donde los geógrafos medievales y renacentistas añadían la advertencia en sus mapas de «aquí hay monstruos», para prevenir a los confiados aventureros de lo que les podía acechar si se atrevían a adentrarse en ellos. Lombroso contó con muchos admiradores, tanto en Europa como en Estados Unidos.

Sin embargo, su fama fue declinando con el tiempo, porque sus teorías presentaban muchas deficiencias. Charles Goring, el más importante criminólogo de Inglaterra de la siguiente generación, escribió que «[existía] una falta total de espíritu científico en la mente y los métodos de Lombroso», y calificó su trabajo como «una mascarada de confusión organizada [...] cobijada bajo el título de criminología científica».

Pero en los años más recientes, su obra ha sido revaluada. En palabras de Rafter: «Lombroso emerge como una figura compleja, sin duda fallido en el método de su ciencia, pero innovador en cuanto introdujo nuevas cuestiones de investigación y propuestas igualmente arriesgadas y novedosas». Mary Gibson y Nicole Rafter escribieron en su prólogo a la edición norteamericana de *Criminal Woman* [La mujer delincuente], que Lombroso «claramente se basó en conceptos que eran ampliamente aceptados por los científicos del siglo XIX, y que en muchos sentidos fue un pensador liberal e incluso progresista».

El científico gótico

Como se sabe, el gótico surgió como un estilo arquitectónico entre los siglos XII y XVI, pero, tras un periodo de ostracismo provocado por el Renacimiento, la vuelta del clasicismo y la racionalidad de la Ilustración, regresó con fuerza a finales del siglo XVIII de la mano del Romanticismo. Esta corriente se opuso a los valores ilustrados de supremacía de la razón, de orden y contención. Estimulados por la Revolución francesa y su abrupta ruptura de la tradición, los románticos abrazaron la emoción, la imaginación, la aventura y lo intangible e irracional. No puede sorprender que se declararan devotos de lo sublime, de la libertad sin trabas, del culto a la naturaleza como imagen de la libertad y del apego a emociones tan intensas como el terror y el sobrecogimiento. Frente a los grandes pensadores clásicos de la filosofía y el derecho como Jeremy

Bentham y Cesare Beccaria, que soñaron una sociedad regida por el consenso social y la racionalidad en el obrar humano, los pensadores románticos anunciarán el triunfo de la pasión y la libertad individual.

Por vez primera apareció una generación de escritores dedicada a mostrar el lado oscuro de la naturaleza humana, en palabras de Mark Edmundson, «el mundo de la crueldad...».

Con la excepción de *Frankenstein* de Shelley, publicada antes del nacimiento de Lombroso, las obras fundamentales góticas que examinaremos en este libro se realizaron en vida del criminólogo: *El extraño caso del Dr. Jekyll y Mr. Hyde* (1886), *El retrato de Dorian Gray* (1891) y *Drácula* (1897); pero también otras obras como *Carmilla* (Le Fanu: 1872), *El corazón de las tinieblas* (Joseph Conrad: 1899) y *La isla del Dr. Moreau* (H. G. Wells: 1899). Estas dos últimas obras, a nuestro juicio, son plenamente góticas, a pesar de que puedan clasificarse de otros muchos modos, por la exacerbación de la pasión y el horror en un contexto de naturaleza indómita con tintes oníricos.

Durante el periodo 1876-1897 en que Lombroso impulsó y consolidó la antropología criminal, el gótico vivió una nueva etapa de popularidad que fue de la mano del gran desarrollo de las ciencias físicas: la evolución, la degeneración, la herencia, la medicina, la psiquiatría, las patologías sexuales... todas estas disciplinas forzaron una nueva forma de pensar en torno al cuerpo humano y su relación con otras formas de vida e impactaron poderosamente en la iconografía gótica. Escribe Kelly Hurley que «la narrativa darwiniana de la evolución de las especies permitía todo tipo de combinaciones de rasgos morfológicos, de forma que era posible cualquier posible transfiguración de la forma corporal, [es decir] la integridad de las especies se vino abajo». Las especies ya no estaban separadas, ni eran algo fijo, por ello «la selección natural autentificó lo fantástico».

Lombroso respondió con entusiasmo a la llamada de Darwin y contribuiría de forma poderosa con su teoría del atavismo para explicar al «criminal nato», alguien por debajo de la auténtica humanidad o ajeno a los sentimientos morales humanos, que hoy podríamos entender como un criminal psicópata.

Pero también tuvo un gran impacto la teoría de la degeneración en el mundo gótico —revisada anteriormente—, cuyas imágenes de la degeneración, muchas de ellas mostrando rasgos grotescos de decaimiento físico y mental, revitalizaron las narrativas góticas de finales del siglo XIX.

Las obras de Lombroso están llenas de imágenes góticas: calaveras y cerebros, cuerpos degenerados, criminales locos y epilépticos, perversiones sexuales. En uno de los muchos ejemplos: «Los asesinos y ladrones de la familia Carnu fueron criados por parientes criminales. Entre los cinco hermanos, solo la niña más joven se resistió a una vida de crimen. No obstante, sus familiares la forzaron a ello, obligándola a llevar la cabeza de una de sus víctimas en el regazo de su delantal durante nueve kilómetros. Como consecuencia, ella pronto perdió todo sentido de culpa y se convirtió en la más fiera de toda la banda, sometiendo con alegría a sus víctimas a las torturas más crueles», escribe Nicole Rafter.

Lombroso introdujo muchas imágenes góticas en sus obras para ilustrar historias de horror y locura, como un diagrama de los cerebros de niños asesinos o fotos de ejecuciones y suicidios. En la quinta edición de *El hombre delincuente* publicada entre 1896-1897 había aumentado tanto el número de dibujos, diagramas y fotos, que se hizo necesario incorporarlos en un volumen separado, conocido como el *Atlas*, lleno de profusas imágenes de cuerpos atávicos y degenerados, como las que mostraban a las mujeres de Abisinia, con pechos inmensos y traseros desproporcionados. Así pues, no pudo sorprender a nadie que Lombroso creara su propio «museo de los horrores» o de artefactos antropológicos, con todo tipo de reproducciones de cera de cabezas de criminales famosos, pero también cabezas naturales preservadas en soluciones químicas, esqueletos, armas, etc.

Pero, sin duda, la gran contribución gótica de Lombroso fue el criminal nato. «A la vista de esta calavera», escribe, en ocasión del examen del ajusticiado Giuseppe Villella, «se me hizo evidente de golpe, como si un rayo hubiera iluminado una vasta planicie, el problema de la naturaleza del criminal: [este] no es sino un ser atávico que reproduce en su persona los instintos feroces de la humanidad primitiva y de los animales inferiores». Así quedaba explicada su anatomía: «sus mandíbulas enormes, los huesos grandes de las mejillas, los arcos superciliares prominentes, las líneas solitarias de las palmas [de las manos], el tamaño extremo de las órbitas, las orejas en forma de asa encontradas en los criminales, salvajes y simios, la insensibilidad al dolor, la gran agudeza visual, los tatuajes, la notable pereza, el placer por las orgías, el ansia por hacer el mal sin otra razón que ese mismo deseo, el anhelo no solo de extinguir la vida de la víctima sino de mutilar el cuerpo, cortar su carne y beber su sangre». Es notable que este párrafo tan citado incluya al final la imagen del vampiro, un favor que le devolverá Bram Stoker cuando escriba *Drácula* años después, citando a Lombroso como una autoridad.

Lombroso llamó a su teoría sobre el control social de «defensa social», y abogaba para que el castigo se ajustara al criminal, no al crimen. Hay que decir que Lombroso reconocía otras formas de criminalidad inducidas por las pobres condiciones sociales, y abogaba por la extensión de la educación pública a los estratos más desfavorecidos de la sociedad. Igualmente, también apoyó las propuestas de su colega Enrico Ferri para que los presos pudieran cumplir sus condenas fuera de la cárcel, en determinados supuestos.

Pero en lo concerniente al criminal nato —nos recuerda Rafter—, Lombroso lo tenía muy claro: «Los criminales natos, programados para hacer mal, no solo son reproducciones atávicas de los salvajes, sino también *los más feroces carnívoros y roedores*. Este descubrimiento no debería provocarnos la compasión hacia ellos —como algunos reclaman— sino, más bien, el prevenir cualquier muestra de piedad, ya que esos seres *no son miembros de nuestra especie sino de la especie de las bestias sedientas de sangre*». Por esa razón, deberían ser identificados cuanto antes: esa es la mejor medida posible de defensa social. Los maestros tendrían que aprender a distinguir en los niños los signos incurables de la criminalidad nata, separándolos así de aquellos en los que la delincuencia es solo una etapa pasajera. «Esos signos incluyen anomalías fisiológicas y craneológicas, junto a su predisposición para obrar mal.» Finalmente, Lombroso también aprobó la pena de muerte en aquellos casos en que «los criminales repiten sus crímenes sedientos de sangre por tercera o cuarta vez, a pesar de haber sido castigados con varias medidas previas como la cárcel, la deportación o el trabajo forzado».

LOS ALIENISTAS EN LOS JUICIOS

Todo este desarrollo en las ciencias médicas y criminológicas tuvo un impacto significativo en los procedimientos penales, sobre todo en aquellos crímenes que parecían *incomprensibles*, ajenos a toda lógica, puesto que si existían nuevas teorías y conocimientos que iluminaban el comportamiento criminal, los tribunales no podían permanecer ciegos ante este hecho. Serán los alienistas los encargados de hacer llegar estos nuevos conocimientos a la sala de justicia.

Anteriormente señalamos que, dentro de la psicología de las funciones del cerebro aceptada en la época, se solía distinguir entre las funciones intelectuales (la percepción, la razón, la memoria, etc.), las funciones afectivas y morales (que permiten los vínculos entre la gente y determinar lo que está bien o mal) y las referidas a la voluntad (que rigen el control sobre nuestros deseos e impulsos). El alienista Jean Esquirol (1772-1840) —discípulo de Philippe Pinel— denominó *monomanía* a la enfermedad que solo afectaba a las funciones intelectuales. Si alguien tenía una monomanía, lo que presentaba era un *delirio* (una creencia que no admite ser contestada por mucho que haya una realidad objetiva que la descalifique), como ocurre, por ejemplo, cuando alguien cree, sin ningún fundamento, que otra persona que conoce desde años ha sido poseída por el diablo y quiere atentar contra su vida. Según Esquirol, el acto más característico del monomaníaco era el homicidio. Por lo que respecta a las emociones o afectos y el juicio moral, el sujeto que carecía de una brújula para el buen autogobierno, es decir, para el comportamiento guiado por los principios morales, mostraba la ya conocida «locura moral» (*moral insanity*). El sujeto que la presentaba no tenía afectos profundos y actuaba siguiendo siempre su beneficio, ya que era ciego ante las implicaciones morales de sus acciones, razón por la que no experimentaba culpa o remordimientos; pero su facultad de razonamiento no se veía afectada, es decir, no tenía delirios. Finalmente, si la función volitiva era la comprometida, el individuo podía responder ante los estímulos que le impresionaban, con gran *impulsividad y furia*. Esta invasión de la voluntad por una fuerza irresistible llevaba muchas veces al sujeto a acciones de gran violencia, donde era complicado encontrar un motivo lógico o proporcionado, de ahí que los alienistas la definieran como «locura impulsiva» y también «locura homicida».

No obstante, en la práctica, el que presentaba «locura homicida» violaba las normas morales al tiempo que estaba claro que no había sido capaz de autogobernarse (o autocontrolarse), por lo que fue el diagnóstico de «locura moral» el que acabó prosperando para designar también a los sujetos violentos y homicidas que no tenían afectada la razón y que habían actuado bajo un «impulso irresistible», y cuyo comportamiento con frecuencia parecía que carecía de un móvil o causa comprensible.

Con el tiempo los fiscales comprendieron la importancia de contar con «expertos en la mente» que testificaran a favor de la acusación (o del Estado). Los expertos de la defensa seguían un guion clásico, según el cual la locura del acusado era hereditaria, una afirmación que solía apoyarse en la mención de los parientes que habían sido diagnosticados de condiciones parecidas a la que presentaba el acusado. De igual modo, como la enfermedad tenía una base somática —el cerebro, que sostenía toda la vida mental—, los médicos de la defensa solían prestar mucha atención al aspecto físico del individuo, porque pensaban que un cerebro deforme podía ser causa también de rostros desencajados y ojos vacíos de emoción o, alternativamente, llenos de una mirada penetrante y amenazadora. Reflejaban así los postulados de la escuela fisionómica iniciada por Lavater en el siglo XVIII, pero en general los exámenes mentales se adaptaban a su tiempo, y la fisionomía dejó paso a otras escuelas a medida que iba avanzando el siglo XIX, singularmente la Frenología y posteriormente la antropología del criminal nato (o atávico) de Lombroso.

La naturaleza del crimen, prueba de la locura

En esta nueva disciplina que se introducía en los tribunales del siglo XIX los alienistas y los abogados defensores empezaron a trabajar conjuntamente para plantear sus alegaciones. Es fácil comprender la razón de ello, ya que por vez primera era posible alegar que un acusado mentalmente trastornado no podía ser juzgado como si fuera un hombre en pleno uso de la razón. Antes, cuando el delito era producto de la naturaleza pecadora del hombre, poca importancia tenía su estado mental, ya que tanto los cuerdos como los locos que mataban eran esencialmente iguales. Pero esto había cambiado: los alienistas que surgieron al amparo de la Ilustración y del siglo de la ciencia tenían que dar una razón de por qué alguien podía cometer un crimen *monstruoso*. En este ejercicio de reflexión sobre el criminal, llegó a considerarse en muchos casos que la propia comisión de un crimen *monstruoso* era prueba evidente de la anormalidad mental de su autor. Por ejemplo, el célebre alienista francés Étienne-Jean Georget (1795-1828) escribió que «Un único acto atroz, si es contrario a la naturaleza humana, cometido sin motivo, sin interés, sin pasión, y si es opuesto al carácter natural del individuo, es a todas luces un acto de locura».

Claro que esto suponía un problema. Los fiscales se quejaron de que, con tal argumento, cuanto más vicioso fuera el delito cometido, menos probabilidad tenía la justicia de condenar al acusado como penalmente responsable de ese crimen, lo que llevaba a un absurdo. La reacción de los fiscales y muchos jueces a esta «invasión» de los alienistas en el sistema judicial fue retomar la retórica de la maldad innata del hombre de los siglos pasados, conformándose así un debate que llega hasta la actualidad: los abogados defensores buscan en la mente anómala del acusado circunstancias eximentes o atenuantes de la responsabilidad criminal, mientras que los acusadores se apoyan en la narración de la maldad, no de la enfermedad.

Y así, los psiquiatras de comienzos del siglo XIX se adherían generalmente a una narrativa médica propia del liberalismo ilustrado, según la cual la humanidad era esencialmente buena por naturaleza, creada a imagen y semejanza de Dios. Por ello, solo la locura podría explicar que alguien fuera capaz de cometer crímenes horribles. Este movimiento de inicios del siglo XIX que abordaba la enfermedad mental para explicar los crímenes más repulsivos, sin embargo, tuvo un efecto inesperado con el devenir del siglo, cuando la idea de un Dios creador del hombre empezó a ser discutida en los círculos científicos, como consecuencia de la teoría de la evolución de Darwin. A partir de la obra de los teóricos de la degeneración y de Lombroso, *la locura ya no sería un refugio del asesino irracional, sino que lo sería la maldad congénita, explicada por una naturaleza primitiva o degenerada del criminal.* En otras palabras, si bien los primeros alienistas buscaron argumentar que el asesino era todavía un ser humano como cualquier otro, *solo que tenía un cerebro enfermo,* en el último tercio del siglo XIX el asesino ya no es el mismo hombre que el ciudadano que cumple la ley, porque su naturaleza es propia del salvaje o lo inhumano: del mismo modo que los europeos sofisticados veían a los pueblos «primitivos» como seres menos evolucionados que ellos —y en consecuencia, más cerca de los primates que del hombre europeo—, los criminales más irredentos pertenecerían a ese segmento donde se era *menos* humano, y se estaba más cerca de las bestias. Habían nacido los monstruos morales.

Pero antes de llegar a la imagen del asesino como un ser monstruoso (no humano), los alienistas de principios de siglo se esforzaban en explicar cómo podía una persona que era racional en muchos aspectos de su vida, cometer un crimen atroz. La solución estaba en la teoría de las facultades mentales, concretamente, se utilizó el concepto de monomanía (delirio homicida) como un cajón de sastre, indicando muchas veces una especie de «entidad enferma» que había invadido la mente del asesino y le había quitado su capacidad de elegir sus actos. Otras veces se aludía a una causa física de esa monomanía, como la epilepsia, tal y como muestra el caso de Alfred Fyler.

Alfred Fyler acuchilló y disparó a su mujer, Ruth, en su casa a las afueras de Siracusa, Nueva York, el 22 de febrero de 1854. Su hijo de dieciséis años contempló lo sucedido. Según la chica que prestaba servicio en la casa, Mary Cummings, Alfred había tenido relaciones sexuales con ella y le había propuesto matar a su esposa si ella accedía a vivir con él. Pero, una vez Alfred hubo matado a su esposa, amenazó con matarla a ella también si no confirmaba su declaración ante la policía, según la cual Ruth había muerto a manos de unos ladrones que habían entrado a robar en casa. La defensa de Fyler se basó en dos puntos: atacar a Mary Cummings, a la que acusó de mentir maliciosamente para dañar a su defendido; y, lo que resulta más interesante, vino a decir que, no obstante, si el jurado consideraba al acusado autor del crimen, tendría que declararlo irresponsable ante la ley, porque había perdido la razón debido a la epilepsia que sufría desde hacía varios años. Para respaldar esta tesis, el abogado hizo desfilar una serie numerosa de testigos que declararon la presencia de síntomas propios (en aquella época) de la epilepsia como la risa inmotivada, convulsiones o espasmos, silencio profundo, estado de insensibilidad, una sudoración extrema y «ojos de mirada salvaje o vacía». John Gray, director del asilo mental de Utica, confirmó que Fyler sufría efectivamente de epilepsia, lo cual había reducido al acusado a «un estado de demencia incurable».

Para los alienistas que declararon en favor de Fyler, la demencia epiléptica funcionaba de forma muy parecida al sonambulismo. Dado que este no recordaba haber matado a su mujer, debía de haber estado inconsciente en el momento de matarla. Según los médicos, el efecto más grave de la epilepsia era destruir la capacidad de autocontrol mediante la anulación de la facultad moral del cerebro y, sobre todo, modificando el carácter, de tal manera que, aunque la noche del asesinato Fyler no hubiera sufrido un ataque epiléptico, «la enfermedad habría estado presente esa noche», declaró su abogado.

Pero, lo más llamativo de todo, son las palabras finales del abogado defensor de Fyler: la locura se había apoderado de su mente como si fuera un agente invasor: «La enfermedad [había sido] como una serpiente introduciéndose en su cerebro y destruyendo su facultad de razonamiento». La conclusión era que no había sido Alfred Fyler, devoto esposo y padre, quien había matado a su esposa, sino la «serpiente» en su cerebro. Así pues, durante buena parte de la primera mitad del siglo XIX los alienistas cambiaron el modo de comprender el crimen más egocéntrico y abyecto: este era obra de una voluntad anulada por un «impulso irresistible homicida» (un tipo de locura moral), por un delirio que engañaba al sujeto y le hacía creer que debía de matar a alguien (monomanía) o porque la epilepsia o el sonambulismo habían anulado las facultades morales y la capacidad de razonar del asesino. En cualquier caso, el auténtico culpable no era este, sino la enfermedad que, como una serpiente o entidad extraña, se había introducido en su cerebro adueñándose de su mente. Como veremos en el capítulo siguiente, esta explicación será muy popular entre los propios asesinos en serie en el siglo XX, a ello contribuyó de forma poderosa la novela de Stevenson, *El extraño caso del Dr. Jekyll y Mr. Hyde*.

Sin embargo, al crear la figura del «homicida loco», aunque solo fuera una fase transitoria de la persona (como cuando sufría de sonambulismo o de epilepsia) no pudo evitarse que esta narrativa criminal encontrara su eco en el terreno literario del género gótico, que recogió con entusiasmo la imagen *horrible* y *misteriosa* de un asesino loco que podía perder la razón de forma inopinada y transitoria, que en ese estado de locura podía exhibir signos físicos que revelaban la posesión de su persona por parte de la enfermedad (uno de los familiares que visitó a Fyler en la cárcel declaró: «su aspecto me horrorizó»). Todavía más, ya que los alienistas consideraban que la propia monstruosidad del crimen constituía una prueba de la locura del asesino, en sus informes y declaraciones ante el tribunal presentaban con mucho detalle los aspectos más repulsivos y sangrientos de los crímenes, algo que tenía indudablemente un componente gótico, por su exhibición de horror y misterio, y que implicaba la propia locura homicida, de modo tal que se tendieron unos vasos comunicantes evidentes entre la literatura psiquiátrica forense y la literatura gótica.

Parte II
EL SIGLO DE LOS MONSTRUOS

La alianza entre los literatos
y los científicos

Muchas veces, la gente no se da cuenta del valor que tiene el arte y la imaginación en la creación de sus propias convicciones. A través del arte narrativo (literatura y cinematográfico-audiovisual) —Mary Shelley y *Frankenstein*; Alfred Hitchcock y *Psicosis*; Thomas Harris y Jonathan Demme en *El silencio de los corderos*, por nombrar solo a unos pocos— los artistas ofrecen visiones morales sobre el mundo mediante relatos de terror y maldad. Los lectores y espectadores tienen la oportunidad de reflexionar sobre tales actitudes, aceptarlas o rechazarlas, pero también encontrar estímulos para la inspiración y, en un sentido amplio, para enriquecer sus vidas, más allá del entretenimiento o catarsis que tales historias puedan ofrecer. «Las buenas historias de monstruos —escribe Stephen T. Asma— pueden transmitir valores al contarnos ejemplos de dignidad o depravación sin tener que sermonear o adoctrinar.»

Una razón por la que los relatos de maldad o monstruosidad han estado siempre con nosotros es porque hunden sus raíces en nuestro pasado antropológico y cultural. La sociedad crea fronteras para expulsar lo monstruoso y el *Homo sapiens* aprendió durante su largo camino evolutivo que, para sobrevivir, debía de tener muy afinada la emoción del miedo ante el depredador o enemigo.

Pero ahora queremos significar una dimensión del horror que no hemos llegado a comentar anteriormente. Además de esa función de cohesión social y de supervivencia, los grandes relatos de horror (y su derivación en el relato criminal del siglo XX) también incluyen un componente existencial. H. P. Lovecraft dijo que el horror (al que define como «miedo cósmico») supone una experiencia que resuena muy profundamente en nuestra fascinación ante lo desconocido, una fascinación que al mismo tiempo tiene un claro componente de angustia, porque somos seres *terriblemente vulnerables y estamos destinados finalmente a extinguirnos*. En este punto, el relato de horror y criminal tiene la capacidad de interrogar, de interrogarnos, sobre múltiples aspectos del ser humano y de la existencia, con profundas implicaciones para la vida social. En otras palabras, de entre los diferentes tipos de historias, son la de tipo fantástico, de horror o de «misterio» las más preparadas para «afilar en ellas nuestras habilidades, nuestros pensamientos, nuestra concepción del mundo», escribe Philip Ball. La razón es que en ellas todo es posible, obligándonos a ampliar nuestra percepción de la realidad y a pensar en otras posibilidades (es decir, a generar nuevas actitudes) con respecto a los problemas y angustias que nos afligen por nuestra cualidad de seres humanos.

Pero, obviamente, no todos los relatos tienen esa capacidad. Ni nosotros podemos distraernos del objetivo de este libro, que es mostrar cómo la literatura gótica del siglo XIX ayudó a conformar la imagen del psicópata criminal y del asesino en serie, un proceso que concluiría en el siglo XX con otras dos novelas y la ayuda poderosa del cine, el arte por antonomasia del pasado siglo. Con tal fin, a nuestro juicio, las cuatro primeras obras (*Frankenstein, Jekyll y Hyde, El retrato de Dorian Gray y Drácula*) dieron cuerpo al psicópata criminal, a su versión más extrema y «monstruosa», el *serial killer*. Todas ellas se ocuparon del criminal que mata a unas pocas personas, lo que las diferencia de las otras dos que cierran el siglo (*El corazón de las tinieblas* y *La isla del Dr. Moreau*) que nos ofrecen retazos fundamentales del psicópata criminal de masas.

Nuestra selección no toma en cuenta sus méritos literarios, aunque es indiscutible su estatus de novelas góticas clásicas. Lo fundamental es que, por una parte, *dieron vida* a la personalidad psicopática criminal que se estaba investigando en ese mismo siglo —tal y como vimos en los dos últimos capítulos—, codo a codo con los científicos; y, por otra parte, en lo referente a las cuatro primeras, *penetraron en el imaginario cultural de la sociedad moderna*, definiendo de este modo al monstruo que, a partir sobre todo de la segunda mitad del siglo pasado, formará parte de nuestra concepción de la maldad más extrema o monstruosa (si bien, como veremos, tuvieron que servirse de los recursos estilísticos que les proporcionaba la ciencia de la época).

El escritor de estudios culturales Philip Ball otorga el calificativo de «mitos modernos» a tres de esas novelas (no incluye a *Dorian Gray*), pero no vemos razón alguna para no añadir la novela de Wilde pues, aunque quizá no sea tan popular, no cabe duda de que ha dejado también una profunda huella cultural, y continúa el diálogo de la naturaleza del monstruo moral que iniciara Shelley en 1818 con su primera y sorprendente novela.

Son mitos porque, entre otras razones, su núcleo narrativo puede ser expresado de modo breve y, sobre todo, ofrecen una estructura narrativa austera en la que se pueden colgar las ansiedades, temores y aspiraciones de toda época, de modo tal que es la imaginación popular la que «está continuamente poniendo finales a esas historias, rellenando huecos explicativos, reiterando importantes características y, sobre todo, introduciendo nuevos personajes, especialmente víctimas», señala Ball.

Una idea a destacar es que estos mitos nacieron en el siglo XIX porque se detuvieron *en temas que antes no existían*; no son viejos mitos reciclados, porque la cultura moderna industrializada, científica y secular se enfrentaba a desafíos que antes no existían, tales como la desintegración de la comunidad cerrada y las estructuras familiares, las oportunidades y peligros que traían la ciencia y la tecnología, así como el resquebrajamiento de la fe religiosa como faro espiritual y moral de la sociedad. Escribe Ball:

Y así, los nuevos mitos se ocupan de temas como la identidad y el estatus, el individualismo, el aislamiento y la alienación, el poder y la impotencia, la transformación tecnológica, la invasión y la aniquilación. Nos hablan de los descubrimientos de la ciencia y de la angustia existencial, de la sexualidad y el erotismo, de la distopía y el apocalipsis. Hacen más borrosa la distinción entre héroe y villano, humano y monstruo. Nosotros mismos desempeñamos el papel de dioses, y somos tan vanos, falibles e interesados como lo fueron los dioses del Olimpo o Asgard. Del mismo modo, las fuerzas del mal no se manifiestan como demonios y deidades malignas, sino que acechan en nuestro interior.

En síntesis, los mitos nos llevan a ocuparnos de nuestros dilemas psíquicos: ello supone explorar preguntas para las que no tenemos respuestas definitivas, así como buscar propósito o sentido en un mundo que está más allá de nuestra capacidad para comprenderlo y controlarlo. Los relatos que contienen nos ofrecen «un mapa de nuestros pensamientos oscuros», y por ello podemos aseverar que ese carácter de mito deviene más bien en antimito, pues si el mito dice lo que debe hacerse, lo que debe asumirse, si ofrece una explicación o justificación del ser humano para el ser humano, el antimito dice lo mismo pero en un sentido negativo, *lo que no debe hacerse pese a que se pueda*. En otras palabras: la obra, al destacar la violencia y el deseo de poder que consume a los protagonistas, remarca aquello que ha de ser prohibido y censurado. Cada uno de los escritores crearon relatos fantásticos en los que se condena al ser humano a enfrentarse al horror, y frente a esa realidad trágica, el camino del mal y del poder se erige como una solución que la sociedad no puede aceptar porque, del mismo modo que destruye a sus protagonistas, destruirá a quienes osen imitarlos.

Las cuatro novelas que conforman nuestro canon gótico son historias que todos conocemos, aunque no se hayan leído las obras originales, porque se han introducido en nuestra consciencia gracias a sus adaptaciones visuales y cinematográficas. Son nuestros *mitos de la modernidad*, aprendidos por ósmosis cultural, pues, aunque su origen es literario, su capacidad expansiva hizo que se infiltraran en todas las manifestaciones de la cultura popular: primero, en adaptaciones teatrales, luego en su representación cinematográfica y radiofónica; a lo que se sumaron todas las artes visuales, desde las novelas gráficas y la pintura, hasta los actuales videojuegos. Esta infiltración en la cultura de masas tuvo como resultado su continua transformación a través de este tránsito, de tal modo que sus historias se han ido ajustando y variando de acuerdo con las necesidades de los tiempos. Se comprende así que las transformaciones de Drácula sean incontables, que Hyde pueda ser una mujer, que la Criatura de Frankenstein no sepa hablar, o que Dorian Gray se alíe con otros héroes del gótico y la ciencia ficción como, entre otros, el Hombre Invisible, el Capitán Nemo, Allan Quatermain y Jekyll/Hyde en la ya clásica novela gráfica de Alan Moore, *La liga de los hombres extraordinarios*.

Pero, al margen de esa inacabable capacidad de mutar, lo cierto es que las obras originales tenían ideas muy poderosas. Vamos a verlas.

* * * * *

A partir del *Castillo de Otranto* (1764), de Horace Walpole, considerada la primera novela gótica, incontables escritores harán uso de la imaginería gótica compuesta de cementerios, puertas chirriantes, tormentas, torreones y mansiones, figuras enajenadas o espectrales. Edgar Allan Poe (1909-1849) creará una literatura hermosa y siniestra, atormentada y llena de un lirismo sobrenatural y sobrecogedor (*El cuervo*), donde los muertos claman desde la tumba justicia y reparación (*El gato negro, El hundimiento de la casa Usher*), o bien la ciencia se convertirá en un instrumento del terror (la hipnosis en *La verdad sobre el caso del señor Valdemar*, 1845).

Sin embargo, las cuatro novelas que comentamos en esta segunda parte tienen algo muy especial, más allá de su importancia en la historia de la literatura. El lector puede que se asombre cuando vea que conceptos muy importantes acerca de la psicopatía y del asesinato serial, compartidos actualmente por las universidades y las policías especializadas en multitud de países, fueron ya adelantados por Shelley, Stevenson, Wilde y Stoker. Estos conceptos o procesos que aparecen en muchos libros de perfilación criminal nacieron en las tramas de las historias donde surgieron sus monstruos: la Criatura, Edward Hyde, Dorian Gray y Drácula. Por ejemplo, en lo que respecta al asesinato serial: la compulsión homicida o repetición incontrolable de matar; la fantasía de dominio y poder, con o sin componentes sexuales, como elaboración o fase previa de la compulsión; la constatación de que, sea cual fuere el móvil concreto de la serie homicida, el fin último era apuntalar una identidad fracasada en su desarrollo plenamente humano, para sustituirla por una identidad poderosa mediante la violencia y el homicidio. Y, por supuesto: la ocultación en una misma persona de esa identidad homicida, algo imprescindible para que un asesino que aspire a seguir matando, tenga éxito, lo cual exige alternar entre su identidad convencional (un buen esposo, padre, etc.) y monstruosa; sin olvidar ese periodo de «enfriamiento» o espacio de tiempo sin matar, en el que el sujeto se dedica a mantenerse en su yo convencional, hasta que de nuevo la compulsión se hace muy intensa y «se ve obligado» a volver a matar.

Finalmente, en esos monstruos y en otros personajes asociados de las diferentes novelas, los autores góticos describirán con su poderosa visión artística rasgos cognitivos, afectivos y de comportamiento que la ciencia posterior incluirá dentro de la personalidad psicopática.

4

Frankenstein o el moderno Prometeo[1]

Fui el esclavo y no el maestro de un impulso que detestaba, pero al que no podía desobedecer.

La Criatura, en *Frankenstein*
o el moderno Prometeo

Frankenstein es, junto con Drácula, el ejemplo más evidente y duradero de entre los mitos modernos. La historia escapó de las manos de Mary Shelley tan pronto alumbró lo que ella definió como su «espantosa progenie» (*hideous progeny*), porque lo que escribió no fue tanto una obra literaria, «como una visión de la existencia, dotándola de una iconografía reconocida de forma instantánea en todo el mundo, pero, al mismo tiempo, inmensamente maleable». En palabras del que fuera durante veinte años editor de la prestigiosa revista científica *Nature*, Philip Ball, «solo una visión miope de la crítica centrada exclusivamente en los aspectos del estilo podría impedir —y en gran medida lo ha hecho— calificar a la novela como uno de los logros más elevados de la literatura moderna».

Porque es cierto que, en ocasiones, la trama se atasca, también hay retazos de melodrama y prosa cargada de adjetivos, pero todo ello es algo normal en una escritora joven, primeriza, y en modo alguno empaña el valor de haber construido una narración que resuena en lo más profundo del ser humano. De igual modo, poco importa si la historia no es muy realista, incluso ilógica. Los mitos son tan realistas como los sueños, «porque hacen su trabajo en los estratos profundos de la mente. Nos llevan a lugares extraños sin que tengamos la más ligera idea de cómo hemos llegado allí», señala Ball. Por eso, Mary Shelley no necesita explicarnos nada; una vez que abrimos el libro, estamos dispuestos a vivir una experiencia fuera de los parámetros de lo razonable: ¿cuál es el secreto que le permite a Victor Frankenstein crear una nueva vida a partir de despojos? Nunca lo dice, el lector no necesita saberlo, ni en verdad le preocupa. La narrativa mítica está llena de coincidencias improbables y de acciones cuya motivación está lejos de conocerse, pero estas carencias, que en una obra literaria «normal» la condenarían al ostracismo, en una que alcanza el estatus de *mítica* no supone mayor problema, porque una vez inmersos en el mundo que nos propone la autora, es este el que nos importa, no el mundo de lo plausible, de la lógica.

Los temas que aparecen en *Frankenstein* son múltiples, todos ellos se prestan para proporcionar el estatus de mito a esta obra inacabable: sexo e incesto, violencia, monstruosidad, maldad, procreación, tecnología y la existencia del hombre en un mundo de dolor y desesperación.

Esa maleabilidad o capacidad para expresar muchas angustias y problemas de la sociedad a lo largo del tiempo implica que el mito que Mary Shelley escribió se escapa seguramente de lo que la propia autora tuvo en mente al escribir su obra. En su prólogo de 1831 afirmó que quería escribir una historia de horror, pero obviamente consiguió mucho más que eso.

Sinopsis de la novela

La novela puede verse, en términos cinematográficos, como un largo *flashback*, en el que el capitán Robert Walton, que dirige una expedición científica con el propósito de hallar una vía marítima por el noroeste, para arribar al Ártico, da cuenta mediante una larga correspondencia a su hermana Margaret, que está en Inglaterra, de todos los hechos que leeremos en la obra, tal y como se los relatará Victor Frankenstein, a quien rescata de las aguas heladas de una muerte segura.

Una vez parcialmente repuesto, Victor Frankenstein (¡en la novela nunca aparece la expresión «doctor Frankenstein»!) pasa a contarle cómo llegó hasta ese lugar, lo que en rigor —salvo las páginas finales, cuando ya ha fallecido— constituye toda la novela. Victor procede de una distinguida familia de Ginebra, compuesta por su padre (su madre había fallecido), su hermano pequeño William, su otro hermano Ernst y su prima hermana Elizabeth, a la que está prometido en matrimonio y que vive con ellos desde pequeña debido a la muerte de la tía paterna de Victor.[2] La madre de Victor falleció al contagiarse de escarlatina mientras cuidaba a la pequeña Elizabeth, que estuvo a punto de morir por esa enfermedad. Casi como un miembro más de la familia, figura también la institutriz, Justine, a quien el padre rescató de una familia donde recibía malos tratos; su naturaleza bondadosa pronto le hizo un hueco en el afecto de todos.

Después de una infancia donde recibe una instrucción muy liberal y anárquica —no asiste al colegio— se educará de modo riguroso en la Universidad de Ingolstadt, donde Victor estudia química, a cuyos sabios antiguos aprendió a apreciar desde joven. Pero cuando llega a la universidad descubre que sus venerados Alberto Magno, Cornelio Agripa o Paracelso, célebres alquimistas del pasado que buscaban convertir el plomo en oro y hallar otras fórmulas mágicas, están ya desacreditados. El profesor Waldman le requiere que se ponga al día en química moderna y otras disciplinas de la filosofía (ciencia) natural, como física, química y anatomía.

Y así lo hace. Victor apenas participa de la vida social y se dedica en cuerpo y alma a descubrir el «principio de la vida». Con este fin, pasa horas incontables en salas de disección, cementerios y mataderos. Hasta que, finalmente, como en un fogonazo, se le revela el secreto de la «causa de la generación de la vida». Una vez en posesión de este conocimiento, se encamina a una tarea dantesca: construir un ser humano a partir de restos de cadáveres y (quizá, pues no acaba de concretarse) de animales. Dado lo ingente de su empresa, decide apropiarse de «materiales» (tal es la expresión que usa Mary Shelley) de gran tamaño, para facilitar mejor su manipulación.

Entonces, «en una lóbrega noche de noviembre» Victor, instalado en un laboratorio que está en el desván de su casa, logra insuflar vida a un cuerpo ensamblado. Pero el resultado no es el esperado. A pesar de que el médico seleccionó los materiales mejores que pudo encontrar, la Criatura —como se la denomina repetidamente en la obra—, *una vez ha cobrado vida*, es un ser espantoso, un monstruo, un engendro, un demonio (términos también frecuentes con los que Frankenstein se dirige a su creación).

Victor toma una decisión trascendente. Va a hacer como si la Criatura nunca hubiera existido, se desentiende por completo de ella. La última vez que la ve es durante la madrugada del día siguiente a su creación, cuando despierta de un sueño enfebrecido y descubre, horrorizado, al monstruo a su lado, observándole, sin duda esperando cosas de él.

Me desperté sobresaltado y horrorizado: un sudor frío cubría mi frente, los dientes me castañeaban y tenía convulsiones en los brazos y las piernas, y entonces, a la pálida y amarillenta luz de la luna, que se abría paso entre los postigos de la ventana, descubrí al engendro..., aquel monstruo miserable que yo había creado. Apartó las cortinas de mi cama y sus ojos..., si es que pueden llamarse ojos, se clavaron en mí. Abrió la mandíbula y susurró algunos sonidos incomprensibles al tiempo que una mueca arrugó sus mejillas. Puede que dijera algo, pero yo no lo oí... Alargó una mano para detenerme, pero yo conseguí escapar y corrí escaleras abajo.

Después, no le vuelve a ver. Pasan los meses sin mayores novedades, hasta que un día su padre le escribe desde Ginebra para decirle que su hermano pequeño, William, ha muerto estrangulado cerca de su casa. Han pasado dos años desde que Victor creara y abandonara a su Criatura. Cuando está a punto de llegar a su hogar, caminando por el bosque, Victor descubre la figura del monstruo que le acecha en la oscuridad de la noche y comprende que el asesino de su hermano no es otro que la Criatura:

> El fulgor de un rayo iluminó aquello y me descubrió claramente sus contornos; aquella gigantesca figura y la deformidad de su aspecto, más espantosa que cualquier cosa humana, me confirmaron que era el engendro, el repulsivo demonio al que había dado vida. ¿Qué hacía allí? [...] Nada que se asemejara a un ser humano podría haber destruido la vida de aquel precioso niño. ¡Él era el asesino! No me cabía la menor duda [...] ¡Dios mío! Había arrojado al mundo a un engendro depravado cuyo único placer era el asesinato...

Pero las desgracias no terminan ahí. Han detenido a Justine, la institutriz de William, la acusan del homicidio, ya que en su vestido se halló un retrato de Elizabeth que esta había regalado al pequeño. En realidad, ha sido el monstruo quien la ha incriminado: él fue quien, después de segar la vida del pequeño, apercibiéndose de que llevaba un retrato de Elizabeth colgado del cuello, lo tomó y, cuando tuvo oportunidad, lo deslizó en uno de los bolsillos del vestido de Justine sin que esta lo advirtiera. Justine es finalmente ejecutada, porque Victor no es capaz de revelar la verdad: que él es el creador del monstruo que ha matado al pequeño William y el causante directo de la acusación que pesaba sobre ella.

Más adelante, en una ocasión en la que Victor está caminando solo por las montañas, es interceptado por el monstruo, que le reprocha amargamente los padecimientos que lo han atormentado desde que lo abandonara. Esta es una parte muy importante del libro, porque la Criatura explica a Victor que, gracias a que de manera oculta escuchó y observó durante largo tiempo a una familia (la familia De Lacey, compuesta por un padre ciego, su hijo e hija y la novia de su hijo) sin que esta lo advirtiera, y a unos libros a los que tuvo acceso provenientes de esa familia, aprendió a hablar, leer y razonar; en suma, a poseer atributos claramente humanos como el pensamiento y las emociones más sutiles. Esto, sin embargo, no impidió que fuera cruelmente rechazado por su aspecto monstruoso en todas las ocasiones en las que se topó con gente. Así, cuando se atrevió a presentarse ante el padre ciego, para explicarle sus penurias por lo terrible de su aspecto, confiando en que la familia lo aceptaría como a un amigo, a pesar de que el ciego le asegura que nadie lo rechazará cuando se muestre ante sus hijos, ocurre lo que tanto temía. Ante la actitud de repugnancia y miedo que muestran todos cuando le ven, tiene que huir con el corazón destrozado. A la mañana siguiente, toda la familia se marcha, temerosa de que el monstruo pueda regresar. Y lo hace: en venganza, quema la casa y se marcha. En otra ocasión en la que salvó a una niña de morir ahogada, sufrió la profunda ingratitud de su padre que, al verla junto al monstruo y sin saber lo que había sucedido, lo ahuyentó disparándole e hiriéndole.

Así que su vida ha sido la de una existencia en una soledad miserable, y es algo que ya no puede soportar. Le dice a Frankenstein que mató a su hermano como venganza, que no parará de aniquilar a sus seres queridos si no le construye una compañera que pueda aliviarle de la tortura de una existencia en absoluta soledad. A pesar de que tiene graves reparos, Victor accede, con la promesa por parte del monstruo de que vivirán por completo separados de la humanidad. Algo influyó en su ánimo para que, más allá del odio y asco que siente por el monstruo, Victor haya contraído esa obligación: «Por vez primera también, sentí que un creador tenía deberes para con su criatura, y que antes de quejarme por su maldad debía conseguir que fuera feliz. Esos motivos me forzaron a aceptar su ruego».

Con el espíritu quebrado por la angustia interior de saberse responsable de haber dado la vida a un ser demoníaco, decide hacer un largo viaje de dos años por Europa con su querido amigo de la infancia, Henry Clerval, a cuyo regreso contraerá matrimonio con Elizabeth. En realidad, Victor quiere tener el tiempo y el lugar apropiados para cumplir su promesa de crear una compañera para el monstruo. Por ello, pasado un tiempo deja solo a Clerval en Edimburgo y se marcha a las islas Orkney, en Escocia, donde monta su laboratorio y se apropia de los «materiales» necesarios para tal fin. Sin embargo, finalmente le pueden los escrúpulos y la repulsión que le causa volver a ensamblar un cuerpo con forma humana mediante restos de cadáveres. Piensa, además, que puede estar creando una nueva especie asesina que acabe con la humanidad y comprende que eso no puede suceder, así que destruye a la que iba a ser la compañera del monstruo y se marcha, no sin antes haber recibido la visita de aquel, que en todo momento lo ha seguido y vigilado cada movimiento. Lleno de cólera, este le promete tomarse cumplida venganza y le amenaza de un modo terrible: «estaré contigo en tu noche de bodas», le dice a modo de despedida.

Pero el anhelo asesino de la Criatura se manifiesta antes. Cuando Victor regresa a la costa de Escocia, es apresado y acusado del asesinato de su amigo Henry Clerval. Aunque finalmente es declarado inocente, pues se logra demostrar que cuando fue asesinado Clerval él estaba todavía en su laboratorio de las islas, el médico ha recibido un golpe inesperado que le hunde más en la desesperación. Sabe que el monstruo se ha vengado con su querido amigo por la ruptura de su promesa. A pesar de todo, la boda se mantiene e incluso se adelanta, como si Frankenstein quisiera conjurar cuanto antes el peligro del monstruo, ya que está seguro de que este intentará matarlo en su noche de bodas. Él lo espera preparado para terminar con la pesadilla que le persigue desde el infausto día en que le dio la vida.

No obstante, Victor ha errado del todo la intención de la Criatura: no era él el objetivo, sino su mujer, Elizabeth, a la que el monstruo ha estrangulado aprovechando que Victor la había dejado sola en la habitación nupcial para buscarle armado con pistolas. Como resultado de todas estas muertes incomprensibles, el padre de Victor fallece pocos días después, de pura tristeza. El resto de la novela es, en lo esencial, la lucha de Frankenstein y el monstruo en pos de una mutua destrucción, pues una sed de venganza obsesiva impulsa ahora al médico en pos de la Criatura y esta, a su vez, no está dispuesta a renunciar en el empeño de que su creador sufra los tormentos que ha vivido desde su mismo nacimiento. El monstruo incita a Victor a que lo persiga a través de montañas y tierras agrestes, ambos poseídos por la fiebre del odio.

En la persecución final del monstruo, Victor llega al Ártico, donde está cerca de poder alcanzar a la Criatura, pero finalmente no lo consigue y cae al mar gélido, sostenido a flote con ayuda de los restos de un trineo, va a la deriva. Felizmente, en esta situación tan crítica, el navío del capitán Walton lo divisa y lo auxilia, subiéndole a bordo. Todas estas peripecias se las ha contado Victor al capitán, y este se lo ha contado a su hermana; son largas cartas que constituyen el contenido de la novela.

Lo que resta, ya es el final: a pesar de los cuidados que le prodiga Walton, Victor Frankenstein no sobrevive a su delicado estado de salud y, con el ruego vano a Walton de que él le sustituya en la captura y destrucción del monstruo en beneficio de la humanidad, fallece. Walton lo siente de manera extraordinaria, pues él también precisaba de alivio para su soledad, como oficial al mando en una tierra alejada de toda civilización. Pero el capitán aún recibirá otra visita inesperada: al escuchar un ruido en la habitación donde reposaba Victor, irrumpe en ella y descubre al monstruo. Aunque Walton se llena de cólera y en su ánimo está enfrentarse a él, pronto las palabras y los gestos conciliadores de la Criatura lo aplacan, pues se lamenta de la muerte de su creador, a pesar de la vida miserable que le dio, y le dice que en su ánimo está perecer por cremación para evitar que su cuerpo sea pasto de los mercaderes. Dicho esto, la Criatura salta del barco hacia un témpano de hielo y se pierde en la oscuridad.

FIGURA 1. *Frankenstein*: La Criatura se encuentra con la niña a la que fatalmente mata (a diferencia de la novela, donde la salva), en el clásico de James Whale del mismo título (1931).

El gran estudioso de la obra de Mary Shelley, Charles Robinson, resume así la obra: «En esta novela escrita por Mary Wollstonecraft Shelley (1797-1851), Victor Frankenstein deja atrás su idílica infancia y la paradisíaca Ginebra, va a la universidad, estudia las tecnologías y procedimientos médicos más avanzados, crea un monstruo sin nombre y sufre las peligrosas consecuencias de su búsqueda del conocimiento cuando su Criatura destruye a su hermano William, a su esposa, Elizabeth, y a su mejor amigo, Henry Clerval. En resumen, *Frankenstein* es un relato admonitorio».

Ahora bien, ¿cuál es la amonestación o exhortación que nos quiere hacer llegar Mary Shelley? Dejaremos para más adelante la respuesta a este interrogante, porque el presente capítulo se construye sobre esta explicación, además de introducir otras ideas que no son tanto advertencias como descripciones de pasiones y motivos de gran interés para nuestro tema de estudio: la construcción del psicópata y del asesino serial.

¿Por qué Mary no le da ningún nombre a la creación de Frankenstein? (Ya dijimos antes que este se refiere a la Criatura de forma reiterada con diversos términos profundamente despectivos: «ser», «engendro», «diablo» y «demonio».) En opinión de Robinson, Mary, al negarle un nombre, quería que el lector juzgara moralmente a la Criatura, además de señalar de modo muy nítido el tipo de relación que Victor va a desarrollar con esta, ya que dice mucho del creador, que se niegue a poner nombre a su obra.

La historia de la novela se desarrolla en la década de 1790, momento en el que James Watt (1736-1819) ya había mejorado radicalmente su máquina de vapor —lo que dio un gran impulso al comercio—. Comienza así la Revolución industrial, que aceleró el desarrollo de la ciencia y la tecnología, que culminará en el tercio final de ese siglo con nuevos adelantos y la gran migración de un campesinado empobrecido a las grandes ciudades para poder sobrevivir.

Por otra parte, no debemos olvidar que es el decenio que sigue a la Revolución francesa de 1789, donde se incluye el llamado «reinado del terror» de 1793 impulsado por Robespierre y el uso frenético de la guillotina. Como sabemos, la Revolución francesa da inicio a la nueva concepción del hombre secularizado y guiado por la Razón, portador de derechos universales que, con el tiempo, hará tambalear los estados absolutistas y el poder de la Iglesia, sobre todo en Europa.

Para Robinson, Frankenstein nos presenta «un mundo lleno de sombras, tinieblas y terror», que alcanzará una gran presencia visual a través de las numerosas adaptaciones gráficas y cinematográficas que siguieron a la aparición del libro hasta la misma actualidad, donde siguen creándose series televisivas y otras formas artísticas al calor del mito que representa. No deja de sorprender que una obra muy compleja que se ha constituido en un mito de la modernidad sea creación de una adolescente llamada Mary Godwin, que se fugó al continente con el poeta casado Percy Shelley en julio de 1814 —de quien tomará su apellido al casarse con él después de que Harriet, su primera esposa, se suicidara—, cuando ella tenía dieciséis años; empezará a escribir la novela a mediados de junio de 1816 y la termina en mayo de 1817, a sus diecinueve años. Cuando la novela apareció en tres tomos, en marzo de 1818, Mary Shelley tenía veinte años.

Sin embargo, hay que apresurarse a señalar que los padres y la educación que recibió Mary estuvieron lejos de ser convencionales. Su madre, Mary Wollstonecraft (1759-1797), fue una célebre escritora y filósofa que abogó por los derechos de la mujer. Falleció a los once días de nacer Mary, pero ella la tuvo bien presente durante su vida, porque creció leyendo las obras de su madre y de su padre, con mucha frecuencia iba a su tumba en el cementerio de San Pancras a pasar las horas leyendo. En una de las obras de su madre, *Vindicación de los derechos de la mujer* (1792), se incluía la petición de que las niñas fueran educadas en el conocimiento de la naturaleza, al igual que se hacía con los niños. Pero es posible que su educación científica se desarrollara más gracias a su padre, el también reconocido filósofo William Godwin (1756-1836), por cuya casa solían pasar prestigiosos científicos del momento, como William Nicholson

(1753-1815), a quien Mary recurriría con frecuencia para hacerle consultas sobre química, física y otras ciencias naturales.

Además, su marido Percy también era amante de lo que se conocía en aquellos años como *filosofía natural* (el estudio de la naturaleza), tal y como prueba su pertenencia a un club (la Lunar Society) donde estaba Erasmus Darwin —abuelo de Charles— entre otros muchos prestigiosos filósofos de la naturaleza de la época.[3]

Si la ciencia fue un referente claro en su novela, otros aspectos de la época en la que vivió y de su biografía se traslucen igualmente con mucha intensidad, y contribuyen a desarrollar algunos de sus temas esenciales: la vida trashumante y precaria, fiel al espíritu romántico de entregarse con pasión al presente y romper convencionalismos; la soledad... y la muerte.

MARY SHELLEY

Ya sabemos que Mary perdió a su madre a los pocos días de nacer. Pero ella no creció sola, ya que su padre se hizo cargo de una hija habida fuera del matrimonio (Fanny) y, al volverse a casar cuatro años después con quien era su vecina (Mary Jane Clairmont), sumó los dos hijos que ella tenía (Charles y Clara Mary Jane Clairmont), esta última ocho meses menor que Mary. Clara Clairmont tendrá un papel significativo en su vida, puesto que acompañará a Mary y a su marido Percy Shelley hasta que este murió, y fue con casi seguridad su amante cuando convivía con Mary (aprovechando las creencias liberales que tenía el matrimonio acerca de las relaciones). Clara tuvo también relaciones con Lord Byron cuando los Shelley y este se frecuentaban, de las que nació su hija Allegra, a la que Byron nunca prestó atención.

La relación que tuvo Mary con su padre fue complicada, algo que aparece reflejado en la novela, en la relación entre Victor y la Criatura. A pesar de que su padre la consideraba un ser superior intelectualmente, no era muy afectivo con su hija, y el nuevo matrimonio tampoco ayudó a mejorar la relación, ya que Mary odiaba a su madrastra, de quien dijo en una de sus cartas: «Algo muy análogo a la repulsión surge cada vez que la menciono». Esto explica que su padre la enviara a casa de unos amigos en Escocia en 1812 para una estancia prolongada; sin duda, pretendía aliviar la tensión que existía entre su hija y su esposa, una tensión que Mary somatizó en una «debilidad nerviosa en uno de sus brazos». En todo caso, esa estancia hizo mucho bien a su espíritu. En la introducción a la edición revisada de 1831 escribió: «Fue allí, bajo los árboles de las tierras de nuestra casa o junto a las sombrías laderas peladas de las montañas cercanas, donde mis verdaderas composiciones, los idealistas vuelos de mi imaginación, nacieron y crecieron».

Cuando regresó, a Mary le esperaba un encuentro que iba a definir su vida. El famoso poeta Percy Shelley (1792-1822), hijo de un miembro del Parlamento, había trabado amistad con su padre, y tanto Percy como su mujer Harriet lo visitaban con frecuencia, ya que Percy admiraba mucho a Godwin, con quien compartía su filosofía radical y el interés por la ciencia natural. Mary y Percy se sintieron atraídos mutuamente, pero no fue hasta mayo de 1814, después de que Mary regresara de otra nueva estancia en Escocia, cuando su relación tomó tintes definitivos. Percy, desengañado del poco estímulo intelectual que le ofrecía su mujer, Harriet, la abandonó y se marchó con Mary a Europa, a pesar de que Harriet —que tenía dieciséis años, la misma edad de Mary— estaba embarazada, aunque Percy sospechaba que no era hijo suyo. Jane (luego se hizo llamar Clara), la hermanastra de Mary, los acompañó.

No podemos extendernos en demasía en los avatares de la vida de Mary Shelley, porque el fin de este libro es otro, pero sí nos interesa destacar varios aspectos. El primero es que, desde julio de 1814, cuando ambos ya formalizan su relación de pareja, hasta la muerte de Percy por ahogamiento mientras navegaba en un velero en compañía de un amigo, en julio de 1822, su existencia se caracterizó por una vida en continuo movimiento, también por la precariedad económica (agravada por el dinero que Mary enviaba a su padre cuando podía, porque este apenas tenía ingresos después de su fracaso en varios proyectos). Un camino sin fin huyendo de los acreedores, beneficiándose de la hospitalidad de sus amigos, principalmente en Italia. Otras dos notas distintivas fueron *la soledad* y *la muerte.*

Recordemos que la muerte ya había debutado en la vida de Mary llevándose a su madre a los pocos días de su nacimiento. Su siguiente visita fue la primera hija de Mary y Percy —cuyo nombre iba a ser Clara— nacida prematura y fallecida a las dos semanas de nacer, en febrero de 1815. Esa pérdida la marcó sobremanera. En su diario, anotó el 19 de marzo: «Soñé que mi pequeño bebé volvía a la vida de nuevo; que solo se había quedado frío, que lo frotábamos ante el fuego y revivía. Me despierto, pero no hay ningún bebé».

En enero de 1816, los Shelley tuvieron otro hijo, William, pero en julio de ese año, en plena escritura de *Frankenstein,* tanto su medio hermana Fanny como Harriet, la esposa de Percy, se suicidaron. Para asegurar la custodia de los hijos que tenía Percy con Harriet, cediendo ante las constantes súplicas del padre de Mary, ambos finalmente se casaron en diciembre de 1816, momento a partir del cual Mary es ya Mary Shelley.

Vinieron más niños al hogar de los Shelley: en septiembre de 1817 nació su segunda hija, la «segunda» Clara, que falleció un año después; y en 1819 tuvieron su segundo hijo varón (el cuarto en total): Percy Florence, el único que sobrevivirá, porque William había fallecido medio año antes. («Tras la muerte de mi William, sentí que el mundo se abría bajo mis pies como arenas movedizas», escribió.) Tres semanas antes del ahogamiento de su marido, en 1822, Mary hubo de padecer un aborto que la dejó al borde de la muerte. Así pues, de sus cuatro hijos, solo la sobrevivió Percy Florence, que fallecerá en 1899. «El clan recorría Italia llevando su escritorio, sus camas, el sofá de Shelley, libros y treinta y dos sillas. En una ciudad dejaban una tumba. Salían de la otra con una cuna», anota la escritora Esther Cross. Con poco más de veinte años, Mary había experimentado la muerte de primera mano repetidas veces, es un misterio explicar cómo pudo mantener su espíritu a flote al tiempo que iba de un lugar para otro y se afanaba en escribir una novela tan compleja e innovadora.

La soledad rodeó la vida de Mary desde el comienzo, cuando apenas comparte unos días de vida con su madre y acude con frecuencia al cementerio de San Pancras para leer. Escapa de un padre poco afectivo que, además, se había casado con una mujer a la que no soportaba. Por supuesto, esa soledad se agudizó tras la muerte de su marido, pero en esos años de viajes constantes, era Mary quien pasaba días interminables cuidando a los sucesivos hijos —tan vulnerables ante la muerte en una época que desconocía la infección por gérmenes— mientras Percy iba y venía. Aquí es necesario señalar que, a pesar de que Mary se ocupó de honrar la memoria de su marido (a quien idolatraba) durante el resto de su vida, el propio Percy se había alejado de Mary en torno a 1820. «Había otras mujeres para Percy —escribe Leslie Klinger—, que siempre parecía capaz de encontrar a alguien que le comprendiera y escuchara los defectos de Mary.» Tras el fallecimiento de su marido, Mary ya no volvió a tener relación amorosa alguna y pudo vivir gracias a sus escritos con una relativa comodidad, hasta su fallecimiento en 1851 en la ciudad costera de Bournemouth, donde fue enterrada. A esa tumba serían trasladados posteriormente los restos de su padre y su madre desde el cementerio de San Pancras, en Londres. Percy Shelley había sido enterrado por deseo de su familia en Roma, pero no todo él, ya que su corazón se lo llevó Mary plegado en unas páginas de un poema de su marido y yace junto a ella en su última morada.

Tanto el movimiento constante como la soledad y la muerte son temas recurrentes en *Frankenstein*, y por buenas razones.

GÉNESIS DE *FRANKENSTEIN*: *LA NOCHE DE LOS MONSTRUOS*

En su introducción a la edición de 1831 de *Frankenstein*, Mary relata la génesis de la obra. En una tarde lluviosa de junio de 1816 —el año que fue definido como «sin verano», pues la erupción del volcán Tambora había provocado un cambio climático y Europa estuvo mucho tiempo bajo la bruma y la lluvia— estaban reunidos en la Villa Diodati, junto al lago Lemán, el poeta paladín del Romanticismo Lord Byron, su médico John Polidori, el matrimonio Shelley y la hermanastra de Mary, Clara Clairmont. Lord Byron había entablado amistad con los Shelley y estos no dudaron en visitarle, aprovechando que estaban alojados en un pueblo cercano. Entonces, Byron hizo una propuesta al grupo: cada uno escribiría una historia de fantasmas, ya que habían estado leyendo varios relatos de esta temática.

Polidori escribió un cuento al que llamó *El vampiro*; a pesar de que no tenía calidad literaria, no cabe duda de que fue un fundamento para que, a finales del siglo, Bram Stoker creara *Drácula*, porque ahí estaba el germen del «no muerto», del monstruo que se alimenta de la sangre humana. El resto no consiguió nada... a excepción de Mary, quien se afanó en la tarea. No le venía a la cabeza la idea maestra sobre la que vertebrar la novela hasta que, como ella misma relató:

> Con los ojos cerrados, pero con aguda visión mental, vi al pálido estudiante de artes diabólicas arrodillado junto a la cosa que había logrado reunir. Vi la espantosa monstruosidad de un hombre allí tendida y luego, mediante el funcionamiento de alguna máquina poderosa, observé que mostraba signos de vida, y se despertaba con los movimientos torpes de un ser medio vivo.

Lo que sigue ya es historia. Ese verano escribió *Frankenstein*, con una cierta ayuda de su marido en la edición; en 1817 pulió la obra definitiva, que aparecería en enero de 1818. (Que Percy colaborara en algunas ideas o escribiera algunos fragmentos no desmerece la obra de Mary; era habitual que la pareja leyera, comentara y escribiera en complicidad poemas, historias y diarios.) El *Frankenstein* de esta primera edición tenía un prólogo escrito por Percy donde no constaba su autoría, una táctica habitual cuando se quería suscitar el interés del público. Posteriormente, ya muerto el poeta, Mary —a instancias de su padre, que quería capitalizar el éxito de una adaptación teatral[4] que iba a estrenarse en 1823— hizo una nueva edición en ese mismo año con ligerísimos cambios, donde ya figuraba su nombre, así como una edición definitiva en 1831, que explicaba los pormenores del origen de la novela. Hemos de subrayar que, si bien la recepción del público fue buena, los críticos tuvieron opiniones divididas acerca de su calidad, y a pesar de que el relato se convirtió en un mito, gracias entre otras cosas al cine y sus exitosas adaptaciones, no fue hasta el decenio de 1970 que el ámbito académico dio su aprobación entusiasta a *Frankenstein*, llegando a reconocerla como «una obra de arte increíblemente llena de matices».

LA CIENCIA NATURAL

Frankenstein no puede entenderse sin comprender el interés de la autora por la ciencia (o filosofía) natural pujante en aquellos años, por su muy probable conocimiento de las corrientes criminológicas que formaban parte en aquella época de esa filosofía de la naturaleza. Junto a estos temas, aparecen otros relacionados que nos ayudarán a profundizar en la obra.

El capítulo IV de *Frankenstein* es el que relata la creación del monstruo y la posterior huida de Victor ante el rechazo que le produce su aspecto una vez que cobra vida. ¿Cómo logra que ese compuesto de cadáveres llegue a vivir? Mary no da muchas explicaciones. Victor relata que «fue en una lóbrega noche de noviembre cuando por fin conseguí dar fin a mi proyecto. Con una ansiedad cercana a la angustia, coloqué a mi alrededor *la maquinaria para la vida con la que iba a poder insuflar una chispa de existencia* en aquella cosa exánime que estaba tendida a mis pies». ¿Cuál era esa «maquinaria para la vida»? Todos tenemos interiorizado que, de un modo u otro, tal máquina empleaba la electricidad para la reanimación del cadáver. La propia Mary, al mencionar que se produce una «chispa de existencia», parece dar pie a ello, pero sobre todo han sido las adaptaciones cinematográficas las que han recreado el artefacto eléctrico como fuente de la vida, y así ha pasado a la imaginación colectiva.

En realidad, esa interpretación parece acertada. El propio Victor, cuando explica su progreso en las ciencias naturales en su etapa de la universidad, menciona expresamente la electricidad: «Es la electricidad, me contestó [el profesor], a la vez que me describía los diversos efectos de esa energía» (versión de 1831). Los estudios eléctricos fueron muy importantes en aquellos años, y lograron gran popularidad entre el público culto. La electricidad se aplicó a la medicina con la invención del electrocardiograma, pero sobre todo causó furor entre los médicos la aplicación de esta fuente de energía en lo que se conoció como *galvanismo*.

Este término deriva del científico Luigi Galvani (1737-1798) que, sin saberlo, se convertirá en el precursor de la neurofisiología. Enunció en su obra de 1791 (*De viribus electricitatis in motu musculari*) que había descubierto que el cerebro de los animales emitía una suerte de electricidad, conducida a través de los nervios hasta los músculos para producir el movimiento de estos. Desde su publicación, generó gran fascinación en la comunidad científica, así comenzaron a sucederse los experimentos, primero con animales y después con seres humanos, tratando de observar si permanecía en ellos la electricidad pues, de ser así, habrían encontrado un gran elemento reparador para todas aquellas patologías que causasen parálisis, incluso los más aventurados contemplaban la posibilidad de reanimar un cuerpo inerte. El instrumento utilizado para estos experimentos puede considerarse como la base del desfibrilador moderno. Fue tanta la curiosidad que despertaron estos experimentos que se llegaron a hacer exhibiciones públicas, como el famoso *espectáculo* del doctor Andrew Ure con el cadáver de un asesino muerto en la horca, al cual conectaron unos electrodos con los que le administraron corriente eléctrica, que provocó que el cuerpo se irguiese y tuviese espasmos musculares, dejando al público horrorizado.

Así pues, todo indica que el galvanismo, en sus aplicaciones fisiológicas en los órganos de los animales y del hombre, parece constituir la clave científica sobre la que Mary armó la obsesión investigadora de Victor por encontrar el principio de la vida, como él mismo afirma en la novela: «A menudo me preguntaba: ¿dónde residirá el principio de la vida [...]? Le di muchas vueltas a esas cuestiones y decidí que desde aquel momento en adelante me aplicaría muy seriamente a aquellas ramas de la filosofía natural relacionadas con la fisiología».

Los esposos Shelley tuvieron un gran interés por estas ciencias, entre sus amistades abundaban los estudiosos de todas ellas, sin olvidar la química, que en la novela toma un gran protagonismo debido a que es el cultivo de esta disciplina lo que cautiva a Victor desde joven (si bien en su forma precientífica a través de los alquimistas) y le lleva a estudiar en la universidad. De hecho, esta disciplina había logrado un avance decisivo poco antes de que apareciera *Frankenstein* de la mano de la obra de Lavoisier, *Tratado elemental de química*, en 1789.

¿Qué podemos decir acerca del significado de *Frankenstein* en relación con la ciencia? Desde su primera publicación, siempre se dijo que uno de sus grandes temas es la *advertencia ante una ciencia irresponsable*. Pero la lectura que se ha hecho de esta advertencia tiene dos variantes. La primera, es que debemos evitar el mal uso de los descubrimientos científicos por parte de quienes los llevan a cabo, en tanto en cuanto pongan sus ambiciones personales de gloria y fortuna por encima de los intereses de la sociedad a la que sirven. La segunda variante es que hay conocimientos que son muy peligrosos, que los científicos no deberían aspirar a investigar cosas que están más allá de su alcance (lo que en un sentido tradicional podría entenderse como, que el hombre no debería jugar a ser Dios, pretendiendo ocupar su lugar).

Esta segunda lectura la propició la propia autora al elegir el título de la obra: *Frankenstein o el moderno Prometeo*. Prometeo era un titán griego amigo de los humanos que desafió la voluntad de Zeus entregando el fuego (la tecnología, diríamos hoy) para que los mortales pudieran prosperar. Zeus lo castigó de modo eterno: cada día, su hígado sería devorado por pájaros carroñeros mientras él permanecía encadenado a una roca. Así, día tras día, hasta la eternidad.

Es obvio que el mito se ajusta muy bien a la novela de Shelley, solo que en esta no es Zeus quien castiga al titán (Frankenstein), sino su propia creación. Frankenstein usurpa a Dios creando vida y, tanto él como sus seres queridos, sufren las consecuencias terribles de ese atrevimiento. Este tipo de narrativa la llamamos «faustiana», porque en realidad nos retrotrae al viejo mito de Fausto que tiene, como mínimo, orígenes medievales: Fausto es un aprendiz de brujo ambicioso que quiere adquirir un gran poder y conocimiento sobre el mundo, y para ello, seducido por el diablo, llega a pactar con él: su alma será suya cuando muera, si el demonio le otorga esos poderes mágicos.

En todo caso, es evidente que el primero de los argumentos sobre los peligros de la ciencia sí que constituye uno de los núcleos de la novela: *la falta de responsabilidad del científico ante sus descubrimientos.* Percy Shelley lo vio claro, como puede leerse en una reseña que hizo sobre el libro de su mujer: «En esto consiste el argumento moral del libro... Trata mal a una persona y se convertirá en malvada, [...] Retribuye su afecto con la humillación [...] prívale del contacto de la sociedad y le impondrás como impulsos irresistibles la malevolencia y el egoísmo».

La criminología

Como ya vimos, la criminología de aquellos años estaba investigando incipientemente las bases antropológicas del crimen en la llamada Escuela Fisionómica, que alcanzó una gran popularidad entre las élites cultas europeas, incluyendo a escritores como Charles Dickens. La investigadora cultural Marie Léger-St-Jean ha señalado la muy elevada probabilidad de que Mary Shelley conociera las tesis fisionómicas, ya que eran muy debatidas en el círculo intelectual de sus padres. Por ejemplo, la madre de Mary tradujo al inglés una versión reducida de la *Fisionomía* de Lavater, aunque nunca se publicó. Sí se publicó, en cambio, la versión completa de esta obra en 1789, que la realizó un amigo íntimo de Godwin, padre de Mary.

Por otra parte, sabemos que Godwin llevó a Mary, cuando solo contaba con diecinueve días, al laboratorio del doctor Nicholson, amigo íntimo de su padre, para que le realizara un estudio fisionómico. La escritora Esther Cross lo relata de este modo:

Nicholson tenía poco tiempo y la fisionomía le parecía un deporte de segunda. Él era un científico serio: estudiaba la electrolisis, profundizaba en los estudios de Volta[5] [...] pero Godwin era su amigo y entonces examinó a la niña. Creía que las facultades mentales del futuro ya estaban cifradas en el pasado del embrión. Como presagios concentrados, algunos rasgos del recién nacido contenían el lema del alma. Por la forma y tamaño de la cabeza, Nicholson auguraba inteligencia y memoria, irritabilidad y rapidez de asociación para Mary. Habría necesitado más tiempo para estudiarle la nariz. No sacó conclusiones a partir de la boca, porque Mary lloraba sin parar y era imposible mirarla con detenimiento.

Lo que no cabe duda es que Victor Frankenstein creía profundamente en la fisionomía, puesto que deduce la psicología (la personalidad, el «alma» o como se quiera decir) de la Criatura a través de su aspecto:

Era ya la una de la madrugada, la lluvia tintineaba tristemente en los cristales de la ventana, y la vela casi se había consumido cuando, al resplandor mortecino de la luz, pude ver cómo se abrían los ojos amarillentos y turbios de la criatura. Respiró pesadamente y una convulsión agitó sus miembros. ¿Cómo puedo explicar mi tristeza ante aquel desastre...? ¿O cómo describir aquel engendro al que con tantos sufrimientos y dedicación había conseguido dar forma? Sus miembros eran proporcionados, y había seleccionado unos rasgos hermosos... ¡Hermosos! ¡Dios mío! Aquella piel amarilla apenas cubría el entramado de músculos y arterias que había debajo; tenía el pelo negro, largo y grasiento; y sus dientes, de una blancura perlada; pero esos detalles hermosos solo formaban un contraste más tétrico con sus ojos acuosos, que parecían casi del mismo color que las blanquecinas órbitas en las que se hundían, con el rostro apergaminado y aquellos labios negros y agrietados.

Sabemos que Victor huye despavorido del desván («el horror inenarrable y el asco embargaron mi corazón») y se refugia en su dormitorio, febril, hasta que finalmente consiguió dormir entre terribles pesadillas. Cuando se despertó por la mañana y lo vio de pie, mirándole fijamente, no hizo sino reafirmarse en su opinión:

¡Oh...! ¡Ningún ser humano podría soportar el horror de aquel rostro! Una momia a la que se le devolviera el movimiento no sería seguramente tan espantosa como aquel engendro. Yo lo había observado cuando aún no estaba terminado; ya era repulsivo entonces. Pero cuando aquellos músculos y articulaciones adquirieron movilidad, se convirtió en una cosa que ni siquiera Dante podría haber concebido.

En otras palabras, *la fisionomía del monstruo lo engulle como ser.* Cuando este reaccione posteriormente con furia homicida al abandono de su creador y a las penurias que tuvo que arrastrar como consecuencia, Frankenstein solo reparará en sus actos violentos, que a la postre vienen a confirmarle que su creación es un engendro sin alma; por ello, en el primer encuentro, después del asesinato de su hermano y el ajusticiamiento de Justine, lo primero que hace es echarle en cara sus crímenes:

—¡Demonio! —exclamé—. ¿Te atreves a acercarte a mí? ¿Es que no temes que la furiosa venganza de mi brazo caiga sobre tu despreciable cabeza? ¡Apártate, alimaña miserable! ¡O mejor... quédate ahí para que pueda arrastrarte por el lodo...! ¡Y... oh, ojalá pudiera, acabando con tu miserable existencia, devolverles la vida a las víctimas a las que asesinaste diabólicamente!

Es esta incapacidad para ver que su Criatura tiene un «alma», que tiene *necesidades humanas,* lo que mueve la maquinaria de violencia que finalmente acabará con la destrucción de todos. Hay que decir, llegados a este punto, que la correlación entre el carácter moral y la morfología física del monstruo es un aspecto tradicional en el folclore y los relatos orales y escritos; en realidad Frankenstein se limita a ejercer un tipo de juicio que provenía de una tradición de siglos.

Podemos decir entonces que el monstruo presenta una explicación de sus crímenes como una clara alternativa al determinismo de su aspecto y, con ello, Mary Shelley se va a adelantar casi un siglo a aquellos criminólogos que, sobre todo a finales del xix y comienzos del siglo xx, van a situar el problema del crimen en los aspectos sociales —también a las obras literarias que denuncian claramente las condiciones de pobreza e injusticia que llevan al delito, como *Los miserables* (1862) de Victor Hugo o *Nana* (1880) de Zola—. La Criatura de Frankenstein tiene dos quejas esenciales para explicar por qué se ha convertido en un asesino. La primera y fundamental fue el abandono de su creador, pues, ¿cómo iba a poder valerse por sí mismo si es arrojado al mundo sin tener medio alguno de comprenderlo? Ni siquiera tiene nombre, es decir, *no tiene una identidad completa, sino que permanece fragmentada desde su creación* (construida por retazos deshilachados: no tiene nombre, ni padre ni madre, ni memoria del pasado ni experiencias como las tiene cualquier adulto). La segunda es que, debido a su aspecto repugnante, provoca terror y un profundo rechazo en todos los que le ven, lo que supone un nuevo obstáculo para que genere precisamente esa identidad sana tan necesaria para la vida. Pues el ser humano solo puede desarrollar sus potencialidades en la relación afectiva con los demás, desde los cuidados otorgados al nacer, hasta la vida adulta. Dado que fue Victor quien le otorgó ese aspecto monstruoso, él fue también la causa de ese segundo lamento. Por eso, en ese primer encuentro, la Criatura le pide a Frankenstein que cree para él una compañera, de este modo podrá tener cubiertas sus necesidades afectivas y se marchará con ella a un lugar remoto donde no vuelva a ver a un ser humano nunca más.

Debes crear una mujer para mí, con la que pueda intercambiar los afectos necesarios para mi existencia. Solo tú puedes hacerlo y te lo exijo como un derecho que no debes negarte a conceder. [...] Mis pasiones son hijas de una obligada soledad que detesto y mis virtudes surgirán necesariamente cuando viva en comunión con un ser como yo. Recibiré el afecto de un ser sensible, y me uniré a la cadena de la existencia y a los acontecimientos de la que ahora estoy excluido.

La Criatura deja bien claro que fue el abandono de los cuidados a los que estaba obligado Frankenstein, la causa de todas sus desgracias. Que él es un ser bueno por naturaleza y que solo precisa de la felicidad para dejar de ser un asesino:

> ¡Frankenstein...! ¡No seáis justo con todos los demás y me aplastéis solo a mí, a quien más debéis vuestra clemencia, vuestro cariño! Recordad que yo soy vuestra creación..., yo debería ser vuestro Adán..., pero, bien al contrario, soy un ángel caído, a quien privasteis de la felicidad sin tener ninguna culpa; por todas partes veo bendiciones de las que yo estoy irremediablemente excluido. Yo era bueno y cariñoso; el sufrimiento me ha envilecido. ¡Concededme la felicidad, y volveré a ser bueno!

El doble

La fealdad física de la Criatura refleja la fealdad psicológica de su creador. El propio Victor incide en este punto: «Pensé en el ser a quien había arrojado en medio de la humanidad y a quien había dotado de voluntad y de poder para ejecutar sus horrorosos proyectos, como aquel que había llevado a cabo, casi *como si fuera mi propio vampiro*, mi propio espíritu liberado de la tumba, obligado a destruir a todos aquellos que yo amaba». Este pensamiento de Victor nos da pie para pensar que es *el «yo monstruoso» de Victor quien mata a sus seres queridos*: al negar el cuidado emocional de su Criatura, está hurtando el bienestar de los que ama, pues libera la fuerza destructiva, furiosa y vengativa del monstruo. Este se lo dice a la cara, con toda crudeza, en el decisivo encuentro que tienen por vez primera: «¡Maldito creador! ¿Por qué disteis forma a un monstruo tan espantoso que incluso vos mismo me disteis la espalda asqueado? Dios, en su piedad, hizo al hombre hermoso y atractivo, a su imagen y semejanza, *pero mi figura no es más que un remedo inmundo de la vuestra*, y es más espantosa cuando se comparan».

La idea de que el monstruo es el doble de Frankenstein puede estar detrás del hecho de que la gente haya dado el nombre del creador a su Criatura, pues ese mimetismo forma parte de la cultura popular. Frankenstein es, al mismo tiempo, creador y criatura, y las palabras anteriores del científico —al pensar en el monstruo como «aquel que había llevado a cabo, casi como si fuera mi propio vampiro, mi propio espíritu liberado de la tumba, obligado a destruir a todos aquellos que yo amaba»— no están sino indicando que el monstruo es su *sombra* o «yo oscuro», que se convierte en un asesino multi-reincidente porque aquel ha sido incapaz de hacer frente a sus responsabilidades esenciales, a su rotundo fracaso moral como científico y como ser humano, que ha de velar por el bienestar de los demás (y mucho más, de sus seres queridos). Por mucho que agonice Victor en su espíritu y viva los tormentos de la culpa, *es incapaz de hacer nada positivo para prevenir los asesinatos.* Cuando finalmente se decide a hacer algo, emplea el mismo recurso de su yo oscuro: la violencia guiada por una sed abrasadora de venganza. Esta idea la recoge Philip Ball cuando, empleando los conocidos conceptos del psicoanálisis del «ello» —o lo que está oculto a la conciencia y reprimido— y del «yo» —la mente consciente que ha de negociar con la realidad—, afirma que «Victor y su criatura son realmente uno y el mismo [...], una combinación del yo y del ello en una lucha que aterroriza a ambos y los lleva a su mutua perdición».

LOS MONSTRUOS DE *FRANKENSTEIN*

La Criatura

Comencemos por la Criatura. No cabe duda de que tiene un aspecto que produce miedo y repugnancia, como Victor nos recuerda en múltiples pasajes de la novela. *Dos metros y cuarenta centímetros, piel arrugada y amarilla, apenas cubre las arterias y los músculos.* En la cabeza percibimos su pelo lacio y negro, labios finos y negros, ojos vidriosos, casi transparentes. «Se parece a los cadáveres que, después de diseccionarlos, los estudiantes tenían que ensamblar, lo mejor posible, para un digno entierro», señala Cross. Sus manos son enormes y parecen las de una momia. Es de una fealdad «extraterrena». Nos recuerda la deuda del monstruo con la fisionomía de Lavater: «La cara es un resumen de desdén y maldad, también de amarga angustia».

También es muy ágil —nos recuerda Cross—, como un atleta, y muy fuerte, trepa montañas y se desplaza a una velocidad asombrosa. Es sutil y silencioso: «Vigila al que duerme sin despertarlo. Entra en la habitación de la novia virgen, la mata y aparece enseguida en la ventana del novio [Frankenstein]. No le tiene miedo a nada. "¿Podría temerle a la muerte quien, como yo, ha sido perseguido y torturado?", pregunta».

Este aspecto externo monstruoso posee atributos humanos, podríamos considerarlo un *humano experimental,* ya que no es un *cyborg* —no es un remedo de organismo y tecnología ni, obviamente, un robot propulsado por inteligencia artificial—. No, su aspecto es terrorífico, pero su enorme potencialidad de desarrollo humano se observa en sus logros prodigiosos conseguidos en poco tiempo: aprende a hablar escuchando conversaciones, lee a Goethe y a Milton, habla como un discípulo de Rousseau, se emociona con la literatura y con la música. Sin embargo, *ese aprendizaje ha posibilitado también un camino de gran destreza en el arte de matar.* Por ello, señala Cross que «sería más tranquilizador un monstruo bestial. Pero este criminal sofisticado, que tiene buen oído y gusto, al mismo tiempo puede matar inocentes sin que le tiemble el pulso. *El asesino no es una bestia, al contrario*».

Porque la realidad es que, al contrario de lo que propugnaba la fisionomía, la extrema fealdad del exterior enmascaraba al «buen salvaje» de Rousseau, al inocente que, antes de ser corrompido por la sociedad, solo aspiraba a vivir feliz en el disfrute de los afectos y la belleza del mundo.[6]

En su devenir por la obra, Esther Cross menciona con acierto —y comparado con otros monstruos de la novela gótica, como Hyde o Drácula— que la Criatura es aburrida y romántica. Quiere algo con pasión, lo que es típico de los románticos. Formula su demanda: quiere una compañera, promete dejar en paz al doctor y a la humanidad si este se aviene a complacerle. «Tiene actitudes cuestionables, miserablemente humanas. Espía. Se ríe a carcajadas cuando un hombre desesperado [Frankenstein] invoca a sus queridos muertos en una tumba, y él no es ninguna autoridad en la materia porque está hecho de cadáveres. Es inseguro, por eso elige a un ciego [De Lacey] para presentarse», escribe Cross.

En efecto, en su psicología la Criatura es el más humano de todos los monstruos. Como Frankenstein y Walton, también le teme a la soledad. Pero la suya es la peor. «Es único en su especie, pero ni siquiera tiene especie [...]. De él puede decirse que él es solo. Los otros pueden estar solos, pero *él es solo*» (Cross).

Esther Cross también nos recuerda que la Criatura posee una existencia que «no le teme a nada, que está por encima de todo, que quiere seguir a pesar de todo y justifica todos los medios» para lograr sus propósitos, ya sea conseguir que Victor le construya una compañera, bien matar a sus seres queridos como venganza por su abandono y el incumplimiento de su promesa. Porque no olvidemos que la Criatura se aferra tenazmente a la vida. «Aunque sea solo un cúmulo de infelicidad, la vida me es querida y la defenderé», declara. Por eso, resiste con gran afán ante todas las adversidades que se le presentan: el frío extremo, el hambre y la sed, la desesperante soledad, el rechazo de los que lo ven. Nunca piensa en suicidarse, solo toma esa decisión cuando su creador ha muerto y él mismo está condenado a la soledad eterna puesto que, compuesto de materiales muertos, no debería esperar a la muerte como algo inherente a la existencia.

En otras palabras, la Criatura nunca pudo desarrollar una identidad conformada (finalizada) o sana; al igual que su cuerpo, hecho de remiendos, su extrema soledad desde su mismo nacimiento le condena a verse de modo fragmentado o, si se quiere, a no saber quién es él, o *qué es*:

Pero... ¿dónde estaban mis amigos y mis parientes? Ningún padre había visto mis días de infancia, ninguna madre me había bendecido con sonrisas y caricias; y si existieron, toda mi vida pasada no era ya más que una mancha, un vacío oscuro en el cual me resultaba imposible distinguir nada. Desde mi primer recuerdo yo había sido como era en esos momentos, tanto en altura como en proporciones. No había visto a nadie que se me pareciera, ni que quisiera mantener ninguna relación conmigo. ¿Qué era yo? La pregunta surgía una y otra vez, y solo podía contestarla con lamentos.

Así es, la Criatura no tiene identidad civil (no hay un registro de nacimiento), ni identidad intersubjetiva o social producto de que los demás le reconozcan como un ser humano con el que comunicarse de igual a igual: cuando lo ven, todos le tratan como a un monstruo, no como a un ser humano, incluyendo el propio Frankenstein. Por consiguiente, dado que el ser humano necesita para completarse del reconocimiento y la validación de los demás, como alguien afín con el que compartir experiencias y afectos, la Criatura *nunca llega a ser completamente humana*, sin que sea relevante a estos efectos que aprenda a apreciar a Milton o a Goethe, a extasiarse por la belleza de los bosques donde durante largo tiempo ha de vagar, para aprender a subsistir y dar con el paradero de Frankenstein. Como ejemplo de la tesis del «buen salvaje» de Rousseau, la Criatura aspira a ser completamente humana, viviendo en armonía con la naturaleza pero, dado que su creador le ha dejado solo con un aspecto monstruoso, la novela de Mary Shelley nos revela la tragedia de este *humano experimental espantoso*, que no podrá superar esas rémoras de su existencia. Este camino tortuoso lo descubre cuando se ve por vez primera reflejado en el agua:

Admiraba las figuras perfectas de mis amigos [la familia De Lacey, antes de que el hijo descubriera su presencia espantosa]: su gracia, su belleza y su piel delicada, ¡y cómo me horroricé al contemplarme en la charca transparente! Al principio retrocedí aterrado, incapaz de creer que era mi imagen la que se reflejaba en el agua, y cuando me convencí de que ese monstruo era yo, me invadió un doloroso sentimiento de desaliento y pesar. ¡Ay! Todavía no conocía los fatales efectos que tendría mi deformidad.

Pese a todo, Mary Shelley introduce al público en un nuevo concepto de monstruo: el que *es capaz de hacer introspección y dialogar existencialmente.* Es decir, un monstruo, a pesar de todo, muy humano. Los monstruos del pasado mitológico —como Polifemo, Gorgona o Minotauro— eran para nosotros del todo ajenos, de pensamiento inescrutable, si es que realmente llegaban a pensar tal y como los humanos lo entendemos. Pero ahora *Mary nos pone dentro de la cabeza de la Criatura,* mostrándonos de primera mano sus cuitas, sus angustias, sus anhelos incumplidos; en una palabra, su cualidad humana, aunque esta, como sabemos, haya quedado cercenada en el camino hacia su pleno desarrollo.

Este recurso narrativo está en el núcleo de la potencia del relato y, por ello, del mito. Si la Criatura no hubiera adquirido cualidades humanas, nos hubiéramos encontrado con una novela en la que un monstruo ajeno del todo a nosotros persigue a su creador por cualquier motivo y, como mucho, hubiéramos podido leer unas páginas entretenidas. Es la disolución de este conflicto lo que en buena medida convierte a las numerosas adaptaciones teatrales y cinematográficas en historias mucho más lineales y sencillas. También, como veremos, lo que finalmente va a calar profundamente en la cultura popular, donde el monstruo vuelve a retroceder en el tiempo y permanece mudo. En efecto, en las películas, la Criatura es mucho más un monstruo que un humano experimental, no únicamente por su aspecto, sino porque carece de la palabra y, por ello, su discurso atormentado queda relegado a la limitada expresividad gestual que manifiesta.

«Me tiemblan las manos ahora y siento deseos de llorar al recordarlo —dice Victor—; pero en aquel entonces un impulso irrefrenable y casi frenético me obligaba a continuar; era *como si hubiera perdido el alma o la sensibilidad* para todo, excepto para lo que perseguía.» Victor Frankenstein es, desde el principio, un hombre excesivo, muy al estilo romántico. De hecho, algún autor ha formulado la hipótesis de que Mary se habría inspirado en el héroe del Romanticismo por excelencia (Lord Byron) para construir su personaje. Esta comparación no es trivial, porque Lord Byron vivió para crear su propia leyenda de gloria y valentía, dejando en un segundo plano sus compromisos afectivos con los que le rodeaban.

¿Pero no es Victor algo más que un hombre «excesivo», un apasionado de la ciencia que desatiende sus responsabilidades como hijo, hermano, prometido y amigo durante dos largos años, en los que está inmerso en su investigación? No son pocos los que consideran que, en realidad, Frankenstein *es el monstruo,* y no la Criatura (en franco contraste con el uso popular del nombre). Esta opinión puede resumirse en la formulada por la escritora Elizabeth Bear, para quien «hay una relación clara entre el fracaso de Victor al no sentir empatía hacia su criatura, y ese tipo particular de arrogancia que permite el desprecio de las vidas ajenas al servicio de una ambición. Esta falta de empatía está estrechamente conectada con la cobardía moral de rechazar la asunción de responsabilidades por las acciones propias o por los resultados que se derivan de la propia investigación».

Desde luego, hay mucha parte de verdad en todo esto. Durante toda la novela, Frankenstein parece encerrado en su propio dolor, atormentado por todo lo que está sucediendo, pero es incapaz de avisar a sus seres queridos de la fuerza destructiva que él ha liberado. Ni siquiera es capaz de imaginar que, cuando la Criatura le amenaza con verle en su noche de bodas, la víctima más probable será Elizabeth, no él. Cuando se enfrenta a la posibilidad cierta de que Justine muera en el patíbulo por el crimen de William, Victor parece estar más pendiente de sus penas que de las de la pobre institutriz: «*Los sufrimientos de la acusada no eran comparables a los míos*; ella se apoyaba en la inocencia, pero a mí los colmillos del remordimiento me desgarraban el pecho».

UNA HISTORIA DE VENGANZAS

Una vez que la Criatura es rechazada por la familia De Lacey, la trama de la novela le lleva a la venganza. La Criatura mata a William y provoca el ajusticiamiento de Justine. Se ha vengado de Frankenstein de un modo atroz, matando a su hermano pequeño e indirectamente a la muy querida Justine. Entonces, se detiene y propone a su creador un acuerdo: si le crea una compañera, su venganza contra él y la humanidad cesará, puesto que desaparecerá para siempre. Como ya sabemos, Frankenstein no cumple con el trato, y la Criatura mata a su amigo Clerval. A partir de este punto, es el doctor quien se conjura para matar *al engendro, al demonio infernal*, mientras que este seguirá con su plan de asesinar también a Elizabeth. Cuando lo consigue, la única razón que le quedará a Frankenstein para vivir es la aniquilación de su obra.

Empecemos con la Criatura. Parte de su pasión por la venganza está agitada por la envidia. «Muchas veces pensaba que pertenecía a la estirpe de Satán porque, a menudo, como él, cuando veía la dicha de mis protectores [la familia De Lacey], la amarga bilis de la envidia me invadía por dentro.» Pero a partir del rechazo de esta familia se inicia su periplo vengativo: «Desde aquel momento le declaré guerra eterna a la humanidad y, sobre todo, a aquel que me había creado y que me había arrojado a aquella insoportable humillación». En su búsqueda de Frankenstein para vengarse, se alimenta de su rencor: «Cuanto más me acercaba al lugar donde vivías, más profundamente sentía que el espíritu de la venganza se había adueñado de mi corazón». Por eso, le espeta con toda crudeza a su creador en su primer encuentro: «Me vengaré de mis sufrimientos; si no puedo inspirar amor, desencadenaré el miedo; y especialmente a ti, mi supremo enemigo, por ser mi creador, te juro odio eterno. Ten cuidado: *me dedicaré por entero a la labor de destruirte, y no cejaré hasta que te seque el corazón, y maldigas la hora en que naciste*».

Pero la venganza no solo genera energía para el asesinato, también puede proporcionar *deleite en su ejecución*. Observemos cómo relata la Criatura el asesinato de William: al principio no sabe que es el hermano de Frankenstein; cuando lo ve aparecer, desea que un niño como él todavía no hubiera aprendido a tener miedo de los seres deformes, por eso se le acerca intentando entablar amistad. «Pero en cuanto vio mi figura, puso las manos delante de los ojos y profirió un agudo chillido. Le aparté las manos de la cara por la fuerza.» Pero es inútil, William está horrorizado y le espeta: «¡Déjame! ¡Monstruo! ¡Demonio horrible! ¡Quieres devorarme y destrozarme en mil pedazos...! ¡Eres un ogro!». En el forcejeo, la Criatura —que le dice que se lo va a llevar a la fuerza, y nos preguntamos con qué intención— averigua que su hermano es Frankenstein, y eso sella su destino. *Parece* que le mata por accidente o al menos esto (quizás) sugiere Mary, pero no tiene sentido en el contexto del ataque:

> El muchacho aún porfiaba y me insultaba con gritos que solo conseguían llevar la desesperación a mi corazón. Lo cogí por la garganta para conseguir que se callara, y un instante después yacía muerto a mis pies.
>
> Observé a mi víctima, y una alegría y un triunfo infernal embargaron mi corazón... y mientras lo celebraba exclamé: Yo también puedo sembrar la desolación.

Esa «alegría infernal» es resultado de la comisión de tan horrible crimen. Tras ese primer asesinato, es lógico deducir que se complace en todos ellos. Por ello, en las páginas finales del libro, cuando se encara con el capitán Walton ante el cadáver de Frankenstein, le refiere:

> Pero ahora la vileza *me ha convertido en una alimaña bestial* [...]. No hay crimen, maldad, perversidad, comparables a los míos.

Cuando repaso la horrenda sucesión de mis crímenes, no puedo creer que soy el mismo cuyos pensamientos estaban antes llenos de imágenes sublimes y trascendentales, que hablaban de la hermosura y la magnificencia del bien. Pero es así; el ángel caído se convierte en pérfido demonio. Pero incluso el enemigo de Dios y el hombre tuvo amigos y compañeros en su desolación. Yo estoy absolutamente solo.

Es interesante cómo la Criatura describe la pasión por matar como una *compulsión*: «Yo era esclavo, y no dueño, de un impulso que detestaba y que, al mismo tiempo, no podía desobedecer». Cuando asesina a Elizabeth, «el mal era entonces mi bien [...]. Concluir mi diabólico plan [matando a Frankenstein] se convirtió en una insaciable pasión». Como ocurre en otras ocasiones a lo largo de la novela, Mary parece oscilar en la caracterización de lo que realmente desea o experimenta la Criatura. ¿Se puede «detestar» algo que produce un gran placer? Mary Shelley trata de poner matices en el monstruo: mató con pasión y sintiendo el «triunfo infernal» del asesinato, pero ahora que su torturador ha muerto, en retrospectiva, asegura que sufrió mucho mientras mataba.

En efecto, la Criatura se queja ciertamente de la injusticia sufrida («¿Soy yo el único criminal, cuando toda la humanidad ha pecado contra mí?»), y a pesar del odio que le ha consumido y de la alegría al cometer sus asesinatos, en esas páginas finales del encuentro con Walton muestra un profundo arrepentimiento y una gran repugnancia por el ser en que se ha convertido: «Usted me odia, pero su aborrecimiento ni siquiera puede compararse al que siento por mí mismo». Muerto su creador (a quien sorprendentemente ve ahora con ojos de hijo arrepentido),[7] ya no tiene razón de ser, salvo ser él mismo su propio verdugo.

Abandonaré su barco, y en el témpano que me trajo hasta aquí buscaré el extremo de tierra más septentrional del globo. Yo mismo levantaré mi pira funeraria y consumiré en cenizas este cuerpo miserable [...]. Ya no volveré a sentir la angustia que me consume, ni seré presa de sentimientos insatisfechos y, sin embargo, eternos. Quien me creó ha muerto, y cuando yo muera, el recuerdo de ambos morirá para siempre. Ya no volveré a ver el sol y las estrellas, ni sentiré el viento en el rostro. La luz, los sentimientos y la razón morirán. Y entonces hallaré mi felicidad [...]. Enfangado en el crimen y corroído por los remordimientos más amargos, ¿dónde podré encontrar descanso sino en la muerte?

Por su parte, Frankenstein no le va a la zaga en su odio. Asesinada su joven esposa en el lecho nupcial, vive literalmente en una odisea febril para dar muerte al monstruo: «Me invadía una enloquecedora furia y entonces, deseando que cayera en mis manos, rezaba para que así fuera y pudiera desatar sobre su infame cabeza una inmensa y mortal venganza». Decide, para ello, perseguirlo hasta el fin del mundo, arrastrando todo tipo de penalidades («Apenas sé cómo he logrado sobrevivir; muchas veces me he derrumbado, rendido, sobre la misma tierra, y he rogado que me llevara la muerte»), pero la venganza —como le sucederá a Edmundo Dantés en *El conde de Montecristo* (1846)— le mantenía vivo: «Había decidido perseguir a mi destructor hasta la muerte, y este propósito calmaba mi angustia y me reconciliaba un poco con la vida».

Una vez más, el monstruo y su creador se unen también en su común anhelo de encontrar la paz en la muerte, porque de un momento a otro Frankenstein espera «mi liberación, la única hora de felicidad que he gozado desde hace tantos años. Ya puedo ver las imágenes de mis seres queridos muertos a mi alrededor y deseo apresurarme a abrazarlos. Adiós, Walton».

LA TESIS ANTROPOLÓGICA SE IMPONE EN EL IMAGINARIO POPULAR

La novela de Mary Shelley conectó con mucha rapidez con el público (se vendió muy bien, pero precisó del tiempo y del impacto constatable en la cultura popular para que se convirtiera en una obra universal), a lo que no fue ajena la pronta aparición de adaptaciones teatrales. Sin embargo, la llegada de *Frankenstein* a las tablas se produjo con graves alteraciones. Por una parte, dado que la Criatura no tenía nombre, o porque vio en ella al doble de Frankenstein, el público le otorgó el de su creador: el monstruo de (creado por) Frankenstein pasó a ser Frankenstein. Por otra, la Criatura perdió su capacidad de hablar y, salvo ruidos guturales, ¡es del todo muda!

En el teatro aparecerá la figura del ayudante, Fritz (que se llamará Igor en posteriores adaptaciones), y es él quien cometerá un grave error en la película que lanzó a Frankenstein como mito de la cultura popular (*Frankenstein*, de James Whale, 1931). Se trata de un cambio fundamental con respecto a la novela, responsable de que muy pocos sepan que la Criatura era un ser que solo aspiraba a la compañía y a disfrutar de la belleza del mundo.

Recordemos la sinopsis de este clásico del cine. La historia comienza presentando a *Henry* Frankenstein, un joven y ambicioso científico, a su ayudante Fritz, un hombre de aspecto repulsivo (jorobado, con rostro siniestro). Están robando cadáveres en un cementerio, ya que los necesitan para construir al nuevo ser. Henry vive con su viejo padre, el barón, pero para sus trabajos científicos utiliza una torre medieval, en cuyo segundo piso ha instalado su laboratorio. Henry envía a Fritz a una escuela médica cercana para que se apropie de un cerebro conservado en formol, que es la pieza esencial en su creación. Desafortunadamente, el cerebro previamente escogido por Frankenstein se le cae de las manos a Fritz y, en su lugar, toma otro en cuyo frasco podemos leer una etiqueta: «CEREBRO ANORMAL». No hay duda de que el doctor sigue las enseñanzas de Lombroso. (Con anterioridad ya hemos presenciado una secuencia donde un conferenciante de la escuela médica señalaba que ese cerebro anormal correspondía a un «criminal habitual», que presentaba «características degeneradas».)

En la película, el mejor amigo de Henry se llama Victor (sería el trasunto de Henry Clerval en la novela de Shelley). Tanto él como el padre de Henry, su novia Elizabeth y su mentor, el Dr. Waldman, le suplican que no siga con su proyecto (en la película, los planes de Frankenstein de construir un nuevo ser a partir de cadáveres no es un secreto), pero él no los escucha.

Así que, en un escenario gótico (la torre medieval, la Criatura elevada por una plataforma hacia el cielo abierto en una noche de tormenta), un rayo conecta con los artilugios creados por Frankenstein y otorga la vida a la Criatura. Cuando la plataforma desciende, empieza a moverse. A diferencia de lo que sucede en la novela, en el filme Henry no huye despavorido, sino que intenta enseñarle, pero pronto se desanima, ya que la Criatura tiene una inclinación malévola. Lo que desconoce Frankenstein es que el responsable de que las tendencias latentes en el cerebro del monstruo se conviertan en realidad es Fritz, que tiene la misión de custodiarle, pero se dedica a atormentarlo encadenado en su celda: lo azota y lo hostiga con antorchas. Frankenstein acuerda con Waldman que lo mejor es matarlo («Mátalo, Henry, como matarías a una bestia salvaje», le dice Waldman), y le deja esa tarea mientras regresa a su casa con el barón, su padre. Pero el monstruo no se lo va a poner fácil: primero mata a Fritz, colgándolo de una viga, posteriormente se deshace de Waldman, cuando este estaba a punto de acabar con su vida.

El monstruo se escapa de la torre y anda suelto, cosechará una nueva muerte cuando, inadvertidamente, arroja a una niña al río cuando estaba recogiendo margaritas en la orilla, lo que provoca que se ahogue. Casi comete el cuarto homicidio al penetrar por la ventana de la habitación donde está Elizabeth, en casa del barón Frankenstein, y se abalanza sobre ella, muy probablemente con la intención de violarla, matarla, o ambas cosas. La película termina con los habitantes del pueblo persiguiendo al monstruo con antorchas, que escapa amparándose en la oscuridad, hasta que finalmente se refugia en un viejo molino con Henry como prisionero. La Criatura considera a Frankenstein su enemigo y, desde la posición más elevada del molino, lo arroja al vacío, aunque resulta milagrosamente salvado. Pero su fin está próximo: la turba prende fuego al molino y él perece abrasado.

En resumidas cuentas, la película que consigue que el monstruo de Frankenstein se constituya en un mito y un icono de la modernidad, se decanta fundamentalmente por la tesis antropológica y determinista ya iniciada por la escuela fisionómica, seguida después por la Frenología y la antropología criminal de Lombroso, con su concepto del «criminal nato». La Criatura recibe el cerebro de un criminal anormal, lo que le sitúa en un camino de violencia. De igual modo, el ayudante del doctor, Fritz, es claramente otro representante de la antropología criminal: su aspecto exterior, como el de la Criatura, produce repulsión. Frankenstein lo tiene a su servicio porque precisa de un ayudante sin escrúpulos que le auxilie en el saqueo de tumbas. ¿Qué persona con una moral cristiana se plegaría a estas actividades? Fritz es un sádico y se aplica en atormentar a la Criatura de forma gratuita, un tormento que introduce una segunda línea explicativa en el inicio de los crímenes de la Criatura: esta tiene una tendencia criminal porque tiene un cerebro anormal, característico de los criminales, pero muy probablemente —se desprende de la trama del filme— es el trato vejatorio que sufre a manos de Fritz el responsable de actualizar esa potencialidad homicida.

Entonces, podemos concluir que en el filme de James Whale hay una gran presencia del modelo del criminal nato, donde la biología es determinante y, a un tiempo, de modo más discreto, hay un segundo modelo más psicológico, el propio de un ambiente nocivo para el desarrollo, que era la tesis que sostenía la Criatura en la novela. Sea como fuere, en el imaginario popular la Criatura acabó asociándose con el nombre de su creador, su aspecto terrible y su mutismo lo elevaron a la categoría de un monstruo maligno. En su versión popular, el monstruo de Frankenstein pasó a ser el monstruo moral que, en su versión original literaria, representaron Edward Hyde, Dorian Gray y Drácula.

¿ES LA CRIATURA UN ASESINO EN SERIE?

Si atendemos a la clasificación actual del FBI (dos o más homicidios separados por un periodo de enfriamiento), claramente la Criatura lo es, ya que mata a tres personas directamente y a una cuarta indirectamente (Justine, a la que incrimina por el homicidio del hermano de Victor, del que él mismo era responsable). Por otra parte, no lo es si aceptamos la definición más restrictiva del asesino serial, según la cual la motivación para matar no ha de ser provocada por estímulos externos directos, que en su caso sería el afán de venganza hacia una persona por los malos tratos recibidos de su mano, sino que sería producto de una compulsión de origen interno que obedecería en muchos casos a una fantasía de poder y control desarrollada a lo largo del tiempo, generalmente desde la adolescencia, y que en el caso de los asesinos en serie sexuales tendría componentes sádicos y —como su nombre indica— sexuales.

Al margen de si encaja o no con la definición, es indudable que en la Criatura aparece repetidamente un elemento señalado en la literatura especializada: la naturaleza compulsiva del homicidio o, lo que es lo mismo, que el sujeto siente que le domina una fuerza interior que se le impone, lo que le impide controlar su deseo homicida. Recordemos que el monstruo se reconoce como esclavo de su pasión. En la escena final de la novela, cuando dialoga con el capitán Walton, afirma: «Fui el esclavo y no el maestro de un impulso que detestaba, pero al que no podía desobedecer».

Tampoco podemos olvidar que la Criatura, imposibilitada de poder tener una vida —puesto que está completamente solo y no puede relacionarse con nadie, es la soledad absoluta—, encuentra en la consumación de la venganza un modo de adquirir una identidad en un mundo que no le tolera. Esto sucede también con el asesino en serie: su modo de llevar a cabo sus crímenes —los rituales, el proceso de selección y adquisición de la víctima— le permite buscar una realidad alternativa en la que domina los acontecimientos, sintiéndose así plenamente vivo. Dado que la Criatura *solo puede relacionarse con los demás si los mata* —con excepción de los dos encuentros que tiene con Frankenstein y el único que mantiene con el capitán Walton—, *el asesinato es la única conducta que le permite «ser» o significar algo en el mundo.* Luego volveremos sobre este punto, al examinar en detalle los crímenes de la Criatura.

Sin embargo, la Criatura expresa remordimientos por los crímenes cometidos. «Detestaba» ese impulso que le llevaba a matar, a Walton le dice: «Usted me odia, pero su aborrecimiento ni siquiera puede compararse al que siento por mí mismo». Si le damos credibilidad, ciertamente no encaja con el perfil del asesino serial, cuyo arrepentimiento procede más del hecho de haber sido apresado, que de los crímenes cometidos. (Al contrario, el *serial killer* generalmente guarda en su memoria los homicidios como una fuente de placer recurrente.)

La tesis de la corrupción de la infancia

El periodista Michael Harvey, que entrevistó repetidamente a John Wayne Gacy[8] —la última la noche antes de su ejecución, en agradecimiento recibió como obsequio varias pinturas de Gacy donde aparecía su célebre payaso Pogo— y a otros asesinos célebres, no tuvo duda de que la infancia corrompida por el abandono y el abuso estaban detrás de la génesis del asesinato serial: «Si se profundiza lo suficiente, encontramos que la mayoría de los asesinos seriales sufrieron abuso sexual u otras formas de abuso físico y emocional cuando eran niños, generalmente por parte de uno de los padres o de otro adulto con autoridad. Muchas veces, este escenario se completa con la presencia de otros adultos que, pudiendo haber protegido al niño y darle apoyo, se mantuvieron distantes y no intervinieron».

La novela de Shelley puede considerarse *absolutamente premonitoria de la principal teoría que la criminología ha desarrollado para explicar el origen del asesino serial,* que en su forma más elaborada se presenta más adelante bajo la etiqueta de *teoría del desarrollo traumático* (de la profesora Reid). Al ser objeto de un abandono absoluto por parte de su «padre», la Criatura tuvo que enfrentarse a un mundo absolutamente hostil que lo rechazaba por su aspecto. Esto, como ya señalamos, tuvo una enorme repercusión en el desarrollo de su identidad, que quedó fraccionada e incompleta.

Pero hay otra sorprendente conexión entre *Frankenstein* y el asesinato serial: los ladrones de tumbas, Burke y Hare.

Ladrones de cadáveres / Resurreccionistas

Tanto la novela como el filme nos describen a Frankenstein como un ladrón de cadáveres. Mary Shelley, atenta a su tiempo, era bien conocedora de que los médicos apenas tenían cuerpos para diseccionar, lo que dificultaba enormemente tanto la investigación como la docencia. Los ladrones de cadáveres o «resurreccionistas» proliferaron para robar las tumbas y ofrecer los cuerpos a los médicos, que pagaban sin preguntar. El propio monstruo es bien consciente de este fenómeno. Recordemos que la historia termina cuando este se pierde en el mar helado. No hay cadáver al que practicar la autopsia. Se sustrae al mercado de los resurreccionistas, que podrían venderlo por una fortuna a médicos deseosos de comprender cómo pudo un ser así cobrar vida, y a traficantes de seres deformes, que pagarían igualmente una gran suma de dinero por poderlo exhibir en sus galerías de horrores.

Podemos sentir aversión por los ladrones de tumbas, pero tendríamos que ponernos también en la piel de los médicos, nos recuerda Esther Cross, cuya obra nos sirve de guía en este apartado. «No había anestesia y los galenos tenían que ser rápidos como magos. Cada minuto que se ahorraba era importante, porque el dolor podía matar al paciente», así como poner a prueba la salud mental del médico. Para operar a una persona, atada a la cama, que gritaba y se retorcía, había que practicar antes con animales para hacerse una idea de lo que había adentro. ¡Animales y no cadáveres de humanos! Era exasperante, cuanto menos podían comprender la anatomía de sus pacientes, más letales resultaban sus servicios. El problema era que los médicos tenían pocas oportunidades para hacer disecciones que les permitieran conocer el cuerpo por dentro. Tan solo podían acceder legalmente a los cuerpos de los condenados a muerte, gracias a un edicto real de 1752.

La gente tenía miedo a los médicos. En sus casas pasaban cosas raras. Trataban con los ladrones de tumbas. «Algunos montaban espectáculos increíbles que agotaban entradas: exposición de cuerpos diseccionados, experimentos galvánicos, desfiles de animales locos [...]. Las láminas de la época son elocuentes. A los pies de la camilla de disección, un perro come lo que cae. En una fogata, a un costado, tibias y calaveras. Los esqueletos observan el trabajo del doctor desde sus nichos. En otra lámina, la sala del hospital: la muerte se pasea entre las camas vestida de médico», relata Esther Cross.

Temerosos de que los resurreccionistas robaran el cuerpo de sus difuntos, los familiares hacían guardia, a veces durante días. Si se robaba un cuerpo, se comprometía la vida del difunto en el más allá porque, ¿no decía la Biblia que los muertos resucitarán cuando llegara el fin del mundo para asistir al juicio final? La disección del ahorcado por la justicia era el último castigo que se le imponía; por ello, desde la perspectiva del pueblo, los médicos y profesores de anatomía eran verdugos de cadáveres.

Pero si el cadalso no era suficiente, entonces los médicos necesitaban cadáveres robados, en cuyo negocio intervenían bandas especializadas que, horas después del entierro, extraían el cadáver de la tumba (dejando generalmente la mortaja), vendiéndolo por una buena cantidad a un médico con el que ya tenían acuerdos preestablecidos. Además, la ley imponía un castigo muy leve, porque un cadáver no era propiedad de nadie, de modo que lo más habitual era que el ladrón de cadáveres estuviera un par de días en el calabozo por entrar en el cementerio fuera de las horas de visita.

Este negocio era tan habitual en la época de Mary Shelley que ella apenas explica cuáles son las «terribles actividades» nocturnas del doctor Frankenstein. No se detiene en especificar qué son esos «materiales necesarios» para su investigación, o por qué se pasa «días enteros en panteones y osarios». Basta con que haga esas alusiones para que el lector lo comprenda: Frankenstein robaba cadáveres como un resurreccionista más.

En 1818, había en Londres diez bandas de ladrones de cuerpos, dando empleo a un total de doscientos sujetos. Cuando el cementerio era generoso en sus ingresos, se contrataba a más gente de forma temporal. Entre todos los que se dedicaban a este lucrativo negocio, nadie alcanzó la fama de Burke y Hare, que podríamos denominar «pioneros del capitalismo», debido a su manejo eficiente del principio de la oferta y la demanda: inventaron un sistema para que no faltara nunca un cadáver con el que satisfacer una petición, consistente en matar a prostitutas y desheredados, en vez de esperar a que murieran de forma natural. Ambos eran emigrantes irlandeses y se conocieron en la miserable pensión que regentaban Burke y su esposa.

En concreto, Burke y Hare eran los «proveedores oficiales» de un tal doctor Knox, en Edimburgo, Escocia. Como ocurre con la mayoría de los asesinos en serie, al principio se limitaban a aprovechar una oportunidad; por ejemplo, un borracho encontrado a altas horas al pie de una taberna podría «desaparecer» sin que se creara un gran escándalo, pero cuando se volvieron sistemáticos y eligieron sus víctimas con más frecuencia y determinación, la gente empezó a sospechar y a preguntarse dónde estaba una serie de personas que antes uno se cruzaba por la calle habitualmente: el chico tullido, una prostituta, una mujer vieja que vivía sola y acudía de vez en cuando al mercado... «Encontraban sus víctimas en la calle, les ofrecían comida y whisky, las emborrachaban. Eran cazadores de humanos», escribe Cross.

Como suele ser habitual, la suerte les dio la espalda porque se volvieron demasiado avariciosos e imprudentes: cuando una inquilina de la pensión encontró un cadáver oculto en una de las habitaciones, la policía los capturó. Hare obtuvo inmunidad a cambio de que confesara los crímenes. Finalmente, ambos dieron los nombres de dieciocho cadáveres a los que habían ayudado a encontrarse con el Creador. En general, el pago era de ocho a diez libras por cuerpo. El *modus operandi* era siempre la asfixia manual mediante un método consistente en que uno tapaba la nariz y boca de la víctima, mientras que el otro oprimía su pecho haciendo presión con las manos o sentándose encima de él. Se cree que las esposas de Burke y Hare también fueron cómplices de los asesinatos, pero no fueron imputadas. Burke fue ahorcado en 1829 ante una multitud compuesta por veinte mil personas y su cuerpo entregado a la disección. Dos mil estudiantes compraron una entrada para verla. El escritor Walter Scott fue testigo de la ejecución: «Había muchísima gente. Clamaban exigiendo que Knox también fuera al cadalso. Querían otra víctima, pero de todas maneras recibieron, emocionados y con abucheos, al desgraciado que fue el único de los cinco o seis[9] que no eran menos culpables que él».

El doctor Knox fue censurado por el Colegio de Médicos y tuvo que marcharse de la ciudad. El cuerpo diseccionado de Burke fue exhibido ante el público, treinta mil personas fueron a verlo. Su calavera y una billetera hecha con su piel siguen expuestas en el Colegio Real de Cirujanos de Edimburgo. Madame Tussauds, que asistió en persona al juicio y realizó dibujos de los protagonistas, tuvo acceso a un molde de la cabeza de Burke y lo tuvo expuesto en su galería de los horrores, inaugurada en Londres en 1835 y que todavía hoy sigue abierta.

El negocio duró hasta 1832, cuando se promulgó el Acta de Anatomía, según la cual médicos y profesores podían tener acceso a los «marginados», es decir, pobres y vagabundos, cuyo número era muy superior a los ajusticiados. Robert Louis Stevenson escribió su hoy clásico *Ladrones de cuerpos* (1884), basándose en este episodio de la historia negra de Escocia.

Esther Cross señala que la novela de Mary puede entenderse como un resarcimiento de los muertos hacia los ladrones de tumbas. Nos recuerda que, al principio, Frankenstein se retira a dormir después de haber huido despavorido del desván donde la Criatura ha cobrado vida, cuando despierta la ve mirándole fijamente, lo cual le aterra y provoca que abandone su casa. «En su novela, los muertos se levantaron. Son los muertos, resumidos en el monstruo, los que observan al doctor y no al revés, como pasaba en la vida. Los muertos, hechos uno [la Criatura], lo vigilan. Cuando el doctor Frankenstein muere, ahí están, convertidos en un monstruo, velándolo.»

El historiador Tim Marshall, en un libro dedicado a los ladrones de tumbas, revela la relación existente entre la época de los resurreccionistas y *Frankenstein*. Las víctimas del monstruo, como las de Burke y Hare, siempre tienen marcas en el cuello. Así, dejó esa marca en el cuerpo del pequeño William («lo tomé del cuello para obligarlo a callar»), en el de Henry Clerval («en la garganta se apreciaban las huellas de unos dedos») y en el de la esposa del doctor («las criminales huellas de la mano asesina estaban impresas en el cuello»). Escribe Marshall: «Al dejar estas marcas en sus víctimas, la Criatura está diciendo al público de su época [la de los resurreccionistas] que tiene el poder de continuar con el método de asesinato que empleaban Burke y Hare». Solo que los papeles están invertidos: son los cadáveres despojados en la disección los que se ceban con el médico; el monstruo se rebela contra la casta que promovió el saqueo de las tumbas.

De nuevo, la presciencia de Mary resulta asombrosa. Ella conocía la práctica del resurreccionismo, pero este llegaría a su apogeo años después de que escribiera la novela. Por eso, Cross afirma que «al mostrar lo que pasaba en su tiempo, Mary Shelley había entrevisto lo que estaba por venir. Anclada en el miedo del momento, la novela había revelado el crimen del futuro». Así fue, *Frankenstein* se adelantó a Burke y Hare; estos se convirtieron en asesinos seriales por lucro, mientras que el doctor creó al asesino serial que diezmará a su familia.

La fama que alcanzaron los crímenes de Burke y Hare influyó en la lectura de *Frankenstein*, porque uno de los temas esenciales de la trama era la complicidad del médico con el asesino, su Criatura formada a partir de los restos de las tumbas profanadas. «Había más horror en esta historia del que ella mismo había previsto», señala Cross.

La rabia, el despecho o la ira (y la venganza a la que dan lugar) figuran en los orígenes de la literatura occidental; por ejemplo, estaba bien presente en el asesinato de Medea de sus hijos. Medea, personaje de la tragedia del mismo título de Eurípides (480-406 a. C.), se alía con Jasón y sus Argonautas para robar a su padre el vellocino de oro. Su amor por Jasón es tan grande, que Medea llega a matar a su propio hermano y a despedazarlo para que su padre se demore en recoger los pedazos para poder darle un funeral digno. Sin embargo, a pesar de que Jasón ha concebido dos hijos con Medea, no duda en abandonarla cuando ve la oportunidad de alcanzar un mayor poder y casarse con la hija de Creón, rey de Corintio. A Medea, esto le rompe por dentro y, en venganza, mata a los dos hijos: «El mal del que he sido objeto ha ganado el día. Comprendo muy bien el horrible acto que voy a cometer, pero mi juicio no puede contener mi ira, y eso es fuente de las peores maldades que los seres humanos pueden cometer».

Las artes, quizás mejor que la ciencia, pueden describir con tan alto grado de matiz estas emociones tan absorbentes (y en muchos casos, alienantes). ¿La ira siempre da lugar a un acto cometido de forma impulsiva, sin reflexionar, como si se liberara una fuerza furiosa que se impone al individuo? ¿O puede el crimen impulsado por el despecho o la ira considerarse como un último gesto que culmina un plan enhebrado durante tiempo, sostenido por los agravios que el sujeto rumia una y otra vez en su mente?

En muchos «crímenes monstruosos» la imagen que tiene un criminal de sí mismo es un componente significativo del comportamiento violento que realiza. En el año 2004, un adolescente británico, Brian Blackwell, asesinó a sus padres empleando una pistola de clavos. A continuación, se dispuso a disfrutar de unas vacaciones con las 30.000 libras que se apropió de ellos, que incluyó tres noches en el magnífico hotel Plaza de Nueva York. En su mente *estaba claro que se merecía estas vacacio-*

nes. La defensa argumentó que Brian sufría un trastorno de personalidad narcisista: su sentido grandioso de sí mismo le llevaba a no soportar ser contrariado, lo que motivó su conducta de «castigo» final a los padres que habían osado oponerse a sus deseos.

La rabia está relacionada íntimamente con la indignación que, a su vez, lo está con la noción subjetiva de la justicia. Un aspecto de los «monstruos narcisistas» es su incapacidad para hacer frente a la existencia aceptándola en todos sus términos, es decir, asumiendo que existen reglas y códigos sin los cuales la sociedad no podría funcionar. Todos tenemos que soportar grados diversos de ansiedad y frustración en las diferentes áreas en que se desenvuelve nuestra vida (trabajo, familia, etc.), pero para el narcisista —o para el que ha tenido una pobre socialización— estos desengaños pueden ser un plato difícil de digerir.

Jack Katz, en su obra *Seductions of Crime,* ha señalado que muchos asesinos se ven a sí mismos como «vengadores justicieros». La clave para entender cómo la ira puede asociarse a una conducta asesina moralmente justificada se halla en el proceso emocional que va desde la humillación y la ofensa, hasta la venganza. Cuando el individuo se siente agraviado, lo definitorio es un estado emocional general de impotencia: el ofensor (que puede ser un sujeto, pero también un grupo o colectivo, como policías, prostitutas, etc.) ha usado su poder para dejar al ofendido en una profunda situación de falta de autonomía para conseguir lo que desea, o de privación que le causa grandes pesares. Es aquí donde interviene la ira como propulsor para pergeñar un ataque reparador de la autoestima, porque mientras que la humillación reduce, desespera y minusvalora, la rabia da energía, valor y combate la depresión (de ahí el dicho «el dulce sabor de la venganza»). No obstante, aunque es muy habitual, la ira solo es un elemento de la psicología del homicida y, al contrario, no figura siempre en la motivación tras el asesinato.

En los sueños «prohibidos» que tiene mucha gente hay actos de gran violencia, incluso sadismo. Platón decía en *La Repú-*

blica que el hombre desquiciado es el que ha perdido su disciplina interna y ha dejado suelta a su bestia interior. «El monstruo criminal es solo el sueño que camina, la pesadilla que se ha hecho realidad», afirma Stephen T. Asma. «El psicópata es aquel que se atreve a convertir en realidad todas esas fantasías tabúes que todos los demás hemos aprendido a controlar.» La Criatura de Frankenstein llega a un punto en que el deseo de venganza se apodera de ella, induciéndole a *un comportamiento psicopático homicida* por el que aniquila a la familia de su creador.

Reflexiones finales

En muchos sentidos, *Frankenstein* es una obra desoladora. Con la excepción del capitán Walton, que finalmente decide regresar a Inglaterra cuando la expedición se torna demasiado peligrosa, salvando con ello su propia vida y la de sus marinos, todos los otros personajes centrales perecen. Dios solo aparece como una invocación lejana, acompañando los vaivenes emocionales de los personajes; el monstruo se compara con Satanás, porque siente que él es como el ángel caído de la obra del poeta John Milton (1608-1674), *El paraíso perdido*, que se rebela contra Dios y este lo envía al infierno. Por su parte, Victor no encuentra en Dios consuelo alguno y lo único que hace es luchar contra un destino que él mismo ha desencadenado, pero al que no puede hacer frente.

Igualmente, el final es demoledor. Victor muere sin haberse vengado y, lo que es peor, sin haber eliminado la amenaza del monstruo. Toda su familia ha sido destruida y la obra de su vida ha sido un demonio que ha protagonizado esa destrucción. El monstruo, por su parte, se pierde en la oscuridad del mar infinito y gélido en busca de un sitio donde poder morir sin que su cuerpo sea pasto de los mercaderes de tumbas.

A lo largo del siglo que inició Mary Shelley con su obra, el mundo entrará en una etapa de progreso científico donde ya no será necesario Dios como creador del mundo o del hombre. La ley tendrá que bastar para fundamentar la convivencia, no el pecado. Sin embargo, tampoco la justicia pinta nada en *Frankenstein*. Ni Victor ni el monstruo tienen asidero alguno para redimirse. Las víctimas asesinadas solo son lloradas, mueren sin comprender por qué las ha elegido un ser deforme al que quizá han podido atisbar durante unos instantes. Desde la perspectiva de las víctimas, el universo atroz de *Frankenstein* es una descripción nítida y veraz de lo que le espera a la víctima del asesino en serie, que no encontrará auxilio ni en Dios ni en la policía: solo quizás unos instantes finales para preguntarse qué sentido tiene perecer de manera tan sorprendente y absurda.

5

El extraño caso del Dr. Jekyll y Mr. Hyde[1]

> Mr. Hyde es un bruto y un matón, casi un psicópata total. Si esto fuera todo, nos limitaríamos a pedir que lo encerraran y a olvidarnos de él. Pero sucede que el único lugar donde está encerrado es en la psique del Dr. Henry Jekyll, y eso lo hace mucho más interesante.
>
> PHILIP BALL, divulgador científico
> doctorado en Física y Química

Al igual que sucedió con *Frankenstein* de Mary Shelley, el mito en que se constituyó *Jekyll y Hyde* superó a la propia obra. Lo que ha quedado en el mito es el hecho de que el ser humano puede tener dos lados o naturalezas: una buena y otra perversa, pero eso no es sino una lectura muy gruesa de todo lo que ofrece la novela de Stevenson.

Esta obra de Stevenson es una de las cumbres de la literatura gótica de finales del siglo XIX, como prueba la presencia de numerosos temas y recursos de estilo propios de este género, que tendremos ocasión de ver en este capítulo; pero es que, además, Stevenson tiene la audacia de lanzar una profunda crítica a la sociedad de la época y su filosofía del crimen, según la cual los criminales eran sujetos que provenían de linajes que habían degenerado hasta parecerse al hombre «salvaje» (no europeo y por ello no «civilizado»), que podía encontrarse en las selvas y estaba por debajo en la escala evolutiva. Esta teoría de la degeneración se complementaría en los años finales del siglo con la teoría atávica del criminal nato, formulada por Lombroso, según la cual los criminales reincidentes y más peligrosos habían nacido con una psicología propia de etapas anteriores de la evolución y, por ello, eran *aberraciones atávicas* (esto es, perteneciente a estados anteriores primitivos) en el mundo de finales del siglo XIX.

Hablamos de audacia porque Stevenson escribe una novelita que parece poco más que un cuento de terror, pero en esencia le da la vuelta a este paradigma, porque sugiere que ese «criminal nato» o «degenerado» puede estar en el interior de cada hombre, y no es privativo de las clases populares que se hacinaban en los barrios pobres del este de Londres. Precisamente, es en este punto donde recae la fuerza que lo ha convertido en un mito de la cultura popular moderna: la idea de que cualquiera puede albergar un monstruo en su interior sin que sea aparente recorre la espina dorsal del asesino en serie moderno, toca la terminación nerviosa de la supervivencia humana, donde la detección acertada del depredador —animal o humano— es vital para no perecer. Como en el caso de *Frankenstein*, el lenguaje común ha recogido también el mito de la novela de Stevenson y cualquiera sabe qué es lo que se quiere decir si oye la expresión (o alguna de sus variantes) asociada a un crimen inesperado de que su autor «llevaba una doble vida como Jekyll y Hyde». De esta forma, Stevenson lanzaba un torpedo a la línea de flotación de las teorías racistas y clasistas sobre la criminalidad, una tarea que seguiría Oscar Wilde, como veremos en el capítulo próximo.

Por si fuera poco, *Jekyll y Hyde* es también un asombroso estudio psicológico, de una profundidad acerca de la motivación criminal pocas veces vista, pues se cuestiona qué es la maldad humana y dónde debemos encontrarla. Como escribió la profesora Barbara D'Amato, Stevenson «demuestra un conocimiento profundo de la psique humana, nos propone enfrentarnos al lado más sórdido de la humanidad». Al realizar esa indagación, Stevenson sentó un precedente literario de la noción de inconsciente y del fenómeno de la represión de las ideas que son dolorosas de mantener en la consciencia, todo lo cual, naturalmente, constituirá parte del legado del psicoanálisis que Sigmund Freud desarrollará en su obra señera de 1890, *La interpretación de los sueños*.

El contexto histórico del último tercio del siglo XIX

Este periodo se caracterizó por la incertidumbre y la inestabilidad. El pueblo británico empezaba a cuestionarse el papel de la dominación británica del mundo y su proceso de colonización, alcanzando cotas de gran tensión en la lucha de clases entre una masa de obreros condenada a la indigencia (representada geográficamente en el este de Londres) y la burguesía pujante de la industrialización y del desarrollo científico y tecnológico (que habitaba en el oeste). No olvidemos que ese periodo abarca los años de mayor actividad de Friedrich Engels (1820-1895) y Karl Marx (1818-1883), los grandes ideólogos del comunismo, que a principios del siglo siguiente triunfará en Rusia.

Pero, naturalmente, estamos inmersos en la época victoriana (que se extendió desde 1837 hasta 1901), caracterizada por una férrea moral social pública, donde no era bien visto expresar de manera explícita los sentimientos, pensamientos y deseos, lo cual condenaba a la represión y al ocultamiento las fantasías y pasiones consideradas ilícitas o pecaminosas. Frente a este puritanismo moral, se rebelará el movimiento del Romanticismo y el gótico en particular, exaltando lo prohibido, lo «anormal», lo exacerbado y lo monstruoso. La novela de Stevenson incluye la destrucción de esa moral pacata y puritana al crear un relato que adopta el tono de una pesadilla, donde el protagonista principal —el Dr. Jekyll— provoca su propia destrucción por querer obedecer una moral donde la reputación pública constituía el principal aval para obtener el reconocimiento social. Proteger la reputación de Jekyll, por otra parte, es un poderoso acicate en el esfuerzo que hará su amigo Utterson para salvarle de las garras de Hyde, tal y como señala Stevenson: «Utterson no pudo evitar sentir cierto temor de que la

reputación de Jekyll cayera víctima del remolino que indudablemente había de levantar ese escándalo».

Apuntes biográficos

Stevenson nació en Edimburgo en 1850. Hijo de un ingeniero y
constructor de faros, fue educado en un hogar calvinista estricto, donde el temor a Dios estaba bien presente, así como la necesidad de estar preparado para hacer frente a las tentaciones
del mal. Su salud siempre fue muy precaria, aquejado de tuber-
culosis y problemas pulmonares, solo llegó a vivir cuarenta y
cuatro años. En la biografía que le dedica el escritor G. K. Chesterton descubrimos algunas claves de su infancia, que tendrán
un profundo efecto en su obra posterior: su estado enfermizo le
obligaba a pasar mucho tiempo en cama, lo que compensó avi-
vando su imaginación; los cuentos que le leía su niñera, cuyo
contenido escapaba de la rigidez puritana de su padre y abuelo;
la extrema protección que tuvo en su infancia y que supuso que
viviera una gran conmoción emocional cuando ya, en su juventud, Stevenson sale de su torre de marfil a una realidad que difiere marcadamente de la educación presbiteriana puritana recibida. En definitiva, se produce un choque entre lo aprendido
en su hogar y una natural atracción por lo heterodoxo, que algunos denominan vicio o transgresión, ese otro lado ignoto
pero atrayente, lo que probablemente dio lugar a la novela *El
extraño caso del Dr. Jekyll y Mr. Hyde.*

Stevenson estudió ingeniería, pero luego se licenció en Derecho, aunque nunca llegó a ejercer, si bien toda su vida mostró un gran interés por los casos criminales. En 1877 conoció a
una estadounidense, Fanny Osbourne, diez años mayor que él,
con la que se casó; Fanny aportó un hijo de su matrimonio anterior y fue tanto la esposa como la enfermera de Stevenson a
lo largo de su carrera literaria, primero en Escocia, luego durante unos meses en Estados Unidos y, finalmente, en la isla de
Upolu, en su villa Vailima, del archipiélago de las Samoa, donde falleció en 1894.

Como había dicho anteriormente Mary Shelley, y posteriormente dirá también Bram Stoker, Stevenson aseguró que la idea de la novela fue producto de un sueño. Con fiebre alta y medicado con narcóticos para soportar el dolor, una pesadilla le despierta entre alaridos, en la que pudo ver a un sujeto siniestro (Hyde) y dos escenas fundamentales de *Jekyll y Hyde*: el momento en que la transformación voluntaria se convierte en involuntaria, y cuando Hyde, que sufre persecución, se transforma en presencia de los que intentan atraparle. Stevenson atribuyó la inspiración a misteriosas musas que habitaban su casa y, llevado en volandas por ellas —dijo—, concibió y escribió el libro y sus diferentes revisiones en apenas diez semanas, un tiempo asombrosamente corto.

A pesar de ser una novela ciertamente breve, su estructura es complicada: la parte central de la narrativa adopta la forma de la tercera persona, desde la perspectiva del abogado y amigo de Jekyll, Mr. Utterson, pero el lector solo llega a comprender lo sucedido en el último capítulo, donde consta la plena confesión de Jekyll y se revela todo lo esencial, desde los motivos que dieron lugar a su proyecto de crear a Hyde, hasta la evolución de la relación entre estas dos identidades dentro de un mismo individuo, así como las circunstancias que propiciaron su final.

La recepción de la crítica literaria

El crítico Leonard Wolf dijo que Stevenson había creado «un texto que tenía vida», para añadir después que «mucho de lo que sucede es inexplicable». El *Times* acusó a *Jekyll y Hyde* de mostrar un materialismo vulgar y un gusto excesivo por lo grotesco. Esto último quizás podría aceptarlo el mismo Stevenson, que había dicho a su médico después de relatarle el sueño que precipitó la novela, que estaba escribiendo un *penny dreadful* (un cuento de terror de un penique), en referencia a los panfletos que describían crímenes sangrientos, que eran muy populares en aquellos años. Por su parte, para la revista cultural

Athenaeum la historia era «no solo extraña, sino imposible e incluso absurda». Finalmente, el *Saturday Review* comentó a sus lectores el profundo desagrado que les produjo el personaje de Hyde, puntualizando que «antes que tropezarnos con Edward Hyde, preferiríamos vérnosla con un espectro, un demonio o un vampiro».

Durante mucho tiempo, la lectura que se hizo de *Jekyll y Hyde* fue la de un sencillo cuento moral: si no nos esforzamos en controlar nuestros malos impulsos, entonces arruinaremos nuestra vida. Esta visión simplista estaba en consonancia con la reputación que tenía el autor en el mundo literario de su época, y que perduró hasta la segunda parte del siglo XX, a saber, la de un escritor de aventuras como *La isla del tesoro* y otras historias exóticas y fantásticas. Pero, a partir de los años sesenta del pasado siglo, gracias a escritores de reconocido prestigio como Borges o Nabokov, Stevenson ha sido reivindicado como un escritor extraordinario y profundo. En particular, su obra *Jekyll y Hyde* encerraba mucho más que un cuento moral bajo la forma de una novela breve de horror.

Sinopsis de la novela

Jekyll y Hyde es una novela muy breve, en general las infinitas ediciones existentes no superan las cien páginas y, en consecuencia, hay pocos personajes. De entre todos ellos, el que ocupa más espacio es el amigo y abogado del doctor Jekyll, Mr. Utterson. Stevenson lo utiliza como vehículo para narrar la historia. Los sucesos que vamos conociendo casi siempre los presenciamos a través de las pesquisas que el abogado va llevando a cabo en interés de su amigo. Utterson vendría a representar el típico británico de la época victoriana: comedido, responsable con sus obligaciones y formal. Stevenson lo describe como «un hombre de adusto semblante, jamás iluminado por la alegría de una sonrisa; frío, parco y reservado al hablar [...] y, sin embargo, simpático». Era «austero para consigo mismo», pero poseía, en cambio, «una gran tolerancia para con el prójimo».

Un día, en el curso de los habituales paseos dominicales que Utterson realizaba en compañía de su primo lejano, Richard Enfield, llegaron a cierta calle de uno de los barrios más concurridos de Londres. Es una calle que da acceso a un callejón sin salida, donde resalta «cierto edificio siniestro» de dos pisos y una puerta en la planta baja. «Se notaba en todos los detalles la señal de un largo y sórdido abandono». Enfield pasa a relatarle una historia a propósito de esa puerta:

> Volvía yo a mi casa desde un lugar muy remoto, a eso de las tres de una negrísima madrugada de invierno [...]. De pronto vi dos figuras: una de un hombrecito que marchaba deprisa, renqueando; la otra, una niña de ocho o diez años que venía a todo correr por una calle transversal, y los dos chocaron al llegar a la esquina. Y aquí viene lo horrible del caso: el hombre pasó pisoteando con toda calma el cuerpo de la criatura y la dejó dando alaridos en el suelo. Así contado, parece cosa de poca importancia, pero visto, fue demoníaco. No parecía el acto de un ser humano, sino de un *juggernaut* infernal.[2]

Enfield da alcance al hombre y le obliga a regresar al lugar de los hechos, donde estaban concentrados familiares de la niña y el médico al que estos habían ido a buscar. Enfield, «al primer golpe de vista, había sentido un intenso aborrecimiento por aquel hombre» y cuando se fija en el médico comprende que este, «cada vez que miraba a mi prisionero, se le veía palidecer y atragantarse con el ansia de matarlo», a pesar de que el galeno, tras examinar a la niña, había indicado que «el accidente no tenía importancia». Pero el hombre mantiene el tipo, «con una torva e insolente frialdad, atemorizado, eso sí, pero aguantando el chaparrón como un satanás». Resuelto a resolver el problema, el hombre se aviene a pagar cien libras y, para ello, les pide que le acompañen a un domicilio donde podrá hacerles un cheque por esa cantidad. (El lugar al que le acompañan es la casa cuya puerta ahora están contemplando Enfield y Utterson.) El hombre abre con una llave y regresa al poco con el cheque. Y eso era justamente lo extraordinario: que el personaje que les dio el cheque era *«un ser verdaderamente diabólico;* mientras que la persona que lo firmó es la flor y nata de la honorabilidad [...] una de esas personas que se dedica a hacer el bien». Enfield aventura la hipótesis de que el hombre repulsivo pudiera estar haciendo chantaje a quien firmó el cheque.

Utterson le pregunta a Enfield por el nombre del que atropelló a la niña, y este le responde que se llama Hyde. Le pide que lo describa, pero Enfield no lo tiene fácil, a pesar de que pasó varias horas con él —lo llevó a su domicilio en compañía del médico— en espera de que abrieran el banco para cobrar el cheque: «Hay no sé qué en su figura que no es normal, algo desagradable, francamente detestable. *Jamás he visto a nadie que me inspirase tal repulsión y, sin embargo, apenas sé por qué.* Debe de tener alguna deformidad; da una impresión de cosa contrahecha, aunque no puedo especificar en qué consiste. Es un hombre de aspecto extraordinariamente raro y, a pesar de ello, no puedo decir que se salga de lo corriente».

Utterson se despide de Enfield no sin antes confesarle que sabe a quién pertenece la casa que han visitado esa noche, pues es el laboratorio de su amigo, el doctor Henry Jekyll, que conforma una construcción separada por un patio de la mansión donde vive el eminente médico, a la que se entra por una hermosa plaza. Él es también abogado de Jekyll y el episodio que le ha relatado Enfield le ha dejado muy preocupado. Ya en su hogar, Utterson saca de su caja de caudales el «Testamento del doctor Jekyll». Cuando lo redactó Jekyll, Utterson hizo todo lo posible para que lo cambiara, pues venía a decir que en caso de muerte o desaparición del doctor, todas las propiedades pasarían a «su amigo y bienhechor Edward Hyde». Aquello era algo inexplicable y le había ofendido en grado sumo. Pero en aquellos días, nada sabía de Hyde, mientras que ahora el asunto cobra mayor gravedad, porque gracias al relato de Enfield comprende que Hyde es una mala persona, un rufián, y la hipótesis del chantaje planteada por Enfield le parece algo muy probable.

Utterson se va en busca de un amigo común de ambos, el doctor Lanyon, para preguntarle si sabe algo de Hyde, pero Lanyon le asegura que hace tiempo que no tiene contacto con Jekyll, porque este «se fue haciendo más extravagante de lo que yo podía aguantar», «empezó a torcerse intelectualmente», incurriendo en «galimatías anticientíficos». Más preocupado si cabe, el abogado regresa a su casa, pero su sueño es presa de una pesadilla angustiosa, en la que «aquel *juggernaut* en figura humana pisoteaba a la niña caída», o bien veía despertarse a su amigo en la cama de su habitación para darse de bruces con «quien tenía poder, aun en aquella hora intempestiva, para obligarlo a que se levantase y a cumplir sus mandatos» (Hyde). El personaje de ambas pesadillas era el mismo, al que veía «deslizarse, furtiva y cautelosamente [...] por los inmensos laberintos de una ciudad llena de luces; y en cada esquina aplastaba a una niña y la dejaba chillando».

Pero Utterson se levanta resuelto, no quiere dejar a su amigo Jekyll en manos de semejante individuo. Lo primero que tiene que hacer es ver él mismo a Hyde. «Si él es Mr. Hyde —se había dicho—, yo seré Mr. Seek.»[3] En efecto, el abogado se dedica a merodear por el callejón donde está la puerta que da entrada a la casa de Jekyll por el laboratorio, hasta que una noche encuentra a Hyde y, tras decirle que ambos tienen un amigo común, le pide que alce el rostro para poder verlo. Después de intercambiar la mirada durante unos segundos, Hyde se despide amablemente no sin antes darle su dirección, una calle en el degradado barrio del Soho.

¿Qué impresión obtuvo Utterson de su visión cercana de Hyde? Stevenson lo relata de este modo:

> Mr. Hyde era pálido y desmedrado, producía una impresión de deformidad sin que se pudiera precisar ningún defecto de conformación, tenía una sonrisa desagradable, se había conducido con el abogado con una mezcla de cobardía y audacia propia de un asesino, y hablaba con una voz opaca, baja y entrecortada [...] [todo ello] no bastaba para explicar la nunca sentida aversión, el odio y el espanto con que Mr. Utterson lo recordaba. «Tiene que haber algo más —se decía perplejo—. Hay algo más, aunque no encuentre palabra que aplicarle. *¡Si ese hombre no parece cosa humana!* ¿Diremos que tiene algo de trogloditico? ¿O será la mera irradiación de un espíritu malvado que trasciende y transfigura su vestidura de barro? Quizá sea eso, porque si alguna vez, ¡ay, mi pobre Harry!, he leído en una cara la firma de Satán, ha sido en la de tu nuevo amigo.»

Llevado por su preocupación acerca de la situación de Jekyll, Utterson decide que tiene que hablar con él, va a su casa, pero no lo encuentra. No obstante, de labios de su fiel mayordomo Poole, Utterson averigua que todos los criados tienen la orden expresa de obedecer a Hyde en cuanto aparezca, si bien nunca pisa la casa, limitándose a visitar el laboratorio. No obstante, unas semanas después tiene la oportunidad de ver a Jekyll en el transcurso de una cena que dio el doctor («un cincuentón alto, buen mozo, de rostro sereno [...] con todos los rasgos de la inteligencia y la bondad») para unos pocos amigos. En la velada sale a relucir el nombre del amigo común, Lanyon, al que Jekyll estima, pero del que tiene la queja de ser «un pedante ignorante y vocinglero». Pero en lo tocante a Hyde y al testamento, ante el comentario del abogado de que había oído cosas «abominables» de su protegido, Jekyll no da muestras de cambiar de opinión. No, él confía en Hyde: «No es tan grave el asunto. Y solo para tranquilizar tu corazón te diré una cosa. Puedo deshacerme de ese tal Mr. Hyde en el momento en que lo desee».

Pasa un año, entonces se produce un hecho que va a cambiarlo todo. Una sirvienta a punto de acostarse ve, a través de su ventana, un homicidio. En su descripción de lo sucedido a la policía narra el encuentro entre «un gallardo caballero de pelo canoso», que despedía «un hálito de candorosa y antigua bondad», y un señor al que conocía como Mr. Hyde, porque había visitado en alguna ocasión a su amo. La criada entendió que el caballero estaba solicitando alguna orientación a Hyde, mientras que este se mostraba impaciente y jugaba con su bastón hasta que, sin venir a cuento...

Su cólera estalló con una explosión de ira. Empezó a dar patadas en el suelo y a blandir el bastón en el aire *como preso de un ataque de locura*. El anciano dio un paso atrás aparentemente asombrado de la actitud de su interlocutor, y en ese momento Mr. Hyde perdió el control y le golpeó hasta derribarle en tierra. Un segundo después, *con la furia de un simio*, pisoteaba salvajemente a su víctima cubriéndola con una lluvia de golpes, tan fuertes que la criada oyó el quebrarse de los huesos y el cuerpo fue a parar a la calzada. Ante el horror provocado por la visión y aquellos sonidos, la mujer perdió el sentido.

Utterson se entera de lo sucedido porque el anciano asesinado era un cliente suyo y llevaba en su chaqueta una carta dirigida a él. El fallecido era un miembro del Parlamento, sir Danvers Carew. En la escena del crimen se encontró la mitad del bastón que Hyde partió en el cuerpo de Carew. Cuando la policía le interroga, Utterson les guía hasta el domicilio de Hyde, pues este le había dado su dirección cuando ambos se encontraron por vez primera. Así que se dirigen al barrio del Soho, donde reina la pobreza y la desesperanza, conformando «un pedazo de una ciudad de pesadilla». Pero el despliegue policial es en vano: en la casa solo estaba una vieja «de rostro marfileño y cabellos de plata» que les dice que Hyde había estado hacía unas horas, pero que se había vuelto a marchar, lo que no era extraño pues era un hombre «de costumbres desordenadas». Las estancias de la casa donde vivía Hyde «estaban decoradas con esplendidez y buen gusto», pero todo estaba revuelto y la chimenea mostraba los restos de papeles quemados, así como restos de un talonario de cheques. Detrás de una puerta, la policía encontró la otra mitad del bastón que había sido empleado en el asesinato de Carew, lo que acaba por incriminarle junto al testimonio de la criada que presenció el ataque.

Esa misma noche, Utterson visita a Jekyll. Este le recibe —cosa inusual— en su laboratorio. Su aspecto es terrible. El abogado quiere saber si conoce la noticia de la implicación de su protegido en el asesinato de Carew, porque tiene claro que un asesino como Hyde no puede ser el heredero del doctor. ¡No puede seguir encubriéndole! Jekyll, para alivio de su amigo, le dice que ha terminado con Hyde y que «jamás se volverá a saber de él». A continuación, le entrega una carta firmada por Hyde en la que le agradece la generosidad que le ha mostrado, asegurándole a continuación que se marcharía lejos, pues disponía de los recursos para hacerlo, y ya no volvería a tener noticias suyas.

Pasó el tiempo. No había rastro de Hyde, si bien Stevenson nos informa de que «se desveló gran parte de su pasado, *todo él abominable*. Salieron a la luz historias de la crueldad de aquel hombre a la vez insensible y violento, de su vida infame, de sus extrañas amistades, del odio que, al parecer, le había rodeado siempre, pero nada se averiguó acerca de su paradero». Por su parte, Jekyll daba muestras de haber retomado su vida ordinaria, la que llenaba sus días antes de que apareciera el indefinible Hyde. «Salió de su encierro, reanudó la amistad que le unía a viejos compañeros, fue una vez más huésped y anfitrión y, si bien siempre había sido famoso por sus obras de beneficencia, ahora se distinguió también por su devoción. Estaba siempre ocupado, salía mucho y hacía el bien. Su rostro parecía de pronto más fresco y resplandeciente, como si interiormente se diera cuenta de que era útil, y durante dos meses vivió en paz.»

* * * * *

Pero, pasado ese tiempo, todo volvió a empeorar. Jekyll se aisló y ni siquiera Utterson era recibido. «El doctor —había dicho Poole— estaba encerrado en sus habitaciones y no recibía a nadie.» Alarmado, el abogado va a visitar al amigo común, el también doctor Lanyon —con quien Jekyll había reanudado su amistad—, pero su aspecto lo deja aterrado. «Tenía escrita en su cara su sentencia de muerte.» Lanyon le cuenta que ha sufrido una experiencia horrible de la que nunca se repondrá y le prohíbe que le hable de Jekyll, «algún día quizás él llegue [Utterson] a saber la razón de todo esto». De regreso a casa, el abogado escribe a Jekyll contándole lo sucedido en casa de Lanyon e inquiriendo por qué ya no recibe a nadie. Jekyll le contesta que comprende la reacción de Lanyon y le asegura que «de ahora en adelante pienso llevar una vida de extremo recogimiento [...]. Debes tolerar que siga mi oscuro camino. He atraído sobre mí un castigo y un peligro que no puedo siquiera mencionar. Pero si soy el mayor de los pecadores, también soy el mayor de los penitentes. No sospechaba yo que en la tierra hubiera lugar para tanto sufrimiento y tanto terror. No puedes hacer sino una cosa, Utterson, que es respetar mi silencio».

Dos semanas después, muere el Dr. Lanyon. Cuando regresa del funeral, Utterson se encierra en su despacho y saca del cajón del escritorio un sobre que le había hecho llegar el difunto. En él estaba escrito su nombre. Cuando lo abre, se encuentra con otro sobre con la instrucción de que solo podía ser abierto «a la muerte o desaparición del Dr. Jekyll». A pesar de su gran curiosidad, Utterson decide ser fiel a la última voluntad de su amigo y devuelve el sobre al cajón de su escritorio.

* * * * *

Unas semanas después, Utterson tendrá la última visión de Jekyll. Paseando con su primo Enfield retornan sin un propósito definido al callejón por el que se accede a la puerta del laboratorio del doctor, ese lugar en el que entró Hyde para buscar el cheque cuando fue obligado a ello, por atropellar a la niña. Ambos se sorprenden al ver a Jekyll asomado a una de las ventanas de la planta primera. Utterson le pregunta en voz alta si se encuentra mejor; él le contesta que está muy deprimido, razón por la que rehúsa acompañarlos a dar un paseo. En su lugar —una vez presentado Enfield a Jekyll por parte del abogado— Utterson le propone hablar los tres donde están, aunque tengan que alzar la voz.

—Eso es precisamente lo que estaba a punto de proponerte —respondió el doctor, con una sonrisa.

Pero apenas había proferido estas palabras, cuando la sonrisa se borró de su rostro y vino a sustituirla una expresión de un horror y una desesperanza tan abyectos que heló la sangre en las venas a los dos caballeros del patio. Fue solo un atisbo lo que vieron, porque la ventana se cerró inmediatamente. Pero fue más que suficiente. Se volvieron y salieron a la calle sin decir palabra. Todavía en silencio recorrieron la callejuela, y solo cuando llegaron a una calle vecina, donde a pesar de ser domingo bullían signos de vida, Mr. Utterson se volvió y miro a su compañero. Los dos hombres estaban inmensamente pálidos y cada uno halló en los ojos del otro la respuesta al horror que reflejaban los suyos.

—¡Que el Señor se apiade de nosotros! —dijo Mr. Utterson.

En efecto, los acontecimientos se precipitan. Una noche, Utterson recibe la visita de Poole, el mayordomo del Dr. Jekyll. En el hogar del doctor «pasa algo malo». «He tenido miedo desde hace más de una semana, y ya no puedo más.» En lugar de explicarle el motivo de sus temores, le ruega que le acompañe a casa de su amo; una vez allí, le conduce hasta la puerta del laboratorio y le comunica que Utterson desea verlo. La respuesta que se oye desde el interior de la instancia («Dígale que no puedo ver a nadie») deja helado al abogado, porque la voz no se parece en nada a la del doctor. Poole le comenta que en esos días el inquilino del laboratorio («él o eso, lo que sea que vive en el gabinete»):

Ha estado pidiendo a gritos noche y día una medicina que no puedo conseguir en la forma que él desea. A veces mi amo solía escribir sus encargos en un papel que dejaba en el suelo de la escalera. Pues eso es todo lo que he visto la semana pasada: papeles y más papeles, una puerta cerrada y bandejas con comida que dejamos junto a la puerta y él introduce en el gabinete cuando nadie le ve. Diariamente, y hasta dos o tres veces por día, he oído órdenes y quejas y me ha mandado a la mayor velocidad posible a todas las boticas de la ciudad donde se expende al por mayor. Cada vez que traía lo que me pedía, me respondía con otro papel diciéndome que devolviera la droga porque no era pura, y enviándome a otra botica diferente. Necesita esa medicina urgentemente, señor, él sabrá para qué.

Utterson le pide ver una de esas notas y comprueba que la letra es de Jekyll, pero Poole está seguro de que el que está dentro es Mr. Hyde, porque un día lo vio fuera del gabinete del laboratorio rebuscando entre los frascos y, a pesar de que llevaba puesta una careta, no le cabía duda alguna de que era Hyde, porque al ver este al mayordomo, «saltó como un mono de entre los productos químicos y se lanzó hacia el interior del gabinete». Utterson se convence y deduce que Hyde ha asesinado a su amigo: «Creo que han matado al pobre Harry, y creo que su asesino sigue aún oculto en el cuarto de la víctima, Dios sabe con qué fines. Pues bien, nosotros lo vengaremos».

Así que manda a los otros criados a guardar la puerta de salida exterior y, con toda resolución, en compañía de Poole, blandiendo un hacha se dirige a la puerta del gabinete:

—¡Jekyll! —dijo Utterson, en voz muy alta—. ¡Exijo que me abras inmediatamente!

Hizo una pausa durante la cual no hubo respuesta.

—Te advierto que abrigamos sospechas. Tengo que verte y te vere —continuó—, ¡si no es por las buenas, por las malas!; ¡si no con tu consentimiento, por la fuerza!

—Utterson —dijo la voz—, ¡por Dios te lo pido! ¡Ten piedad!

—¡Esa no es la voz de Jekyll, es la de Hyde! —exclamó Utterson—. Echemos la puerta abajo, Poole.

Ya no había vuelta atrás. Utterson atacó con decisión la puerta y, al quinto golpe, la cerradura cedió y la puerta se desplomó hacia el interior del gabinete. Una vez dentro, los asaltantes se quedaron mirando el interior: «A no ser por las vitrinas de cristal llenas de productos químicos, se diría que era la habitación más tranquila y normal de todo Londres». Con una salvedad: había un cuerpo tendido en el medio.

Un hombre contorsionado por el dolor y que aún se retorcía espasmódicamente. Se acercaron a él de puntillas, le dieron la vuelta y se hallaron ante el rostro de Edward Hyde. Llevaba un traje demasiado grande para él, un traje de la talla del doctor. Los músculos de su rostro se movían aún débilmente, pero la vida le había abandonado ya, y de la ampolla que aferraba en su mano y el fuerte olor a almendras que flotaba en la habitación, Utterson dedujo que se hallaban ante el cuerpo de un suicida.

Convencido de que Henry Jekyll había muerto asesinado por Hyde, Utterson insta a Poole a buscar el cadáver de su amigo, pero no estaba allí. Del registro de la mesa de trabajo, el abogado se encuentra, «entre los papeles pulcramente ordenados, un sobre grande con el nombre de Mr. Utterson escrito por la mano del doctor. El abogado lo abrió y cayeron al suelo varios pliegos». El primero era el testamento que ya conocía y que tanto le repugnó pero, para su inmensa sorpresa, en vez del nombre de Hyde como beneficiario, estaba su propio nombre: Gabriel Utterson. El otro pliego era una breve carta también manuscrita de Jekyll que llevaba la fecha del día actual, lo que le hace exclamar a Utterson que, con seguridad, Hyde estaba vivo al menos hasta hacía unas pocas horas, quizá había huido. Pero si así era, ¿es posible que Hyde no se hubiera suicidado y hubiese muerto a manos de Jekyll?

Esta hipótesis pronto quedará descartada, cuando Utterson lea la carta de Jekyll:

> Mi querido Utterson: cuando esta nota llegue a tus manos, habré desaparecido. No puedo predecir bajo qué circunstancias, pero mi instinto y lo desesperado de mi situación me dicen que el final está próximo y debe ocurrir pronto. Lee primero el escrito que Lanyon me avisó que iba a poner en tus manos, y si quieres saber más, acude a la confesión de tu indigno y desgraciado amigo, Henry Jekyll.

Poole le pasa al abogado un tercer sobre, muy voluminoso y lacrado. Así pues, debía leer el contenido del sobre que el fallecido Lanyon le había confiado días atrás, y después el documento denominado por el propio Jekyll como su «confesión». Utterson insta a Poole a no decir nada hasta que él haya leído ambos documentos en la tranquilidad de su hogar, «pero estaré de vuelta antes de medianoche y avisaremos entonces a la policía».

* * * * *

La carta que contenía el sobre del doctor Lanyon narraba un hecho extraordinario, que iba a explicar su prematura enfermedad y muerte posterior. Un día recibió una carta del doctor Jekyll donde se le solicitaba que le hiciera un servicio con gran apremio: «Lanyon, mi vida, mi honor, mi razón están a su merced; si me falla esta noche, estoy perdido». Lo que le pide es que vaya a su laboratorio y del gabinete recoja un cajón situado en un lugar determinado. Los criados le estarán esperando. Una vez en su posesión, deberá esperar en su consulta, a medianoche, «a un sujeto que se presentará en mi nombre, y debe entregarle el cajón que se llevó de mi gabinete. Entonces habrá terminado su cometido y mi gratitud será completa».

A pesar de que Lanyon cree que Jekyll se había vuelto loco, pues no entendía por qué su enviado podía ir a verle a él, pero no podía recoger el cajón del gabinete, se decide a hacer lo que le pide. Una vez en posesión del cajón y de regreso en su consulta, Lanyon mira en su interior y encuentra «un frasco con alguna tintura, papeles con cierta sal y la anotación de una serie de experimentos que no habían conducido, como casi todas las investigaciones de Jekyll, a ningún resultado de utilidad práctica». A la hora convenida llega el sujeto enviado por el doctor Jekyll. Estas son sus impresiones del individuo:

> Como ya he dicho, era de corta estatura. Me sorprendió además en él la expresión extraña de su rostro, la rara combinación de actividad muscular y aparente debilidad de constitución y, finalmente, pero no en menor grado, el extraño malestar que causaba su proximidad. *Provocaba algo semejante a un escalofrío incipiente al que acompañaba una notable disminución del pulso.* En aquel momento lo achaqué a una repugnancia puramente natural y de idiosincrasia, y simplemente me asombré ante lo agudo de los síntomas. Pero desde entonces he hallado motivos suficientes para creer que la causa era mucho más profunda, *que se enraizaba en la naturaleza misma del hombre* y que respondía a algo mucho más noble que el simple principio del odio. [...] Había algo anormal y contrahecho *en la esencia misma de la criatura* que tenía ante mis ojos, algo que chocaba, sorprendía y repugnaba.

Lanyon verá con sus propios ojos que ese hombre repugnante, tras beber la pócima contenida en el cajón traído del gabinete del doctor, se va a convertir en el doctor Jekyll. Esa visión le conducirá a la muerte. No obstante, el visitante nocturno —que, naturalmente, es Mr. Hyde— trata de advertirle, pues tras haber preparado la pócima, a pesar del ansia que le consume por beberla, la deja sobre la mesa y le dice a Lanyon que ha de tomar una decisión trascendental:

—Y ahora —dijo—, acabemos con este asunto. ¿Quiere usted ser razonable? ¿Está dispuesto a aprender de los demás? ¿Será capaz de aguantar que yo coja este vaso en mi mano y me vaya de su casa sin más explicaciones? ¿O es la curiosidad que siente demasiado para usted? Piénselo bien antes de contestarme, porque haré exactamente lo que usted me diga. Si decide que me vaya, quedará usted como estaba, ni más rico ni más sabio, a menos que hacer un favor a un amigo en peligro de muerte aumente las riquezas del espíritu. Pero si se decide por lo contrario, ante usted se abrirán nuevos horizontes de conocimiento y nuevos caminos hacia la fama y el poder. *Aquí en esta misma habitación, en este mismo instante, ante sus ojos, verá un prodigio que asombraría al mismo Satán.*

Lanyon le contesta que no había llegado tan lejos para renunciar ahora a saber qué es lo que estaba sucediendo. Hyde asiente, no sin antes asestarle con satisfacción un duro golpe a su vanidad: «Y ahora usted, que ha estado tanto tiempo atado a las ideas más mezquinas y materiales; usted, que ha negado la virtud de la medicina trascendental; usted, que se ha reído de los que eran sus superiores en conocimientos... ¡mire!».

Lo que sigue marcará el destino de Lanyon, puesto que no sobrevivirá a lo que va a ver. Lo matará el terror de presenciar la transformación, pero también —y esto es algo que con frecuencia se olvida en el análisis de la novela— el exponerse a «la podredumbre moral que aquel hombre desveló ante mí en la hora que siguió», y por ello es lícito entender que Hyde le hizo cómplice de la negrura de su alma, de sus deseos inenarrables, de todas las fechorías realizadas (si bien, «con lágrimas de penitencia en sus ojos»).

Así describe el doctor Lanyon a Utterson lo que vio:

Y diciendo esto se llevó el vaso a los labios y se bebió el contenido de un golpe. Dejó escapar un grito, giró sobre sí mismo, dio un traspié, se aferró a la mesa y allí quedó mirando al vacío, con los ojos inyectados en sangre y respirando entrecortadamente a través de la boca abierta. Y mientras le miraba, me pareció que empezaba a operarse en él una transformación. De pronto comenzó a hincharse, su rostro se ennegreció y sus rasgos parecieron derretirse y alterarse. Un momento después yo me levantaba de un salto y me apoyaba en la pared con un brazo alzado ante mi rostro para protegerme de tal prodigio y la mente hundida en el terror.

—¡Dios mío! ¡Dios mío! —repetí una y mil veces, porque allí, ante mis ojos, pálido y tembloroso, medio desmayado y tanteando el aire con las manos como un hombre resucitado de la tumba, estaba Henry Jekyll.

La explicación de todo lo sucedido aparece en el capítulo final de *Jekyll y Hyde*, y constituye la «declaración plena» o confesión del doctor, donde al fin Utterson —y con él todos nosotros— puede comprender los porqués y las circunstancias de estos sucesos tan extraordinarios.

FIGURA 2. *El extraño caso del Dr. Jekyll y Mr. Hyde*: Los rasgos simiescos de Mr. Hyde estaban bien presentes en la temprana adaptación cinematográfica sonora de *Dr. Jekyll & Mr. Hyde* (en España: *El hombre y el monstruo*), de 1931, dirigida por Rouben Mamoulian.

HYDE TOMA EL CONTROL

Cuando Jekyll tiene el control, él y Hyde se alternan en la aparición de sus personalidades opuestas, y cada uno es consciente de la existencia del otro. Pero, finalmente, Jekyll no puede seguir haciendo la pócima que le permite asumir su personalidad original, lo que le convierte involuntariamente en Hyde. Esa es la razón por la que Poole comenta a Utterson en la última noche que el doctor le ha enviado por todo Londres en búsqueda de una determinada sustancia. (Jekyll comprenderá finalmente que la pócima original contenía una sal adulterada que tenía la clave de la transformación; por ello los pedidos de sales que hacía no funcionaban.) Su incapacidad para disponer de la fórmula adecuada para abandonar la personalidad de Hyde se constituye en un auténtico problema, porque en la medida en que este ha ido actuando de acuerdo con su naturaleza malévola, ha ganado en energía y control dentro del cuerpo, llegando un momento en el que Jekyll se transforma en Hyde sin necesidad de tomar el bebedizo; basta con que su yo se haga más débil —mediante el cansancio y el sueño— para que de nuevo resurja Hyde.

Sin embargo, que Hyde vaya ganando la partida no deja de ser un grave problema para su propia supervivencia (y, por supuesto, para la de Jekyll). A raíz del asesinato del parlamentario Carew, toda la policía de Londres está buscándolo, razón por la que escribe al doctor Lanyon solicitándole que recoja el cajón donde está su pócima original en su gabinete del laboratorio; sencillamente, Hyde está demasiado expuesto para ir por la ciudad y no puede presentarse sin más en casa del Dr. Jekyll, porque todos saben que es un asesino. Una vez que consigue el bebedizo en casa de Lanyon y se transforma de nuevo en Jekyll, ya puede regresar a su casa. Será la última vez que saldrá de ella, puesto que de inmediato vuelve a asumir la personalidad de Hyde. El resto ya lo sabemos: incapaz de encontrar la sal apropiada para conformar la droga, se encerrará en el laboratorio hasta el día en que Utterson fuerza la entrada en el gabinete y lo halla muerto. Lo que ha sucedido es que Hyde, una vez que ya no hay posibilidad de transformarse en Jekyll, enfrentado a la detención, juicio y segura ejecución por el asesinato de Danvers Carew, prefiere acabar con su vida y se suicida. Fue en su último momento como Jekyll cuando pudo escribir la «declaración final» o confesión, que deja para que lea Utterson.

En la literatura gótica del siglo XIX la historia del doble (o del *doppelgänger*)[4] fue un tema recurrente. Por ejemplo, Edgar Allan Poe, en su relato titulado *William Wilson* (1839), nos presenta a un adolescente que conoce a un compañero que tiene su mismo nombre. Este, al principio, guarda un gran parecido con él, pero en el transcurso de la historia vemos que finalmente termina siendo *exactamente* como él, es decir, su doble, que le acosa durante mucho tiempo, hasta que Wilson le apuñala y lo mata por una disputa amorosa. En ese momento, aparece un espejo donde ve reflejado el rostro ensangrentado de su doble, que le susurra: «Observa [...] como finalmente a quien has asesinado es a ti mismo». Es muy probable que Stevenson conociera el relato de Poe, así como otros en los que aparecía el asunto del doble.[5] Tampoco olvidemos, como apuntamos en su momento, que *Frankenstein o el moderno Prometeo* podía leerse también desde esta perspectiva, ya que el propio Victor reconocía en un momento dado que la Criatura bien podía ser la proyección exterior de los impulsos violentos más oscuros de su mente.

Stevenson, en *Jekyll y Hyde,* se enfrenta de lleno a investigar la dualidad humana, preguntándose si existen las fuerzas opuestas del bien y del mal en el mismo individuo. Esta es la principal innovación de la novela: no hay dos sujetos que existen material o realmente —el sujeto y el doble— sino dos personalidades (si bien con formas físicas diferenciadas) en la misma persona. Esta mismidad del sujeto sentó las bases para que, en una tempranísima adaptación teatral de 1887 (y en todas las que siguieron hasta la actualidad), un mismo actor interpretara a los dos personajes, lo que exigía arduas tareas de maquillaje o de alardes de expresividad por su parte.

En su confesión, Jekyll no utiliza ninguna excusa o justificación de su conducta: nació en la clase pudiente de la sociedad y mostró desde joven una excelente inclinación hacia el trabajo, deseoso de ganar la admiración de sus semejantes. Solo había, por así decirlo, un problema:

Lo cierto es que la peor de mis faltas no era más que una disposición alegre e impaciente que ha hecho la felicidad de muchos, pero que yo hallé difícil de compaginar con mi imperioso deseo de gozar de la admiración de todos y presentar ante la sociedad un continente desusadamente grave. Por esta razón oculté mis placeres, y cuando llegué a esos años de reflexión en que el hombre comienza a mirar a su alrededor y a evaluar sus progresos y la posición que ha alcanzado, ya estaba entregado a una profunda duplicidad de vida.

He aquí el problema esencial: Jekyll quiere disfrutar tanto de las alabanzas y fama del médico entregado y eminente, como de los placeres sensuales que, en su exigente criterio, no eran compatibles con su imagen pública. Pero el doctor no se miente a sí mismo: «Mis dos aspectos eran genuinamente sinceros. No era menos yo cuando dejaba a un lado todo freno y me hundía en la vergüenza que cuando trabajaba, a la luz del día, en el progreso de la ciencia o en remediar el sufrimiento de los otros».

Como ya ocurriera con Victor Frankenstein, Jekyll no es un investigador ortodoxo, sino orientado hacia «lo místico y trascendental», lo que le llevaba a frecuentes disputas con su colega Lanyon. Gracias al esfuerzo con que Jekyll se dedica a sus experimentos, en su mente se va abriendo progresivamente una verdad esencial: «Que el hombre no es realmente uno sino dos. Digo dos, porque el avance de mis conocimientos no pasa de este punto [...] y aventuro la suposición de que el hombre será finalmente conocido como una mera conjunción de personalidades múltiples». Esa «absoluta y primitiva dualidad del hombre» se le reveló en el ámbito de la moral y en su propia persona. Eran dos «naturalezas» (personalidades o identidades) que estaban dentro del mismo sujeto, de él mismo, lo que propició un deseo ferviente de escindirlas:

Si cada uno, me decía, pudiera alojarse en una identidad distinta, la vida quedaría despojada de lo que ahora me resultaba inaguantable. El ruin podía seguir su camino libre de las aspiraciones y remordimientos de su hermano más estricto. El justo, por su parte, podría avanzar fuerte y seguro por el camino de la perfección complaciéndose en las buenas obras y sin estar expuesto a las desgracias que podía propiciarle ese pérfido desconocido que llevaba dentro.

Los beneficios que contempla Jekyll para la humanidad son inmensos, puesto que «Era la maldición de la humanidad que esas dos naturalezas antagónicas estuvieran atadas juntas en una sola gavilla», lo que perpetuaba «una lucha sin tregua en esos gemelos irreconciliables».

Al fin, Jekyll tiene éxito y descubre una droga por la que separa sus dos naturalezas o *yoes*, si bien cada una de ellas se acompaña por un cuerpo con formas diferenciadas. Cuando consume la droga, le invaden «unas sacudidas desgarradoras, un rechinar de huesos, una náusea mortal y un horror del espíritu que no pueden sobrepasar ni los traumas del nacimiento y de la muerte», pero al poco empieza sentir «algo extraño [...] increíblemente placentero». En efecto, Jekyll descubre el placer que se deriva del poder que se tiene para realizar la voluntad de uno sin los impedimentos de una conciencia moral acusadora:

> En mi interior experimentaba una fogosidad impetuosa, por mi imaginación cruzó una sucesión de imágenes sensuales en carrera desenfrenada, sentí que se disolvían los vínculos de todas mis obligaciones y una libertad de espíritu desconocida, pero no inocente, invadió todo mi ser. Supe, al respirar por primera vez esta nueva vida, que era ahora más perverso, diez veces más perverso, un esclavo vendido a mi mal original. Y solo pensarlo me deleitó en aquel momento como un vino añejo. Estiré los brazos exultantes y me di cuenta de pronto de que mi estatura se había reducido.

La explicación a la baja estatura de Hyde se encuentra en que era una personalidad que había sido muy poco ejercitada, por ello, en el transcurso del relato, en la medida en que Hyde va llenando más horas de la vida de Jekyll, va ganando en dominio sobre este hasta que, como sabemos, la forma de Hyde se reinstaura sin necesidad de que Jekyll tome la droga para invocarlo.

Así pues, Jekyll ha creado su doble, que no es sino su naturaleza perversa pero escindida de la bondadosa, una identidad malévola que, como decimos, al separarse del espíritu del doctor halla su reflejo en un cuerpo deforme:

> Del mismo modo que el bien brillaba en el semblante del uno, el mal estaba claramente escrito en el rostro del otro. Ese mal [...] había dejado en ese cuerpo una huella de deformidad y degeneración. Y, sin embargo, cuando vi reflejado ese feo ídolo en la luna del espejo, no sentí repugnancia, sino más bien una enorme alegría. *Ese también era yo. Me pareció natural y humano.* A mis ojos era una imagen más fiel de mi espíritu, más directa y sencilla que aquel continente imperfecto y dividido que hasta entonces había acostumbrado a llamar mío. Y en eso no me equivocaba. He observado que cuando revestía la apariencia de Edward Hyde nadie podía acercarse a mí sin experimentar un visible estremecimiento de la carne.
>
> Esto se debe, supongo, a que todos los seres humanos con que nos tropezamos son una mezcla de bien y mal, y Edward Hyde, único entre los hombres del mundo, era solamente mal.

No obstante, es importante destacar que no estamos ante una «doble personalidad» en el sentido estricto con que la psiquiatría actual define este síndrome, según la cual el sujeto no ha de conservar memoria de cuando domina una u otra personalidad, de tal modo que ambas vivirían con desconocimiento de las vivencias de cada una. Esto lo deja muy claro Jekyll en su confesión: «mis dos naturalezas tenían la memoria en común, pero todas las demás facultades se repartían muy desigualmente entre ambas», de tal modo que el propio Jekyll «planeaba los placeres y las aventuras de Hyde y tomaba su parte en ellos», mientras que Hyde «sentía una absoluta indiferencia por Jekyll».

Este conocimiento de Jekyll de lo que hace Hyde revela el fracaso del proyecto que inicialmente llevó al médico a esfor-

157

zarse por separar la bondad de la maldad en dos personalidades, pues Jekyll racionaliza los actos malvados de Hyde mientras que no se cruce la línea del homicidio. Jekyll podía pensar que los desmanes de su *alter ego* eran un problema de Hyde mientras no matara a nadie (algo que, por otra parte, resulta llamativo porque el propio Jekyll asegura que Hyde era responsable de actos muy graves que incluían la tortura de gente); pero sea como fuere, cuando Hyde mata a Carew, Jekyll se queda horrorizado. Así, después de que un Hyde, feliz y contento por haber matado al parlamentario, toma la droga para retornar a la personalidad de Jekyll, este, «bañado en lágrimas de gratitud y remordimiento, había caído de rodillas y levantaba a Dios sus manos suplicantes [...] y todavía, entre las plegarias, la horrible faz de mi iniquidad se asomaba dentro de mi alma».

Podemos decir, en conclusión, que el proyecto del doctor Jekyll fracasó porque no fue capaz, en realidad, de separar por completo las dos naturalezas. Jekyll recordaba nítidamente las fechorías de Hyde e incluso planeaba algunas de las actividades de su *alter ego*. Por más que aquel racionalizara los delitos de Hyde diciéndose que los cometía «alguien diferente», esa negación de su responsabilidad no la pudo mantener cuando apareció la versión más malvada de Edward Hyde, matando de modo cruel a sir Danvers Carew.

La fascinación de Stevenson por el fenómeno de la doble personalidad

No cabe duda de que Stevenson estaba muy interesado en el fenómeno de la doble personalidad, como lo demuestran dos hechos. Por una parte, su seguimiento del célebre caso Brodie. Por otra parte, la avidez con que se familiarizó con la investigación fisiológica de la época con respecto a la hipótesis del doble cerebro.

En lo que respecta al primer punto, William Brodie (1741-1788), carpintero de profesión, había sido elegido presidente del sindicato de los carreteros. Su actividad durante el día era perfectamente convencional, pero, por las noches, él y una banda que lideraba se dedicaban a asaltar casas para robar mientras los residentes dormían o estaban ausentes, delitos que venían facilitados por el conocimiento previo que había adquirido durante el transcurso de trabajos que había realizado en esos domicilios. Una vez ahorcado por sus delitos, la vida de Brodie entró en la leyenda local de Edimburgo. Fascinado desde niño por esta historia, Stevenson escribió una obra de teatro que se representó desde 1880 hasta 1884, que parece un precedente claro de *Jekyll y Hyde* en su indagación existencialista de la identidad auténtica o del «yo verdadero», tal y como se manifiesta en este soliloquio del protagonista: «Si fuera tan bueno como parezco a los demás, ¿qué mundo sería este? La ciudad nos deslumbra con sus espejismos, y en la noche mostramos nuestra identidad desnuda». Así, la obra nos dice que las personas que llevan una doble vida son un recuerdo constante de que las apariencias —el comportamiento observable públicamente— pueden engañarnos con facilidad; la duplicidad sería un atributo sustancial del hombre.

Por lo que respecta al estudio del cerebro, estaba en boga explicar los casos de doble personalidad de acuerdo con la teoría desarrollada por el eminente fisiólogo francés Paul Broca (1824-1880) en el decenio de 1860, que determinó que el cerebro estaba dividido en dos hemisferios, uno de los cuales era el dominante. En aquellos años se pensaba que, si era el hemisferio izquierdo el dominante, entonces el sujeto sería alguien malvado y propenso a la locura. En otras palabras, la aparición del doble (o de la doble personalidad) era el resultado de un desequilibrio en la regulación de los dos cerebros, que había dado lugar a un exceso de actividad del cerebro izquierdo. Una diferencia muy grande con respecto a Stevenson y *Jekyll y Hyde* es que la novela ubica el conflicto o el nacimiento de Hyde, no tanto en el cerebro (el contenedor físico), sino en la psique o mente de Jekyll, lo que le permite avanzar por un camino del todo diferente, dando lugar a las numerosas revisiones de la obra que catalogan a su autor como un precursor de la teoría del inconsciente que iba a desarrollar años después Sigmund Freud.

La investigadora Anne Stiles opina que, con mucha probabilidad, Stevenson tuvo acceso a dos estudios de casos médicos que aparecieron traducidos del francés en el *Cornhill Magazine* en el decenio de 1870, una revista cultural donde él colaboraba, lo que refuerza la idea de que los habría leído. Esos estudios fueron el caso de Felida X (analizado por el alienista de Burdeos, Eugène Azam) y el del Sargento F (objeto de investigación del también alienista francés, Ernest Mesnet).[6] Aquellos eran unos años en que la gente culta y los médicos estaban muy interesados por la «personalidad dividida», «doble» o «múltiple», un trastorno que hoy en día tiene vigencia en la nomenclatura psiquiátrica. (Uno de los casos de personalidad múltiple más populares de la época fue el del paciente Louis Vivet, recluido repetidamente en asilos mentales, que pasó de ser un adolescente obediente y responsable a sufrir «una desintegración mórbida» que le impelía a ser pendenciero y violento. El alienista que le investigó, Camuset, afirmó que había llegado a desarrollar diez personalidades diferentes.)

Felida X era descrita en el informe como una joven que padecía de histeria y que presentaba «un estado mental secundario», que alternaba con su «personalidad normal», es decir, su estado dominante o habitual, donde se mostraba muy ansiosa y preocupada por su salud. En cambio, cuando aparecía su «segundo estado mental», se mostraba exuberante de vida y alegre todo el tiempo, actuando como «una jovencita llena de salud». Esta transformación tiene una correspondencia directa en la novela, ya que cuando aparece la personalidad de Hyde, Jekyll lo describe —en su confesión— como «más joven, ligero y feliz» que su yo ordinario. De igual modo, como le ocurre al propio Jekyll, con el tiempo la transformación de Felida en esa joven feliz se ve acompañada de una pérdida progresiva de autocontrol, y en esa personalidad se queda embarazada de un joven, al que, por cierto, cuando estaba en su estado normal, no prestaba ninguna atención. Es notable también que la segunda personalidad iba ganando con el tiempo mayor prominencia que la primera o normal, al igual que Hyde se va apoderando de Jekyll. Por último, el tránsito de una personalidad a otra, como sucede en *Jekyll y Hyde*, se acompañaba de terribles dolores, como sucede también en el caso del Sargento F. Este, a diferencia de Felida X, desarrolló una doble personalidad como consecuencia de una herida de bala sufrida en el hemisferio izquierdo del cerebro.

Finalmente, hemos de señalar el gran parecido formal que posee la novela con un informe o estudio de caso, tal y como los comentados aquí, pues en los primeros capítulos Stevenson presenta una serie de hechos (las fechorías de Hyde) que vendría a constituir lo que se podría conocer de un paciente mediante la consulta de los registros policiales y las pesquisas efectuadas en personas que pudieran conocerle; para terminar luego, en el capítulo final, con lo que sería la interpretación clínica de lo sucedido, que en la novela la ofrece el propio doctor Jekyll mediante su confesión. El propio título de la obra bien podría ser el de un informe realizado por un alienista después de realizar su análisis.

Precedente del inconsciente

Varios escritores ingleses, como las hermanas Brontë, Dickens, Thomas De Quincey, Arthur Conan Doyle y el mismo Stevenson introdujeron en sus obras la exploración de los procesos *intrapsíquicos*, sobre los que posteriormente Sigmund Freud elaboraría su teoría del inconsciente. En este sentido, *El extraño caso del Dr. Jekyll y Mr. Hyde* no fue sino una de las novelas góticas y de misterio —aunque muy relevante— que ayudaron a conformar el clima cultural en el que Freud crearía su obra fundacional acerca del inconsciente, *La interpretación de los sueños* (1900).[7] Como es bien conocido, Freud distinguió en la topografía de la mente tres estratos: el *superyó*, el *yo* o ego y el inconsciente o *ello*, y planteó la existencia de un conflicto psíquico entre los *impulsos inconscientes y sin filtro* del ello, y la labor de censura que ejerce el superyó sobre tales impulsos. Como consecuencia de esta censura, el individuo reprime en el inconsciente aquellos recuerdos y deseos que el superyó considera intolerables. El yo, que opera en el plano de la conciencia, representaría el principio de la realidad y buscaría el equilibrio entre esos dos niveles o «lugares» en la mente del sujeto.

Lo cierto es que Freud estaba mucho más cerca de Stevenson que de las teorías del criminal degenerado o del criminal atávico, pues su teoría venía a *decir que cualquiera podía esconder el potencial de comportarse de modo destructivo*. La civilización no era sino una pátina que oculta los deseos prohibidos que, dadas las correctas circunstancias, podían convertirse en realidad en todos nosotros en forma de violencia. Freud concluiría que cada persona es la integración de todos sus instintos, incluyendo los de la vida (*eros*) y la muerte (*thanatos*). Para la escritora e investigadora del psicoanálisis Barbara D'Amato, *Jekyll y Hyde* demuestra el punto de vista de Stevenson acerca de qué es lo que sucede cuando el individuo niega por completo la expresión de su instinto destructivo o sus anhelos más íntimos, esto es, *su sombra*: se produce la escisión patológica de la personalidad.

LA SOMBRA

La aportación de Stevenson a lo que luego denominará Jung como «sombra» es extraordinaria. Hyde es la oscuridad, esa parte negativa reprimida que hemos echado a la mochila de lo oculto, pues es un reflejo de la vergüenza por los placeres que no nos atrevemos a reconocer como propios y que, después de que el Dr. Jekyll la ha mantenido «encerrada» en su personalidad del buen doctor, un día, cuando finalmente ya no puede resistir más y se convierte de nuevo en Hyde, sale «rugiendo» y comete su acto más vil: el asesinato del parlamentario Carew.

Es importante comprender bien este punto. Es cierto que Jekyll se desdobla en Edward Hyde, *pero nunca hay dos hombres diferentes*. Como escribió Chesterton, la verdadera clave de la historia no está en el descubrimiento de que un hombre sea dos hombres, *sino de que los dos hombres no son más que un hombre*. Y en efecto, como luego veremos con detenimiento en el apartado de la responsabilidad de Jekyll ante la ley, tanto el doctor como el asesino están alojados en la misma persona, solo que uno es la representación de la zona oscura reprimida (la sombra), y el otro se muestra con un comportamiento conforme con los usos sociales inherentes a la reputación que sus conciudadanos le confieren.

EDWARD HYDE COMO PSICÓPATA

En la sinopsis nos detuvimos en presentar cómo los diferentes personajes perciben a Hyde como un ser deforme y repulsivo, aunque ninguno tenía éxito en realizar una descripción objetiva. Hay, eso sí, un consenso subjetivo: Hyde provoca odio y un rechazo instintivos, que tienen reflejo en el propio organismo de quien lo ve («Provocaba algo semejante a un escalofrío incipiente al que acompañaba una notable disminución del pulso», dice Lanyon acerca de las reacciones de su cuerpo ante la visión de Hyde), pero *su forma objetiva se les escapa de las manos*. Esto es muy interesante y nos lleva a preguntarnos por qué Stevenson quiso crear esa ambigüedad en la descripción. Pero, antes de contestar a esta cuestión, debemos analizar cómo describe Jekyll a su doble.

Tal y como declara Jekyll en su confesión, al principio su relación con Hyde es, por decirlo de algún modo, cordial; como aquel no aceptaba realizar actos que consideraba deshonrosos en su personalidad del médico (y que debemos pensar que son de índole sexual o asociados al juego, la bebida o al consumo de opio,[8] ¿pues qué otra cosa le podía producir tal vergüenza?), no tenía más que tomar el bebedizo y convertirse en Hyde, lo que le daba licencia para satisfacer esos anhelos que tanto perturbaban a Jekyll y que eran «indignos». Pero, como sabemos, Hyde consiguió poco a poco esclavizar al doctor. Esos placeres indignos «en manos de Edward Hyde pronto empezaron a derivar hacia lo monstruoso», puesto que este «era un ser fundamentalmente maligno y ruin; todos sus actos y pensamientos se centraban en sí mismo; *extraía placer con una avidez bestial de cualquier grado de tortura de otro ser humano*, era implacable como un hombre de piedra, sin corazón» y, aunque el doctor Jekyll «quedaba a veces despavorido ante los actos de Edward Hyde», se entiende que aliviaba su angustia derivada de la culpa recordándose que «después de todo, era Hyde, y solo Hyde, el culpable. Jekyll no era peor; despertaba de nuevo con todas sus buenas cualidades en apariencia intactas; incluso se apresuraba, siempre que era posible, a reparar el mal hecho por Hyde. Y así su conciencia seguía dormida».

Sabemos que solo después del asesinato de Carew llega el doctor Jekyll a sentir que Edward Hyde ha cruzado todos los límites, pues ha matado a un ser humano de forma salvaje y sin sentido, por el mero placer de matar. Ya no puede «dormir» por más tiempo a su conciencia, pues ahora había comprendido «la completa insensibilidad moral y la insensata propensión al mal que eran las características dominantes de Edward Hyde». Hyde, después del periodo de abstinencia al que le había sometido Jekyll cuando este intentó (infructuosamente) matar a su *alter ego*, una vez liberado por la pócima, se había convertido en un demonio, «que había salido rugiendo», provisto de «una propensión al mal más furiosa y desenfrenada que nunca» y por ello fue capaz de asesinar a Carew sin mediar provocación o causa alguna. A continuación, el Dr. Jekyll se diagnostica a sí mismo como una víctima de «locura moral» que, como sabemos, era una categoría desarrollada en ese mismo siglo para explicar los crímenes fuera de las pasiones convencionales, sobre la que se forjó la personalidad psicopática posterior:

Declaro al menos ante Dios que ningún *hombre moralmente sano* podía haber cometido crimen semejante por tan poca provocación y que asesté los golpes con la insensatez con que un niño enfermo puede romper un juguete. Pero es que me había despojado voluntariamente de todos los instintos que proporcionan un equilibrio y gracias a los cuales aun el peor de nosotros puede avanzar con cierto grado de seguridad entre las tentaciones. En mi caso, la tentación, por ligera que fuese, significaba irremisiblemente la caída.

No cabe duda de que Hyde disfruta con esa nueva experiencia de matar, se siente emocionalmente pleno: «Con un arrebato de júbilo, me puse a golpear aquel cuerpo que no se resistía, *saboreando cada golpe con delectación*», y solo cesa en su agresión cuando le vence el cansancio, momento en el que le invade el terror, pues comprende que lo que acaba de hacer probablemente le costará la vida.[9]

¿Es Edward Hyde un psicópata? Lo cierto es que sí, lo que no es difícil de entender, dado que todo el proyecto de Jekyll se basa precisamente *en crear un psicópata a partir de sí mismo*. Al definirlo como un «loco moral», Stevenson —que, como sabemos, era aficionado a las lecturas sobre psicología y fisiología de la mente— estaba apoyándose en los conocimientos de los alienistas que habían escrito sobre esta patología durante todo el siglo XIX y, aunque no tenemos constancia de que hubiera leído las obras de Pinel (que habían sido traducidas al inglés en 1806) o de su compatriota James Prichard, que eran los autores que habían investigado originalmente la locura moral, es del todo probable que hubiera tenido conocimiento de sus descubrimientos mediante lecturas secundarias donde se recogían descripciones de casos de «locos morales» o de lecturas de primera mano que hacían referencia a tales obras.

Es mérito incuestionable de Stevenson pergeñar un personaje que reúne *casi todas* las características que posteriormente la ciencia moderna atribuirá al psicópata, a partir de sus conocimientos sobre casos de locura moral que hubiese podido conocer. (La profesora Mary Rosher cita numerosos paralelismos entre *Jekyll y Hyde* y los estudios psicológicos que describían a pacientes aparentemente racionales que ocultaban tendencias violentas, pervertidas y homicidas; esto es, aquejados de *moral insanity*.)

Esta representación extraordinaria del psicópata por parte de Stevenson tiene una excepción obligada: los rasgos del *encanto exterior* que el psicópata perfecto puede proyectar para ocultar sus auténticas intenciones y tomar por sorpresa a sus víctimas, así como *la capacidad de manipular* que se asocia a esa buena imagen que facilita precisamente la seducción del otro mediante halagos y razones. Esto no está en la personalidad de Hyde, pues su apariencia es indefinidamente repugnante, su figura enerva el desasosiego y la inquietud de quien está en su presencia e incluso provoca la ira y el deseo de destruirle (como el médico que atiende a la niña atropellada por Hyde en su primera aparición, en quien Enfield percibe el deseo de matarle). Stevenson, al describir el personaje de Hyde, pagó el tributo debido a las teorías científicas de la época que, como vimos, asociaban el comportamiento criminal a individuos con una psicología degenerada, degeneración que alcanzaba también al aspecto externo, pues tales criminales eran comparables a los pueblos «salvajes», cuyos rostros y maneras, de acuerdo con el racismo imperante en aquellos años, eran más propios de los animales que de los hombres, de ahí que Mr. Utterson lo defina, en medio de sus dudas para describirlo nítidamente (problema que tienen todos los que se topan con Hyde), como «troglodítico», una referencia directa a esa conexión del criminal nato con aberraciones involucionadas o degeneradas del ser humano.

Pero, salvo estos rasgos, están todos los demás: ausencia de sentimiento de culpa o remordimientos, falta de empatía, sentimiento de creerse superior a los demás y con el derecho a abusar del otro, búsqueda de sensaciones extremas, comportamiento irresponsable e impulsivo, conductas crueles y violentas... Hyde vive solo para su propio placer, es puro egoísmo, porque no puede ser de otro modo, ya que Jekyll lo creó precisamente con el único fin de realizar todas aquellas iniquidades que, siquiera de forma leve, este detestaba hacer por ser contrarias a las exigentes normas éticas que, en calidad de médico y persona «civilizada», se veía obligado a cumplir.

Ahora bien, sigue pendiente la cuestión de por qué Stevenson declinó ofrecer una descripción nítida de Edward Hyde. Nosotros tenemos una hipótesis. Vimos en un capítulo anterior que el género gótico destaca por dos aspectos: *el misterio* o la imposibilidad de comprender de forma completa el comportamiento humano (y, por extensión, el mal gratuito e incomprensible), y el recurso al *horror*. Pues bien, Stevenson, como escritor gótico, es consciente de que alguien como Hyde, que encarna el mal sin reservas, no puede tener una imagen definida. Los personajes que lo llegan a conocer no pueden más que señalar unas impresiones derivadas de las teorías en boga en aquellos años, pero no pueden objetivarlo de modo concreto y acabado, porque sería lo mismo que perfilar claramente el propio mal, y este no puede ser aprehendido y explicado de forma plenamente satisfactoria por el entendimiento humano. Así, Hyde es un personaje que produce temor y profunda aversión (en el espectro de las emociones del horror) y, finalmente, alguien ininteligible para los demás mortales porque su mera existencia y modo de obrar es un misterio. Ese misterio, esa incapacidad de comprensión última, es la que todavía está bien vigente en nuestra aproximación a los asesinos en serie en la actualidad.

EDWARD HYDE COMO ASESINO EN SERIE

Es innegable que el mito de *Jekyll y Hyde* subyace tanto en el icono popular del asesino en serie como en la psicología de estos mismos asesinos. Como veremos luego, la imagen poderosa de alguien aparentemente *normal* que se transforma repentinamente en un *monstruo moral*, que está en el corazón de la novela, describe fielmente la amenaza esencial de este asesino. Así, cuando el reputado criminólogo Eric Hickey, refiriéndose al asesino y violador Charles Albright, señala que «era un mentiroso y manipulador consumado, una auténtica personalidad Jekyll-Hyde», no hace sino reflejar esta idea. Lo realmente curioso es que Hyde estaba lejos de ser un asesino en serie, lo que refuerza el genio de Stevenson en la descripción del personaje.[10]

En efecto, resulta habitual leer textos (incluso científicos) donde se define a Edward Hyde como un ejemplo literario temprano del asesino en serie, lo que no deja de ser sorprendente, ya que Hyde solo comete un homicidio en toda la obra, por consiguiente, ni siquiera cumple el criterio laxo desarrollado por el FBI en 2005 de «dos o más homicidios cometidos en momentos temporales diferentes». El error se explica porque los que lo cometen no han leído la obra y se limitan a transcribir la imagen que se tiene de Hyde extraída del mito que representa en nuestra cultura, donde este ha sido objeto de todo tipo de elaboraciones en muchas formas de expresión artística, desde el cómic y la novela gráfica hasta el teatro y el cine, pasando por todos los personajes literarios que se han basado explícita o implícitamente en él.

De hecho, en la novela el doctor Jekyll le acusa de ser responsable de todo tipo de perversiones y maldades, pero solo aparecen tres actos de agresión por parte de Hyde: el atropello a la niña (al que el médico quita toda importancia a los daños que le ha causado Hyde al pasar como un *juggernaut* por encima de ella), el abofeteo a una mujer que le inoportuna la noche en que está ansioso por reunirse con Lanyon para que este le entregue el cajón que contenía la droga[11] y, por supuesto, el brutal asesinato del parlamentario Danvers Carew. No obstante, parece muy probable que Hyde entraría en la categoría que el FBI considera «futuros asesinos en serie interrumpidos» ya que, con el ejercicio de la maldad, se incrementa el ansia de violencia de Hyde, por lo que sería del todo coherente pensar que proseguiría su carrera criminal con más homicidios si hubiera seguido con vida.

PREMONICIONES LITERARIAS

Resulta sorprendente que el genio literario de Stevenson delimitara algunas de las claves esenciales de lo que hoy en día sabemos acerca de estos asesinos y su progresión en el camino de la violencia. Aunque el ejemplo literario más perfecto del asesino serial es Drácula —como veremos más adelante—, hay que atribuir a *Jekyll y Hyde* los siguientes aciertos en cuanto a su caracterización, que podríamos considerar auténticas premoniciones del crimen serial derivadas del genio de su literatura.

En primer lugar, el concepto esencial de que *el asesino serial se esconde tras una personalidad convencional*. En realidad, Stevenson no hace sino dotar de una potente imagen visual mediante un cuerpo repulsivo —el de Hyde— a ese *otro yo* del que han hablado en numerosas ocasiones los asesinos en serie y que, cuando «se apoderan de ellos», les impele a matar. Así, Ted Bundy hablará de la «entidad» para referirse a esa personalidad asesina que acecha en su interior y que toma el control de él cuando entra en acción. Por su parte, Dennis Rader, alias BTK,[12] utilizará la expresión del «Factor X» para referirse a este mismo concepto. En el contexto español, Joaquín Ferrándiz —responsable de matar a cinco mujeres en Castellón en los años noventa mediante estrangulamiento— declaró a uno de los autores de este libro cuando fue entrevistado que «cuando cometía esos actos, [los asesinatos] no era realmente yo». *Jekyll deja muy claro que él era tanto el doctor ilustre como Hyde,* por eso en su naturaleza original puede deleitarse imaginando los placeres de los que disfrutará cuando se convierta en su *alter ego*; y no olvidemos que ambas personalidades compartían la memoria y en parte los mismos lugares, ya que Hyde tiene franco el camino al laboratorio de Jekyll. Es asombroso comprobar cómo los asesinos en serie, en sus entrevistas, mantienen —con alguna excepción notable— la misma postura que el doctor Jekyll; no intentan convencer de que poseían una doble personalidad en el sentido estricto (dos personalidades que no comparten memoria y por ello desconocen lo que hace la otra), sino que se limitan a decir que hay otra naturaleza en su interior, que en determinados momentos toma el control. Pero nunca dejan de ser ellos mismos, su consciencia no se ve anulada por la de esa otra personalidad. No obstante, como decimos, hay excepciones. Por ejemplo, John Wayne Gacy, asesino de más de treinta chicos con vidas complicadas en el Chicago de los años setenta, sí quiso jugar la baza del «malvado Hyde». Gacy solía usar el nombre de Jack Hanley cuando salía a buscar víctimas. Una vez detenido, Gacy les contó a los policías y a la fiscalía que John Gacy no había cometido esos actos tan grotescos, que el culpable era Jack Hanley. De igual modo, aseguraba que sufría de trastorno de personalidad múltiple y que Hanley era una de esas personalidades, la que mataba. «Fue mi "yo malo" (*bad me*) quien cometió los asesinatos.» Nadie le creyó.

En segundo lugar, resulta también notable que Stevenson introdujera la idea aceptada hoy en día de que, para llegar al asesinato serial, ha de existir previamente una fantasía sostenida en el tiempo que alimente en la imaginación la necesidad de control y poder que se deriva del ejercicio de la violencia. Precisamente, Jekyll se embarca en sus experimentos porque la idea de que sus deseos se queden en estado de fantasías le resulta intolerable. Como no se atreve a actuar perversamente en calidad de ciudadano respetable, ha de crear otro yo que sea capaz de hacerlo. Por ello, en cuanto se transforma por vez primera, se siente henchido de satisfacción: «Supe, al respirar por primera vez esta nueva vida, que era ahora más perverso, diez veces más perverso, un esclavo vendido a mi mal original. *Y solo pensarlo me deleitó en aquel momento como un vino añejo*».

En tercer lugar, en la novela podemos encontrar el fenómeno de *la compulsión a la violencia*, repetidamente reconocido por los asesinos seriales como la principal razón para seguir cometiendo homicidios a pesar de los riesgos que tienen que asumir. En su confesión, Jekyll explica cómo a medida que Hyde va ejercitándose en maldad, va aumentando su dominio sobre él, hasta el punto de que la droga que le permite regresar a ser el médico apenas tiene ya efecto. Ted Bundy, frustrado y tras muchos meses sin poder matar por haber estado en la cárcel en espera de juicio, comete unos crímenes atroces y sin planificación alguna —en la residencia de Chi Omega de la Universidad de Florida— cuando todo el FBI y la policía de siete estados le buscan de modo frenético tras su fuga, lo que conduce finalmente a su arresto y posterior ejecución. Por su parte, BTK se pone él mismo la soga al cuello cuando, añorando los viejos tiempos en que era una celebridad temida en Wichita (Kansas), comete el grave error de ponerse en contacto con los medios y la policía, tras treinta años de haber burlado a los agentes de la ley. ¿Por qué? Es cierto que había logrado dominar su compulsión de matar (algo poco habitual) y que llevaba más de diez años inactivo, pero su sombra o «lado oscuro» no había muerto; todavía se nutría de los fetiches que Rader guardaba de sus crímenes y de sus ensoñaciones. Cuando la prensa saca un artículo especial sobre él, preguntándose por su suerte, BTK sale de su oscuridad para atisbar, aunque sea vicariamente, el poder que sentía cuando imponía el terror en Wichita.

Finalmente, también aparece en *Jekyll y Hyde* otro fenómeno muy habitual en el proceso de convertirse en asesino serial. Son muchos los que han afirmado que, cuando se atreven a dar el paso definitivo y atacan a la víctima (que puede o no fallecer, ya que ese primer intento suele ser precario en su ejecución), sienten en su interior como una especie de «revelación», una plenitud emocional que les confirma que deben seguir repitiendo tal experiencia. Pero que, tras ese primer crimen, sienten terror de ser capturados por lo que acaban de hacer. Esto es justamente lo que siente Hyde cuando mata al parlamentario: «Con un arrebato de júbilo, me puse a golpear aquel cuerpo que no se resistía, saboreando cada golpe con delectación», y solo se detiene porque de pronto siente un gran temor de que tal crimen suponga su detención y su final en la horca. De igual modo, esa experiencia de poder inigualable que encierra el conculcar toda norma moral aparece muy clara en las palabras que dedica Hyde al Dr. Lanyon, cuando le pide que elija entre permanecer en la ignorancia o saber la verdad de los hechos: «Si decide que me vaya, quedará usted como estaba, ni más rico ni más sabio [...]. Pero si se decide por lo contrario, ante usted se abrirán nuevos horizontes de conocimiento y nuevos caminos hacia la fama y el poder».

Así pues, podemos considerar a Edward Hyde como un asesino en serie en potencia, pues tenía todas las cualidades para serlo. Stevenson tuvo la intuición genial de describir fenómenos psicológicos propios de estos asesinos cien años antes de que la Criminología empezara a investigarlos. Por si esto no fuera suficiente, quiso el devenir de los tiempos que su novela se uniera en la imaginación de la gente, al primer asesino en serie de la modernidad, Jack el Destripador, que aterrorizó a Londres tan solo dos años después de que aquella se publicara.

La historiadora británica Judith Flanders se ha ocupado de estudiar el impacto que tuvieron los crímenes del Destripador en la sociedad de la época y menciona a un novelista británico que recordaba que, con tan solo cinco años de edad, le resultaba insoportable oír los gritos de los chicos de la prensa anunciando las ediciones vespertinas donde el protagonista era Jack el Destripador: «¡Asesinato, asesinato! ¡Otro horrible asesinato en Whitechapel! ¡Otra mujer cortada a pedazos en Whitechapel!». En medio de esa histeria colectiva, muchos periódicos y diversas figuras públicas hicieron diferentes referencias a la novela de Stevenson, porque mientras el Destripador estaba matando, en el que se llamó el «otoño del terror» de 1888, la obra *Jekyll y Hyde* estaba siendo representada con gran éxito en un teatro de Londres. Y es que la novela había sido un éxito fulminante, a los pocos meses de salir había vendido la extraordinaria cantidad de cuarenta mil ejemplares.

Pero, antes de ocuparnos de esta relación entre un auténtico asesino y otro de ficción, será bueno recordar algunos hechos esenciales de los crímenes del Destripador.

Aunque las víctimas consideradas «canónicas» de Jack el Destripador son cinco, lo cierto es que entre 1888 y 1891 once mujeres fueron asesinadas en el área londinense de Whitechapel, y no han faltado quienes han expresado opiniones diversas acerca de cuántas de estas mujeres pudieron ser víctimas del Destripador. En un intento por resolver esta cuestión, el célebre investigador y analista del comportamiento criminal Robert Keppel, junto a varios colegas, llevaron a cabo una investigación en la que, mediante la aplicación de la metodología del perfil criminológico en el análisis de la escena del crimen, procedieron a establecer qué víctimas podían considerarse que habían sido asesinadas verdaderamente por el Destripador.

De las once mujeres examinadas, los autores concluyeron que seis de ellas habían sido asesinadas por Jack el Destripador. Las seis víctimas incluían a las cinco ya canónicas, más Martha Tabram, asesinada el 7 de agosto de 1888 en Whitechapel, es decir, tres semanas antes que la primera víctima «oficial», Mary Ann Nichols (asesinada el 31 de agosto). ¿Qué es lo que tenían en común esas seis mujeres? Por lo que respecta al *modus operandi*, todas ellas eran mujeres blancas, prostitutas o en un estado de marginación y precariedad elevados, con una edad entre veinticuatro y veinticinco años. «La evidencia muestra que, cuando las mujeres levantaban sus faldas para prepararse para el acto sexual, el asesino [situado detrás] ponía sus manos en su garganta y las estrangulaba. Las víctimas entonces eran reclinadas hasta el suelo, con sus cabezas orientadas hacia la izquierda del asesino», señala Keppel. Luego venía el asesinato y la extraordinaria violencia que mostraba el Destripador con el cuerpo de las desafortunadas. (Se cree que las mujeres caían inconscientes al suelo y que, sin solución de continuidad, el asesino las mataba cortándoles el cuello.) Las mujeres fueron atacadas en la calle, con excepción de Mary Jane Kelly, probablemente porque su asesino aprendió a disfrutar de la mayor intimidad que proporcionaba un lugar cerrado, a salvo de miradas indiscretas. Esas seis mujeres murieron en lugares muy próximos, todas ellas en poco más de un kilómetro cuadrado.

Pero sin duda es la «firma» o elementos expresivos de las escenas criminales del Destripador lo que dejó su sello en las víctimas. El tema esencial de sus ataques es el de la violencia sexualizada, donde las dos notas dominantes, a juicio de Keppel, fueron el control de la víctima y un *piquerismo* en progresión. Por «piquerismo» se conoce la perversión sexual que obtiene placer mediante el acuchillamiento o perforación por otros medios del cuerpo de otra persona. Es importante señalar que no hubo nunca evidencia de una actividad sexual directa por parte del Destripador, es decir, *se cree* que el asesino no violó a sus víctimas, de ahí la importancia en su caso de los métodos de actividad sexual indirecta relacionados con la violencia.[13] En otras palabras, la violencia paroxística del acuchillamiento, evisceración y desmembración de las mujeres eran sus métodos de ejercer poder sobre ellas y lo que le daba una profunda satisfacción: «Utilizó el cuchillo para penetrarlas y su placer provenía del poder que le confería su violencia, el dominio [total] de la víctima y su mutilación», afirma Keppel.

Ahora bien, también es digno de considerar que había en la escena del crimen un profundo odio hacia las mujeres, como se revelaba por el modo en que el Destripador las dejaba expuestas y degradadas ante la visión del primer caminante que se las encontrara. Esta degradación que se producía por la impudicia de exhibir sus cuerpos profanados y mutilados ante la mirada ajena iría a más con el tiempo, como demuestra la evisceración y mutilación creciente en los siguientes asesinatos, señal del deseo de la total destrucción de las mujeres y de asegurar el mayor horror en la gente.

Los intentos de realizar un perfil criminológico de Jack el Destripador no han ido demasiado lejos. En general, se contentan con señalar la compulsión homicida, la violencia extrema sexual y la profunda misoginia que se revela en su desprecio a las mujeres; si acaso, también hay una relativa mayoría que se inclina a pensar que tenía conocimientos médicos o que, como mínimo, era diestro en el despiece de animales. Como probablemente sepa el lector, los candidatos propuestos como potenciales «destripadores» han ido desde enajenados y miserables emigrantes polacos, hasta un miembro de la realeza británica.

Tiene lógica ver al Destripador como alguien que comete sus crímenes por pura oportunidad. En Whitechapel, hay víctimas abundantes, repleto de mujeres solas que vagan por la noche. Podemos imaginar al Destripador en una lucha interior constante por tratar de controlar sus demonios en su vida ordinaria, alguien con cierta cultura para escribir burlándose de la policía y con un estatus que le ofrece seguridad ante las miradas ajenas. Un sujeto que emprende un frenesí asesino, pues ha descubierto un poder inusitado, una actividad que llena de sentido una vida que le resulta insoportable, porque no responde a sus expectativas y le ha dado ocasión de entregarse a una causa —el exterminio de mujeres de vida «dudosa»— que le consume y le justifica. En los más de ciento treinta años que han pasado desde este «otoño del terror» de 1888, otros muchos hombres le imitaron y superaron en su capacidad de destrucción, pero nadie pudo igualarle como icono del demonio laico en la nueva sociedad de la ciencia y el desarrollo industrial.

Jack el Destripador y Edward Hyde

Tiene todo el sentido del mundo que los británicos, especialmente los londinenses, se acordaran de Edward Hyde en ese otoño de terror, a pesar de que, ni de lejos, las fechorías del personaje literario se aproximaban en gravedad a las del asesino real. En primer lugar, como ha señalado la historiadora Hallie Rubenhold, los crímenes del Destripador constituyen «un cuento gótico de un monstruo suelto, que acecha en las oscuras calles de la neblinosa Londres. Contiene suspense y horror, así como un elemento de tensión sexual». *Jekyll y Hyde* es, naturalmente, un relato gótico que sucede en el Londres neblinoso y nocturno en el que Edward Hyde recorre sus calles húmedas para cometer sus fechorías. En segundo lugar, y probablemente más importante, en la imaginación popular la ineficiencia de la policía en detener a un asesino tan notable se relacionaba con la capacidad de este de transformarse en un ciudadano normal, después de haber saciado su apetito de sangre, lo que naturalmente estaba directamente relacionado con la trama de la novela de Stevenson.

Una parte de la prensa británica hizo un uso muy amplio de la historia que el libro de Stevenson había creado y que tanto había impresionado a los ingleses: el «demonio» que camina libre por las calles de Londres era un asesino «maníaco» que, merced a su doble naturaleza por la cual, cuando no mataba tenía el aspecto de una persona decente, se burlaba de la policía en su intento de capturarle. Así, en octubre de 1888, la *Pall Mall Gazette* sugirió de un modo diáfano que el asesino se había visto poderosamente influido por la obra de Stevenson. El *Evening News*, tras el asesinato de Nichols, se hizo eco de la poca fe que los ciudadanos tenían en la policía para detener al asesino: «Las teorías de la policía en torno a la mayoría de las cosas relacionadas con la identificación del asesino no parecen ser de mucho interés para nadie. Se comprende que la policía evite mencionar la posibilidad de que exista un demonio con forma humana, como lo ha descrito Robert Stevenson, recorriendo las calles de la ciudad».

Por su parte, el *Star* escribió: «Londres está presa de un gran terror. Un depravado —mitad bestia, mitad humano— está todavía libre [...]. Este espíritu maligno [...] está sediento de sangre, y no va a detenerse»; unos adjetivos que los personajes de la novela que tienen la oportunidad de encontrarse con Hyde, no dudan en adjudicarle.

Hay que tener en cuenta que la obra *Jekyll y Hyde* se estaba representando en el teatro Lyceum de Londres durante los meses en los que se estaban cometiendo los asesinatos y que el protagonista, haciendo gala de un gran virtuosismo, era capaz de transformarse en Hyde frente al público, para asombro de este, lo que sin duda fomentaba entre la gente la creencia de que el Destripador era un sujeto que podía ser cualquiera, porque albergaba dentro de sí a la «bestia», que estaba oculta ante los ojos de todos hasta el momento en que aparecía.

La prensa no perdía oportunidad para acusar a la policía de incompetente, sobre todo la de orientación más radical. La policía, sin embargo, había crecido en sus efectivos de forma sustancial, pasando de tres mil hombres en 1829 —el año de la creación de la «Met» por Robert Peel (Policía Metropolitana conocida popularmente como Scotland Yard)— a los doce mil en 1886. En el año del Destripador, todas las divisiones tenían un departamento de investigación criminal compuesto por diez inspectores, si bien la central de Scotland Yard tenía asignados muchos más. Pero, en su contra, figuraban dos hechos relevantes. El primero, que en tiempos recientes se habían descubierto casos de corrupción muy comentados y criticados ampliamente por la prensa. El segundo, que la policía era poco querida en el lado este de la ciudad, como suele ocurrir en las zonas urbanas más pobres. No era infrecuente entre los miembros de Scotland Yard la idea de que los habitantes de Whitechapel eran gente perdida por sus vicios y carácter, esto es, un vivero de sujetos que mostraban síntomas evidentes de degeneración. El hecho de que el Destripador matara en una de las zonas más paupérrimas de Londres ayuda a reforzar su relación con Edward Hyde, pues este tiene su residencia en otro barrio degradado en aquella época (el Soho) y, aunque no es ese el lugar en el que mata a Carew, es de suponer que otros muchos actos de violencia y tortura que menciona Jekyll que realizaba su *alter ego* se hubieran desarrollado en ese lugar, pues se sentiría particularmente seguro en esta zona, donde la policía tenía muchos más problemas para intervenir e investigar.

Finalmente, y en resumen, *Jekyll y Hyde* se beneficiaría en su condición de mito moderno (como le sucedería a Drácula, también conectado con el asesino de Whitechapel, como veremos en su momento) de su asociación temática y temporal con el que probablemente sea el caso criminal más célebre de la historia en la cultura popular. Como señala Judith Flanders: «... todo lo que sabemos acerca de Jack el Destripador —su nombre, su identidad, sus motivos para matar— es la culminación de un siglo de entretenimiento en torno al asesinato. [...] La excitación, el miedo y el asesinato como espectáculo se focalizaron en los crímenes del Destripador, al tiempo que se engrandecía ante la falta de resolución del caso». Este fenómeno resulta más increíble si reparamos en que el asesino de Whitechapel solo estuvo activo diez semanas, pero, tal y como hemos ido viendo en este libro, en realidad fue producto de todo el siglo transcurrido hasta 1888, un siglo definido por una criminología y una narrativa góticas orientadas a describir a un asesino que mataba por razones incomprensibles, con el empleo de la liturgia del horror y el misterio. En muchos sentidos, Jack el Destripador vino a representar el asesino *bestial y sediento de sangre* de Lombroso, a todos aquellos «locos morales» que los alienistas habían estado describiendo a lo largo del siglo XIX. Corroborando la perdurabilidad en la historia del mito del Destripador, Hallie Rubenhold añade: «A lo largo de los siglos, el villano se ha metamorfoseado en protagonista, en actor malvado, psicótico, misterioso; un tipo tan listo, que ha conseguido escurrirse incluso hasta hoy». En efecto, Stevenson se adelantó dos años al criminal de carne y hueso que iba a convertirse en el nuevo tipo de monstruo de la sociedad moderna, el monstruo moral, capaz de los crímenes más inimaginables y que iba a inaugurar el siglo XX, cuando proliferarían los asesinos en serie. Edward Hyde dio paso a Jack el Destripador en la imaginación popular porque puso delante de todo el mundo el fenómeno del individuo que se oculta tras su otro yo o doble, aunque será *Drácula* quien lo describirá de manera precisa.

EL HORROR EXISTENCIAL

Cuando Hyde entra en la consulta del Dr. Lanyon, este se ha armado con un viejo revólver, por si las cosas se ponen feas, pues no tiene claro qué va a hacer realmente este personaje en su casa. Pero es una precaución fútil: ante la pregunta de Hyde de si quiere acabar con el encuentro en ese momento o desea que le revele los acontecimientos que le han llevado ante él, Lanyon opta porque le explique lo sucedido, sin que comprenda que el terror que le espera no puede combatirse con un arma de fuego. *Es un horror existencial que le destruye como persona.* Dos cosas le llevarán a la tumba solo dos semanas después, según se desprende de la novela. Primero viene la transformación que le causa al médico una impresión cuya intensidad y gravedad va más allá de las palabras: se tapa la cara, mientras grita espantado y retrocede al contemplar cómo el desgarbado Hyde toma la forma de su amigo Jekyll. En segundo lugar, la conversación que tienen por espacio de una hora o, mejor dicho —pues es difícil imaginar que Lanyon tuviera algo que decir en el estado en que se encontraba—, un monólogo a cargo de Hyde: «Lo que me dijo durante la siguiente hora es algo que no puedo trasladar al papel. Vi lo que vi y oí lo que oí, y mi alma enfermó ante aquello».

Stevenson no explicita lo que le dice, solo que le hace partícipe de toda su «podredumbre moral». Para la profesora Barbara D'Amato, lo que hunde moralmente a Lanyon y producirá su muerte es comprobar que el hombre ya no puede ser una criatura inocente creada a semejanza de Dios, sino que su naturaleza encierra la mayor vileza y degradación posibles; si una persona buena como Jekyll —aunque científico extravagante, según opinaba Lanyon— es capaz de albergar a alguien como Hyde, ¿qué esperanza le queda al género humano? Esa revelación es tan sórdida y desesperanzada, que aniquila su espíritu. Literalmente, lo que ha visto y escuchado, aunque no puede comprenderlo del todo, le ha arrebatado el habla, así como el deseo de vivir.

Estamos pues ante un tipo de horror que será luego retomado por Conrad en *El corazón de las tinieblas* (que analizaremos más adelante). Es un horror que no se sigue de la situación, aunque es ciertamente inquietante: Lanyon ve delante de sus ojos la transformación de Hyde en Jekyll y eso le produce terror, pero es lo que comprende acerca de la humanidad lo que le mata: que existe una capacidad para el mal en el ser humano que supera todo lo que él puede comprender.

El Dr. Jekyll en el banquillo

Hemos visto que Jekyll, en su confesión, califica a su otro yo, a Edward Hyde, como un «loco moral», así que, si este hubiera sobrevivido, podría haberse beneficiado de un dictamen de los alienistas de la época que consideraban a estos individuos como mentalmente incompetentes. Pero, lógicamente, el asunto era más complejo, porque Jekyll también era Hyde. Esto nos exige analizar las intenciones y motivaciones del doctor en la creación de su *alter ego* pues, si bien Hyde podía ser lo que hoy llamaríamos un psicópata, alguien «fundamentalmente maligno y ruin», «un hombre sin corazón», no es menos cierto que Jekyll lo crea precisamente para que satisfaga sus deseos hedonistas y de poder sin tener que importunarle su conciencia cuando él recobra la personalidad del doctor. Recordemos las palabras de Enfield cuando relata a Utterson el incidente en el que acompañan a Hyde a extender un cheque para compensar el atropello de la niña: Hyde «era un ser verdaderamente diabólico; mientras que la persona que firmó el cheque es la flor y nata de la honorabilidad [...] una de esas personas que se dedica a hacer el bien».

Ya hemos dicho que Stevenson tenía amplios conocimientos en materia penal (era licenciado en Derecho) y estaba al corriente de los casos criminales; de igual modo, también sabemos que tenía mucho interés en los desarrollos de la ciencia psiquiátrica de la época. Por ello, cuando desarrolla la novela, deja claro que en todo momento Jekyll es consciente del peligro que supone Hyde para la comunidad, de ahí que diga después de experimentar la primera transformación como Hyde: «Supe, al respirar por primera vez esta nueva vida, que era ahora más perverso, diez veces más perverso, un esclavo vendido a mi mal original».

Por otra parte, Jekyll tiene la oportunidad de elegir en varios momentos de la novela si terminar o no con la existencia de Hyde. La primera vez, cuando recupera su personalidad después de haber logrado transformarse en Jekyll. Ahí tiene la oportunidad de abandonar su proyecto: había logrado demostrar su tesis, había conseguido lo que ningún científico había logrado, pero... «Por aquel entonces, mi virtud estaba dormida; mi maldad, mantenida despierta por la ambición» y, dado que la vida de estudio y responsable como médico prestigioso le dejaba insatisfecho, se sintió fascinado por la posibilidad de ejercer ese inmenso poder. «No tenía más que apurar el vaso, despojarme del cuerpo del eminente profesor y ponerme, como si fuera un gabán, el de Edward Hyde.»

La segunda vez que se lo plantea en serio sucede antes de matar a Carew. Cuando finalmente vence su deseo de sentir los goces que le proporciona su *alter ego* y vuelve a ingerir la droga, Hyde «sale rugiendo» y comete el asesinato. Horrorizado por vez primera, Jekyll se jura acabar con Hyde, quiere volver a ser el médico respetuoso y entregado a obras caritativas, intentando compensar así las malas acciones de Hyde. Pero, a pesar de todo, en lo que podríamos considerar como una metáfora del deseo que le consumía, mientras que «el primer impulso de mi arrepentimiento se fue embotando», sintió que «mi ser interior [...] tan recientemente encadenado, empezó a gruñir ansioso pidiendo su libertad». Jekyll cede por tercera vez y vuelve a consumir la pócima que le convierte en Hyde.

Sabemos que, a partir de ese momento, Jekyll está en manos de Hyde. La droga ya no basta para retenerlo, y es en esta etapa donde podemos decir que Jekyll está preso de un hombre que no tiene sentimientos y que se deja llevar por *ataques de furia* (como el que dio lugar a la muerte de Carew). Pero, no lo olvidemos, es Jekyll quien crea las condiciones para que se produzca su pérdida de control a manos de Hyde. A pesar de que con frecuencia se quedaba «estupefacto», cuando recobraba la personalidad de Jekyll por las fechorías de su *alter ego*, porque sus actos habían derivado «hacia lo monstruoso», Jekyll elige invocar una y otra vez a su monstruo interior, a pesar de que es consciente de que le está llevando a la perdición. Si Hyde representa tanto la enfermedad mental moral (crueldad sin arrepentimiento por el puro placer de ejercerla) como la locura moral representada por el «impulso irresistible», es el Dr. Jekyll quien las ha creado, para poder disfrutar de una vida sin las penurias de una conciencia acusadora.

Este es un punto crucial para entender la responsabilidad ante la ley de Jekyll. Stevenson era jurista y tuvo en cuenta dos mecanismos por los que el Dr. Jekyll hubiera tenido que responder por los crímenes de Hyde si hubiera sobrevivido. Como hemos dicho arriba, es el doctor quien, al crear a Hyde, se hace responsable de lo que este hace pues, aunque Hyde sigue su propia voluntad, Jekyll lo creó con plena conciencia de que este podía cometer actos de violencia. Luego no vale decir que «fue Hyde y no yo» el asesino, ya que Jekyll creó a Hyde a sabiendas de que él podría hacer la violencia que se le antojara.[14] Este es el primer mecanismo. El segundo es considerar que Jekyll mata y comete actos malvados a través de Hyde. De hecho, quiere crear un *alter ego* para sentirse él libre de culpas; pero eso legalmente no se sostiene, porque quien responde ante la justicia no es el instrumento del crimen, sino quien lo usa para conseguir sus fines.[15]

Entonces, aunque Stevenson describe a Hyde como el monstruo moral que los teóricos de la degeneración definieron, también afirma la importancia del libre albedrío. Jekyll crea a Hyde y le lega su fortuna, para indignación de Utterson, su abogado. Alquila un apartamento en el Soho para procurar la independencia de Hyde y le proporciona un talonario de cheques con el que puede obtener dinero de Jekyll. Solo al final de la novela, Hyde se adueña de Jekyll, por así decirlo. Pero esa cautividad final es resultado de un esfuerzo sostenido por librarse de su conciencia; su pérdida de control acontece cuando él, una y otra vez, se solaza en satisfacer sus bajas pasiones, hasta tal punto que llega un momento en que su consciencia como Jekyll llega a difuminarse en la consciencia de Hyde, porque las transformaciones se suceden sin aviso y progresivamente se ve obligado a pensar y actuar como Hyde. Así, podemos preguntarnos en realidad quién es el que en verdad se suicida en el acto final del gabinete del laboratorio.

No quiero demorarme más en terminar este escrito, que, si hasta el momento ha logrado escapar a la destrucción, ha sido por una combinación de cautela y de suerte. Si la agonía de la transformación me atacara en el momento de escribirlo, Hyde lo haría pedazos; pero si logro que pase algún tiempo desde el momento en que le dé fin hasta que se opere el cambio, su increíble egoísmo y su capacidad para circunscribirse al momento presente probablemente salvarán este documento de su malignidad simiesca. El destino fatal que se cierne sobre nosotros le ha cambiado y abatido hasta cierto punto. Dentro de media hora, cuando adopte de nuevo y para siempre esa odiada personalidad, sé que permaneceré sentado, tembloroso y llorando en mi sillón, o que continuaré recorriendo de arriba abajo esta habitación (mi último refugio terrenal) escuchando todo sonido amenazador en un rapto de tensión y de miedo. ¿Morirá Hyde en el patíbulo? ¿Hallará el valor suficiente para librarse de sí mismo en el último momento? Solo Dios lo sabe. A mí no me importa. Esta es, en verdad, la hora de mi muerte, y lo que de ahora en adelante ocurra ya no me concierne a mí sino a otro. Así, pues, al depositar esta pluma sobre la mesa y sellar esta confesión, pongo fin a la vida de ese desventurado que fue el Dr. Henry Jekyll.

Jekyll, en su *alter ego*, puede ser un hombre sin corazón, pero es su elección. Convirtiendo a un representante de la clase «civilizada» en uno de esos monstruos morales que los científicos de fin de siglo reservaban para las clases *peligrosas y degeneradas*, llevó a cabo una crítica feroz al *establishment* criminológico de la época. Con el suicidio de Jekyll y Hyde, Stevenson nos da su veredicto: ambos eran culpables y sus actos no podían justificarse mediante teorías de la defensa de la insania moral.

REFLEXIONES FINALES

La obra de Stevenson se forja en torno a una preocupación universal: el de las pulsiones y su adecuación para cobrar una identidad. Esas pulsiones, constitutivas de nuestras necesidades más esenciales como seres bioculturales, definen la lucha constante que implica en el ser humano lograr un sentido del yo o identidad, una imagen interiorizada de «quién soy», en medio de una sociedad que nos impone reglas, normas y todo tipo de restricciones a lo que desearíamos hacer si tuviéramos la libertad absoluta de actuar.

Hemos visto la importancia de que el ser humano no niegue su sombra, sino que sepa integrar ese deseo de libertad frente a la moral establecida en una identidad que no resulte destructiva para los demás. La sombra no solo puede encerrar pulsiones destructivas, sino que también puede albergar una capacidad de cuestionamiento de la verdad oficial o dictada por el poder que suponga una liberación creativa y dinamizadora del yo como expresión plena del individuo.

Esa tensión de los opuestos (lo moral e inmoral, destructivo y creativo, aceptado y prohibido) es una condición necesaria de la existencia; de su gestión depende nuestra estabilidad emocional y el tipo de relato que construiremos con nuestros actos y decisiones a lo largo de la vida. Por ejemplo, quiero demostrar que soy competente en mi trabajo, pero estaría feliz si el jefe que impide mi progreso sufriera un accidente y muriera, o al menos le impidiera seguir en su puesto... Desear la muerte a alguien no es un pensamiento que se ajuste a la moral, pero es real, está dentro de mí. *Soy yo como individuo el que debo reconocer ese anhelo de que muera e integrarlo en mi realidad.* ¿Qué haré? ¿Provocaré que tenga un accidente? ¿O buscaré una solución creativa que me permita superar esa situación sin causarle un mal físico o la muerte? El mal, la violencia y el asesinato que protagoniza Edward Hyde es el producto del fracaso de Jekyll a la hora de enfrentarse a su sombra o, si se prefiere, a esa tensión entre opuestos. Jekyll crea a Hyde, precisamente, para no enfrentarse a la angustiosa tarea de gestionar sus pulsiones reprobadas en su tiempo para su clase social. Cuando Jekyll nos hace partícipes en su confesión de que, dada la reputación que tenía y la estricta observancia que hacía de la moral puritana victoriana, se avergonzaba de sus «escarceos» de indignidad (que se supone que un *gentleman* no debería hacer), nos presenta el escenario de una tensión de opuestos (placeres «indignos» de un caballero frente a la moral puritana)... y ¿qué hace? Comprende que el hombre es un ser dual o «doble» y, en vez de esforzarse por integrar esa dualidad en su identidad consciente, recogiendo el ímpetu, la capacidad de innovación, de crítica y de rebeldía que se ocultan en su sombra, luchando de este modo por tener mayores cotas de libertad y de autonomía en su vida, Jekyll toma el camino de escindir esa dualidad para evitar, precisamente, esa lucha permanente que implica gestionar los opuestos.

Así pues —como reflexiona J. A. Sanford—, si queremos que nuestro propio drama con la sombra concluya felizmente, debemos ser capaces de sostener la tensión que Jekyll no pudo soportar. Tanto la represión de la sombra (Jekyll atormentado porque no es libre de mostrarse hedonista en una sociedad puritana que le asfixia) como la identificación con ella (Jekyll transformado en Edward Hyde, con libertad total para violentar, torturar y matar) constituyen intentos infructuosos de huir de la tensión de los opuestos, meras tentativas de «aflojar las ataduras» que mantienen unidos los aspectos luminosos y oscuros de nuestra psique. Por eso, el fracaso de Jekyll es, sobre todo, *el fracaso de su identidad*: esta, en su intento de escindir lo prohibido de lo permitido, le lleva a su propia destrucción.

6

El retrato de Dorian Gray[1]

Todos llevamos dentro el cielo y el infierno.

Dorian Gray, en *El retrato de Dorian Gray*

Oscar Wilde (1854-1900) solo escribió una novela, *El retrato de Dorian Gray*, pero solo eso le hubiera bastado para asegurarle un puesto relevante en la literatura de finales del siglo XIX. Naturalmente, Wilde escribió muchas más obras literarias extraordinarias, como sus comedias teatrales, que todavía hoy se representan periódicamente (*Un marido ideal* o *La importancia de llamarse Ernesto*), cuentos célebres, poemarios y ensayos literarios. *Dorian Gray* es una novela escrita en dos versiones: la primera, publicada en 1890 en el *Lippincott's Monthly Magazine* (Estados Unidos), y una segunda en forma de libro publicada en 1891. Las críticas feroces que tuvo la novela en Inglaterra obligaron a Wilde a añadir nada menos que siete capítulos con respecto a la versión entregada un año antes a la revista norteamericana.

Una de ellas (la publicada en *The Scots Observer*) aseguraba que el arte de Oscar Wilde es «falso [...] porque su héroe es un monstruo; es falso para la moralidad, porque no muestra de forma suficientemente clara que el escritor no prefiera una vida de iniquidad contra natura a una vida de limpieza, de salud física y moral. [...] Mr. Wilde tiene inteligencia, arte, estilo; pero si solo puede escribir para los nobles proscritos y para los pequeños telegrafistas pervertidos [sic], cuanto antes siga el oficio de sastre (o de cualquier otra profesión honorable), mejor será para su reputación personal y para la moralidad pública». Pero más duro fue todavía el *Daily Chronicle*: «Es un relato engendrado por la literatura leprosa de los decadentes franceses, un libro venenoso cuya atmósfera exhala los olores mefíticos de la podredumbre moral y espiritual, un estudio complaciente de la corrupción mental y física de un joven lleno de frescura, de belleza y de esplendor que, de no ser por su frivolidad afeminada, habría podido ser horrible y fascinante».

Hay que entender estas críticas. Oscar Wilde fue un osado además de un ingenuo, porque cuando puso una demanda al marqués de Queensberry —padre de su amante Alfred Douglas y, este sí, un joven libertino sin oficio ni beneficio— porque le había llamado «sodomita», no fue capaz de comprender que todo el puritanismo victoriano iba a caer sobre él con especial saña. La homosexualidad era algo que podía tolerarse en privado, pero nunca en público.[2] *Dorian Gray* critica la cultura hipócrita y encorsetada de su tiempo, pero no hace falta ser un lince para darse cuenta de que, cuando hace un canto a la estética por encima de la ética como guía de la felicidad personal, estaba reclamando la libertad de poder enamorarse sin cortapisas de la belleza, sin que importara el sexo de la persona amada.

Oscar Wilde despreciaba la estupidez, el auténtico pecado («No hay mayor pecado que estupidez») y consideraba a la ética algo totalmente al margen del arte. Así, cuando le llevaron a juicio y le preguntaron si no consideraba que *Dorian Gray* era una «novela pervertida», el escritor contestó: «No hay libros morales ni inmorales. Sencillamente, los libros están bien o mal escritos». Wilde pintó él mismo la diana en su pecho cuando puso en boca de los dos personajes centrales del libro, Dorian Gray y lord Henry, una buena parte del ideario filosófico y estético del autor. Esos siete capítulos que añadió no cumplieron el propósito general de exonerarle frente a la acusación de ser un autor inmoral, y es que hay que reconocer que el *Daily Chronicle* tenía razón cuando le acusó de que la novela no dejaba clara la idea de que era mejor seguir una vida honesta que otra «contra natura» para la moralidad estrecha de la época.

Dorian Gray continúa con el tema esencial ya presentado por Stevenson en *Jekyll y Hyde* —el doble y la crítica a la sociedad victoriana y al modelo antropológico del hombre «civilizado» como ser superior— pero, como veremos más adelante, lo lleva a un nuevo plano más radical.

Sinopsis de la novela

La novela comienza en la casa y estudio del pintor Basil Hallward, que conversa con su amigo lord Henry (al que se le llama coloquialmente Harry). Basil estaba terminando el retrato de un joven llamado Dorian Gray —al que no conoce Henry—, que muestra de forma extraordinaria la deslumbrante belleza de su modelo. «Es tu mejor obra, Basil», le dice un sincero Henry, que le anima a que lo exponga ante el público, seguro de que será un gran triunfo. Pero Basil le dice que no lo hará, porque «he puesto en él demasiado de mí mismo» y luego, como aquel insiste en que se explique mejor, le dice que, después de conocer a Dorian en una fiesta, tuvo «la extraña sensación de que el Destino me reservaba exquisitas alegrías y terribles sufrimientos». Y más adelante: «Mientras viva, la personalidad de Dorian Gray me dominará». (Parece claro que Basil se ha enamorado y ha quedado deslumbrado por el joven, aunque en la obra ese extremo, como es lógico, nunca se hace explícito.)

Henry todavía no conoce a Dorian Gray, pero ansía ese momento («¡Eso que cuentas es extraordinario! He de ver a Dorian Gray»). Y ocurre que Dorian se presenta en casa del pintor, para apuro de Basil —que teme a Henry porque, aunque le divierte su ingenio, le considera una persona amoral— y alegría de este.

—Dorian Gray es mi amigo más querido —dijo—. Es una persona sencilla y bondadosa [...]. No lo eches a perder. No trates de influir en él. Tu influencia sería mala. El mundo es muy grande y encierra mucha gente maravillosa. No me arrebates la única persona que da a mi arte todo el encanto que posee: mi vida de artista depende de él. Tenlo en cuenta, Harry.

Pero ambos hombres se encuentran y esto da inicio a toda la cadena de acontecimientos que desarrollará la obra. Dorian Gray es hijo de una madre aristocrática de gran belleza (Margaret Devereux) y de un militar del montón, a quien el padre de ella (lord Kelso), que odiaba a su yerno, había encomendado matarlo en duelo a un «aventurero sin escrúpulos», por ello Dorian será criado por su abuelo, ya que su madre murió de pena. Por desgracia para Dorian, el mismo hombre que orquestara la muerte de su propio padre, no lo apreciaba en absoluto. Con veinte años y ya fallecido su abuelo, Dorian vive solo en una espléndida casa, gracias a su cuantiosa fortuna. El impacto que causa en Henry es igualmente poderoso.

Sí; no había la menor duda de que era extraordinariamente bien parecido, con labios muy rojos debidamente arqueados, ojos azules llenos de franqueza, rubios cabellos rizados. Había algo en su rostro que inspiraba inmediata confianza. Estaba allí presente todo el candor de la juventud, así como toda su pureza apasionada. Se sentía que aquel adolescente no se había dejado manchar por el mundo.

Lord Henry es un hombre muy culto y ocurrente, un discípulo de Eton (*alma mater* de la aristocracia británica) y, deducimos por el diálogo que se establece entre ambos, que siente un interés particular por el joven, lo cual le lleva a querer impresionarle. Dorian le pregunta, ingenuo, si es cierta su mala reputación de ser una «pésima influencia» para los demás, y aquel le contesta que «toda influencia es inmoral», porque «influir en una persona es darle la propia alma. Esa persona deja de pensar sus propias ideas y de arder con sus pasiones. Sus virtudes dejan de ser reales. Sus pecados, si es que los pecados existen, son prestados [...] La finalidad de la vida es el propio desarrollo. Alcanzar la plenitud de la manera más perfecta». Dado que, precisamente, lord Henry hará todo lo posible por influir en Dorian, él explica esa tutoría solo como un medio para que Dorian alcance la plenitud de los propios dones con los que cuenta, no una usurpación de su personalidad por la suya, sino una liberación de la auténtica naturaleza de Dorian.

Lord Henry se extiende más en su filosofía, que se podría resumir en alcanzar el pleno potencial personal, la mayor individualización posible, algo que solo se logra del siguiente modo: *buscando la belleza en cada experiencia vital, sin dejarse arredrar por las convenciones sociales o morales*; es el «nuevo hedonismo». Lo importante es que esa conversación origina una violenta reacción en Dorian: las palabras de Henry («¡Qué terribles eran! ¡Qué claras, y agudas y crueles!») le sacuden como un huracán: «¡Basta! —balbuceó Dorian Gray—, ¡basta! Me desconcierta usted. No sé qué decir. Hay una manera de responderle, pero no la encuentro. No hable. Déjeme pensar. O, más bien, deje que trate de pensar».

Esta reacción de Dorian convence a Henry de tomarle bajo su cuidado, vemos su vanidad henchida, y es evidente su deseo de ser su Pigmalión (por más que niegue su influencia). Por su parte, aquel se siente atraído por esa posibilidad, ya que Henry estaba en disposición de «descubrirle el misterio de la existencia». Pero esa conexión íntima e instantánea va a tener profundas consecuencias para la vida de Dorian. Basil está terminando el cuadro en su estudio y Henry se dispone a seguir con sus lecciones al joven modelo en el jardín del pintor. Después de decirle que «posee usted la más maravillosa juventud, y la juventud es lo más precioso que se puede poseer», le inocula un temor que conducirá a Dorian a su perdición cuando este le contesta al cumplido anterior: «yo no lo siento así». Henry le contesta:

No; no lo siente ahora. Pero algún día, cuando sea viejo y feo y esté lleno de arrugas, cuando los pensamientos le hayan marcado la frente con sus pliegues y la pasión le haya quemado los labios con sus odiosas brasas, lo sentirá, y lo sentirá terriblemente. Ahora, dondequiera que vaya, seduce a todo el mundo. ¿Será siempre así? [...]. Cuando se le acabe la juventud desaparecerá la belleza, y entonces descubrirá de repente que ya no le quedan más triunfos, o habrá de contentarse con unos triunfos insignificantes que el recuerdo de su pasado esplendor hará más amargos que las derrotas. [...] ¡Ah! Disfrute plenamente de la juventud mientras la posee. No despilfarre el oro de sus días escuchando a gente aburrida, tratando de redimir a los fracasados sin esperanza, ni entregando su vida a los ignorantes, los anodinos y los vulgares. Esos son los objetivos enfermizos, las falsas ideas de nuestra época. ¡Viva! ¡Viva la vida maravillosa que le pertenece! No deje que nada se pierda. Esté siempre a la busca de nuevas sensaciones. No tenga miedo de nada... Un nuevo hedonismo: eso es lo que nuestro siglo necesita. Usted puede ser su símbolo visible.

Este programa existencial de Henry alcanzará su impacto real cuando los dos se dirijan a contemplar el cuadro ya terminado.

Dorian, sin responder, avanzó con lentitud de espaldas al cuadro y luego se volvió hacia él [...]. La conciencia de su propia belleza lo asaltó como una revelación [...] y ahora, mientras miraba fijamente la imagen de su belleza, con una claridad fulgurante captó toda la verdad. Sí, en un día no muy lejano su rostro se arrugaría y marchitaría, sus ojos perderían color y brillo, la armonía de su figura se quebraría. Desaparecería el rojo escarlata de sus labios y el oro de sus cabellos. La vida que había de formarle al alma le deformaría el cuerpo. Se convertiría en un ser horrible, odioso, grotesco. Al pensar en ello, un dolor muy agudo lo atravesó como un cuchillo, e hizo que se estremecieran todas las fibras de su ser.

Es entonces cuando Dorian Gray, dirigiéndose a Basil, formula un deseo enfermizo, y pondrá en marcha todo lo que sucederá después: «Tengo celos de todo aquello cuya belleza no muere. Tengo celos de mi retrato. ¿Por qué ha de conservar lo que yo voy a perder? Cada momento que pasa me quita algo para dárselo a él. ¡Ah, si fuese al revés! ¡Si el cuadro pudiera cambiar y ser yo siempre como ahora! ¿Para qué lo has pintado? Se burlará de mí algún día, ¡se burlará despiadadamente!».

* * * * *

Un mes después, Dorian deambula por el este de Londres, que es la zona más depauperada de la ciudad y, por casualidad, se encuentra con un «absurdo teatrillo, con luces brillantes y carteles chillones». Curioso, entra y compra un palco junto al escenario. Se representa *Romeo y Julieta* y, en medio de un elenco de actores espantosos, Dorian se queda prendado de la actriz que representa a Julieta: Sibyl Vane. «La quiero, Harry. Para mí lo es todo», le dirá a su mentor poco después. Se ha quedado prendado de su belleza, pero sobre todo, de su arte. Fascinado, un día se atreve a conocerla. Sibyl vive con su madre y su hermano, aunque este en breve partirá para Australia para buscar fortuna. De inmediato, Dorian le confiesa que la ama.

Sibyl es, en efecto, un corazón puro. Mientras que su madre está atenta al dinero que puede proporcionarle que su hija mantenga relaciones con un lord, la joven actriz, del todo prendada de Dorian, no se considera digna de ser amada por alguien a quien llama su Príncipe Azul. Pero finalmente se ilusiona y acaba por creer en el futuro que le ofrece Dorian a su lado como esposa. Sin embargo, su hermano James Vane desconfía de Dorian, porque no sería la primera vez que un joven frívolo de la clase alta se entretiene jugando con una muchacha pobre para arrebatarle su virtud. Pero solo puede aleccionar a su hermana para que sea precavida, porque ha de partir para Australia.

—Es un caballero —dijo el muchacho con resentimiento.

—¡Un príncipe! —exclamó ella, su voz llena de música—. ¿Qué más se necesita?

—Quiere esclavizarte.

—Me estremece la idea de ser libre.

—Ten cuidado, te lo ruego.

—Verlo es adorarlo, conocerlo es confiar en él.

—Has perdido la cabeza, Sibyl.

Su hermana se echó a reír y lo tomó del brazo.

—Mi querido y maduro Jim, hablas como si tuvieras cien años. Algún día también tú te enamorarás. Entonces sabrás de qué se trata. No pongas ese gesto tan enfurruñado. Debe alegrarte pensar que, aunque tú te vayas, me dejas más feliz que nunca. La vida ha sido dura para nosotros dos, terriblemente dura y difícil. Pero a partir de ahora será diferente. Tú te vas a un mundo nuevo, y yo he descubierto uno.

James se marcha sin conocer a Dorian pero, por desgracia, sus temores se van a convertir en realidad, no porque Dorian hubiera estando mintiendo a su hermana para divertirse («Cuando veas a Sibyl Vane comprenderás que el hombre que la tratara mal sería un desalmado, un ser sin corazón», le dice a Henry), sino porque sucede algo fatal: la noche en que lleva a Henry y a Basil al teatro para que finalmente conozcan a Sibyl, ella interpreta muy mal a Julieta («Privaba de vida a sus versos. Hacía que la pasión resultase irreal»). Es el propio Henry quien le acaba de dar la puñalada final: «Es muy hermosa, Dorian, pero incapaz de actuar. Vámonos». Dorian pide a sus amigos que se marchen y baja a ver a la actriz, quiere saber qué le ha pasado. ¿Estará enferma? Sibyl le dice que ha sido todo lo contrario:

> Esta noche, por primera vez en mi vida, he visto el vacío, la impostura, la estupidez del espectáculo sin sentido en el que participaba. Hoy, por vez primera, me he dado cuenta de que Romeo era horroroso, viejo, y de que iba maquillado; que la luna sobre el huerto era mentira, que los decorados eran vulgares y que las palabras que decía eran irreales, que no eran mías, no eran lo que yo quería decir. Tú me has traído algo más elevado, algo de lo que todo el arte no es más que un reflejo. Me has hecho entender lo que es de verdad el amor. ¡Amor mío! ¡Mi príncipe azul! ¡Príncipe de mi vida! Me he cansado de las sombras.

Pero Dorian no puede entender ese argumento. Amaba a la Sibyl *artista* y con esa actuación:

> Has matado mi amor. Eras un estímulo para mi imaginación. Ahora ni siquiera despiertas mi curiosidad. No tienes ningún efecto sobre mí. Te amaba porque eras maravillosa, porque tenías genio e inteligencia, porque hacías reales los sueños de los grandes poetas y dabas forma y contenido a

las sombras del arte. Has tirado todo eso por la ventana. Eres superficial y estúpida. ¡Cielo santo! ¡Qué loco estaba al quererte! ¡Qué imbécil he sido! Ya no significas nada para mí. Nunca volveré a verte. Nunca pensaré en ti. Nunca mencionaré tu nombre.

La chica no da crédito, se queda destrozada. Dorian regresa a su casa y se fija en el cuadro, que colgaba en su biblioteca. Apareció un ligero cambio. «Se diría que había aparecido un toque de crueldad en la boca.» ¿Qué significaba aquello? Se puso a pensar y alcanzó una conclusión que le estremeció. «Había expresado un deseo insensato: que el retrato envejeciera y que él se conservara joven; que la perfección de sus rasgos permaneciera intacta, y que el rostro del lienzo cargara con el peso de sus pasiones y de sus pecados...» Dorian comprendió que ese cambio mínimo en su rostro había sido consecuencia de su comportamiento con Sibyl. Sintió «un pesar infinito» y su espíritu se debatió entre el reproche a sí mismo y el odio que le había suscitado la chica al acabar con su amor, debido a su vulgar e imperdonable actuación. «Rememoró con cuánta indiferencia la había contemplado. ¿Por qué la naturaleza le había hecho así? ¿Por qué se le había dado un alma como aquella? Pero también él había sufrido. Durante las tres terribles horas de la representación, *había vivido siglos de dolor*, eternidades de tortura. Su vida bien valía la de Sibyl. Ella lo había maltratado, aunque Dorian le hubiera infligido una herida duradera.»

Sin embargo, con el nuevo día Dorian reflexiona profundamente sobre un propósito que nació la noche anterior. Comprende que ha actuado de forma innoble y que, gracias a ese cuadro, ha visto el efecto de prestar oídos a las «ponzoñosas» ideas de Henry. Estaba decidido, iría a ver a Sibyl y le juraría que la amaría de una manera más elevada y noble. Pero es demasiado tarde. Lord Henry llega y le comunica que la chica se ha suicidado. Después de la conmoción inicial, Dorian se repone: «De manera que he asesinado a Sibyl Vane —se dijo—; como si le hubiera cortado el cuello con un cuchillo. Pero no por ello las rosas son menos hermosas. Ni los pájaros cantan con menos alegría en mi jardín. Y esta noche cenaré contigo, y luego iremos a la ópera y supongo que acabaremos la velada en algún otro sitio».

Este es el punto de inflexión de la novela para el descenso de Dorian a los infiernos. Lord Henry se apresta a enseñarle más cosas de su filosofía hedonista y, de este modo, acaba por desterrar cualquier reparo que hubiera quedado en la mente de su pupilo. «Me has explicado a mí mismo, Harry —murmuró, con algo parecido a un suspiro de alivio—. Aunque sentía lo que has dicho, me daba miedo, y no era capaz de decírmelo. ¡Qué bien me conoces! Pero no vamos a hablar más de lo sucedido. Ha sido una experiencia maravillosa. Eso es todo.» Dorian oculta el cuadro que está colgado en la biblioteca tras un biombo.

Al día siguiente, le visita Basil y le pide ver el cuadro, quiere exponerlo; ha cambiado de opinión y pretende exhibirlo en París; pero Dorian se niega en redondo y le amenaza con no volver a hablarle jamás si se atreve a entrar en la biblioteca y contemplarlo. También le dice que nunca más posará para él, a pesar de que Basil se sincera y le explica cuánto lo idolatra.[3] Tras marcharse el pintor, Dorian comprende que el retrato no puede estar a la vista de todos y decide subirlo a su antigua habitación, primero de juegos de infancia y luego de estudio, en lo alto de la casa. Se asegura de que solo él disponga de la llave y lo cubre con una tela de satén morada y oro. *Su rostro se había vuelto más cruel.* Más adelante, para evitar que Basil insistiera en ver el retrato, le dirá que lo ha destruido.

Poco después, Dorian recibe un libro enviado por Henry. «Se trataba del libro más extraño que había leído nunca. Se diría que los pecados del mundo, exquisitamente vestidos, y acompañados por el delicado sonar de las flautas, pasaban ante sus ojos como una sucesión de cuadros vivos [...]. Era un libro venenoso.» Ese libro era un canto a los sentidos y las pasiones de la historia de la humanidad; su protagonista era un joven parisino y, sin duda, Henry se lo había enviado porque era una historia que reflejaba su filosofía acerca de la supremacía del arte sobre la moral.[4]

* * * * *

La novela da un gran salto en el tiempo. Han transcurrido años y Dorian ha seguido fielmente las recomendaciones de ese libro, sin que la belleza de su aspecto hubiera mermado un ápice. Es cierto que la gente rumoreaba en los salones que el joven era responsable de actos viles, pero cuando se le conocía personalmente, era difícil creerlo. En su intimidad, Dorian subía a la habitación cerrada para mirar su retrato, que mostraba la corrupción de su alma. Pero lejos de causarle pesar, le daba una honda satisfacción. «La nitidez misma del contraste [entre su aspecto y el del retrato] aumentaba su placer.» A pesar de sus incursiones en los bajos fondos, no dejaba de frecuentar los salones, donde era siempre admirado. «Dorian Gray trataba de inventar una nueva manera de vivir que descansara en una filosofía razonada y en unos principios bien organizados, y que hallara en la espiritualización de los sentidos su meta más elevada.»

Va pasando el tiempo. Han transcurrido dieciocho años desde que Dorian hiciera ese pacto con fuerzas no explicadas que le procuraron la eterna juventud. Un día, se encuentra con Basil Hallward a la puerta de su casa. El pintor sale para París en el tren de medianoche, pero antes quiere tener una conversación con Dorian, porque su otrora modelo le tiene muy preocupado. Le dice que no cree ninguna de las cosas horribles que se dicen de él en los salones de Londres, pero le inquieta que muchos hijos jóvenes de familias de renombre aparentemente hayan visto arruinadas sus vidas después de que se les relacionara con él, así como que amigos suyos se marchen de la habitación si su nombre (el de Dorian) sale a relucir.

Dorian protesta y califica a la buena sociedad de hipócrita. «Dime tú, ¿qué vida llevan todas esas personas que presumen de ser los guardianes de la moralidad?» Pero Basil aprieta las clavijas, le dice que se puede juzgar a un hombre por el efecto que tiene sobre sus amigos y que le consta que «los tuyos parecen perder por completo el sentimiento del honor, de la bondad, de la pureza». Y le menciona lo que le sucedió a la mujer de su amigo lord Gloucester, que le mostró una carta escrita por ella en su lecho de muerte, donde aparecía el nombre de Dorian, «mezclado con la más terrible confesión que he leído nunca». Pero, acto seguido, Basil comete un error trascendental al decirle que no sabe cuál es la verdad que hay detrás de estas acusaciones porque, para averiguarlo, tendría que ver su alma y eso solo es potestad del Todopoderoso. Esto incendia a Dorian: «Voy a mostrarte mi alma. Voy a mostrarte esa cosa que, según imaginas, solo Dios puede ver».

Dorian le pide a su amigo que le acompañe al ático. Allí quita con violencia la tela que ocultaba el rostro.

De los labios del pintor escapó una exclamación de horror al ver, en la penumbra, el espantoso rostro que le sonreía desde el lienzo. Había algo en su expresión que le produjo de inmediato repugnancia y aborrecimiento. ¡Dios del cielo! ¡Era el rostro de Dorian Gray lo que estaba viendo! La misteriosa abominación aún no había destruido por completo su extraordinaria belleza. Quedaban restos de oro en los cabellos que clareaban y una sombra de color en la boca sensual. Los ojos hinchados. conservaban algo de la pureza de su azul, las nobles curvas no habían desaparecido por completo de la cincelada nariz ni del cuello bien modelado. Sí, se trataba de Dorian. Pero, ¿quién lo había hecho? Le pareció reconocer sus propias pinceladas y, en cuanto al marco, también el diseño era suyo. La idea era monstruosa, pero, de todos modos, sintió miedo. Apoderándose de la vela encendida, se acercó al cuadro. Abajo, a la izquierda, halló su nombre, trazado con largas letras de brillante bermellón.

Se trataba de una parodia repugnante, de una infame e innoble caricatura. Aquel lienzo no era obra suya. Y, sin embargo, era su retrato. No cabía la menor duda; sintió como si, en un momento, la sangre que le corría por las venas hubiera pasado del fuego al hielo inerte. ¡Su cuadro! ¿Qué significaba aquello? ¿Por qué había cambiado? Volviéndose, miró a Dorian Gray con ojos de enfermo. La boca se le contrajo y la lengua, completamente seca, fue incapaz de articular el menor sonido. Se pasó la mano por la frente, recogiendo un sudor pegajoso.

Todo se va a suceder con rapidez. Dorian le explica que ese es el resultado del deseo que formuló en voz alta de permanecer por siempre joven. Basil se niega a reconocer al principio que esa sea su pintura; piensa que la había destruido, pero Dorian le contesta que «estaba equivocado. El retrato me ha destruido a mí». Ante su protesta de que «tiene los ojos de un demonio», Dorian le replica que «todos llevamos dentro el cielo y el infierno». Al fin, Basil se convence: «La corrupción y el horror surgían, al parecer, de las entrañas del cuadro. La vida interior del retratado se manifestaba misteriosamente y la lepra del pecado devoraba lentamente el cuadro. La descomposición de un cadáver en un sepulcro lleno de humedades no sería un espectáculo tan espantoso».

Son los últimos instantes de la vida de Basil, Dorian no va a dejarle salir de esa habitación... vivo. «Las pasiones salvajes de un animal acorralado se encendieron en su interior y odió al hombre que estaba sentado a la mesa más de lo que había odiado a nada ni a nadie en toda su vida.» El eterno adolescente miró a su alrededor y distinguió un cuchillo encima de una cómoda.

Se movió en su dirección, pasando junto a Hallward. Cuando estuvo tras él, lo empuñó y se dio la vuelta. Hallward se movió en la silla, como disponiéndose a levantarse. Arrojándose sobre él, le hundió el cuchillo en la gran vena que se halla detrás del oído, golpeándole la cabeza contra la mesa, y apuñalándolo después repetidas veces.

Solo se oyó un gemido sofocado, y el horrible ruido de alguien a quien ahoga su propia sangre. Tres veces los brazos extendidos se alzaron, convulsos, agitando en el aire grotescas manos de dedos rígidos. Dorian Gray aún clavó el cuchillo dos veces más, pero Basil no se movió. Algo empezó a gotear sobre el suelo. Dorian Gray esperó un momento, apretando todavía la cabeza contra la mesa. Luego soltó el arma y escuchó.

Dorian no pierde la compostura y, desde luego, no quiere que le ahorquen. Después de fabricarse una coartada y tranquilizado por el hecho de que todos pensarán que Basil se ha ido a París puesto que nadie le ha visto entrar en su casa, comprende que tiene que deshacerse del cuerpo del pintor. Envía una carta a Alan Campbell, un químico que cuenta con su propio laboratorio y que, como consecuencia de la vida que por un tiempo ambos compartieron, no está en disposición de negarle un favor. Cuando finalmente Campbell llega a su casa y Dorian le espeta, tras una brevísima charla, que «en una habitación cerrada con llave en el ático de esta casa, en una habitación a la que nadie, excepto yo mismo, tiene acceso, hay un muerto sentado ante una mesa. Hace ya diez horas que falleció...», el químico, horrorizado, le dice que nada tiene que hacer, que ya no le interesan «ninguno de tus horribles secretos» y le pregunta enojado: «¿Me crees dispuesto a poner en peligro mi reputación por ti? ¿Qué me importa en qué tarea diabólica te hayas metido?».

Pero, finalmente, Campbell cede. Dorian le pasa un papel y, cuando lo lee, siente en su corazón «una premonición de la muerte». Dorian le amenaza con enviar esa misiva a todo Londres, lo que sería su fin. Horas después, Campbell abandonaba la casa de Dorian después de haber descompuesto químicamente el cadáver del pintor, para nunca más regresar.

* * * * *

El retrato de Dorian Gray se aproxima a su fin. Un día, Dorian se dirige a los bajos fondos del este de Londres, a pesar de la reticencia del cochero en adentrarse por esos parajes. Las calles estaban cubiertas de niebla y Dorian «contemplaba con indiferencia la sórdida abyección de la gran ciudad». Se repetía con frecuencia una sentencia de Henry: «curar el alma por medio de los sentidos, y los sentidos por medio del alma», y se disponía una vez más a seguirlo, porque si bien era posible que sus actos no fueran perdonables, sí podría olvidarlos mediante el opio adormecedor. Además, Basil no tenía ningún derecho a juzgarle, sobre todo porque le había dicho «cosas espantosas, horribles, insoportables».

Dorian Gray camina por calles llenas de desechos humanos. Cuando entra en el fumadero de opio, se queda fascinado ante los «miembros contorsionados, las bocas abiertas, las miradas perdidas y los ojos vidriosos» de quienes yacen en «mugrientos colchones en extrañas posturas».

Pero se queda y se dirige hacia un bar en el muelle, en compañía de un amigo, allí va a tener un encuentro inesperado. Una de esas mujeres, que ya solo esperan de la vida disponer de un trago, grita cuando le ve dirigirse a la puerta: «¡Ahí va el protegido del diablo!».

—¡Maldita seas! —respondió Dorian—, ¡no me llames eso!
La mujer chasqueó los dedos.
—Príncipe Azul es lo que te gusta que te llamen, ¿no es eso? —le gritó mientras salía.

Al escuchar la expresión «Príncipe azul», un marinero que estaba adormilado se levantó de un salto y siguió a Dorian por la calle. Cuando lo tuvo a su alcance, agarrándole por detrás, lo arrojó contra un muro «con una mano brutal agarrándole la garganta». El asaltante se identifica como James Vane, el hermano de Sibyl. Lleva dieciocho años buscándole, pone el cañón del revólver que ha extraído del bolsillo en su frente. Tiene en su corazón grabada la promesa que le hizo a su hermana antes de partir para Australia: «A mí también me hubiera gustado [conocerle], porque tan cierto como que hay un Dios en el cielo, si alguna vez te hace daño, lo mataré». Ha llegado el momento de la venganza. Le dice que lo va a matar por ser el causante del suicidio de su hermana.

—Más le vale confesar su pecado, porque va a morir, tan cierto como que me llamo James Vane.
Durante un terrible momento, Dorian no supo qué hacer ni qué decir.

—¡De rodillas! —gruñó su agresor—. Le doy un minuto para que se arrepienta, nada más. Me embarco para la India, pero antes he de cumplir mi promesa. Un minuto. Eso es todo.

Dorian dejó caer los brazos. Paralizado por el terror, no sabía qué hacer.

De repente se le pasó por la cabeza una loca esperanza.

—Espere —exclamó—. ¿Cuánto hace que murió su hermana? ¡Deprisa, dígamelo!

—Dieciocho años —respondió el marinero—. ¿Por qué me lo pregunta? ¿Qué importancia tiene?

—Dieciocho años —rio Dorian Gray, con acento triunfal en la voz—. ¡Dieciocho años! ¡Lléveme bajo la luz y míreme la cara!

James Vane vaciló un momento, sin entender de qué se trataba. Luego sujetó a Dorian Gray para sacarlo de los soportales.

Vane comprende que ha estado a punto de cometer un terrible error: ¡no era posible que ese hombre hubiera sido el canalla que había sido la causa de la muerte de su hermana! Su rostro apenas reflejaba veinte años de edad. Dorian, aliviado, le despide diciéndole que no vuelva a repetir nada parecido. Pero el asunto no quedará ahí porque, al poco tiempo, una de las mujeres que estaba en el bar agarra del brazo al marinero y le obliga a detenerse. Enojada, le dice a James Vane que es «un pobre imbécil», le pregunta por qué no lo ha matado, a lo que James contesta que ese hombre no podía ser quien buscaba, que ahora rondará los cuarenta años, pues al que ha dejado ir «era poco más que un niño». La mujer dejó escapar una risa amarga.

—¡Poco más que un niño! —repitió con voz burlona—. Pobrecito mío, hace casi dieciocho años que el Príncipe Azul hizo de mí lo que soy.

—¡Mientes! —exclamó el marinero.

La mujer levantó los brazos al cielo.

—¡Juro ante Dios que te digo la verdad! —exclamó.

—¿Ante Dios?

—Que me quede muda si no es cierto. Es el peor de toda la canalla que viene por aquí. Dicen que vendió el alma al diablo por una cara bonita. Hace casi dieciocho años que lo conozco. No ha cambiado mucho desde entonces. Yo, en cambio, sí —añadió con una horrible mueca.

—¿Me juras que es cierto?

La mujer lo juró, pero cuando corrió hasta la esquina de la calle en pos de Dorian, este había desaparecido.

Unos días después, Dorian está en su casa de campo de Selby Royal en compañía de unos amigos; está temeroso, se siente perseguido, engañó a James Vane una vez, teme que haya descubierto la verdad y regrese para terminar lo que estuvo a punto de ejecutar. Pero, cuando al tercer día de su estancia se atreve a salir, ocurre un hecho que prueba que la fatalidad existe: uno de los invitados, en el transcurso de una partida de caza, dispara y mata a quien inicialmente se considera un ojeador. Pero se entera por el guarda de que el fallecido no es un ojeador de la cacería, sino alguien desconocido, que portaba «algo de dinero y un revólver de seis tiros», parece un marinero... Dorian Gray se apresura hasta donde yace el cadáver y descubre, aliviado, que es James Vane.

* * * * *

Han pasado semanas. El último acto del libro comienza con un Dorian Gray con propósito de enmienda; a su amigo Harry le dice que: «He hecho demasiadas cosas horribles en mi vida. No voy a hacer ninguna más. Ayer empecé con las buenas intenciones». Le cuenta que renunció a escaparse con una chica de un pueblo que había conocido, Hetty, para evitar así deshonrarla y luego abandonarla. Lord Henry se burla de esa «buena acción», porque considera que se ha limitado a romperle el corazón a esa pobre chica. Pero, sea como fuere, Dorian insiste: le reprocha que le «envenenara» con el libro que le prestó y, más adelante, en soledad, reflexiona sobre su vida. «¡Ah, en qué monstruoso momento de orgullo y de ceguera había rezado para que el retrato cargara con la pesadumbre de sus días y él conservara el esplendor, eternamente intacto, de la juventud! Su fracaso procedía de ahí. Hubiera sido mucho mejor para él que a cada pecado cometido le hubiera acompañado su inevitable e inmediato castigo. En lugar de "perdónanos nuestros pecados", la plegaria de los hombres a un Dios de justicia debería ser "castíganos por nuestras iniquidades".»

Pero se convence de que «era mejor no pensar en el pasado», sino «pensar en sí mismo, en su futuro», porque el pasado no podía cambiarse y, además, cuando hace un repaso de sus fechorías, no parece muy consternado:

A James Vane lo habían enterrado en una tumba anónima en el cementerio de Selby. Alan Campbell se había suicidado una noche en su laboratorio, pero sin revelar el secreto que le había sido impuesto. La emoción, o la curiosidad, suscitada por la desaparición de Basil Hallward pronto se desvanecería. Ya empezaba a pasar. Por ese lado no tenía nada que temer. Y, de hecho, no era la muerte de Basil Hallward lo que más le abrumaba. Le obsesionaba la muerte en vida de su propia alma. Basil había pintado el retrato que echó a perder su vida. Eso no se lo podía perdonar. El retrato tenía la culpa de todo. Basil le dijo cosas intolerables que él, sin embargo, soportó con paciencia. El asesinato fue obra, sencillamente, de una locura momentánea. En cuanto a Alan Campbell, el suicidio había sido su decisión personal. Había elegido actuar así. Nada tenía que ver con él.

Pensando en su alma, Dorian se dirige a ver el retrato, pues espera que la «buena acción» con Hetty dulcificara el rostro que, con tanta puntualidad, había reflejado cada crueldad perpetrada por él en el pasado. Pero se lleva una gran decepción: «El lienzo seguía siendo tan odioso como siempre, más, si es que eso era posible; y el rocío escarlata que le manchaba la mano parecía más brillante, con más aspecto de sangre recién derramada». Incluso, «había sangre en los pies pintados... como si aquella cosa hubiera goteado». Era el resultado del asesinato de su amigo Basil.

La mente de Dorian Gray se llena de idea e imágenes, de exculpaciones y reproches a sí mismo. Está furioso con el cuadro, al que tacha de «injusto» por no haber reflejado ese intento de mejorar su alma. Se pregunta si el asesinato de Basil Hallward, que tan monstruosamente había cambiado al cuadro, lo va a perseguir para siempre. Se arrepiente de haberlo conservado. No confesará nunca. «No había más que una prueba en contra suya. El cuadro mismo: esa era la prueba. Lo destruiría.»

Miró a su alrededor: ahí estaba el mismo cuchillo con el que había matado a Basil. «De la misma manera que había matado al pintor, mataría su obra y todo lo que significaba. Mataría el pasado y, cuando estuviera muerto, él recobraría la libertad. Acabaría con aquella monstruosa vida del alma y, sin sus odiosas advertencias, recobraría la paz. Empuñó el arma y con ella apuñaló el retrato.»

Se oyó un grito que reflejaba un «sufrimiento espantoso» y el golpe de una caída. Esto alertó a los criados, que accedieron al cuarto cerrado donde estaba el retrato, deslizándose por el balcón desde el tejado.

En el interior encontraron, colgado de la pared, un espléndido retrato de su señor tal como lo habían visto por última vez, en todo el esplendor de su juventud y singular belleza. En el suelo, vestido de etiqueta, y con un cuchillo clavado en el corazón, hallaron el cadáver de un hombre mayor, muy consumido, lleno de arrugas y con un rostro repugnante. Solo lo reconocieron cuando examinaron las sortijas que llevaba en los dedos.

FIGURA 3. *Dorian Gray*: Fotograma de la película *The Picture of Dorian Gray* (1945), de Albert Lewin. Cerca del final, Gray observa el grado de corrupción que su alma ha alcanzado, tal y como refleja su retrato.

Empecemos por los paralelismos más obvios entre ambos personajes: las dos novelas pertenecen al género gótico e introducen importantes consideraciones antropológicas en general y en relación con el «crimen monstruoso» en particular. Así, en la descripción que se hace de Londres en *El retrato de Dorian Gray* hallamos tanto elementos góticos —una urbe siniestra— como referencias antropológicas —los habitantes que parecen bestias sumidas en la degradación—. Dorian describe la ciudad como «monstruosa» y, en su deambular por ella, llega a perderse «en un laberinto de calles mugrientas y plazas oscuras y sin hierba». Recuerda haber vagado «por calles mal iluminadas, de haber atravesado lúgubres pasadizos, poblados de sombras negras y casas inquietantes. Mujeres de voces roncas y risas ásperas lo habían llamado. Borrachos de paso inseguro habían pasado a su lado entre maldiciones, charloteando consigo mismos como monstruosos antropoides. Había visto niños grotescos apiñados en umbrales y oído chillidos y juramentos que salían de patios melancólicos».

Este deambular nos recuerda al de Edward Hyde vagando por las calles oscuras y degradadas, y su propio aspecto bien podría haber sido descrito por el abogado de Jekyll, Mr. Utterson, como el de un «monstruoso antropoide». Claro está, se trata de dos escritores (Stevenson y Wilde) de vida y estilo completamente antagónicos. El primero fue un aventurero, el segundo un esteta de los salones refinados. Este poseía un estilo literario mordaz, ingenioso, cínico, ocurrente, provocador y con una natural destreza para describir (detalles justos, detalles necesarios) un estado de cosas que conduce al lector con facilidad a terrenos inexplorados, atrevidos y simbólicos. Cada frase encierra un mundo a deshojar y descubrir su fruto. El segundo tenía un estilo más sobrio, directo y conciso pues, aunque *Jekyll y Hyde* creó toda una mitología sobre el doble, lo consiguió con un lenguaje que era capaz de una profunda introspección psicológica sin recurrir apenas a imágenes simbólicas.

Pero, si vamos al fondo del asunto, es evidente que las dos obras plantean el problema de la dualidad en cuanto se relaciona con la personalidad y el aspecto o la forma del cuerpo, todo ello en un mismo contexto, el de la moral victoriana de las clases altas, que se critica severamente. Ahora bien, esa dualidad se concreta en modos diferentes. En *Jekyll y Hyde* se nos plantea un conflicto interior de conciencia que se resuelve a través de las distintas personalidades que se van alternando, en cuyo proceso hay una correspondencia indisoluble con el aspecto corporal. En cambio, en *Dorian Gray* no hay división o duplicidad de la personalidad: Dorian siempre piensa lo mismo (una vez que manifiesta su deseo de ser un joven eterno) y siempre tiene el mismo aspecto. El rol que en la novela de Stevenson ocupa la representación externa de la maldad (Edward Hyde), en *Dorian Gray* recae en un cuadro, que se limita a reflejar la corrupción moral de su dueño. (Ahora bien, en un sentido figurado, podríamos decir que el cuadro representa la parte moral o conciencia de Dorian, que sufre cada una de las iniquidades del Dorian «malvado».)

A nuestro juicio, el pulso esencial de la novela de Wilde se centra en explorar una dualidad diferente: la que enfrenta al hombre que simula respetar la moral convencional victoriana, que atrae la admiración de todos por su belleza apabullante y su ingenio, y la que se dedica a recorrer tugurios inmundos para satisfacer sus pasiones, o bien salones discretos donde corromper a jóvenes de su misma clase social. Dorian Gray se oculta en su belleza y posición; Hyde se refugia tras la personalidad del doctor Jekyll, un miembro muy respetado de la sociedad. Este no partía de ninguna filosofía en particular; sencillamente creía que en cada persona había al menos dos personalidades diferentes y quería disfrutar del placer, sin que le agobiara la conciencia. Dorian es diferente, porque desafía a la sociedad debido a que tiene un ideario definido: el hedonismo como el arte de la vida o la vida como arte reflejado en la belleza. Su máxima era el disfrute de las experiencias en toda su plenitud. Por supuesto, ambos personajes mueren trágicamente como consecuencia de los desafíos emprendidos mediante recursos distintos, pero con la misma función: una pócima para Jekyll y un pacto sobrenatural en Dorian.

La muerte de Hyde es la muerte de Jekyll, la «muerte del cuadro» es la muerte de Dorian. Con una diferencia: Jekyll —que también es Hyde— es quien provoca su muerte como forma de acabar con la inmoralidad de sus acciones, una vez que su «yo monstruoso» se ha apoderado de su conciencia; Dorian, sin embargo, solo quiere eliminar una prueba (su pasado, su memoria) que lo relaciona con un asesinato y, al «matar» (destruir) al cuadro, provoca su muerte sin saberlo ni quererlo y, desde luego, sin renunciar a su inmoralidad, como explicaremos más adelante.

Por último, hay que significar un paralelismo entre *Dorian Gray* y *Frankenstein*: en ambas novelas hay un «creador», en la primera es un mentor intelectual y espiritual, y en la segunda un científico; en ambos casos, están poniendo a prueba sus teorías. En la obra de Shelley es Victor ensamblando restos de cadáveres; en la historia de Wilde, es lord Henry, quien, por una parte, afirma al comienzo de la novela que «consideraba evidente que el método experimental era el único que le llevaría al análisis científico de las pasiones»; Dorian Gray, por su parte, era el sujeto soñado y «parecía prometer abundantes y preciosos resultados», para reclamar más adelante que Dorian es «creación suya» (*his own creation*).

El debate sobre la naturaleza y el ambiente

Basil, el pintor del retrato, fue consciente desde el comienzo de que lord Henry podría corromper la naturaleza de Dorian, de la cual tenía la más alta opinión; en efecto, para él era un joven puro, sin mácula y en su retrato buscó captar esa perfección. Por esto, cuando en una de las conversaciones que mantienen ambos el pintor acusa directamente a Henry de corromperlo, Dorian parece estar de acuerdo con Basil acerca de que el ambiente —en este caso, la influencia de otras personas— tiene parte de culpa, aunque no se considera una simple marioneta en las manos de lord Henry. En una ocasión en la que el pintor se lamenta de que ya no aprecia en él al «Dorian Gray que él pintó», Dorian le replica que ha cambiado: «He evolucionado. Solo era un escolar cuando me conociste. Ahora soy un hombre. Tengo nuevas pasiones, nuevos pensamientos, nuevas ideas». Pero, por otra parte, la naturaleza también es importante, al reconocer que su constitución le influye de manera poderosa, de ahí que afirme que debe hacer frente, no solo a la influencia que Henry ejerce sobre él, sino a «las influencias todavía más venenosas que proceden de su propio temperamento».

Con esta afirmación, Dorian Gray se hace eco del discurso científico materialista en boga a finales del siglo xix, que destacaba la importancia de la constitución de la persona por encima de la libre voluntad. Lord Henry ubica el lugar del pensamiento y de la pasión, que gobiernan la vida, «en los nervios, las fibras y en las células lentamente construidas». Y el propio Dorian en ocasiones hallaba «un curioso placer en retrotraer los pensamientos y las pasiones de los hombres a alguna célula nacarada de su cerebro, o a algún nervio blanquecino de su cuerpo, encantado con la idea de que el espíritu dependiera absolutamente de ciertas condiciones físicas, morbosas o sanas, normales o patológicas». Si el pensamiento y las pasiones están íntimamente relacionadas, entonces la herencia puede jugar un papel significativo, y esto es justamente lo que reflexiona Dorian cuando hace una visita a la galería en la que figuran sus ancestros, donde mirando el retrato de un antepasado suyo —Philip Herbert— se pregunta: «¿Acaso la vida que él llevaba era semejante a la del joven Herbert? ¿Acaso algún extraño *germen venenoso* había ido pasando de organismo en organismo hasta alcanzar finalmente el suyo?».

Ahora bien, hay otro tipo de herencia más allá de la biológica: Dorian Gray también es producto de su pasado cultural, particularmente a través de los personajes literarios que le han precedido, lo que podría denominarse una «genealogía imaginaria», como el joven parisino protagonista central del «libro venenoso» que Henry le había dado, que para Dorian llega a ser un modelo a seguir: «Pero también se tienen antepasados literarios, además de los de la propia estirpe, muchos de ellos quizá más próximos por la constitución y el temperamento, y con una influencia de la que se era consciente con mucha mayor claridad».

DORIAN GRAY COMO PSICÓPATA

Como se comentó, Oscar Wilde se encontró con un problema cuando se publicó *El retrato de Dorian Gray*. Los críticos vieron en Gray a un trasunto del escritor y le acusaron de pregonar en la novela su ideario moral, según el cual Wilde defendería el placer sensual como norma de vida, lo que le llevaría a justificar todas las aberraciones que comete Gray: desde hacer un pacto con el diablo para mantenerse siempre joven, a corromper a jóvenes de ambos sexos y frecuentar los rincones más degradados de Londres.

Wilde era un esteta y su fina ironía le hace un crítico mordaz de la sociedad de su tiempo, tan encorsetada e hipócrita; por supuesto, también era homosexual y no veía nada malo en ello, como bien se trasluce en la novela. Pero, desde luego, no aprobaba el crimen. Como consecuencia de lo anterior, en *Dorian Gray* unió dos grandes temas o cuestiones. Por una parte, la exaltación de la estética por encima de la ética, en la que el gozo de lo bello constituía la forma más elevada de vida. En este asunto es en el que podemos decir que lord Henry expresa muchas opiniones que son del propio Wilde. Pero, por otra parte, Dorian Gray no se limita a disfrutar de lo bello, sino que, gracias a su encanto juvenil, dinero y posición, trata a los demás como presas a las que seducir (aristócratas) o bien comprar y humillar (los desheredados que pueblan los tugurios del este de Londres). Finalmente, al dejarse arrastrar por la vileza, comete el asesinato de su amigo Basil.

De este modo, Wilde crea en Gray a un personaje que, iniciado en la filosofía hedonista, la lleva a un extremo desenfrenado, donde todo está permitido, incluso el asesinato, aunque exteriormente no pueda apreciarse porque su monstruosidad se refleja en un retrato al que nadie tiene acceso. Sin saberlo, Wilde crea entonces a un psicópata: alguien que disfruta de la posesión y humillación del otro sin que le pese en la conciencia. Por eso, Henry, a una pregunta hipotética de Dorian («¿crees que podría ser un asesino?»), le contesta:

Diría, mi querido amigo, que tratas de representar un papel que no te va en absoluto. *Todo delito es vulgar, de la misma manera que todo lo vulgar es delito. No está en tu naturaleza, Dorian, cometer un asesinato.* Siento herir tu vanidad diciéndolo, pero te aseguro que es verdad. El crimen pertenece en exclusiva a las clases bajas. No se lo censuro ni por lo más remoto. Imagino que para ellos es como el arte para nosotros, una manera de procurarse sensaciones extraordinarias.

—¿Una manera de procurarse sensaciones? ¿Crees, entonces, que una persona que una vez ha cometido un asesinato podría reincidir en el mismo delito? No me digas que eso es cierto.

—Cualquier cosa se convierte en placer si se hace con suficiente frecuencia —exclamó lord Henry, riendo—. Ese es uno de los secretos más importantes de la vida. Pero me parece, de todos modos, que el asesinato es siempre una equivocación. Nunca se debe hacer nada de lo que no se pueda hablar después de cenar.

Por consiguiente, si tomamos en consideración la opinión del mentor espiritual de Dorian, cuando este mata a sangre fría a Basil está contraviniendo directamente su propia filosofía vital: en modo alguno el crimen brutal puede servir al desarrollo pleno del individuo, ya que es por definición ajeno a la belleza, *es vulgar.* Una cosa es la transgresión de las normas y la moral, reconocer el triunfo de las pasiones y la exaltación de la vida sensual como metas principales del ser humano, y otra cosa es el asesinato.

Pero Dorian tiene del todo engañado a su amigo y mentor, porque hace cosas con la gente ciertamente repulsivas y llega a asesinar, lo que es un atributo claro del doble psicópata. La cuestión está en que Wilde podría haberse defendido de sus críticos diciendo que Dorian Gray era un monstruo o loco moral, y por eso la novela le condena a morir como forma de expiar sus pecados. Esto mismo fue lo que había declarado Stevenson en boca del Dr. Jekyll en su descripción de Edward Hyde, como vimos en el capítulo anterior. Pero en vez de ello —probablemente porque Wilde vio la oportunidad de aparentar ser un escritor «moralista», o por desconocimiento de este ámbito en particular de la criminología de la época— prefirió tomar el camino de aseverar que Dorian Gray tenía una conciencia culpable, que muere porque al destrozar el retrato quiere acabar con el sentimiento de culpa que le supera. Por ello, señaló que su protagonista estaba constantemente «atormentado» (*haunted*) «por un sentido exagerado de la conciencia el cual interfiere con sus placeres». De este modo, el asesinato de Basil estaría motivado por un acto impulsivo para acallar la conciencia, que en esos momentos representaba ante él su amigo:

> Dorian Gray se volvió lentamente, mirándolo con ojos enturbiados por las lágrimas.
>
> —Es demasiado tarde —balbució.
>
> —Nunca es demasiado tarde [dijo Basil]. Arrodillémonos y tratemos juntos de recordar una oración. ¿No hay un versículo que dice: «Aunque vuestros pecados fuesen como la grana, quedarían blancos como la nieve»?
>
> —Esas palabras ya nada significan para mí.
>
> —¡Calla! No digas eso. Ya has hecho suficientes maldades en tu vida. ¡Dios bendito! ¿No ves cómo esa odiosa criatura se ríe de nosotros?

Pero, en ese mismo diálogo que se establece antes de que Dorian le dé muerte, hay otro fragmento que da una impresión mucho más cínica de Dorian, la de alguien impasible frente a ese exhorto desesperado de su antiguo amigo: cuando este, horrorizado al contemplar en qué se ha convertido su pintura, le dice a Dorian que «tiene la cara de un sátiro» y «los ojos de un demonio», Dorian le contesta: «Todos llevamos dentro el cielo y el infierno». Ahora bien, a diferencia de Jekyll, que comparte la memoria con Hyde y que se esfuerza por hacer el bien cuando conserva su personalidad como doctor, en la novela de Wilde la maldad que se refleja en su retrato no la provoca este, sino el propio Dorian; *la pintura es el reflejo de su podredumbre moral, no su causa.* En su persecución del ideal hedonista y de realización personal, tanto antes del asesinato de Basil como después, su proceder egocéntrico y amoral ha sido responsable de la corrupción y destrozo de la vida de incontables hombres y mujeres, así como del suicidio de Sibyl Vane y de Alan Campbell, por no mencionar su participación esencial en la cadena causal que dio lugar al accidente que acabó con la vida de James Vane. En otras palabras, la filosofía de que el arte no cumple ninguna otra función que la expresión de belleza y, por tanto, el goce de su contemplación, y que debe desatenderse por completo de la influencia ética que pudiera tener sobre los que lo consumen, se revela como destructiva, tanto para él como para los que le rodean.

Dorian Gray se nos presenta como un ser que consume su vida para experimentar el placer sin las cortapisas de las normas morales y, en ciertos casos, de las leyes (el homicidio de Basil y la posterior desaparición de su cadáver mediante la extorsión a Alan Campbell). *Como buen psicópata, la culpa siempre es de los otros:* junto a las palabras «insoportables» que justifican el homicidio de Basil, en el suicidio de Sibyl Vane, Dorian recuerda, en su proceso de justificación, que la actriz lo había sometido a una representación (*Romeo y Julieta*) durante «tres terribles horas» que le habían supuesto vivir «siglos de dolor, eternidades de tortura», concluyendo que «su vida bien valía la de Sibyl». Por supuesto, Dorian siempre tiene presente el papel de su iniciación en la filosofía de lord Henry del «todo vale» para procurarse el placer y así, cuando le conviene, puede echarle la culpa, como el regalo del «libro venenoso».

En suma, no cabe duda de que Dorian Gray representa la personalidad psicopática, sin empatía, sin conciencia, narcisista, manipulador supremo, amante del riesgo y del exceso, también asesino. En contra de lo que afirmó Wilde de que Dorian destruye el cuadro porque quiere acallar su conciencia, lo cierto es que en realidad Dorian «mata» al cuadro porque es la única prueba que existe de su degradación y, aunque es verdad que su mera existencia no lo acusa o lo vincula directamente con la muerte de Basil Hallward, ciertamente le sería muy complicado explicar su contenido monstruoso.

Había sangre en los pies pintados, como si aquella cosa hubiera goteado..., sangre incluso en la mano que no había empuñado el cuchillo. ¿Una confesión? ¿Quería aquello decir que iba a confesar su crimen? ¿Que iba a entregarse para que lo ejecutaran? Se echó a reír. La idea le pareció monstruosa. [...] ¿Tendría que confesar? Nunca. No había más que una prueba en contra suya. El cuadro mismo: esa era la prueba. Lo destruiría.

De modo que la moraleja de Wilde no es sino un argumento de justificación frente a los cargos judiciales a los que hacía frente en la vida real.

Pero aún podemos aventurar algo más. La moraleja —que no necesariamente moralidad— que enseña es justo la contraria. Quien renuncia al esteticismo, a la belleza, acabará siendo pasto de sus propias contradicciones, dará lugar a una tragedia personal y vulgar, porque renuncia al arte de la vida. Al convertirse en un monstruo moral y buscar la plenitud en el control y humillación de los otros, en definitiva, al convertirse Dorian en un psicópata, está negando la propia filosofía hedonista que dice profesar, porque el crimen es algo feo y vulgar. Dorian Gray muere porque encuentra en la destrucción del Otro el mayor de los placeres y, con ello, prefiere la vulgaridad (lo grotesco) a la virtud de una vida consagrada a lo bello.

Cuando Dorian dice a Sibyl Vane: «Ya no significas nada para mí. Nunca volveré a verte. Nunca pensaré en ti. Nunca mencionaré tu nombre», después de que ella le defraudara en su interpretación de Julieta, es el primero de los síntomas claros de psicopatía que muestra su personaje a lo largo de la novela. Poco después, cuando se entera por Henry del suicidio de quien fue su prometida, declara: «De manera que he asesinado a Sibyl Vane; como si le hubiera cortado el cuello con un cuchillo. Pero no por ello las rosas son menos hermosas». Durante la mayor parte del tiempo, Dorian Gray encarna la que es probablemente la primera representación literaria moderna de la *psicopatía integrada criminal* u oculta. Aquí, el monstruo no tiene el aspecto «indescriptible» pero siempre «demoníaco» o «simiesco» de Edward Hyde, sino que, contrariamente, su apariencia exterior es de una gran belleza, lo que le hace particularmente atractivo a los ojos de los demás y facilita su impunidad para arruinar las vidas ajenas. Esto es, precisamente, lo que hace temible al psicópata criminal integrado: en su vida diaria adopta el rol de una persona convencional que oculta lejos de la mirada ajena su verdadera pulsión.

Resulta también muy revelador que la genial intuición de Wilde le llevara a señalar, para explicar la personalidad de Dorian, la relevancia de los factores genéticos y la transmisión cultural acumulada durante generaciones. Eso se podría considerar como una idea embrionaria de lo que la moderna investigación señala como los orígenes de la psicopatía, donde la expresión última de la conducta se entiende como resultado de una continua y recíproca interacción entre los atributos innatos que posee el individuo, el ambiente de crianza y el contexto cultural que establece finalmente unas expectativas sociales y un marco moral específicos. Es posible que si lord Henry no hubiera aparecido en la vida de Dorian, esta hubiera ido por otros derroteros, pero el hecho de que con tanto entusiasmo y rapidez se convirtiera en una persona cruel, podría significar que existía ya una base temperamental innata que solo esperaba el contexto correcto donde manifestarse, un contexto que incluiría la herencia cultural representada en el libro que le presta Henry. Ahora bien, nada de esto implica que estos factores le priven a Dorian de asumir la responsabilidad de su conducta, por más que él los esgrima como justificaciones.[5]

DORIAN GRAY Y EL ASESINO SERIAL

En la escena previa al encuentro con James Vane, una de las mujeres habituales de las tabernas pobladas de seres desahuciados que frecuenta Dorian le ve pasar y no puede evitar gritar: «¡Ahí va el protegido del diablo!», a lo que él reacciona con ira: «¡Maldita sea! ¡No me llames eso!». Así pues, Dorian no se libra del calificativo de «demonio», al igual que le pasa a la criatura de Frankenstein y a Edward Hyde, pero en su caso ese exabrupto puede estar mucho más merecido que en los casos anteriores.

Dorian Gray es, en cierto sentido, más «diabólico» que sus antecesores en esta peculiar *parada de los monstruos*. Veamos. La Criatura del Dr. Frankenstein se convierte en un homicida recurrente debido a la herida profunda que sufre en la propia concepción de su identidad: mata por venganza, porque finalmente su maestro no completó su creación, dejándolo en el estadio de un alma (mente) incompleta, abandonado a su suerte. Por su parte, Hyde es «puro mal», como tantas veces se dice, pero su fisionomía siniestra le delata y sería un necio quien esperara de él la conducta de un «perfecto caballero». Es cierto que resulta muy perturbador que su forma de vestir y el dinero que maneja le hagan superficialmente miembro de la clase burguesa, pero nadie en su sano juicio confiaría su bienestar a un personaje que produce tal rechazo al contemplar su rostro y hechuras.

Lo verdaderamente temible de Dorian Gray es que él, *junto a su invisibilidad como ser monstruoso*, se considera superior a todos aquellos a los que un asesino serial habitualmente se dedica a matar, que suelen ser las personas en situación de precariedad social o, en todo caso, consideradas como merecedores de la suerte que les depara. La segunda gran contribución que hace Oscar Wilde a la creación del asesino serial es dotarle de unas razones legitimadoras con apariencia de profundas y necesarias, lo que ayuda a proteger cognitivamente su compulsión homicida. Cuando Wilde escribe en su prefacio a *Dorian Gray* que «ningún artista tiene simpatías éticas» ofrece la coartada que Dorian necesita para explorar las sensaciones embriagadoras que se derivan de abusar de los otros sin que le entorpezcan las consideraciones morales y detrás de esa legitimación de la explotación del otro está la deshumanización de sus víctimas. En la novela, esto lo podemos ver en el inicio de esa forma de pensar y de sentir de la carrera depravada de Dorian cuando, a raíz del suicidio de Sibyl, le dice a Henry que «he de reconocer que lo que ha sucedido *no me afecta como debiera*. Me parece sencillamente un final estupendo para *una obra maravillosa*.

Tiene *la belleza terrible* de una tragedia griega, una tragedia en la que he tenido un papel muy destacado, pero que no me ha dejado heridas».

Esa insensibilidad hacia el destino ajeno *descansa en una situación psicológica de desigualdad del asesino frente a la víctima.* No es imprescindible que este sea particularmente culto o inteligente, basta con que articule en su entendimiento que las personas a las que mata merecen morir. En opinión de Dorian, eso es lo que sucedió en los casos de Sibyl y Basil: la primera, por «torturarlo durante tres horas», y el segundo por atreverse a juzgarlo y decirle «palabras intolerables».

Aunque este principio se aplica de forma general a la inmensa mayoría de los asesinos en serie, hay algunos casos que, por el modo despectivo en el que se refieren a sus víctimas, sin que apenas encubran su falta de razones salvo por su deseo de matar, destacan especialmente.

El Hombre de Hielo

Richard Kuklinski (1935-2006), conocido como el Hombre de Hielo (*Iceman*), no suele aparecer en la lista de los asesinos en serie, porque, según declaró, la mayoría de sus entre cien y doscientos cincuenta víctimas acumuladas en el periodo 1948-1986 se debieron a su empleo como sicario de la mafia de Nueva York.[6] Sin embargo, un número indeterminado de personas a las que mató no fueron encargos, sino simple expresión de su deseo de divertirse o resarcirse emocionalmente mediante el asesinato.

En una entrevista que concedió al psicólogo forense experto en psicópatas, Park Dietz, Richard Kuklinski dio diferentes razones para asesinar, más allá de las que estaba obligado por contrato. Aunque protesta porque se le designe con el término «asesino» («Asesino... suena tan exótico... solo fui un sicario»), lo cierto es que muchas veces mató por motivos que recuerdan a la filosofía de Dorian Gray. Así, reconoció haber cometido asesinatos bajo el pretexto de recibir malas miradas: «En una parte de mi vida maté a la gente por nada. Solo porque alguien me miraba mal lo mataba, acuchillaba, disparaba...». (Esto se asemeja mucho a aborrecer a alguien porque le ha disgustado cómo ha actuado en una obra y alegrarse de que se suicidara, como le pasó a Dorian.) En otras ocasiones, mataba por sentirse humillado. El entrevistador formula la pregunta de cuánto debe alguien humillarle antes de que decida matarlo, a lo que Kuklinski responde: «Depende, dependía del grado de humillación. Si no era demasiado, y dependía del momento. De cómo estaba mi actitud. Si estaba alterado o irritado, si había bebido demasiado...». (De igual modo, Dorian mató a Basil impulsado en parte por la humillación que sufrió por las palabras de condena que este le dirigió.)

También asesinó en ocasiones en las que se sentía incómodo o enojado. Así, hablando de uno de esos casos, dijo: «No me agradaba. Me hizo enojar, por alguna razón u otra. Para que le siguiera y esperara me debió enfadar por algo». Finalmente, como si fuera un mero juego, en otras ocasiones mató por apuestas entre amigos. Por ejemplo: «Una vez le disparé a un tipo en la manzana de adán, para ver cuánto tardaba en morir. [...] Estaba con alguien más, era una apuesta de cincuenta dólares. Perdí».

El placer y la compulsión

«Cualquier cosa se convierte en placer si se hace con suficiente frecuencia», dice en uno de sus comentarios lord Henry. Es muy interesante que esta explicación sea la que den muchos asesinos en serie cuando se les pregunta cómo vencieron la natural inhibición presente en toda persona para cometer el primer homicidio. Se trata de insistir: al principio hay mucho miedo, provocado por las dudas de si serán capaces, qué es lo que finalmente sentirán, si podrán librarse de la condena de prisión perpetua o incluso de la pena de muerte. Pero si insisten, si logran dominar la tensión lo suficiente como para poder desempeñarse con una relativa seguridad, entonces es cuando llegan a experimentar el tipo de placer que anhelan. El placer —sea este el nombre que resuma la plenitud emocional que experimentan— procede de la repetición. Es este placer que surge de la repetición en el asesinato lo que da lugar a que se transmute en una compulsión, la cual se alimenta porque el crimen realizado nunca llega al nivel de éxtasis prometido por la fantasía en la que se basa, lo que exige perseverar con nuevas víctimas.

Finalmente, otra contribución de *Dorian Gray* a la comprensión de la criminología del asesino serial procede de una nítida descripción de lo que consiste la compulsión para matar (según refieren los propios *serial killers*), aunque en la novela no se hace referencia a este hecho, ya que Dorian no es un *serial killer* ni Wilde está pensando en esta forma delictiva. Él escribe estas palabras para referirse genéricamente a un comportamiento «antisocial», «rebelde» o «pecaminoso», pero bien puede aplicarse al asesino serial.[7] Así, Dorian reivindica que hay «momentos [...] en los que la pasión por el pecado, o por lo que el mundo llama pecado, domina hasta tal punto nuestro ser, que todas las fibras del cuerpo, al igual que las células del cerebro, no son más que instinto con espantosos impulsos», y que en tales momentos «hombres y mujeres [...] se dirigen hacia su terrible objetivo como autómatas». Pero a continuación, añade lo siguiente: «pierden la capacidad de elección y la conciencia queda aplastada o, si vive, lo hace para *llenar de fascinación* la rebeldía y dar encanto a la desobediencia». Puesto que antes ha hablado de hacer *cosas terribles* y de *seguir impulsos espantosos*, es lícito considerar que esa rebeldía y desobediencia frente al sistema constituyen palabras sinónimas para referirse a esas mismas *cosas fascinantes*, frente a las cuales la conciencia *queda aplastada* o simplemente *sustituida* por sus deseos perversos. Ellos ahora serán los que dicten su propio código moral y, las víctimas acumuladas en su serie homicida, los sacrificios necesarios para satisfacer su pasión. (No obstante, no olvidemos que Dorian a lo largo de la novela no para de justificarse, de echar la culpa a los demás o a la propia biología. Que esta analogía del autómata la creyera cierta o no Wilde está por ver, pero no cabe duda de que muchos asesinos en serie manifiestan esto mismo: «Quería parar, pero no pude».)

El monstruo moral de etiqueta

Presentar la estética como guía de comportamiento trae muchos problemas. Todo artista que busca que su obra trascienda como un elemento cultural relevante en la sociedad de su tiempo no puede sustraerse a los efectos o influencias que aquella tiene en el público. En la novela, vimos que lord Henry desaprobaba el crimen como algo vulgar, propio de las clases bajas; pero un mensaje que se puede extraer de la historia de *Dorian Gray* es que es muy fácil despeñarse por el abismo cuando el único criterio que se sigue es de origen estético. Así, cuando «en lugares distantes de Whitechapel», Dorian acude a los tugurios donde se fuma opio para olvidar el asesinato de Basil, siente que «*la fealdad era la única realidad.* La trifulca vulgar, el antro repugnante, la violencia brutal de una vida desordenada, la vileza misma del ladrón y del fuera de la ley, tenían más vida, creaban una impresión de realidad más intensa que todas las elegantes formas del Arte». Los lugares más sórdidos de Londres, llenos de seres humanos devenidos en monstruos, como si hubiera accedido a la isla del Dr. Moreau, conforman el mundo donde Dorian es reconocido y bienvenido. Aquí se produce la auténtica transgresión, derivada de las enseñanzas de Henry: cuando solo se procura el propio placer, es muy fácil pasar de los actos meramente egoístas y hedonistas, a los más viles y crueles como el asesinato. Es decir, el germen del crimen ya estaba implícito en el ideario de Henry, aunque este es incapaz de comprender las consecuencias de una filosofía tan antisocial y se limite al recurso fácil del aforismo ingenioso para acabar de condenar el asesinato, pues: «Nunca se debe hacer nada de lo que no se pueda hablar después de cenar».

Wilde se sirve de un personaje que se ha corrompido, embriagado por una filosofía que lo convierte en un monstruo insensible, para perseverar en una de las lecciones ya extraídas de *Jekyll y Hyde*: la bestia puede estar dentro de lo «mejor» de la sociedad. Así, *El retrato de Dorian Gray* lanza —como Stevenson— una andanada a la idea de que el criminal solo se esconde en las «clases peligrosas», porque Dorian es un miembro selecto del «mejor Londres» y sucede que está mejor preparado que nadie para conseguir innumerables víctimas (muchas de ellas destrozadas psíquica y moralmente) de forma discreta y terriblemente efectiva. Al convertir a uno de los miembros que está en lo alto de la escala evolutiva en un ser monstruoso, incapaz de un auténtico arrepentimiento (por más que Wilde negara este extremo, por razones ya comentadas), Wilde está contribuyendo, como hiciera Stevenson, a derrumbar la idea del criminal que ha degenerado hasta el comportamiento propio de los «salvajes» y los animales, que proviene de las clases sociales desfavorecidas. *El retrato de Dorian Gray* es un aviso de que el monstruo puede estar al final de esa escala evolutiva, en vez de al principio, como creían Lombroso y los teóricos de la degeneración.

Para Wilde, la civilización no es el producto de evolución social o moral, sino un asunto de apariencia externa y reputación. Dice Basil: «Ya sabes que nosotros, los pobres artistas, tenemos que aparecer en sociedad de cuando en cuando para recordar al público que no somos salvajes. Vestidos de etiqueta y con corbata blanca, como una vez me dijiste, cualquiera, hasta un corredor de Bolsa, puede ganarse reputación de civilizado». A través de toda la novela, Wilde se burla de la sociedad inglesa, con sus frívolas cenas y sus buenos deseos de reformar el este de Londres (Whitechapel), ese lugar en el que solo dos años antes había matado Jack el Destripador.

El futuro de la humanidad no puede estar, por consiguiente, en cultivar la razón como sinónimo de desprecio al mundo de las emociones y a otras culturas percibidas como menos evolucionadas. En el estudio de Basil, lord Henry les dice a Dorian y a él: «¡Qué personas tan absurdas sois los dos! Me pregunto quién definió al hombre como animal racional. Fue la definición más prematura que se ha dado nunca. El hombre es muchas cosas, pero no racional».

Como el Destripador, Dorian Gray también deambula por las callejuelas inmundas del este de Londres, pero no tiene la compulsión homicida de un asesino serial. Sin embargo, entronca con el «criminal moral» descrito en capítulos anteriores, carente de empatía, tal y como demuestra cuando, al sentirse como un «animal perseguido», mata de forma feroz a Basil. Este asesinato es tanto más psicopático cuanto que está provocado por un odio intenso hacia una persona que ha sido siempre su amigo incondicional y que, lejos de amenazarle, trata de apelar a las virtudes que tiempo atrás creyó que albergaba para salvarle.

Wilde es el creador del retrato psicológico del psicópata o monstruo moral de la clase media y alta, el que no se espera ni se detecta porque sabe manejar las expectativas y las emociones de las personas que se mueven en su mundo. El monstruo ya no se revela en su físico, sino que se esconde en su mente. Su ataque al modelo antropológico dominante —el monstruo como miembro de la clase baja y criminal— es brutal. La filósofa Theodora Esther Goss lo resume de forma magistral: *El retrato de Dorian Gray* «nos presenta a un monstruo como la culminación del progreso evolutivo en la metrópolis del Imperio británico». De igual modo, fue capaz de describir en parte la psicología del asesino serial, al dotar a su personaje entregado al mal de una filosofía que justificaba su desprecio de la sociedad en general, y de los que son sus víctimas en particular. Consciente de que tal individuo no obedece a los dictados de la conciencia, situó en el castigo el único medio para su redención: «Hubiera sido mucho mejor para él que a cada pecado cometido le hubiera acompañado su inevitable e inmediato castigo. En lugar de "perdónanos nuestros pecados", la plegaria de los hombres a un Dios de justicia debería ser "castíganos por nuestras iniquidades"».

7

Drácula[1]

Quiero operar, pero no como usted piensa. Déjeme
que se lo diga ahora, pero ni una palabra a otro. Quiero
cortarle la cabeza y sacarle el corazón.

Doctor Van Helsing, en *Drácula*

Bram Stoker (1847-1912) era, sobre todo, un hombre culto.
Licenciado en el Trinity College de Dublín, amaba el teatro y
dejó un puesto administrativo de funcionario en su Irlanda
natal para convertirse en secretario de uno de los grandes actores londinenses de la época victoriana, Henry Irving, al que
sirvió con eficacia y lealtad durante más de veinte años. Enfermizo de niño, posteriormente desarrolló una forma física notable, se casó con una antigua novia de su amigo Oscar Wilde,
Florence (sus familias se conocían bien), pero en realidad
todo su mundo era el teatro y la escritura, algo parecido a lo
que le pasó a Wilde, aunque Stoker nunca tuvo problema alguno para sentirse plenamente aceptado por la sociedad.

La publicación de *Drácula* en 1897 no fue un éxito abruma-
dor al principio, pero, a partir de las representaciones teatrales
y con el transcurrir de los años, se convirtió en una sensación
mundial, hasta el punto de que nunca ha dejado de reeditarse.
Aunque Bram Stoker escribió otras novelas y relatos, además de
ensayos y biografías, su *opus magnum* ha eclipsado cualquier otra
cosa que escribiera y, a decir de la mayoría de los críticos, por

buenas razones. Quizá se pueda discutir la calidad literaria de *Drácula*, pero no cabe duda de que la novela se lee de un tirón, y que su poder simbólico y evocador es extraordinario, hasta el punto de que asentó el mito cultural del vampiro en la modernidad y, sin saberlo, realizó la mejor descripción del asesino en serie. Orson Welles dijo de ella que era «la novela de terror más extraordinaria que se había escrito». Y como mito, ha sido fuente de todo tipo de adaptaciones culturales, desde obras de teatro, innumerables películas, series de televisión, cómics, videojuegos... El vampiro puede tener cualquier ropaje, todo lo soporta. Hay un Drácula para cada opinión sobre temas tan variados como el racismo y la xenofobia, las clases sociales, el género, la sexualidad, la ciencia o el crimen, por nombrar solo los más representativos. Películas que ya son historia del cine como *Nosferatu* (1922) de F. W. Murnau o *Drácula* de Tod Browning (1931),[2] series y novelas como *Buffy cazavampiros, Crónicas vampíricas* y *Crepúsculo* y las que actualmente siguen vigentes en librerías y plataformas de *streaming* son buena prueba de su fusión en la cultura desde hace más de un siglo y de que, realmente, el conde Drácula es difícil de matar...; por no hablar de la invasión reciente de los zombis, que vienen a ser vampiros sin cerebro.

Drácula no fue la primera novela sobre vampiros publicada. En 1819, John Polidori había publicado un relato como fruto de la célebre reunión acaecida en la «noche de los monstruos» titulado *El vampiro*, que fue popular, pero no mucho más; como tampoco tuvo mucha trascendencia la estupenda novela corta escrita en 1872 por Sheridan Le Fanu titulada *Carmilla*, que muestra a una mujer vampiro lésbica. Entonces, ¿qué hizo especial a Drácula para convertirlo en un mito cultural?

En primer lugar, está la cuestión de cómo está estructurado y escrito el libro. Es una aventura donde se citan la historia, el folclore y la imaginación gótica; esta última está bien presente: lo sobrenatural, lo esotérico, la monstruosidad, el crimen, la figura del doble (conde/vampiro), todo ello está representado, pero ahora se incorpora un elemento prototípico de la monstruosidad como es el bestialismo en la figura cambiante de Drácula. No obstante, este fuerte goticismo clásico se ve atemperado por el hecho de que la mayor parte de la novela transcurre en Londres —vemos al vampiro caminar por Piccadilly— y en el presente en el que transcurre la novela (1893), donde ocupa un lugar destacado el uso de la ciencia y la tecnología modernas constituyendo, al igual que *Jekyll y Hyde*, un ejemplo de lo que se denominó *gótico urbano*.

Otro acierto es el aspecto de documento veraz, de crónica de hechos realmente sucedidos, que Stoker presenta al lector. Esto lo logra de dos formas. Primero, en un breve prefacio[3] donde el autor asegura que «todos los hechos que se reseñan [en la obra] son exactamente contemporáneos, narrados desde el punto de vista y conocimiento de aquellos que los refirieron», y señala de modo contundente que «la misteriosa tragedia que aquí se narra es totalmente verdadera en todos sus aspectos externos». Esto es, Stoker se limita a enmascarar los nombres de los protagonistas por secreto debido, pero aquello que cuenta es una historia real. Segundo, reforzando esta premisa, la novela emplea un formato de crónica relatada a través de diarios de varios personajes, recortes de periódicos, registros fonográficos y documentos varios. Este recurso no solo da mayor credibilidad a la historia, sino que es muy eficaz para captar el interés del lector, porque los diarios (especie de expediente policial donde se anotan hasta los más pequeños detalles, que luego servirán, tras su pertinente revisión, para encontrar indicios y encaminar las pesquisas) conforman un cuerpo novelado que funciona con frecuencia en orden cronológico, pero no siempre, ya que otras veces los diferentes diarios se solapan desde vertientes distintas para narrar los acontecimientos. Esto es muy atractivo para el lector, porque se le invita a que vaya completando una especie de puzle en el que la novela facilita las piezas, tan solo hay que colocarlas en el lugar adecuado para formar un mosaico que descubre, paso a paso, una trama *que parece realmente que haya sucedido*. Además, Stoker es muy hábil administrando el suspense, controlando el flujo de información que el lector va recibiendo de los diferentes personajes a través de sus diarios.

Sinopsis de la novela

En los cuatro primeros capítulos se narra el viaje del abogado Jonathan Harker desde Inglaterra a Transilvania, en Rumanía, donde vive el conde Drácula, así como los extraordinarios sucesos que acontecieron en la morada del conde, su castillo, erigido en lo alto de una montaña de los Cárpatos, desde el cual se contempla un profundo precipicio.

Jonathan Harker nos relata lo sucedido mediante su diario, que escribe taquigráficamente por economía de tiempo y porque garantiza seguridad frente a miradas indiscretas. Harker está emocionado, ya que el dueño del bufete para el que trabaja en Exeter, Mr. Peter Hawkins, le ha confiado un importante negocio: venderle al conde una propiedad que este ha solicitado como paso previo para trasladarse a vivir a Londres. A su regreso del viaje le espera su prometida, Mina Murray, para contraer matrimonio. A medida que Harker se va adentrando en el este de Europa tiene que recomponer su estado de ánimo, porque escucha comentarios y observa gestos de la gente con la que trata que le resultan poco tranquilizadores. Por ejemplo, antes de partir en diligencia en el trayecto final de su viaje para llegar al castillo, la posadera de la ciudad de Bistritz, donde pasa la noche, desesperada porque su torpe ruego de que no vaya a visitar a Drácula no intimida a Jonathan, le pone un colgante con un crucifijo en el cuello. La posadera conocía su destino porque guardaba una carta del conde para su invitado: «Mi querido amigo: bienvenido a los Cárpatos. Lo estoy esperando ansiosamente. Duerma bien esta noche. Mañana a las tres saldrá la diligencia para Bucovina; ya tiene un lugar reservado. En el desfiladero de Borgo, mi carruaje lo estará esperando y lo traerá a mi casa. Espero que su viaje desde Londres haya transcurrido sin tropiezos, y que disfrute de su estancia en mi bello país. Su amigo: Drácula».

Tampoco ayuda a tranquilizar su espíritu, sentado en la diligencia y a punto de partir, escuchar una conversación entre la posadera y el cochero, algunas de cuyas palabras logra comprender por medio del «diccionario políglota» que llevaba:

Debo admitir que no me produjeron ninguna alegría, pues entre ellas estaban «Ordog» (Satanás), «pokol» (infierno), «stregoica» (bruja), «vrolok» y «vlkoslak» (que significan una misma cosa, en eslovaco y en serbio, una especie de hombre lobo o vampiro). (Recordar: debo preguntarle al conde acerca de estas supersticiones.) Cuando partimos, la multitud alrededor de la puerta de la posada, que para entonces ya había crecido a un número considerable, todos hicieron el signo de la cruz y dirigieron dos dedos hacia mí [protección contra el mal de ojo].

Pero las cosas no van a mejorar: en el largo viaje que le espera —víspera de San Jorge, cuando según la buena mujer, a las doce de la noche, «todos los espíritus malignos del mundo andarán libremente por ahí»— no puede sino estremecerse ante el paisaje inquietante, en la oscuridad creciente, que le va envolviendo. El cochero, que sabe que tiene que detenerse en el camino para que Harker sea recogido por un carruaje enviado por el conde, hace restallar el látigo para que los caballos vayan a una «velocidad febril», mientras que los pasajeros se van poniendo más nerviosos a medida que se acercan al punto acordado. El cochero, para alivio de todos, ha fustigado tanto a sus caballos, que llega con una hora de antelación y le sugiere a Harker que se marchen, que regrese mañana desde Bucovina. Pero, en ese momento...

Mientras hablaba, los caballos comenzaron a piafar y a relinchar, y a encabritarse tan salvajemente que el cochero tuvo que sujetarlos con firmeza. Entonces, en medio de un coro de alaridos de los campesinos que se persignaban apresuradamente, apareció detrás de nosotros una calesa, nos pasó y se detuvo al lado de nuestro coche. Por la luz que despedían nuestras lámparas, al caer los rayos sobre ellos, pude ver que los caballos eran unos espléndidos animales, negros como el carbón. Estaban conducidos por un hombre alto, con una larga barba grisácea y un gran sombrero negro, que parecía ocultar su rostro de nosotros. Solo pude ver el destello de un par de ojos muy brillantes, que parecieron rojos al resplandor de la lámpara, en los instantes en que el hombre se volvió a nosotros.

El carruaje ha llegado a tiempo. Uno de los pasajeros susurra: «Los muertos viajan deprisa», y Jonathan no puede sino fijarse, cuando el cochero sonríe (que es el mismo conde Drácula), en «su fina y dura boca, con labios muy rojos», entre los que «sus agudos dientes le brillaron blancos como el marfil».

Después de un viaje lleno de terrores (en los que el abogado inglés se ve acosado por lobos que aúllan junto a la diligencia en ausencia del cochero, para ver asombrado cómo se marchan cuando este regresa), Harker llega finalmente al castillo. Le recibe Drácula, que ha recompuesto su atuendo para la ocasión, tiene la cena preparada, pero el conde se excusa diciendo que ya ha cenado. (Harker desconoce que el cochero era el mismo hombre que su anfitrión.)

Es el 5 de mayo y el comienzo de una pesadilla atroz. Al principio, las cosas parecen ir bien: el conde —que avisa que no podrá verle antes de la puesta de sol, porque tiene que atender sus asuntos y que «nunca cena»— le lleva a una habitación confortable, se trata de una espléndida biblioteca donde podrá pasar sus ratos de ocio, en espera de su regreso, cada uno de los días en los que permanezca en el castillo. Por las noches, el conde es amable y le pregunta muchas cosas sobre la vida en Londres; incluso le pide que le ayude a perfeccionar el inglés, porque al ser extranjero no quiere sentirse inferior cuando llegue a la gran urbe, y...

Bien sé que, en cuanto caminara y hablara en su Londres, ninguno allí dejaría de identificarme como extranjero. Eso no es suficiente para mí. Aquí soy noble; un boyardo; el populacho me conoce, soy amo. Pero un forastero en tierra extraña no es nadie; los hombres no le conocen y por lo tanto le ignoran. Me contento con ser como los demás, de modo que ningún hombre se detenga al verme, o haga una pausa en su conversación al oír mis palabras, para decir: «¡Ja, ja! ¡Un extranjero!». He sido amo durante tanto tiempo que desearía continuar siéndolo... o por lo menos no ser vasallo de ningún otro.

En efecto, Drácula es descendiente de una familia de boyardos (aristócratas), que durante generaciones mostraron un gran valor y arrojo en la lucha contra los enemigos de su pueblo, en particular los turcos, y es obvio que está orgulloso de su linaje, que él remonta hasta los hunos de Atila («por nuestras venas corre la sangre de pueblos muy valientes que lucharon como lucha el león, por el dominio»).[4] No obstante, Harker, que atiende solícito a todas las preguntas que el conde le formula acerca de la vida en Londres y cómo gestionar los posibles negocios y trámites que deba emprender allá, no puede sino fijarse en el peculiar personaje que ha contratado los servicios de su firma. El conde presentaba una fisionomía muy acusada.

Su rostro era marcadamente aquilino; de nariz delgada, con el puente alto y unos orificios nasales peculiarmente arqueados. Tenía la frente amplia y abombada y, aunque el pelo escaseaba alrededor de las sienes, crecía profusamente en el resto de la cabeza. Sus cejas eran enormes, y casi se encontraban por encima de la nariz, con un pelo espeso que parecía rizarse bajo su misma profusión. La boca, hasta donde podía ver bajo el poblado mostacho, era firme y de aspecto más bien cruel, *con unos colmillos blancos y singularmente afilados que asomaban por encima de los labios,* cuyo intenso color rojo denotaba una sorprendente vitalidad en un hombre de su edad. En cuanto al resto, sus orejas eran pálidas y extremadamente puntiagudas; la barbilla era ancha y fuerte, y las mejillas firmes aunque hundidas. El efecto general era de una extraordinaria palidez [...] no pude evitar reparar en que [sus manos] eran más bien bastas, anchas, de dedos achaparrados. Por extraño que parezca, crecían pelos en el centro de las palmas. Sus uñas eran largas y finas, y las tenía cortadas en punta.

No solo eso, el conde tenía un aliento fétido, como no podía dejar de notar el joven abogado cuando estaba próximo. Así las cosas, es cuestión de tiempo que su espíritu empiece a acusar una profunda aprensión ante la compañía del conde y la soledad, pues tiene prohibido entrar en aquellas habitaciones que halle cerradas. («Estamos en Transilvania, y Transilvania no es Inglaterra. Nuestras costumbres no son las de ustedes, y hay muchas cosas que le parecerán extrañas.») No hay nadie en el castillo más que ellos dos: ningún sirviente o ama de llaves, por las noches le acompañan los aullidos de los lobos. La primera noche, el conde ya le mostró cuánto le agradaba ese sonido: «¡Escúchelos, los hijos de la noche! ¡Qué concierto hacen! Ah, señor mío, ustedes, los habitantes de las ciudades, no pueden comprender lo que siente el cazador».

Por lo menos, los planos que lleva Harker de la casa seleccionada por el mismo Hawkins son del agrado de

Drácula: una finca muy antigua, «rodeada por un alto muro de antigua estructura», que cubre seis hectáreas y que contiene una mansión que data probablemente de la época medieval. Se llama Carfax y también linda dentro de la propiedad con una vieja capilla. Hay pocos edificios alrededor, solo uno muy grande, reformado y convertido en un manicomio privado. Drácula elogia la selección realizada para su futura morada: «Nosotros, los nobles transilvanos, no pensamos con agrado que nuestros huesos puedan algún día descansar entre los muertos comunes. Yo no busco ni la alegría ni el júbilo, ni la brillante voluptuosidad de muchos rayos de sol y aguas centelleantes que agradan tanto a los jóvenes alegres. Yo ya no soy joven; y mi corazón, a través de los pesados años de velar sobre los muertos, ya no está dispuesto para el regocijo. Es más: las murallas de mi castillo están quebradas; muchas son las sombras, y el viento respira frío a través de las rotas murallas y casamatas. Amo la sombra y la oscuridad, y prefiero, cuando puedo, estar a solas con mis pensamientos».

El 8 de mayo le reserva una experiencia que incrementará su recelo ante su anfitrión. Harker se estaba afeitando con la ayuda de un pequeño espejo de viaje y oye al conde decirle desde atrás «¡Buenos días!», lo que le sobresalta y desconcierta... porque en el espejo no ve a nadie detrás de él. «Podía ver toda la habitación, pero no había en ella señal de ser humano alguno; excepto yo mismo.» Pero el incidente no acabó aquí pues, debido al sobresalto, Harker se cortó ligeramente en la barbilla, de la que salía un hilo de sangre. «Cuando el conde vio mi cara, sus ojos relumbraron con una especie de furia demoníaca, *y repentinamente se lanzó sobre mi garganta*. Yo retrocedí y su mano tocó la cadena del rosario que sostenía el crucifijo. Hizo un cambio instantáneo en él, pues la furia le pasó tan rápidamente que apenas podía yo creer que jamás la hubiera sentido.»

El conde le amonesta suavemente y arroja el espejo por la ventana. El abogado dedica todo el día a recorrer las habitaciones del castillo, pero todo estaba cerrado con llave. «¡El castillo era una auténtica prisión y yo soy su prisionero!»

* * * * *

Los acontecimientos le darán la razón. Un día, el conde le dice que espera que se quede un mes más en su compañía, pues requiere de su servicio y Mr. Hawkins le dijo que estaría a su disposición todo el tiempo que precisara. Pero lo peor sucede horas después cuando presencia una escena que será el comienzo de su ordalía, y que le hará comprender que el conde es solo «una criatura con aspecto humano». En su habitación, Harker mira hacia las ventanas donde piensa que se halla el alojamiento del conde, cuando ve a este asomar la cabeza fuera del marco de la ventana, después también saca las manos... y el resto del cuerpo.

Pero mis propias sensaciones se tornaron en repulsión y terror cuando vi que todo el hombre emergía lentamente de la ventana y comenzaba a arrastrarse por la pared del castillo, sobre el profundo abismo, con la cabeza hacia abajo y con su capa extendida sobre él a manera de grandes alas. Al principio no daba crédito a mis ojos. Pensé que se trataba de un truco de la luz de la luna, algún malévolo efecto de sombras. Pero continué mirando y no podía ser ningún engaño. Vi cómo los dedos de las manos y de los pies se sujetaban de las esquinas de las piedras, desgastadas claramente de la argamasa por el paso de los años, y así usando cada proyección y desigualdad, se movían hacia abajo a una considerable velocidad, de la misma manera en que una lagartija camina por las paredes.

Es 15 de mayo y Jonathan comprende que su salvación solo depende de lo que él mismo pueda hacer. Si se queda esperando, está seguro de que morirá a manos de ese ser, fuera lo que fuese. Así que se dedica a recorrer el castillo, en busca de una salida, y en uno de sus intentos logra penetrar por una puerta mal cerrada, que le conduce a la parte más vieja del castillo. Fatigado, decide dormirse en una habitación por la que se cuela la luna, pero de pronto recibe una visita inesperada: tres hermosas mujeres. «Dos eran de pelo oscuro y de larga nariz aquilina, como el conde, y grandes y penetrantes ojos negros, que casi parecían ser rojos contrastando con la pálida luna amarilla. La otra era rubia; increíblemente rubia, con grandes mechones de dorado pelo ondulado y ojos como pálidos zafiros.»

Harker es objeto de deseo de las tres vampiresas, Stoker escribe uno de los fragmentos más recordados de *Drácula* por su explícito contenido erótico:

Yo yacía en silencio, observando por debajo de mis pestañas sumido en una agonía de deliciosa anticipación. La chica rubia avanzó y se reclinó sobre mí hasta que sentí los movimientos de su aliento. En un sentido era dulce, dulce como la miel, y me recorrió los nervios con el mismo estremecimiento que me había provocado su voz, pero con un poso amargo que yacía bajo la dulzura; una amarga repugnancia, como la que huele uno en la sangre. Temía levantar los párpados, pero miré y vi perfectamente a través de las pestañas. La chica rubia se arrodilló y se reclinó sobre mí, recreándose a sus anchas. Actuaba con una deliberada voluptuosidad que resultaba a la vez excitante y repulsiva, y al arquear el cuello realmente se relamió los labios, como un animal, hasta que pude ver a la luz de la luna los destellos de su saliva brillando sobre los labios escarlatas y la lengua roja, mientras relamía los blancos dientes afilados. Su cabeza descendió más y más, hasta que sus labios quedaron por debajo del alcance de mi boca y mi barbilla, y parecieron a punto de engancharse en mi garganta. Entonces se detuvo, y oí el chasqueo de su lengua restallando contra sus dientes y labios, y sentí su cálido aliento en mi cuello. Entonces la piel de mi garganta empezó a cosquillear, tal y como lo hace la carne de uno cuando la mano que va a hacer las cosquillas se aproxima cada vez más... y más. Sentí el suave, tembloroso toque de los labios sobre la supersensible piel de mi garganta, y los duros picos de dos colmillos afilados, rozándome y deteniéndose ahí. Cerré los ojos en un lánguido éxtasis y esperé... esperé con el corazón palpitando.

Sin embargo, antes de que los colmillos penetren en la garganta del joven abogado, Drácula interviene: «¿Cómo osáis posar vuestros ojos sobre él cuando lo he prohibido? ¡Atrás, os digo a todas! ¡Este hombre me pertenece! Guardaos mucho de tocarle, o tendréis que responder ante mí». Como compensación, el conde arroja una bolsa a sus acólitas que, por los ruidos que se escuchaban de su interior, contenía «un niño medio asfixiado». Toda la escena, de «puro horror», provoca el desmayo de Harker.

El resto de su estancia en el castillo es un ejercicio de supervivencia por su parte. En una ocasión, se juega la vida caminando por las cornisas hasta introducirse en la habitación del conde, donde descubre su morada durante el día: un ataúd. Intenta matarlo con una pala, pero Drácula esquiva el golpe a pesar de su posición vulnerable y le hipnotiza hasta neutralizarlo. Otros intentos de escapar o de ponerse en contacto con Mina o su jefe, Peter Hawkins, son frustrados por el conde hasta que, poco después de que Drácula abandonara el castillo para dirigirse hacia Inglaterra, Harker finalmente consigue escapar. (Stoker realmente no nos explica cómo lo logra, solo que, a sabiendas de que el conde lo ha dejado como comida para las vampiresas, él decide jugárselo todo y «escalar los muros del castillo hasta más lejos de lo que he hecho hasta ahora».)

* * * * *

Los otros veintitrés capítulos de la novela adoptan la estructura de un estudio de *caso clínico* o de una *investigación policial* sobre un asesino serial, como posteriormente comentaremos.

Los escenarios donde van a perpetrarse los crímenes son varios. El primero es la ciudad costera de Whitby, donde Lucy Westenra y Mina Murray —la prometida de Jonathan Harker— pasan una temporada de vacaciones. El barco —el Demeter— en el que viaja Drácula a Inglaterra desde la ciudad costera de Varna, en Bulgaria, con sus cincuenta cajas de tierra consagrada por sus antepasados (necesaria para que pueda esconderse y dormir por las noches en el ataúd), arriba a la ciudad llevado por sus poderes, pues ha matado a toda la tripulación. En Whitby, Lucy será atacada por Drácula antes de desplazarse a Londres, donde vive su familia, y finalmente sucumbirá ante lo que en principio parece una enfermedad sospechosa, pues no para de debilitarse visiblemente sin que se sepa la causa.

En casa de Lucy, conoceremos a los demás personajes de la novela. Por una parte, tenemos a sus tres pretendientes: el doctor John Seward, director del manicomio que está cercano a la casa que ha comprado el conde en Londres; el aventurero texano Quincey Morris, y Arthur Holmwood (posteriormente lord Godalming), por quien Lucy finalmente se decide a comprometerse en matrimonio. Sin embargo, los tres son amigos y acogen con gallardía la buena suerte de Arthur. El otro personaje es, por supuesto, el doctor holandés Van Helsing, que entra en acción porque fue profesor de John Seward y este le pide ayuda porque teme por la vida de Lucy, al igual que su madre (su padre había fallecido) y sus otros amigos. Van Helsing (que es pelirrojo) encarna en su aspecto la semblanza opuesta al conde, de manos velludas y aliento fétido:

[Es] un hombre de mediana estatura, de constitución robusta, con los hombros bien erguidos sobre un pecho ancho y hundido, y el cuello bien equilibrado sobre el tronco, igual que la cabeza lo está sobre el cuello. El porte de su cabeza sugiere de inmediato pensamiento y energía; es una cabeza noble, de buen tamaño, ancha y de amplia nuca. El rostro, apuradamente afeitado, muestra una mandíbula cuadrada y firme, una boca grande, resuelta, móvil, una nariz de tamaño considerable [...] Sus grandes ojos de color azul oscuro están muy separados, y son vivaces y tiernos o severos, según su estado de ánimo.

En cuanto llega Van Helsing desde Ámsterdam, después de un examen concienzudo de la paciente, concluye que no existe motivo funcional para su enfermedad. «Estoy de acuerdo contigo [con el Dr. Seward] en que ha sufrido una abundante pérdida de sangre; la ha habido, pero no la hay. Y sus condiciones no son en modo alguno las de una anémica.»

En efecto, ambos han concluido que la causa es una pérdida de sangre, pero si bien «la ha habido, no la hay», lo que significa que el examen ha descartado también una hemorragia interna. Más adelante surge un nuevo descubrimiento coincidente con una recaída de la salud de Lucy, tras haberle hecho una primera transfusión a la que siguió una franca recuperación. Tal y como el Dr. Seward relata: «Justo sobre la vena yugular externa había dos pinchazos, no muy grandes, pero de aspecto nada saludable. No había indicios de infección, pero los rebordes tenían un color blanquecino y aspecto de magullados, como si hubieran sido triturados. De inmediato se me ocurrió que esta herida, o lo que fuera que fuese, podía haber sido la causante de la evidente pérdida de sangre; pero rechacé la idea tan pronto como se me ocurrió, pues era del todo imposible. Toda la cama habría quedado empapada de rojo con la sangre que tendría que haber perdido la muchacha para dejarla en un estado semejante al que se encontraba antes de la transfusión».

Después de una segunda transfusión, el Dr. Van Helsing barrunta el origen del mal y decide darle a Lucy un ramo de flores: «Oh, profesor, creo que me está tomando el pelo. ¡Pero si solo son flores de ajo común! [...] Van Helsing se levantó y dijo con toda su severidad, apretando su mandíbula de hierro y frunciendo sus pobladas cejas hasta casi unirlas: —¡No sea frívola conmigo! ¡Yo nunca bromeo! *Hay un propósito oculto en todo lo que hago*; y le advierto que será mejor que no me contraríe. Tenga cuidado, por el bien de otros, si no por el suyo propio».

Una vez engalanada la habitación de flores de ajo, sin que tengamos por el momento dato alguno de cómo el ajo tiene propiedades medicinales, según le informa el profesor Van Helsing a Lucy, Seward le comenta:

—Bueno, profesor, sé que siempre tiene alguna razón para sus actos, pero esto ciertamente me desconcierta. Menos mal que no nos acompaña ningún escéptico, o diría que estaba usted realizando un hechizo para mantener fuera a un espíritu maligno.

—¡Quizá lo esté! —respondió él tranquilamente mientras empezaba a tejer la guirnalda que Lucy tenía que llevar alrededor del cuello.

Van Helsing va añadiendo indicios de la mera observación y descubre que hay una variación en Lucy cuando duerme, con respecto a cuando está despierta: «A veces se quedaba dormida, y tanto Van Helsing como yo percibimos el cambio experimentado por su cuerpo entre el sueño y la vigilia. Mientras dormía parecía más fuerte, aunque más demacrada, y su respiración era más tranquila; su boca entreabierta mostraba las descoloridas encías retiradas de los dientes, que de este modo parecían realmente más largos y afilados de lo habitual; al despertar, la dulzura de sus ojos cambiaba evidentemente su expresión, pues volvía a tener el aspecto de siempre, aunque moribunda».

Pero, por descuidos diversos, los remedios que propone Van Helsing no tienen éxito y se ve obligado a practicarle hasta tres transfusiones a la paciente.[5] Hasta que, finalmente, ya muy débil, Lucy descubre que los orificios en el cuello se han cerrado.

En este estado, se produjo un extraño cambio, su respiración se volvió estertórea, abrió la boca, y las pálidas encías, contraídas, hicieron que los dientes parecieran más largos y afilados que nunca. Abrió los ojos vaga e inconscientemente, como sonámbula, con una expresión apagada y dura a la vez, y dijo con una suave voluptuosidad que yo nunca había oído de sus labios:

—¡Arthur! ¡Oh, amor mío, qué contenta estoy de que hayas venido! ¡Bésame!

Arthur se inclinó con avidez para besarla, pero en ese preciso instante Van Helsing, que como yo se había visto sobresaltado por la voz de ella, se arrojó sobre él y, agarrándole del cuello con ambas manos, lo arrastró hacia atrás con una fuerza y una furia que nunca pensé que hubiera podido poseer; tanta, de hecho, que le arrojó casi al otro extremo de la habitación.

—¡No, por su vida! —dijo—. ¡Por su alma eterna y por la de ella! —y se interpuso entre ambos como un león acorralado.

A estas alturas, Van Helsing ya sabía que la causa de la muerte de Lucy se debía a un espíritu maligno que sorbía la sangre mediante mordiscos de colmillos, que era refractario al ajo y que transmitía su condición de vampiro en ese proceso a la víctima, que se convertía en una *no muerta* a través de la infestación. Por este motivo, de manera violenta, hace retroceder a Arthur cuando pretende besarla, pues el resultado no podía ser otro que ser mordido e infectado. Cómo lo sabía, no se detalla, pero cabe inferir que sabe que la palidez es por la pérdida de sangre, confirmado por las transfusiones de sangre con las que Lucy recupera la salud. La pérdida de sangre no es funcional, ni interna ni externa, luego hay *algo* que la está extrayendo, y el único animal al que se le atribuye esta propiedad es el murciélago, el vampiro, que aletea de noche y descansa de día al abrigo de la oscuridad, y que en el folclore popular reacciona frente al ajo, que logra neutralizarlo (también los objetos religiosos que luego empleará).

Lo que sucedió a continuación, refuerza esta tesis:

[Seward] Yo mantuve la vista fija en Lucy, igual que Van Helsing, y vimos un espasmo de rabia cruzar velozmente su rostro como una sombra; los afilados dientes chocaron entre sí. Entonces cerró los ojos, y respiró pesadamente. Muy poco después, abrió los ojos con toda su dulzura, y extendiendo su pobre mano, pálida y delgada, tomó la enorme mano morena de Van Helsing, la acercó a sus labios y la besó.

—Mi verdadero amigo —dijo, con escasa voz, pero indescriptible patetismo—. ¡Mi verdadero amigo, y también de él! ¡Oh, cuide de él, y otórgueme paz!

* * * * *

Pero no solo ha muerto Lucy a manos de Drácula. Su madre también es una víctima indirecta pues, delicada de salud, muere de un ataque cardíaco por la impresión que le produce la irrupción violenta del conde en forma de lobo a través de la ventana (anteriormente había facilitado uno de los ataques de Drácula a su hija, junto a la que pasaba la noche, al cometer el error de retirar las flores de ajo de la habitación que le había prescrito Van Helsing, porque sentía que dichas flores la sofocaban). Tras el escenario de desolación que ha dejado el brutal y repetido asalto del vampiro al hogar de los Westenra, parece que todo ha acabado, y Van Helsing regresa a Ámsterdam.

Sin embargo, a partir de ahora se inicia de verdad *la investigación criminal,* cuando Van Helsing lee en la prensa que han aparecido unos niños con pequeños orificios en el cuello, y que han declarado haber estado en compañía de una dama misteriosa. Vuelve precipitadamente a Londres y lanza en la mesa de Seward el ejemplar del *Westminster Gazette* donde aparece la noticia de los niños. Pero el Dr. Seward no es capaz de comprender lo que Van Helsing ya sospecha con fuerte convicción, como se refleja en el diario del director del manicomio:

[Van Helsing:] —¿Crees entonces que esas pequeñas punzadas en las gargantas de los niños fueron hechas por lo mismo que hizo las punzadas en la de la señorita Lucy?

—Eso supongo.

Van Helsing se levantó y dijo solemnemente:

—Entonces estás equivocado. ¡Oh, ojalá fuera así! ¡Pero, ay, no! Es peor, mucho, mucho peor.

—En el nombre de Dios, profesor Van Helsing, ¿a qué se refiere? —grité.

El profesor se dejó caer con un gesto de desesperación sobre una silla y apoyó los codos en la mesa, cubriéndose el rostro con las manos mientras decía:

—¡Fueron hechos por la propia señorita Lucy!

Es evidente que lo que afirma Van Helsing es increíble. ¿Acaso no descansa ya Lucy en su cripta? Pero el holandés ha aplicado el principio que hará famoso a Sherlock Holmes: una vez descartado lo imposible, lo que queda, por improbable que parezca, es la realidad; pero va un paso más allá, *lo imposible a veces es posible y es la realidad*. Nada se nos puede pasar por alto, nada puede quedar desapercibido, debemos considerar todas las hipótesis y no descartar anticipadamente ninguna, por imposibles que parezcan, pues solo lo parecen. No obstante, Van Helsing comprende que su hipótesis solo será creíble para Seward y el resto de los amigos si realiza las oportunas pesquisas y puede presentarles pruebas fehacientes.

Estas pesquisas tienen dos pasos. En el primero, lleva a Seward a la tumba para que vea con sus propios ojos que, durante la noche, Lucy no está en su interior y, por consiguiente, no puede estar *del todo* muerta; en el segundo, reúne a los tres amigos para explicarles su hipótesis y cómo proceder. En principio, el grupo reacciona con horror, sobre todo Arthur, pero dada la alta estima en la que tienen al profesor acceden a acompañarle en la macabra excursión que este propone a la cripta de Lucy. Una vez allí, Van Helsing unta con pasta hecha de la Sagrada Forma el marco de la puerta de la cripta, para impedir que Lucy se refugie dentro cuando llegue de su excursión nocturna, muy probablemente con un niño en sus brazos. Se agazapan en una tensa espera hasta que, en efecto, llega Lucy con un niño al que, felizmente, libera cuando ve que la están esperando los intrusos. Pero aquella Lucy ya no es la dulce joven a la que los tres amigos habían jurado amor eterno: «Era ella. Pero, ¡cómo había cambiado! Su dulzura se había convertido en una crueldad terrible e inhumana, y su pureza en una perversidad voluptuosa». Lucy se acerca a Arthur y le pide que la abrace, pero Van Helsing se interpone y la ahuyenta blandiendo ante su rostro una cruz de oro. Después de aquello, ya no cabe duda alguna: cuando Van Helsing retira los sagrados sellos de la puerta de la cripta para que esa *cosa demoníaca* pueda regresar a su morada, todos seguirán al holandés, porque su investigación les ha dado las pruebas del crimen del que ha sido víctima Lucy, convertida ahora en una «no muerta» o «muerta viva». Van Helsing ha identificado a la responsable de los ataques a los niños y ha puesto las pruebas irrefutables ante los ojos de sus consternados acompañantes.

Por ello, al día siguiente, los cuatro vestidos de negro se reúnen para ejecutar el plan que les ha propuesto Van Helsing. Pero este les habla antes de la *carrera criminal* que le espera a Lucy si no hacen nada. «Antes de hacer nada, déjenme explicarles algo que procede de la sabiduría y la experiencia de los antiguos y de todos cuantos han estudiado los poderes de los "no muertos". Cuando se convierten en "no muertos", el cambio implica la inmortalidad; no pueden morir y deben seguir a través de los tiempos cobrando nuevas víctimas y haciendo aumentar todo lo malo de este mundo; puesto que todos los que mueren a causa de los ataques de los "no muertos" se convierten ellos mismos en esos horribles monstruos y, a su vez, atacan a sus semejantes. Así, el círculo se amplía, como las ondas provocadas por una piedra al caer al agua.»

Los niños mordidos por Lucy no corren peligro, porque ella no les extrajo la sangre suficiente para transformarlos en muertos vivos. Pero han *de matar de verdad* a Lucy para que ella descanse, pues así «el alma de la pobre dama que todos nosotros amamos volverá a estar libre. En lugar de llevar a cabo sus horrendos crímenes por las noches y pasarse los días digiriendo su espantoso condumio, ocupará su lugar entre los demás ángeles». Se trata de neutralizar al criminal o acabar con la enfermedad de la que ella es portadora.

Dentro de la cripta, Van Helsing le pide a Arthur que, ya que era su prometida, le corresponde a él liberarla de su estado de no muerta. «Tome esta estaca con la mano izquierda, dispuesta de modo que pueda colocar la punta sobre el corazón, y el martillo con la derecha. [...] Golpee en el nombre de Dios, para restituir la paz a la muerta que amamos, y para que el "no muerto" desaparezca.» El resto le ayudará orando en voz alta. Lo que sigue es una auténtica experiencia religiosa en comunión, pues son cruzados en nombre de Dios enfrentados a un demonio. El diario del Dr. Seward recoge en detalle este sobrecogedor momento.

Arthur tomó la estaca y el martillo, y una vez su mente se dispuso a la acción, sus manos no temblaron ni titubearon. Van Helsing abrió su misal y empezó a leer, y Quincey y yo le seguimos como pudimos. Arthur colocó la punta de la estaca sobre el corazón, y al mirar pude ver su marca sobre la blanca carne. Entonces golpeó con todas sus fuerzas. La Cosa en el ataúd se retorció y de sus abiertos labios rojos brotó un espantoso alarido que helaba la sangre. El cuerpo se agitó y se estremeció y se retorció con salvajes contorsiones; los afilados dientes blancos mordieron el vacío y desgarraron los labios, llenando la boca de una espuma escarlata. Pero Arthur no flaqueó. Parecía una representación de Thor, elevando y descargando su poderoso brazo, hundiendo más y más aquella estaca cargada de piedad, mientras la sangre del corazón atravesado manaba y salpicaba a su alrededor. Su rostro mostraba resolución, y un brillo celestial pareció emanar de él; su visión nos dio coraje, y nuestras voces retumbaron en la pequeña cripta. Entonces el cuerpo dejó de agitarse y retorcerse, y los dientes cesaron de morder, y la cara de estremecerse. Finalmente, yació inmóvil. [...] [poco después] Allí, en el ataúd, no yacía ya la Cosa inmunda que tanto habíamos temido y llegado a odiar —hasta tal punto que el acto de su destrucción había sido cedido como un privilegio a aquel con más derecho a ejercerlo—, sino Lucy tal y como la habíamos visto en vida, con su rostro de incomparable dulzura y pureza.

Mientras sucedían estos terribles acontecimientos en casa de Lucy, Mina (que llevaba mucho tiempo sin noticias de su prometido) había emprendido un largo viaje hacia un hospital de Budapest, al haber recibido una carta de la hermana Agatha en la que le decía que tenían un paciente aquejado de una terrible fiebre cerebral y cuyo nombre es Jonathan Harker. Ella se desplaza a su encuentro y descubre aliviada que se está recuperando. No le cabe duda de que ha pasado por una terrible experiencia. El propio Jonathan le entrega su diario, donde narra lo acontecido en el castillo de Drácula, pero le pide que no lo lea. Una vez se ha recuperado Jonathan, ambos regresan a Inglaterra, a Exeter, donde está el bufete de abogados,[6] ya como marido y mujer.

* * * * *

Comienza la tercera parte de la novela, dedicada a la caza de Drácula. Convertidos en cruzados con una misión en nombre de la raza humana y con la esperanza de obtener el amparo de Dios, Van Helsing y sus tres colegas han sido capaces de descubrir el origen de la enfermedad de Lucy: un ser diabólico, un vampiro, que la atacó sin que pudieran impedirlo porque no supieron reaccionar a tiempo. Gracias a que Van Helsing conocía el vampirismo por sus conocimientos derivados del folclore de la Europa Oriental, pudo determinar el modo de curar a Lucy de su sufrimiento una vez muerta, salvando su alma de los poderes del «no muerto». Pero queda una cuestión esencial: ¿quién era ese ser que infectó a Lucy mientras succionaba su sangre? ¿Y dónde podían encontrarlo? Se produce un salto cualitativo: de la investigación de los hechos se pasa a la investigación del autor.

Es ahora cuando Mina va a cobrar una gran relevancia. Ella queda desolada al conocer la muerte de Lucy. Van Helsing, sabedor de la fuerte amistad que unía a ambas, pide conocerla por si pudiera darle alguna información de su tiempo pasado juntas en Whitby —donde empezaron los ataques del conde a Lucy— que le ayude a identificar al vampiro. Pero sus expectativas quedan superadas cuando Mina, que finalmente ha leído el diario de su marido, le entrega una copia transcrita a máquina del original, que estaba taquigrafiada.

¡Ahí estaba el origen de todo! El vampiro tenía un nombre: Drácula, y todo se precipita cuando Jonathan está seguro de que ha visto caminando al conde en el mismo Londres. Tanto Mina como Jonathan se trasladan a Londres, y cuando todos los amigos conocen toda la información disponible (el diario de Mina que recoge su estancia en Whitby y en Budapest con su marido; el del Dr. Seward que ha cubierto todos los acontecimientos desde la llegada de Lucy a Londres hasta su liberación en la tumba, y el diario de Jonathan de su estancia en el castillo de Drácula) elaboran un plan de acción cuya finalidad será *cazar y matar a Drácula*. Lo fundamental es encontrar las cincuenta cajas de tierra que Drácula trajo en el Demeter, porque él las necesita para poder reposar por las noches. ¿Estarán en un mismo sitio o dispersadas?

Gracias al diario de Harker, saben que Drácula tiene su residencia —de nombre Carfax— justo al lado del manicomio que dirige el Dr. Seward, donde se alojan como invitados el matrimonio Harker. Pero, una vez que logran conocer todos los detalles del recorrido que hicieron las cajas hasta Londres (gracias al nombre de Arthur que, ahora lord Godalming, siempre tiene las puertas abiertas cuando se necesita cualquier cosa), averiguan que una parte acabó en una casa en Piccadilly.

Por desgracia para los perseguidores, un suceso golpea de forma brutal su moral y sus posibilidades de éxito. Drácula tiene un aliado en el interior del manicomio, Renfield (un zoófago), y, gracias a que este le invita, puede penetrar en el interior y atacar a Mina. Como prueba de que ha sido mancillada por el vampiro, Van Helsing coloca una hostia consagrada en su frente para protegerla de posteriores ataques, entonces ella grita al sentir su carne quemada, «como si hubiera sido un trozo de metal al rojo vivo». Mina se siente maldita y grita sollozando: «¡Impura, soy una impura!».

Sin embargo, son conscientes de que ella no ha perdido la suficiente sangre como para ser convertida en breve plazo en una «no muerta», pero el tiempo apremia, porque solo podrá verse liberada de esa infección del alma con la muerte definitiva de Drácula.

Los cazadores entran en Carfax y, pese a un ataque masivo de ratas, logran esterilizar con agua bendita un número muy grande de cajas. En Piccadilly hacen lo mismo, pero se preparan para lo que anhelan sea el enfrentamiento único y definitivo con el vampiro, al que ellos esperan agazapados en su interior para darle muerte. No lo consiguen: el conde tiene la fuerza de veinte hombres y es increíblemente ágil, esquivó un embate mortal que Jonathan le dirigió con su temible cuchillo *kukri*. Solo las armas de Dios (crucifijos y la Sagrada Hostia) pueden hacerle retroceder. Drácula nada puede ante los objetos sagrados y decide escapar, no sin antes mostrarles un odio feroz: «Pensabais frustrarme, vosotros... con vuestras pálidas caras puestas en fila, como borregos en el matadero. ¡Aún lo lamentaréis, todos y cada uno de vosotros! Creéis que me habéis privado de mis lugares de reposo. ¡Pero tengo más! ¡Mi venganza solo acaba de empezar! La prolongaré durante siglos, y el tiempo está de mi parte. *Las mujeres que amáis ya son mías*; y a través de ellas vosotros, y también otros, acabaréis por ser míos... Serán mis criaturas, para cumplir mi voluntad y para ser mis chacales cuando desee alimentarme. ¡Bah!».

A Drácula todavía le quedaba una caja o ataúd. Con tan poco equipaje, los amigos piensan que el conde no puede quedarse en Londres, tendrá que regresar a los Cárpatos. ¿Pero qué camino emprenderá? Si Drácula llega a su castillo, no habrá nada que hacer, pues allí él es invencible, protegido como está por gitanos y eslovacos que guardan sus accesos. En este punto, Mina es fundamental. Si bien está parcialmente controlada por Drácula, no lo está del todo y, en trance mediante hipnosis por Van Helsing, ella puede informar de todo lo que ve y oye cuando su mente está en conexión con Drácula. Es ella quien se ofrece a realizar esta misión, y es ella quien une y da esperanzas al grupo, a pesar de que el diablo ya tiene parte de su alma... Más adelante, también será Mina la responsable de averiguar qué camino tomará Drácula en su fuga. Es una especie de «doble agente», por eso los cazadores se ponen de acuerdo en no informarle de sus planes, aunque a petición suya emprende el viaje con ellos para encontrar al vampiro, y así tenerlos al corriente de todo lo que ella pueda saber de los movimientos del conde. Ella es la verdadera *mind-hunter.*

* * * * *

248

El final de la novela es una auténtica aventura contrarreloj para alcanzar a Drácula antes de que pueda regresar a la seguridad del castillo. Descubren que el día que el conde les esquivó en la casa de Piccadilly, un solo navío zarpaba del puerto de Londres hacia el mar Negro, el *Zarina Catalina*; cuando comprueban los papeles del barco confirman que Drácula ha embarcado en él con la última caja de tierra que le queda. Rápidamente, Van Helsing, Mina y los otros tres cazadores —Seward, Quincey y Arthur— hacen los preparativos para llegar por tren a Varna, Bulgaria (donde se espera que desembarque el conde). Van fuertemente armados y esperan darle muerte nada más llegue a tierra. Pero resultan burlados porque, cuando el *Zarina Catalina* arriba a puerto, descubren que Drácula ha sido desembarcado con ayuda de una banda de gitanos en un puerto anterior.

Gracias a Mina —que oye un «mugir de vacas» y el sonido del agua cuando está conectada mentalmente a Drácula—, averiguan que el tramo final hasta el castillo lo está recorriendo a bordo de una balsa por el río Bistritza, que transcurre en uno de sus tramos muy cerca de aquel. Rápidamente, los cruzados se distribuyen en tres unidades de ataque: Mina y Van Helsing van en carruaje por tierra hacia el castillo de Drácula, para cortarle la retirada si escapa de la persecución de los otros y para matar a las vampiresas que allí moran; Jonathan Harker y Arthur siguen a la barcaza de Drácula por el mismo río; Quincey y Seward recorren a caballo el curso del río, llevando potros adicionales para sus amigos si son necesarios.

Van Helsing da muerte a las vampiresas y espera con Mina el transcurrir de los acontecimientos. En tensa espera, finalmente ven aproximarse en el horizonte una carreta a toda velocidad rodeada por un grupo de gitanos, que sin duda transporta el ataúd del conde. Pero detrás les persiguen espoleando sus monturas Harker, Arthur, Quincey y Seward que, llegados a un punto, convergen detrás de la carreta de Drácula. Les alcanzan gritando «¡alto!» y los gitanos obedecen al verse apuntados por los perseguidores con sus rifles Winchester. Están rodeados, porque delante están Mina y Van Helsing, la primera con su revólver preparado; el segundo, con su Winchester. Los perseguidores desmontan y se dirigen hacia la carreta, mientras el líder de los gitanos ordena a su grupo que forme rápidamente junto a la carreta, para proteger a Drácula. Mina ve a Quincey y a Jonathan abrirse paso hacia la caja blandiendo sus cuchillos para detener las puñaladas de los gitanos, que se ciernen sobre ellos. Finalmente, llegan a la carreta y ambos abren la tapa de la caja que contiene a Drácula, tras haberla arrojado al suelo.

Para entonces, los gitanos, viéndose cubiertos por los Winchester y a merced de lord Godalming [Arthur] y del doctor Seward, habían cedido y ya no presentaban ninguna resistencia. El sol estaba casi escondido ya entre las cimas de las montañas y las sombras de todo el grupo se proyectaban sobre la tierra. Vi al conde que estaba tendido en la caja, sobre la tierra, parte de la cual había sido derramada sobre él, a causa de la violencia con que la caja había caído de la carreta. Estaba profundamente pálido, como una imagen de cera, y sus ojos rojos brillaban con la mirada vengadora y horrible que tan bien conocía yo.

Mientras yo lo observaba, los ojos vieron el sol que se hundía en el horizonte y su expresión de odio se convirtió en una de triunfo. Pero, en ese preciso instante, surcó el aire el terrible cuchillo de Jonathan. Grité al ver que cortaba la garganta del vampiro, mientras el puñal del señor Morris se clavaba en su corazón.

Fue como un milagro, pero ante nuestros propios ojos y casi en un pestañear, todo el cuerpo se convirtió en polvo, y desapareció.

Me alegraré durante toda mi vida de que, un momento antes de la disolución del cuerpo, se extendió sobre el rostro del vampiro una paz que nunca hubiera esperado que pudiera expresarse.

El castillo de Drácula destacaba en aquel momento contra el cielo rojizo, y cada una de las rocas de sus diversos edificios se perfilaba contra la luz del sol poniente.

Pero la lucha había dejado una muerte: Quincey Morris había sido herido mortalmente cuando se abría paso hacia la caja de Drácula. Muere en los brazos de Mina, finalmente reconfortado.

—¡Estoy feliz de haber sido útil! ¡Oh, Dios! —gritó repentinamente, esforzándose en sentarse y señalándome—. ¿Vale la pena morir por eso? ¡Miren! ¡Miren!

El sol estaba ya sobre los picos de las montañas y los rayos rojizos caían sobre mi rostro, de tal modo que estaba bañada en un resplandor rosado. Con un solo impulso, los hombres cayeron de rodillas y dijeron: «Amén», con profunda emoción, al seguir con la mirada lo que Quincey señalaba. El moribundo habló otra vez:

—¡Gracias, Dios mío, porque todo esto no ha sido en vano! ¡Vean! ¡Ni la nieve está más limpia que su frente! ¡La maldición ha concluido!

Y, ante nuestro profundo dolor, con una sonrisa y en silencio, murió el valiente caballero.

La novela termina siete años después. Mina y Jonathan han tenido un hijo y, aunque lleva los nombres de todos los amigos, siempre le llaman Quincey, en honor a su valentía y sacrificio. Tanto Arthur como John han contraído matrimonio. Jonathan reflexiona sobre los increíbles acontecimientos que protagonizaron en compañía de Mina y Van Helsing, que sostiene al hijo del matrimonio en sus rodillas. Él resume todo lo vivido en el último párrafo del libro: «No queremos pruebas. ¡No le pedimos a nadie que nos crea! Este niño sabrá alguna vez lo valerosa y extraordinaria que es su madre. Ya conoce su dulzura y su cariño; más adelante, comprenderá cómo algunos hombres la amaron tanto que estuvieron dispuestos a arriesgarlo todo por su causa».

FIGURA 4. *Drácula*: Béla Lugosi fue el conde Drácula para toda la generación anterior a la Segunda Guerra Mundial, gracias al filme del mismo título de 1931 dirigido por Tod Browning.

UNA INVESTIGACIÓN CRIMINAL TRAS UN «NO MUERTO»

La novela tiene tres partes bien diferenciadas. La primera nos introduce en un relato de terror gótico al narrar en los cuatro primeros capítulos el encuentro entre Jonathan Harker y Drácula en el castillo de los Cárpatos. La segunda parte se ocupa de mostrar los crímenes de Drácula en su estancia en Londres. La tercera relata la conformación de un grupo de «cruzados» o *cazadores de vampiros* con la misión de matar al conde.

A partir de esta segunda parte, *Drácula* se estructura como una investigación policial o también como el proceso de análisis de un caso clínico, ya que ambos procedimientos implican: primero, la irrupción de la enfermedad o del crimen; segundo, la recogida de información mediante el estudio del devenir de la enfermedad y sus síntomas, o el análisis de las pruebas existentes en la escena del crimen; tercero, la investigación y pesquisas tendentes a la elaboración de una hipótesis acerca del origen de la enfermedad, o bien acerca de la naturaleza e identidad del criminal; y en cuarto lugar, el momento de la intervención, que en el símil con el caso clínico sería la puesta en práctica del proceso de curación de la enfermedad; y en el símil de la investigación criminal, la captura del asesino para que cese el agente patógeno de enfermar al paciente, o bien que cese el asesino de matar a sus víctimas.

Estas tres partes que componen la novela hacen que sea muy atractiva: mientras que el encuentro Harker-Drácula es una pieza de horror clásico gótico (el hombre enfrentado al monstruo en su propia guarida), la historia de la segunda parte se convierte en un policial aderezado con alguna escena de horror, para derivar en la tercera parte en una aventura trepidante de persecución y destrucción del vampiro.

Otra razón para la perdurabilidad icónica de *Drácula* radica en la naturaleza del monstruo. La idea del «no muerto», inspirada en el folclore dos siglos antes a cuando escribe Stoker, cobra en el personaje de Drácula una gran presencia dramática: el hecho de que este apenas aparezca en los veintitrés capítulos que siguen a su marcha del castillo rumbo a Londres habla del mérito del escritor; no está, pero sentimos su sombra en cada momento. El ser un «no muerto» viola de modo poderoso nuestros esquemas mentales acerca de lo que es un ser humano, que solo puede estar vivo o muerto, pero Drácula es ambas cosas a la vez y eso capta nuestra atención, no solo por ser un conjunto dramático muy original, sino porque resuena en nuestro pasado evolutivo como especie, donde era esencial para la supervivencia saber diferenciar entre aquello que estaba muerto (y por consiguiente era inocuo), de lo que estaba vivo (y podía atacarnos).

Finalmente, el antropólogo David Gilmore, que ha estudiado las representaciones de los monstruos en las diferentes culturas, ofrece una razón que ayuda a comprender por qué el precedente más directo de *Drácula*, que fue *Carmilla* de Le Fanu, no tuvo ni de lejos el impacto de esta obra: *Drácula* —a diferencia de *Carmilla*— se ajustaría a una estructura universal en lo que se refiere a las historias de monstruos, constituida por un ciclo repetitivo de tres etapas: en la primera etapa, el monstruo surge de lugares misteriosos y sorprende a la comunidad de personas a las que afecta; en la segunda, el monstruo ataca y mata a gente, pero los primeros esfuerzos por detenerlo fracasan; en la tercera y final, uno o varios héroes se enfrentan al monstruo y lo vencen (el ciclo se repite si el monstruo no ha sido derrotado definitivamente, lo que ha probado reiteradamente el conde en este último siglo, porque no ha parado de volver en cientos de películas y novelas).

El enfrentamiento con Drácula: ciencia y tecnología contra degeneración infernal

Si revisamos a los monstruos que hemos analizado en los tres libros anteriores —la Criatura de Frankenstein, Edward Hyde y Dorian Gray—, Drácula es el primero que constituye un enemigo autónomo. Los tres anteriores son dobles o han sido creados por voluntad expresa de los protagonistas: Frankenstein crea al monstruo por su inmenso ego vanidoso; Jekyll quiere experimentar el placer sin la atadura de la conciencia; y Dorian Gray realiza un conjuro que saca de él su lado oscuro y le convierte en un asesino y corruptor de conciencias. Drácula, en cambio, es una criatura de la noche que vive desde hace cientos de años, es un «no muerto» que representa a las fuerzas demoníacas y que supone una amenaza contra la humanidad cuando abandona su nicho y emprende un proyecto de contaminación y reproducción en la metrópolis del mundo, Londres.[7]

Como príncipe de los vampiros, tiene poderes extraordinarios, entre los que se incluye su capacidad de transformarse en lobo, murciélago y rata; también puede convertirse en un ser extraordinariamente pequeño y colarse en una rendija de una puerta; igualmente, puede controlar los elementos como las tormentas y la niebla, también materializarse en pequeñas partículas, como escribió Lucy en su diario: «Mantuve mis ojos fijos en la ventana, pero el lobo retiró la cabeza y *una miríada de pequeñas motas* parecieron entrar revoloteando a través de ella, arremolinándose y girando como los pilares de arena que describen los viajeros cuando el simún sopla en el desierto». Por si esto fuera poco, y a diferencia de lo que popularizó el cine desde *Nosferatu*, no muere si recibe la luz del sol, pero sí que debilita notablemente sus poderes. Su gran debilidad es el agua, como señala Van Helsing: «El conde, aunque tome la forma de murciélago, no puede cruzar el agua por su propia voluntad» y, si se encuentra en el agua, carece de poder alguno, excepto si es por la noche, pero «incluso entonces, solamente puede atraer la niebla, la tormenta, la nieve y a sus lobos. Pero en caso de accidente, las aguas vivas lo sumergirían y estaría realmente perdido».

Así pues, es un enemigo formidable, porque no olvidemos que tiene la fuerza de veinte hombres y es inmune a toda arma mortal, salvo si se le clava una estaca de madera en el corazón o se le corta la cabeza. Eso sí, no puede soportar la flor de ajo ni la presencia de la cruz de Cristo o su cuerpo metamorfoseado en la Sagrada Hostia. En el enfrentamiento directo y único entre Drácula y los cazadores en la casa de Piccadilly, Stoker se luce y escribe unas líneas magistrales, llenas de brillante tensión, que ejemplifica la lucha de Dios contra el demonio. El diario del Dr. Seward nos cuenta que Harker acomete a Drácula con su temible cuchillo *kukri*, pero solo consigue marcarle la frente, porque este hace gala de una agilidad asombrosa y entonces: «La expresión del rostro del conde era tan infernal que durante un momento temí por Harker, aunque él estaba ya dispuesto a descargar otra cuchillada. Instintivamente, avancé, con un impulso protector, manteniendo el crucifijo y la Sagrada Hostia en la mano izquierda. Sentí que un gran poder corría por mi brazo y no me sorprendí al ver al monstruo que retrocedía ante el movimiento similar que habían hecho todos y cada uno de mis amigos. Sería imposible describir la expresión de odio y terrible malignidad, *de ira y rabia infernales*, que apareció en el rostro del conde».

Ahora bien, Stoker está narrando un enfrentamiento con un monstruo que tiene varias facetas. Por una parte, como acabamos de ver, Drácula representa lo maligno porque adquiere un protagonismo en la lucha entre Dios y el demonio: *él es una criatura del infierno*. Recordemos que, cuando Harker está a punto de subir a la diligencia que le va a llevar al encuentro del carruaje de Drácula, escucha voces que se apresura a buscar en su diccionario y «entre ellas estaban "Ordog" (Satanás) [y] "pokol" (infierno)». Así mismo, Van Helsing, explicando a sus compañeros los poderes de Drácula, les dice que «puede hacer lo que guste dentro de sus límites, cuando se encuentra en el lugar que le corresponde, en tierra, en su ataúd o en el infierno, en un lugar profano...». La propia Mina certifica el carácter no humano de Drácula: «Supongo que es preciso tener lástima de alguien que es tan perseguido como el conde. Solamente que... esa cosa no es humana... No es ni siquiera una bestia. Leer el relato del doctor Seward sobre la muerte de la pobre Lucy y todo lo que siguió, es suficiente para ahogar todos los sentimientos de conmiseración».

Pero, por otra parte, Stoker es consciente de la doctrina de la degeneración y del atavismo que dominó, como sabemos, el último tercio de la Criminología del siglo XIX. Por ello, le adscribe un lugar entre la antropología criminal de Lombroso. Mina es quien realiza el diagnóstico: «El conde es un criminal y del tipo criminal. Nordau y Lombroso lo clasificarían así y, como criminal, tiene un cerebro imperfectamente formado. Así, cuando se encuentra en dificultades, debe refugiarse en los hábitos». Lo que ha hecho, después de verse acorralado en

Piccadilly, destruidas sus cajas de tierra, es huir; su mente infantil solo puede seguir sus hábitos, no aprender de la experiencia. Mina lo expresa así: «Entonces, igual que es criminal, es egoísta; y como su intelecto es reducido y su acción está basada en el egoísmo, se limita a sí mismo a un único propósito, al que se aplica sin ninguna clase de remordimientos».

Drácula, por consiguiente, representa la figura del criminal nato de Lombroso, miembro de una especie atávica o ancestral y, por ello, poco evolucionada, es decir, moral e intelectualmente inferior a quienes le persiguen. Stoker lo deja claro en palabras de Van Helsing, el criminal de nacimiento está predestinado a perseverar en su proceder violento y antisocial: «El criminal siempre trabaja en un crimen..., ese es el verdadero criminal, que parece estar predestinado para ese crimen y que no desea cometer ningún otro. *Ese criminal no tiene un cerebro completo de hombre.* Es inteligente, hábil, y está lleno de recursos, pero no tiene un cerebro de adulto. Como mucho, tiene un cerebro infantil. Ahora, este criminal que nos ocupa, está también predestinado para el crimen; él también tiene un cerebro infantil y es infantil el hacer lo que ha hecho».

Ciencia y tecnología... y parapsicología

Frente a este enemigo sobrenatural, los cazadores son conscientes de que no pueden recurrir a la ley pues, ¿quién les creería? Al igual que en las otras novelas analizadas, la amenaza que representan los monstruos pasa inadvertida para la justicia. Han de ser ellos, que conocen en profundidad la extensión del poder diabólico de Drácula, los que se tomen la justicia por su mano. La «liberación» de Lucy mediante una secuencia de violencia brutal (en la que su prometido le atraviesa su corazón, al tiempo que se tiñe de la sangre de la «no muerta»; si bien posteriormente procede a cortarle la cabeza y llenarle la boca de ajos, pero esto ya no se describe) demuestra que no les va a temblar el pulso. Su determinación es total, se erigen en defensores de la civilización cristiana, a cuyo Dios permanentemente invocan para pedirle fortaleza y guía en los momentos más oscuros. Del diario de Seward: «El profesor se levantó y, tras dejar su crucifijo de oro sobre la mesa, extendió las manos a ambos lados. Yo le cogí de la mano derecha, y lord Godalming de la izquierda; Jonathan siguió agarrando mi derecha con su izquierda, y le tendió la otra al señor Morris. Así, estrechándonos todos las manos, sellamos nuestro solemne pacto». Y en otro momento: «Entonces renovaremos nuestra promesa; pues nos espera una tarea terrible y, una vez hayamos puesto nuestros pies en el arado, no podremos retroceder». (Referencia de Van Helsing a Lucas 9, 62: «Nadie que pone la mano en el arado y mira hacia atrás es apto para el Reino de Dios».)

Pero no solo confían en la Providencia, Van Helsing y los suyos emplean continuamente la moderna ciencia y tecnología que estaban disponibles en los albores del siglo xx. En efecto, la obra introduce los avances tecnológicos más importantes de la época, como la máquina de escribir portátil (que se atribuye al norteamericano Christopher Sholes y cuyo diseño dio lugar a la primera máquina producida en masa, a partir de 1874, por la compañía de armas Remington & Sons). También se emplea la taquigrafía, así como un fonógrafo de cilindros, inventado por Thomas Edison en 1877. Es constante la utilización del telégrafo, implantado a mediados del xix, así como la taquigrafía en los diarios de Harker; igualmente, los personajes hacen un empleo recurrente del transporte por medio ferroviario, que había alcanzado a finales de siglo un desarrollo extraordinario, permitiendo el movimiento de mercancías y personas que hizo posible la Revolución industrial. Incluso, aparece una cámara Kodak para fotografiar la casa de Carfax, que muestra Harker a Drácula, cámara portátil comercializada en 1888; finalmente, no podemos olvidar la aparición de los nuevos rifles de repetición Winchester producidos por la Winchester Repeating Arms Company a partir de 1866, que resultan decisivos para culminar con éxito el asalto de los cazadores a la carreta de Drácula protegida por los gitanos. Finalmente, a Mina Murray se le da «un revólver de cañón largo» para su defensa personal.

También aparece la ciencia de la antropología criminal de la época, como hemos visto. Pero... Van Helsing no es solo un científico, si se quiere un científico «ortodoxo». Su discípulo John Seward lo define de este modo: «Es un hombre aparentemente arbitrario, pero eso es porque sabe de lo que habla mejor que nadie. Es *filósofo y metafísico*, y uno de los científicos más avanzados de su tiempo; y posee, creo yo, una mente completamente abierta. Además, tiene nervios de acero, un temperamento frío como un témpano, una resolución indomable, un dominio de sí mismo y una tolerancia que más que virtudes parecen bendiciones, y el más amable y sincero corazón que jamás haya latido». La descripción no deja lugar a dudas sobre la excepcionalidad del profesor: enérgico, con convicciones, que cultiva diversas disciplinas, en definitiva, un hombre universal.

Precisamente en este punto es donde radica la originalidad que aporta Van Helsing, pues si bien rinde tributo a la ciencia y a la tecnología, al mismo tiempo posee «una mente completamente abierta», lo que le obliga a hacer una labor de convencimiento ante su discípulo, Seward, que representa al científico ortodoxo o escéptico, incapaz de indagar más allá de lo que parece razonable:

> Eres un hombre inteligente, amigo John; razonas bien, y tu ingenio es atrevido; *pero tienes demasiados prejuicios*. No dejas que tus ojos vean, ni dejas que tus oídos oigan, y aquello que está fuera de tu vida diaria no merece consideración para ti. ¿Es que acaso no crees que hay cosas que no puedes entender, y que sin embargo existen; que hay personas que ven cosas que otros no pueden? Pero existen cosas, viejas y nuevas, que los ojos de los hombres no pueden ver; pues saben, o creen saber, algunas cosas que otros hombres les han contado. ¡Ah, la culpa la tiene nuestra ciencia, que todo lo quiere explicar! Y si no lo explica, entonces afirma que no hay nada que explicar...

En este contexto cobra importancia el título de «metafísico» que también ostenta Van Helsing, lo que encaja perfectamente con su tiempo, en el que científicos sin tacha desde el punto de vista de la ortodoxia participan de la recién creada Sociedad para la Investigación Psíquica, fundada en 1882 por un grupo respetable de científicos y filósofos, algunos de los cuales eran profesores titulares en la Universidad de Cambridge, incluyendo a su primer presidente, el profesor Henry Sidgwick. Hubo grandes nombres en esa sociedad, como el fundador de la psicología estadounidense William James, el físico Oliver Lodge, Pierre Janet, Cesare Lombroso, Stanley Hall y el mismo Sigmund Freud. La meta de la Sociedad, de acuerdo con sus estatutos, era «examinar sin prejuicios o ideas preconcebidas en un espíritu científico, aquellas facultades del hombre, real o supuestas, que carecen de una explicación de acuerdo con hipótesis generalmente reconocidas». De acuerdo con este objetivo, la Sociedad animaba a sus miembros a experimentar fenómenos como la telepatía, el mesmerismo[8] (antecedente de la hipnosis, desarrollada posteriormente por Charcot) y la escritura automática. Tiene todo el sentido, por consiguiente, que en la amonestación que le formula Van Helsing a Seward por su escasa apertura mental, le diga a modo de reto: «Supongo pues que no crees en la transferencia corpórea, ¿no? ¿Ni en las materializaciones? ¿Ni en los cuerpos astrales? ¿Ni en la lectura del pensamiento? ¿No?».

Por tanto, podemos concluir que, en *Drácula*, Stoker invoca tanto la importancia de la ciencia experimental como lo que modernamente podríamos llamar parapsicología o «ciencia de lo oculto». En el ideario de todos aquellos que hicieron posible la Sociedad para la Investigación Psíquica estaba implícita la creencia de un alma que no podía ser explicada por las leyes científicas que daban cuenta del funcionamiento de los objetos y cuerpos, incluyendo el cuerpo humano, oponiéndose a la amenaza que la moderna neurología planteaba en el sentido de que la conciencia fuera simplemente un precipitado (epifenómeno) de los procesos cerebrales. Stoker, al igual que otros escritores[9] y científicos cristianos, creía en el alma y su inmortalidad, lo que propiciaba el interés por todo lo oculto, incluyendo la comunicación con los espíritus de los muertos. De ahí que la lucha de Van Helsing y sus aliados contra Drácula tenga por objetivo salvar el alma inmortal, tanto si la persona (el cuerpo) ya ha fallecido (Lucy), cuanto si está en trance de estarlo (Mina).

Por tanto, aunque los cazadores desarrollan una investigación médica y policial (científica) para identificar primero y luego llegar hasta Drácula, en su enfrentamiento con él y con Lucy recurren a medios sobrenaturales como los símbolos cristianos para contener su gran poder y que, en ese proceso de investigación acerca de quién es el vampiro y el vampirismo, Van Helsing recurra a la sabiduría popular recogida en el folclore, pues la ciencia ortodoxa nada puede decir al respecto. Para darle caza, no solo han sido necesarios los modernos medios de transporte y comunicación, o los rifles de repetición, sino la comunicación mental (contacto telepático) entre Mina y el conde. De hecho, a pesar de todos los adelantos tecnológicos exhibidos por los cazadores, el modo de acabar con Drácula es mediante el uso de una violencia ciertamente primitiva y brutal: Harker y Quincey atacan sin piedad al conde con poderosos cuchillos, atravesando su corazón y cortando su cabeza.

Drácula como psicópata

En cuanto a la psicopatía de Drácula, pocas dudas caben. Vive para asegurar su propia supervivencia, lo cual logra dominando la voluntad por completo de los que infecta, al convertirlos en «no muertos» o directamente matándolos. Aunque en el episodio de las vampiresas que acosan a Harker le dicen a su amo, frustradas, que él «nunca ha amado» y Drácula lo niega,[10] no hay prueba alguna en la novela de que alguna vez el vampiro haya querido a alguien,[11] siquiera que se preocupe por el bienestar de otro que no sea él. Por otra parte —en lo que probablemente es una contradicción con el «cerebro infantil» que le suponen Van Helsing y Mina cuando lo definen como un criminal de Lombroso—, el conde está armado con «un cerebro poderoso, una capacidad de aprender incomparable, y un corazón que no siente ni el miedo ni el arrepentimiento». Estos dos últimos elementos sabemos que son atributos característicos del psicópata, y si diéramos más peso a esta descripción de Drácula que a la del criminal nato de inteligencia infantil, diríamos que es el sujeto adecuado para fingir ser un aristócrata y hombre de negocios en Londres sin que sospechen de él en absoluto. En su calidad de «no muerto», Drácula es un híbrido de hombre y bestia o demonio (puesto que alguna vez fue *solamente* un hombre y conserva atributos humanos), esto es lo que le convierte en un depredador excepcional, porque puede ser letal como una fiera, pero también mostrarse como un «conversador ingenioso [y] un hombre de negocios gentil, cosmopolita y sofisticado», en palabras del antropólogo Mathias Clasen. En otras palabras: en Drácula tenemos esa personalidad espuria que sirve de fachada a los asesinos en serie; y, como ya sabemos, salvo raras excepciones, la personalidad que es capaz de disociarse de sus crímenes y crear dos compartimentos estancos entre el hombre corriente y el asesino en serie —dualidad— es la propia de la psicopatía criminal.

DRÁCULA COMO ASESINO EN SERIE

En el capítulo 5, dedicado a *Jekyll y Hyde*, pusimos de manifiesto cómo la prensa estableció una comparación entre el primer asesino en serie moderno (Jack el Destripador) y Edward Hyde.[12] No obstante, Hyde no fue un asesino serial, mientras que Drácula sin duda lo es: mata a numerosas personas en momento diferentes temporales (periodo de «enfriamiento») y lo hace de modo compulsivo la mayor parte de las veces, porque se nutre de la sangre y de las almas de sus víctimas. Así pues, cumple a la perfección los criterios del asesino serial. Como indica la profesora Caroline Picart, tanto el asesino serial como el vampiro son «criaturas compelidas a matar». Muchas cualidades que describen a algunos asesinos en serie reales (como Ted Bundy o Charles Manson) y de ficción (Hannibal Lecter)[13] las posee Drácula, como son una mirada hipnótica, la capacidad de «meterse» en la mente del otro y dominarle, el gusto por la sangre y el componente sexual del ataque.

Si atendemos a los métodos que se utilizan en la captura de los asesinos seriales y que fueron desarrollados por la célebre Unidad de la Conducta del FBI, vemos que en la novela de Stoker los cazadores actúan como perfiladores criminales cuando se involucran en la investigación. (Van Helsing sería el claro molde de todos los *mindhunters* varones que asoman en los relatos del FBI tras los *serial killers*). Así, descubren su *modus operandi*: ataca por la noche; si la víctima está en un lugar cerrado ha de ser invitado a entrar; se aproxima a las víctimas en forma de lobo o de murciélago, pudiendo auxiliarse de la niebla y de otros elementos para ocultarse; sus víctimas pueden ser tanto hombres (los marineros del Demeter, Renfield) como mujeres; cuando está en presencia de su presa la controla mediante su fuerza física, pero también con su mirada hipnótica. El arma del crimen es su mordisco: la succión del líquido vital, la sangre, aunque puede matar de otros modos si lo encuentra más expeditivo (a Renfield le rompe la columna).

Su motivación esencial es la fundamental de todo asesino en serie: obtener el control total y el poder sobre el otro, sin olvidar el fuerte componente sexual, que también es significativo en muchos de estos asesinos. Por supuesto que Drácula necesita ese dominio porque su vida depende de ello, pero en un sentido figurado también podemos decir que esto es lo que le sucede al asesino serial, que mata sin ninguna razón comprensible o «racional», sino por la necesidad de sentirse vivo, es decir, su supervivencia psíquica.

Su modo de poseer a Mina es indiscutiblemente un ejercicio de tomar posesión de su cuerpo mediante un doble rito: la absorción de la sangre de Mina por el vampiro, y viceversa. Tal y como relata Mina: «Se abrió la camisa y con sus largas y afiladas uñas se abrió una vena en el pecho. Cuando la sangre empezó a manar, tomó mis manos con una de las suyas, apretándolas fuertemente, y con la otra me agarró del cuello y presionó mi boca contra la herida, de modo que si no quería ahogarme no me quedaba más remedio que tragar la sangre...». No cabe duda acerca de los planes del conde: «Y ahora tú, aquella a la que más aman, serás para mí carne de mi carne; sangre de mi sangre; raza de mi raza; mi generoso lagar durante una temporada y mi compañera y ayudante en última instancia».

Visto desde el diario de Seward, que narra el momento en que él y sus amigos descubren que Mina está siendo atacada por Drácula, esa posesión y dominio es todavía más fehaciente:

> Con la mano izquierda tenía agarradas las dos manos de la señora Harker, empujándolas hacia atrás todo lo que se lo permitían sus brazos; con la mano derecha la agarraba por la nuca, obligándola a apoyar la cabeza contra su pecho desnudo. El camisón blanco de ella estaba pringado de sangre, y un fino hilillo goteaba por el pecho del hombre, que asomaba a través de su desgarrada camisa. La postura de ambos se parecía horriblemente a la de un niño forzando el morro de un gatito contra un plato de leche para obligarle a beber [...].

Los dos agujeros en el cuello son su tarjeta de visita o *firma*; cuando aparecen, son señal inequívoca del ataque del vampiro. Revelan la razón de la compulsión por matar, la finalidad o móvil que impulsa al asesino: la supervivencia —puesto que sin la sangre perecería—, pero no solo, ya que ese poder sobre el otro es psicológicamente satisfactorio, como le sucede al *serial killer* convencional. Por ello, Drácula tiene estallidos de ira cuando se le desobedece o se le enfrenta directamente. Esto lo vemos en el episodio de las vampiresas en su castillo, cuando se atreven a acercarse a Harker a pesar de que este «pertenece» a Drácula («¿Cómo osáis posar vuestros ojos sobre él cuando lo he prohibido? ¡Atrás, os digo a todas! ¡Este hombre me pertenece! Guardaos mucho de tocarle, o tendréis que responder ante mí.»), y cuando en Piccadilly los cazadores pretenden matarlo, el vampiro les amenaza y se burla de su fútil intento («Pensabais frustrarme, vosotros... con vuestras pálidas caras puestas en fila, como borregos en el matadero. ¡Aún lo lamentaréis, todos y cada uno de vosotros!»).

Esa posesión viene a representar un mecanismo psíquico característico de algunos asesinos seriales, que ha sido definido como *fusión simbiótica* y se refiere al esfuerzo mórbido (que en ocasiones se revela como una obsesión delirante) de alcanzar una fusión o unidad simbiótica con las víctimas, que se pondría de manifiesto en acciones como consumir partes de sus cuerpos o beber sangre, además de ataques sexuales (incluyendo la sodomía). La sangre ha estado presente en la mayoría de los ritos religiosos y el vampiro, al formar también parte de los ritos más ancestrales, ha estado siempre unido a la simbología de la sangre. Es notable cómo Drácula se ajusta perfectamente a este proceso de posesión y unión con sus víctimas, porque las convierte en *sus criaturas* una vez las ha infectado, representando el grado extremo de fusión simbiótica mediante el ritual de la sangre. («Y ahora tú, aquella a la que más aman, serás para mí carne de mi carne; sangre de mi sangre...»)

En *Drácula* también asistimos a la comunicación que se da entre los policías y el propio asesino, solo que se presenta en el plano de la conexión telepática de la ciencia paranormal. Así, el conde —merced a que ya la ha infectado varias veces— toma posesión del cerebro de Mina y puede comunicarse con ella, saber lo que piensa, lo que hace e incluso expedir mandatos, pero eso tiene la contrapartida de que Mina puede también comunicarse, oír y ver lo que hace Drácula. Ejemplos reales en los que el contacto de los asesinos en serie con los medios de comunicación fue un elemento crucial para su detención son Ted Kaczynski, alias Unabomber, o Dennis Rader, alias BTK.

Ted Kaczynski (1942-2023) fue un científico superdotado que, resentido con la Universidad de Berkeley, de la que era profesor, por no promocionarle y aquejado de graves problemas de relación social, decidió irse a vivir como ermitaño en una cabaña en el bosque profundo del estado de Montana. Sin agua potable o energía eléctrica, fue capaz de construir bombas caseras que envió por correo a lo largo de diecisiete años a empresas tecnológicas, universidades y compañías áreas. Mató a tres personas e hirió gravemente a otras. Poseía una máquina de escribir manual, y en ella redactó un manifiesto (*La sociedad industrial y su futuro*) que remitió al *New York Times* con la promesa de que si este periódico o el *Washington Post* lo publicaban, cesaría en sus ataques con bomba. Cuando su hermano David, alertado por su mujer, pensó que el manifiesto tenía muchas similitudes con el contenido y el modo de escribir de las cartas que poseía de Ted, dirigió al FBI hacia su captura.

En cuanto a Dennis Rader, al que ya hemos presentado, su captura se produjo porque el 16 de febrero de 2005 envió un sobre a la cadena de televisión KSAS-TV —filial de la FOX— en Wichita (Kansas), en el que introdujo un disquete que mostraba fotos e imágenes que revelaban su actividad criminal, en lo que era un alarde de vanidad que le hacía sentirse especial y poderoso, porque ya hacía muchos años que había dejado de asesinar y añoraba esa sensación. Dentro del disquete se pudo recuperar un fichero borrado en formato Microsoft Word, que se le había pasado a BTK por no hacer un borrado seguro de los documentos. El archivo recuperado tenía metadatos y se podían leer dos cosas importantes. En primer lugar, aparecía el texto *Christ Lutheran Church* y en el historial de edición del fichero se podía leer que el último que lo había modificado era el usuario «Dennis». Con esta información, la policía de Wichita pudo al fin capturarlo, treinta y un años después de que cometiera su primer homicidio (que, de hecho, fue un cuádruple asesinato: la familia Otero).

Comentarios finales

¿Es posible presentar a este ser diabólico como una víctima? Probablemente, no tiene sentido si nos ocupamos de las intenciones conscientes y expresas de Stoker, alguien conservador en muchos aspectos de su vida y cristiano protestante convencido. Sin duda, la lectura más correcta es la que se desprende del carácter y acciones de los personajes. Drácula es un vestigio del pasado, un aristócrata de una Europa atrasada que no confía ni recurre a los adelantos de la ciencia moderna: viaja en barco, escribe cartas, no comprende la taquigrafía y su castillo acumula telarañas y muros corroídos por el paso del tiempo. Actúa siempre solo y, cuando recurre a alguien (como Renfield), tiene que dominarlo previamente o comprar su obediencia (los gitanos). Drácula es una amenaza porque transmite una enfermedad capaz de acabar con la raza humana y reemplazarla por otra de «no muertos». Frente a él, Van Helsing, Mina y sus amigos defienden los valores cristianos y de la civilización. Para lo primero, invocan el auxilio de Dios continuamente y, en ese conocimiento sobrenatural, adquieren los medios más poderosos para defenderse de aquel, lo que tiene todo el sentido, porque Drácula es un enemigo igualmente sobrenatural. Para lo segundo, emplean todos los artilugios del final del siglo de la Revolución industrial complementados con el saber del folclore tradicional —gentileza del hombre universal que es Van Helsing— para combatirle. No obstante, si bien esos medios modernos les permiten comprender la naturaleza de la amenaza e identificar y perseguir al agente causal, no es menos cierto que esto no serviría de nada si no hubiera una unión y colaboración extraordinaria entre todos ellos. Frente a un asesino solitario e incapaz de tener afectos reales, los cazadores muestran el beneficio de una ética igualitaria, donde cada uno tiene un papel mayor o menor, pero esencial, desde el aristócrata lord Godalming hasta la «simple» ama de casa y maestra que es Mina. Todos ellos cuentan con la colaboración de otros miembros fieles de la Corona, como empleados de empresas de transporte, telegrafistas, cerrajeros o mozos (en algunos casos, incentivados con unos chelines), cuya labor invisible permite que la sociedad moderna funcione.

Pero si aceptamos que las grandes obras en el campo del terror y la ciencia ficción representan de forma encubierta las ansiedades y temores de la sociedad y época en las que se inscriben, podríamos ver al temible conde como un ejemplo de lo que el escritor René Girard calificó como «víctima sacrificial». Para este autor, vendría a ser el chivo expiatorio de una comunidad en conflicto y tensión acerca de la satisfacción de sus necesidades materiales (falta de empleo, por ejemplo) o simbólicas y sociales, como serían las normas que deben prevalecer en una «comunidad civilizada», por ejemplo en relación a la igualdad de género y la conducta sexual, así como en el aspecto que debe tener un auténtico «ciudadano» (el tema de la raza y de la identidad nacional).

Drácula sería una víctima sacrificial o chivo expiatorio de una Inglaterra sumida en una situación profunda de crisis, donde la política colonialista se veía sometida cada vez más a duras críticas, el Imperio británico iba a menos, y el desarrollo científico de la antropología darwiniana estaba poniendo en serias dudas la existencia de un Dios creador y del alma.

¿Y qué podría conferir a Drácula ese título? Ciertamente, no es muy difícil ver las razones: Drácula amenaza con infectar a toda la humanidad con su terrible enfermedad, el vampirismo, y el portador de esa plaga es un viejo (¡nunca mejor dicho!) conde extranjero. Son varios los autores que vieron en la plaga vampírica el miedo a la sífilis importada a las islas por inmigrantes y gente extranjera de vida «desordenada». Además, su sexualidad es perturbadora: Harker tiembla y anhela ser mordido por las vampiresas, aunque las tema, y la propia Mina espera con gozo los afilados dientes del conde. El mal que configura Drácula es el de un formidable enemigo (sobrenatural) que perturba los hábitos, las costumbres, las jerarquías sociales y la moral, que ostenta el poder susceptible de atrapar a «nuestras mujeres» y es portador de toda clase de contagios que pueden acabar con la raza blanca y la propia humanidad. Este proceso sacrificial hubiera exigido, llegado el caso, la eutanasia de Mina (antes de que se convirtiera en una «no muerta»)[14] y, desde luego, exigió la legítima defensa que acompaña la muerte de Drácula a manos de Quincey y Harker, y la de sus tres vampiresas, estas últimas objeto de las estacas y cuchillo de Van Helsing mientras descansaban en el castillo. Un auténtico proceso sacrificial.

Parte III

EL PSICÓPATA DE MASAS

Los heraldos del apocalipsis

En la parte II de esta obra nos hemos ocupado del psicópata criminal que actúa en soledad. El Dr. Frankenstein tiene rasgos importantes de psicopatía, pero en su ánimo no está destruir a los demás. Sin embargo, al construir un ser con el que colmar sus ambiciones megalomaníacas y blasfemas deviene en el auténtico monstruo, ya que reniega de la Criatura cuando esta le necesita para completar su identidad, sometiéndola al abandono más atroz. (No obstante, como el propio Victor Frankenstein llega en un momento dado a pensar, si consideramos que la Criatura no es sino su doble o sombra, que realiza sus fantasías profundas, entonces sí que estaría en el subconsciente del doctor la compulsión homicida.) Por su parte, la Criatura encarna la tesis de la negligencia y abandono existencial que propugnan los científicos sociales como catalizador de una parte significativa de la psicopatía y el asesinato serial y, cuando decide contraatacar, se deja llevar por la sed de venganza y la excitación que le provoca el acto de matar.

En la novela de Stevenson, Edward Hyde es claramente un psicópata, un monstruo moral, aspirante a asesino en serie. Por su parte, Dorian Gray encarna al psicópata integrado al abrazar como filosofía el goce estético y sensual, hallando en la corrupción y cosificación del otro la fuente principal de su placer. Finalmente, Drácula, en su calidad de «no muerto», es literalmente un monstruo que vive para condenar a sus presas a la esclavitud de su dominio absoluto. Es un psicópata pariente de Satanás, con una compulsión homicida absoluta, pues biológicamente depende para subsistir de que pueda alimentarse de sus presas.

En esta tercera parte cambiamos el enfoque. En las dos obras que presentamos, *El corazón de las tinieblas* y *La isla del Dr. Moreau*, los psicópatas (Kurtz y Moreau) actúan sobre un colectivo y son claros antecedentes de todos los psicópatas que someten a otras personas a situaciones de extrema privación (como la esclavitud física o mental), y a los que cometen asesinatos en masa o genocidios. Además, estos psicópatas más modernos recurren al adoctrinamiento o socialización para lograr la privilegiada posición que ostentan y, por ello, cuentan con seguidores, adláteres o gente entregada al culto a su personalidad, que los ayudan en su tarea de construir su gobierno psicopático. Menos dramáticamente interesantes que los anteriores, quizá su capacidad de destrucción es infinitamente superior. De este modo, Joseph Conrad y H. G. Wells inauguraron con sus obras el tratamiento literario del psicópata de masas, al igual que sus predecesores crearon el paradigma literario que ayudó a conformar la imagen del psicópata, el «loco» o «monstruo moral».

Finalmente, ambas obras proponen una variante del género gótico. En ellas, el misterio y la muerte no precisan de laboratorios, castillos, buhardillas cerradas o de calles envueltas en la niebla que ocultan a seres peligrosos e inquietantes, sino que provienen de la naturaleza, de la selva desconocida (Moreau) o inexpugnable (Kurtz). Los monstruos se ocultan en la jungla, y ahí residen también sus víctimas. Ninguno de los personajes protagonistas que han de enfrentarse a los poderosos señores de estos dominios (Marlow en *El corazón de las tinieblas* y Prendick en *La isla del Dr. Moreau*) salen indemnes de esos encuentros. Cuando los dos regresan a Inglaterra y a la civilización son incapaces de soportar la banalidad y la vida alienada que llevan sus compatriotas. Es una carga de profundidad contra la sociedad «superior» que pregona la antropología del momento y la vida anodina que trajo para el pueblo llano la industrialización masiva. Porque Marlow y Prendick han visitado el infierno, pero ese infierno ha sido construido por la cultura occidental a la que finalmente regresan —el corazón del Imperio británico—, pues tanto Kurtz como Moreau crearon sus reinos persiguiendo los ideales de la sociedad racionalista de fin de siglo: la «salvación» y «educación» de los salvajes en el primer caso, y el convencimiento de que la ciencia no tiene límites en su tarea de hacer progresar al hombre sobre la naturaleza, en el segundo.

8

El corazón de las tinieblas[1]

> Éramos vagabundos en tierra prehistórica, en una tie-
> rra que tenía el aspecto de un planeta desconocido.
>
> Marlow, en *El corazón de las tinieblas*

Joseph Conrad (1857-1924) nació en Polonia, pero se hizo célebre escribiendo en inglés, la lengua que adoptó en la edad
adulta. *El corazón de las tinieblas* tiene importantes referencias
autobiográficas pues, al igual que Charlie Marlow, protagonista junto al enigmático Kurtz, Conrad también estuvo en el
Congo durante seis meses como marino empleado al servicio
de una compañía privada (más tarde, reconvertido en el Estado Libre del Congo, como colonia de Bélgica) que el rey Leopoldo II manejaba a su antojo para su propio beneficio. Conrad
firmó para tres años, pero —escribe Vargas Llosa— «afectado
por diarreas, disgustado y decepcionado de su experiencia
congoleña, regresó a Europa en diciembre de 1890. De hecho,
ese viaje también arruinó su salud; le dejó un legado de dolen-
cias físicas que sufrió de por vida: efectos secundarios casi letales, malaria y disentería, que a la larga le causaron, de una
forma crónica, parálisis, trastornos nerviosos y gota».

Se sabe que Conrad pudo presenciar las lamentables condiciones de vida en las que subsistían los nativos, si bien se desconoce si fue testigo de lo que, años después, la historia califi-
caría como el genocidio del Congo y que cubrirá el nombre

del rey belga con la mayor de las infamias: la de ser un asesino de masas o un genocida (volvemos a este punto más adelante). En todo caso, Conrad quiso ser discreto y, aunque todo el mundo sabía que la novela trataba sobre la compañía de Leopoldo II, en ella no aparecen nombres de países ni tampoco se menciona el río que sirve de catalizador para la historia (que era el río Congo).

La novela de Conrad no es de lectura fácil, sus frases se estructuran con un poderoso sentido de la metáfora que apela intensamente a los sentidos. «Lo que intento lograr [cuando escribo] es que el lector pueda, mediante el poder de las palabras, oír, que pueda sentir y, por encima de todo, *que pueda ver*», escribió Conrad. Además, hemos de estar atentos para discernir las ideas y los estados emocionales que muestran los diferentes personajes —que conocemos por boca de Marlow— de lo que piensa y siente el propio Marlow, pues este no siempre dice y siente las mismas cosas sino que, como hombre que está horrorizado y fascinado al mismo tiempo por una realidad que le abruma, va construyendo su pensamiento en un carrusel de emociones a medida que va penetrando en ese *corazón de la selva*. La novela conoció su primera publicación en 1899 mediante tres entregas de la revista londinense *Blackwood's Magazine*, finalmente aparecería como libro en 1902. Su impacto en la literatura del siglo XX fue colosal, como se demostró cuando se cumplió el centenario de su publicación con una multitud de actos y publicaciones en torno a la figura de Conrad y, de forma destacada, a *El corazón de las tinieblas*.

Como todas las novelas que comentamos en este libro, su profundidad y riqueza permiten múltiples interpretaciones. Algunos autores dijeron que era una obra racista, pero contemplada la novela en su conjunto, esa crítica no se sostiene, ya que, como se verá, su representación de los colonos es mucho más negativa que la de los nativos. Otra cosa es que en esos años finales del siglo XIX estuviera interiorizada en la mentalidad colectiva de Europa la idea de que los salvajes o nativos de pueblos primitivos eran inferiores a los blancos y cultos europeos, porque el marco cultural del darwinismo social —que establecía que también había una jerarquía de pueblos que iban de menos a más evolucionados, como la que existía en el reino animal— era dominante, como ya se ha comentado en páginas anteriores.

Pero, más allá de esta polémica, *El corazón de las tinieblas* trasciende su tiempo para convertirse —de nuevo en palabras de Llosa— «en una exploración de las raíces de lo humano; esas catacumbas del ser donde anida una vocación de irracionalidad destructiva que el progreso y la civilización consiguen atenuar pero nunca erradican del todo». En suma, al igual que las otras novelas que comentamos en este libro, *El corazón de las tinieblas* trata, entre otras cosas, del mal, pero también de la identidad, *de cómo es el ser humano* pues, en realidad, el viaje que emprende Marlow puede ser descrito también como un viaje de autodescubrimiento, al verse inmerso —y con frecuencia sometido— en un marco que le abruma y por momentos se apodera de él, así como una aventura que tiene como finalidad el desvelamiento de quién es en realidad Kurtz y dónde radica su excepcionalidad.

En todo caso, hoy en día se la considera una obra clásica del siglo xx. Jorge Luis Borges escribió que «harto más terrible [que el Infierno de Dante] es el de *El corazón de las tinieblas*, el río de África que remonta el capitán Marlow, entre orillas de ruinas y de selvas, y que bien puede ser una proyección del abominable Kurtz, que es la meta [...]. [*El corazón de las tinieblas* es] acaso el más intenso de los relatos que la imaginación humana ha labrado».

Sinopsis de la novela

El argumento de la novela se puede resumir en unas breves líneas: es la crónica de un viaje emprendido por Marlow a bordo de un pequeño vapor por el río Congo para relevar a un agente comercial del interior que se halla gravemente enfermo. En efecto, la mayor parte de la novela está narrada por Charlie Marlow, un marinero que, en las horas finales del día, a bordo de la Nellie, «una pequeña yola de crucero» anclada en el estuario del Támesis, cuenta su más grande aventura a sus compañeros de la mar, pues Marlow, a diferencia de estos, «era marino, pero también vagabundo».

No quiero aburriros demasiado con lo que me ha ocurrido personalmente y, sin embargo, para entender el efecto que ha tenido en mí, debéis saber cómo llegué hasta allí, lo que vi, cómo remonté aquel río hasta el lugar donde encontré por primera vez al pobre hombre. Era el más remoto lugar navegable y el punto culminante de mi experiencia. Parecía proyectar de alguna manera como una luz sobre todo mi alrededor y sobre mis mismos pensamientos.

Relata que, gracias a los contactos que tenía una tía suya y viéndose desocupado después de haber servido en su último destino, se enroló en una compañía comercial con sede central en Francia y que tenía negocios en África. Su misión era sustituir a uno de los pilotos que había fallecido para realizar un largo viaje por el interior del continente. Tras treinta días de navegación llega al país y ve por vez primera el gran río, aunque su trabajo comenzaría «doscientas millas más adelante», donde le espera el vapor que ha de dirigir hasta su destino final, el encuentro con Kurtz.

Marlow tiene su primera parada, que realiza en otro barco, en una estación de la compañía en la jungla. Allí se topa con indígenas que están construyendo un ferrocarril y se queda impresionado: «Un leve tintineo a mi espalda me hizo volver la cabeza. Seis negros avanzaban en fila, subiendo fatigosamente por el sendero. Caminaban erguidos y despacio, manteniendo en equilibrio sobre sus cabezas pequeñas cestas llenas de tierra, y el tintineo seguía el ritmo de sus pasos [...]. Se les notaban todas las costillas; las articulaciones de sus miembros parecían nudos de una cuerda; todos llevaban un collar de hierro alrededor del cuello y estaban unidos por una cadena cuyas cuelgas oscilaban entre ellos, tintineando rítmicamente».

El narrador presencia otras escenas de profunda degradación de los nativos hasta que llega a la primera estación de la compañía, donde le recibe el contable y responsable, un hombre de aspecto tan inesperado («cuello almidonado, puños blancos, chaqueta de alpaca») que al primer momento «lo tomé por una especie de visión». La estación estaba en completo desorden, y allí tuvo que esperar diez días. El contable es la primera persona que le habla de Kurtz. «Un día comentó, sin levantar la cabeza: "Seguro que en el interior conocerá usted al señor Kurtz". Al preguntarle quién era el señor Kurtz, respondió que se trataba de un agente de primera clase, y viendo mi contrariedad ante tal información, añadió, despacio, dejando la pluma: "Es una persona fuera de lo normal". Ulteriores preguntas consiguieron arrancarle que el señor Kurtz estaba en la actualidad encargado de un puesto comercial de gran importancia en la verdadera región del marfil, en el mismísimo corazón de ella. Nos manda tanto marfil como todos los demás juntos...»

Las condiciones de vida de los negros no son mucho mejores en la estación. Enferman y mueren bajo la absoluta indiferencia de todos. En ocasiones, los porteadores negros arman alborotos que sacan de quicio al contable: «Cuando uno tiene que hacer asientos correctos llega a odiar a esos salvajes, a odiarles a muerte».

Finalmente, Marlow sale para la Estación Central: tendrá que recorrer a pie doscientas millas y, quince días después, llega cojeando. Allí le recibe el director, «un vulgar comerciante, empleado en esta región desde su juventud; nada más. [...] No tenía estudios ni inteligencia». Su único mérito era «no haber estado nunca enfermo», lo que permitía que el negocio marchara sin interrupciones. Una vez, cuando varias enfermedades tropicales tenían postrados a casi todos los agentes de la estación, le oyeron decir: «Los hombres que vienen aquí no deberían tener entrañas».

El director le cuenta que ha habido un accidente y el vapor que debía pilotar estaba «en el fondo del río», por lo que se pasa los siguientes dos meses reparándolo. En esos días, se entera de su misión: ha de ir a la estación interior, que dirige Kurtz, para traerlo a casa, ya que está muy enfermo. Marlow le pide que le hable de Kurtz. Este le contesta que es el jefe de la estación interior y alguien muy especial: «Es un prodigio —dijo al fin—. Es un emisario de la compasión, de la ciencia, del progreso y el diablo sabe de cuántas cosas más». Y luego añade: «Queremos —empezó a declamar de repente— mayor inteligencia, mayor comprensión, dedicación exclusiva para dirigir la causa que nos ha sido confiada, por así decirlo, por Europa», razón por la cual, le dice, se espera que Kurtz, «un ser especial», en breve pueda pasar a tener cargos directivos en la compañía.

En la Estación Central también esperan embarcados agentes de la compañía rumbo a la estación interior (a los que Marlow llama «peregrinos», porque llevan un cayado), en espera de poder tener su parte en los beneficios del comercio del marfil. Un día, Marlow los observa desde una colina y los ve «vagando sin objeto en el cercado bajo los rayos del sol. A veces me preguntaba qué significaba todo aquello. Iban de un lado para otro con sus cayados absurdamente largos en la mano, como una multitud de peregrinos sin fe, hechizados dentro de una cerca podrida. La palabra "marfil" resonaba en el aire, se susurraba, se suspiraba. Uno pensaría que la estaban invocando. Un tufo de estúpida rapacidad lo envolvía todo, como el aliento de un cadáver. ¡Por Júpiter! No he visto nada tan irreal en toda mi vida». En contraste, si dejaba que su mirada vagara por fuera, hacia el exterior de la estación, su espíritu se sobrecogía, pues «la selva silenciosa que rodeaba este claro en la tierra *se me presentó como algo grandioso e invencible, como el mal o la verdad,* esperando pacientemente a que pasara esta fantástica invasión».

Así es, la selva causa una profunda impresión en Marlow. Lo que ve hacer a los peregrinos es pura mezquindad. En cambio, la jungla es todo misterio, como un animal terrible e ingobernable:

El olor del fango, del fango primitivo, ¡por Júpiter!, estaba en mis narices; y ante mis ojos, la profunda quietud del bosque primitivo; había manchas brillantes en la negra ensenada. La luna había tendido una fina capa de plata sobre todas las cosas —sobre la exuberante hierba, sobre el fango, por encima del muro de espesa vegetación que se levantaba a una altura mayor que el muro de un templo, por encima del gran río que yo veía brillar a través de una brecha oscura, brillar a medida que fluía en toda su anchura, sin un murmullo—. [...] *¿Qué éramos nosotros que nos habíamos extraviado allí?*, ¿podríamos dominar aquella «cosa» muda o nos dominaría ella a nosotros? Sentí lo grande, lo malditamente grande que era aquella «cosa» que no podía hablar y que tal vez era también sorda. *¿Qué había allí dentro?*

Finalmente, emprenden el tortuoso viaje, que durante muchos días los llevará por el sinuoso río hasta Kurtz.

No pretendo decir que aquel vapor flotara todo el tiempo. Más de una vez tuvo que vadear durante un rato, con veinte caníbales chapoteando alrededor y empujando. Habíamos enrolado varios de esos hombres a modo de tripulación. Eran hombres con los que se podía trabajar y les estoy agradecido; y después de todo no se devoraban unos a otros en mi presencia: habían traído consigo una provisión de carne de hipopótamo.

A medida que se van acercando a la estación interior donde está Kurtz, se escuchan gritos y cantos de los negros, que les van siguiendo desde la orilla. Pero Marlow no puede dejar de sentir una conexión con ellos y llega a una conclusión, siquiera envuelta en la duda: «La tierra parecía algo no terrenal. Estamos acostumbrados a verla bajo la forma encadenada de un monstruo dominado, pero allí, allí podías ver algo monstruoso y libre. No era terrenal, y los hombres eran... No, no eran inhumanos. Bueno, sabéis, eso era lo peor de todo: esa sospecha de que no fueran inhumanos».

Finalmente llegan a la estación interior. La casa que sirve de estación y de morada de Kurtz presenta un estado ruinoso. Marlow la observa mientras se acerca por el río. Y de pronto se estremece, porque la verja que rodea el acceso a la propiedad se compone de estacas que, en la parte superior, en vez de ornamentos de madera, están coronadas por cabezas de negros.

Volví deliberadamente a la primera que había visto, y allí estaba, negra, seca, hundida, con los párpados cerrados: una cabeza que parecía dormir encima de aquel poste y que, mostrando la línea blanca y estrecha de los dientes, entre los labios secos y contraídos, sonreía también, sonreía continuamente a algún sueño interminable y jocoso de aquella eterna somnolencia.

Ya en tierra, van en busca de Kurtz, que llega transportado por porteadores negros en unas parihuelas. Está extraordinariamente delgado. El director de la Estación

Central le dice que, a pesar de que ha sido el agente más extraordinario de la compañía por la ingente cantidad de marfil que ha recogido durante años, ahora en realidad supone un estorbo, pues hacía tiempo que había perdido el control y estaba aplicando «métodos erróneos». Ahora, tan solo queda llevárselo de regreso a la civilización para que deje su lugar a otro agente que pueda volver a poner orden.

Marlow, sin embargo, siente un gran deseo de conocer a Kurtz y, antes de que pueda hablar con él, entabla relación con un ruso, que le ha servido fielmente estos últimos años. Marlow le transmite su preocupación de que Kurtz, a pesar de su estado, no quiera irse y pueda poner a los nativos en su contra, a lo que el ruso le responde que él «no tenía miedo de los indígenas; ellos no se moverían hasta que el señor Kurtz diera la orden. Su influencia era extraordinaria. Los campamentos de aquella gente rodeaban el lugar, y los jefes venían a verle a diario. Se arrastraban...». Pero Marlow acertó sobre la resistencia de Kurtz a dejar el que había sido su hogar durante tantos años y, una vez que logran subirlo al vapor para emprender el camino de regreso, a pesar de lo grave que estaba, Marlow tuvo que ir a buscarle a tierra firme porque se había marchado casi caminando a rastras, convenciéndole para que regresara al barco, a pesar de que una palabra suya hubiera bastado para que los negros se abalanzaran sobre él y lo mataran.

De nuevo en el barco, Marlow tiene la oportunidad de observar y hablar con Kurtz. Comprende que este hombre es extraordinario, pero que —como demostraban las cabezas decorando la verja de su casa— «perdía el control de sí mismo a la hora de satisfacer sus diversos apetitos; que *le faltaba algo, algo insignificante*, pero que, en el momento crítico, se echaba de menos debajo de su magnífica elocuencia». ¿Era consciente de esa deficiencia? Marlow no lo sabía, «pero la selva lo había descubierto pronto y se había tomado en él una venganza terrible por la fantástica invasión. *Creo que le había susurrado cosas acerca de sí mismo que desconocía*, cosas de las que no tenía idea hasta que no oyó el consejo de esa enorme soledad; y el susurro había resultado irresistiblemente fascinante».

Sí, Kurtz se dejó fascinar por la selva y gobernó como un rey, pero había tenido que pagar un precio muy alto, porque...

Su alma estaba loca. Al encontrarse sola en la selva había mirado dentro de sí misma y, ¡santo cielo!, os lo aseguro, se había vuelto loca. Yo mismo tuve que pasar, supongo que a causa de mis pecados, por la dura prueba de mirar en su interior. *Ninguna elocuencia hubiera sido capaz de marchitar la propia fe en la humanidad como lo hizo su explosión final de sinceridad.* Luchaba también consigo mismo. Lo vi; lo oí. Vi el inconcebible misterio de un alma que no conocía el freno, ni fe, ni miedo, y que, no obstante, luchaba ciegamente consigo misma.

Sí, Marlow asiste, entre horrorizado y fascinado, a los últimos momentos de Kurtz, acostado en la cabina del barco, emprendiendo un viaje que nunca terminará. «Kurtz peroraba. ¡Qué voz! ¡Qué voz! Resonó profunda hasta el final. Sobrevivió a sus fuerzas para ocultar en los espléndidos pliegues de la elocuencia la estéril oscuridad de su corazón. ¡Oh, cómo luchó! ¡Luchó!» Kurtz delira de forma lúcida y recuerda cómo vino muchos años atrás lleno de ideas sobre llevar la civilización a esa tierra de salvajes, tarea para la que había iniciado un largo memorándum titulado «Informe para la Sociedad Internacional para la Supresión de las Costumbres Salvajes». Ese Informe nunca lo acabó, pero conservaba las diecisiete páginas que había escrito años atrás, que le rogó a Marlow que custodiara. Marlow, en efecto, lo recoge y verá algo al final del todo, que era claramente una línea añadida posteriormente, que le sorprenderá, ya que estaba escrito: «¡Exterminad a todos esos salvajes!».

Marlow comprende que, en esos momentos finales de su vida, Kurtz se debate en una agonía en la que «La sombra del *Kurtz original* frecuentaba la cabecera de aquella hueca imitación, cuyo destino era ser enterrado al poco tiempo en el moho de la tierra primigenia. Pero tanto el amor diabólico como el odio sobrenatural de los misterios en que había penetrado luchaban por la posesión de aquella alma saciada de emociones primitivas, ávida de falsa fama; de distinción fingida, de todas las apariencias del éxito y del poder».

Meses atrás, Kurtz hizo un intento de regresar a Europa. Junto al ruso, había navegado desde su estación hasta la Central cargado de marfil, pero antes de llegar se arrepintió y había regresado solo. La selva finalmente le había ganado el pulso, le había dado un gran poder, pero había «enloquecido su alma». Finalmente:

No había yo visto nunca nada parecido al cambio que sobrevino en sus facciones, y espero no volverlo a ver. Oh, no me conmovió. Me fascinó. Fue como si se hubiera desgarrado un velo. *En aquella cara de marfil vi la expresión del orgullo sombrío, del poder despiadado, del terror pavoroso, de una desesperación intensa y desesperanzada.* ¿Estaba acaso viviendo de nuevo su vida en cada detalle de deseo, tentación y renuncia durante aquel momento supremo de total conocimiento? Gritó en susurros a alguna imagen, a alguna visión; gritó dos veces, un grito no más fuerte que una exhalación: «¡El horror! ¡El horror!».

Marlow regresa a Londres, entrega en la compañía el informe escrito por Kurtz acerca de los deberes de la civilización para con los salvajes y finalmente va a visitar a la prometida de este para darle el pésame. No tenía necesidad de hacerlo, puesto que ya la compañía le había comunicado su fallecimiento, pero entendemos que Marlow quiere todavía aferrarse un poco a Kurtz, llevado por la profunda impresión que le causó, y su prometida fue parte de ese mundo antes de que emprendiera el viaje a África en pos de la causa de la civilización. En el breve encuentro que tuvieron, Marlow comprueba que ella también lo adoraba, que tenía de él el concepto más elevado, como un ser perfecto.

—Perdóneme. Yo..., yo... le he llorado en silencio durante tanto tiempo..., en silencio... ¿Estuvo usted con él... hasta el final? Pienso en su soledad. Nadie a su lado que le comprendiera como yo le hubiera comprendido. Tal vez nadie que oyera...

—Hasta el final —dije yo temblorosamente—, yo oí sus últimas palabras... —me detuve asustado.

—Repítalas —murmuró en un tono acongojado—. Quiero..., quiero... algo..., algo... con... con lo que vivir.

Estuve a punto de gritarle: «¿No las oye?». El crepúsculo las estaba repitiendo en un persistente susurro a nuestro alrededor, en un susurro que parecía hincharse amenazadoramente, como el primer susurro de un viento que se levanta. «¡El horror! ¡El horror!»

—Su última palabra... con la que vivir —insistió—. ¿No comprende usted que yo le amaba?... Le amaba. ¡Le amaba!

Reuní todas mis fuerzas y hablé despacio.

—La última palabra que pronunció fue... su nombre.

FIGURA 5. *El corazón de las tinieblas*: en la película, Marlow (en la versión cinematográfica de Coppola, el capitán Willard) llega al interior profundo de la jungla, donde los nativos solo obedecen la voluntad del enigmático Kurtz y le hacen prisionero.

KURTZ Y MARLOW

Escribe Araceli García en sus notas introductorias a la novela que «es con la entrada en escena de Kurtz, donde todo se precipita; esta voz, este fantasma ha eclipsado todo lo que hay alrededor». Así es, tal es la potencia del personaje, que en realidad todo el penoso desplazamiento de Marlow por el río no es sino el camino que lleva a su encuentro, una reunión que él espera con gran expectación pues, no en vano, en varias ocasiones diferentes agentes de la compañía le habían estado hablando de Kurtz con gran admiración, pero siempre con un halo de misterio.

Para entender a Kurtz, primero hemos de comprender la relación que le une a Marlow. Araceli García indica que Marlow

287

representa la vida ciudadana, el peso de los vínculos sociales que, al emprender ese viaje, se va a enfrentar al mismo reto al que años atrás tuvo que hacer frente Kurtz: resistir el poder de la selva para desatar en él sus «instintos olvidados», lo que podemos entender como las «fuerzas del lado oscuro» del hombre, su capacidad de convertirse en un ser salvaje y brutal. En cambio, Kurtz, probablemente porque estuvo mucho más tiempo en la profundidad de la selva y en circunstancias de gran soledad en relación con otros hombres con los que poder comunicarse y mantener los referentes culturales, sucumbió a lo que podríamos llamar el *hechizo de la selva* («algo monstruoso y libre»), y por ello «su alma se había vuelto loca». Marlow dice que «[la selva] le había susurrado cosas acerca de sí mismo que desconocía, cosas de las que no tenía idea hasta que no oyó el consejo de esa enorme soledad; *y el susurro había resultado irresistiblemente fascinante*».

¿Por qué lo había fascinado? Porque le permitió sentirse como un dios o rey dentro de esa tierra tan alejada de todo, liberándole de todo compromiso moral («un alma que no conocía el freno, ni fe, ni miedo»). Kurtz viene a representar así el poder hipnótico de la selva, de «la tierra primigenia», donde no existe más ley que la supervivencia, una fascinación que logra sobre todo a través de su voz («¡Qué voz! ¡Qué voz! Resonó profunda hasta el final»). Kurtz simboliza —señala Araceli— la fusión de las tinieblas de la selva con la oscuridad interior del ser humano.

Ahora bien, Marlow no sale del todo indemne de su encuentro con Kurtz, porque es indudable que, como el ruso y tantos otros, él también cayó bajo su influjo y no pudo sino admirarlo, razón por la cual no se atreve a contarle la verdad de su final a su prometida cuando regresa a Londres (ni tampoco que él tenía una novia entre los nativos), dejando así que perviva en ella el recuerdo de un hombre que dejó de existir como lo recordaba hacía ya muchos años.

Pero el impacto de la selva y de Kurtz le deja también una secuela profunda en el alma, porque a su regreso ya no puede seguir viendo a sus conciudadanos del modo en que solía.

Me encontré de regreso en la ciudad sepulcral donde me molestaba la vista de la gente apresurándose por las calles para sacarse un poco de dinero unos a otros, para devorar sus infames alientos, para tragar su insalubre cerveza, para soñar sus insignificantes y estúpidos sueños. Se entrometían en mis pensamientos. Eran intrusos cuyo conocimiento de la vida era para mí una irritante pretensión, porque yo estaba seguro de que era imposible que supieran las cosas que yo sabía. Su conducta, que era simplemente la conducta de individuos vulgares ocupándose de sus negocios con la certeza de una perfecta seguridad, era ofensiva para mí, como ultrajantes ostentaciones de insensatez ante un peligro que eran incapaces de comprender. No tenía ningún deseo especial de ilustrarles, pero me resultaba bastante difícil contenerme y no reírme en sus caras, tan llenas de estúpida importancia.

Marlow ha regresado del Congo, sí, pero ha quedado «tocado», por el nuevo conocimiento que la selva y Kurtz le proporcionaron: la profunda maldad que puede corroer al ser humano hasta los cimientos de su alma si deja de luchar contra su lado oscuro, porque la bestia espera siempre al acecho.

LA HISTORIA DETRÁS DE *EL CORAZÓN DE LAS TINIEBLAS*

Es bien conocido que la novela de Conrad se basa en hechos reales: la explotación de los recursos (marfil y caucho, sobre todo) y las vidas de los congoleños, primero en forma de compañía privada y luego dentro del marco estatutario de colonia de Bélgica, sancionado en el transcurso de una conferencia celebrada en Berlín en 1884-1885, que la dejaba bajo la potestad directa del rey Leopoldo II, con el irónico nombre de Estado Libre del Congo. El discurso del rey ante la asamblea fue un remedo del «Informe para la Supresión de las Costumbres Salvajes» que Kurtz mostrará ante Marlow en *El corazón de las tinieblas.* Con un cinismo pocas veces visto, Leopoldo II aseguró que los europeos tenían la responsabilidad moral de asistir y educar a los pobres e ignorantes africanos, cuando lo cierto es que sus mercenarios (a los que él calificaba de «maestros bene-volentes») ya hacía años que esclavizaban y mataban de puro agotamiento o mediante sumaria ejecución, ante los intentos de rebelión, a decenas de miles de congoleños.

En concreto, el genocidio belga empezó como concepto en 1876, cuando Leopoldo II inaugura la Conferencia Geográfica de Bruselas, donde se dieron cita algunos de los geógrafos y exploradores más notables de su tiempo. Deseoso de desqui-tarse de la pobre opinión que su padre siempre tuvo de él, Leopoldo va a utilizar esa plataforma internacional para que las potencias del mundo le dejen vía libre para colonizar África Central con el argumento de llevar la civilización y el cristianis-mo al corazón del continente, liberarlo de su oscuridad y de la opresión de los traficantes de esclavos árabes. ¿Quién se opon-dría a tal noble fin? Nadie en Europa le pone traba alguna y, tres años después, Leopoldo crea con su propio dinero la Aso-ciación Internacional del Congo que, sin que se sepa que él está detrás de todo, empieza a fundar diferentes estaciones a lo largo del río Congo, que explorará el territorio en su nombre desde 1879 hasta 1894, cuando deja paso a la colonia del Esta-do Libre del Congo bajo mandato personal del rey.

El aventurero que está detrás de esa labor es nada más y nada menos que Henry Morton Stanley (1841-1904), que asentaría su gloria precisamente en sus expediciones a África Central, en una de las cuales encontró al desaparecido y también explora-dor David Livingstone. En todo ese proceso, los mercenarios ac-tuaron con extraordinaria dureza. Tal y como comentó uno de los responsables de la expedición de conquista a su soberano:

Entendí por fin lo que me habían dicho tantas veces los otros blancos, que había que tratarlos como se trata a un perro rebelde. Enseñarles quién manda. A partir de entonces, todo cambió. Y ellos lo entendieron. Pasé a ser un blanco más y a ser respetado como merecía. Desde aquel momento, ordené azotar en innume-rables ocasiones y poner grilletes por la falta más leve, pero ya no tuve que matar a ninguno de nuestros negros. Sí que maté a otros negros, no sé a cuántos, en nuestras expediciones de conquista y sumisión por el río, pero eso era diferente. Simplemente se trataba de domeñar a las tribus que íbamos encontrando. Incluso se volvió algo rutinario. Cuando remontábamos el río, si en una orilla había algunos guerreros amenazándonos con sus lanzas o riéndose de nosotros, bastaba disparar a algunos para matarlos o herirlos y éramos acogidos amigablemente en el poblado, obteniendo asimismo todo lo que queríamos de sus jefes.

No se sabe la cifra exacta, pero se calcula que durante el periodo en que el Congo estuvo oficialmente en manos de Leopoldo —de 1885 hasta 1908, cuando diversos líderes de la opinión pública internacional le acusan con denuedo de esclavista y asesino de masas y le fuerzan a desvincularse de su posesión— morirán entre cinco y diez millones de nativos. Entre esos líderes se encontraban Arthur Conan Doyle; el cónsul británico en el Congo, Roger Casement (autor de un informe de los abusos que tuvo una gran repercusión), y también el propio Joseph Conrad, que años después de su propia aventura africana afirmó que, tras el Estado Libre del Congo, se escondía «el saqueo más vil que jamás ha desfigurado la historia de la conciencia humana y la exploración geográfica».

Ese número tan extraordinario de muertos no deriva solo de las acciones directas de los mercenarios ante tribus y nativos rebeldes, que se negaban a ser esclavizados para suministrar marfil, caucho y diversos minerales a la compañía, sino que también se debían al hambre. Al obligar a los nativos a ser esclavos para obtener estos productos, no podían trabajar en sus campos y cultivarlos, lo que provocaba la muerte de muchos de los que dependían de los brazos de los cautivos para obtener alimentos. Por supuesto, cientos de miles también perecieron por enfermedades contraídas en su contacto con el hombre blanco, como la viruela.

No resulta exagerado afirmar que los campos de exterminio nazis y los gulags de Stalin nacieron en el Congo Belga, cuyo máxime representante del terror sería la fuerza paramilitar conocida como Force Publique, en la que todo sujeto desprovisto de escrúpulos podía encontrar dinero fácil dando rienda suelta a su sadismo. No obstante, el afán depredador de Leopoldo es lo que motivó toda esa masacre inacabable, y no alguna idea basada en una ideología de odio hacia los negros o nativos. Por ejemplo, para aumentar el ritmo de producción, los agentes del Estado Libre del Congo cobraban primas en función de las cantidades suplementarias de caucho recolectado, lo cual les incitaba a endurecer cada vez más los métodos de presión sobre los trabajadores para aumentar la producción al máximo nivel posible, castigando con la muerte o la mutilación a los operarios que no cumplieran sus cuotas, sin exceptuar a niños o ancianos de tales trabajos forzados.

La analogía con los millones de muertos de Hitler o Stalin no proviene del origen o la causa para crear esos campos de la muerte, sino del modo en que tales masacres se produjeron: esclavizando al sujeto para realizar trabajos forzados, dándole lo mínimo para sobrevivir y, después, cuando ya no es útil, dejándolo morir o matándolo directamente.[2]

LA PSICOPATÍA DE KURTZ: *APOCALYPSE NOW*

Cuando Kurtz llega al Congo solo es un inglés más que mantiene la tesis antropológica del darwinismo social: los pueblos «salvajes» están por debajo en la escala evolutiva y, por ello, pueden ser explotados sin mayor carga de conciencia; a cambio, el hombre blanco europeo y civilizado les enseñará a ser «menos salvajes», dándoles las dádivas de su superior cultura. Pero, con el transcurso del tiempo, la selva, esa «tierra primigenia», devora su alma, la enferma, se apodera de su razón y lo convierte en un ser despiadado, dueño de las vidas de los nativos que lo consideran como su dios. Él tiene poder absoluto en su reino, las cabezas marchitadas por el sol de quienes se atrevieron a desafiarle o simplemente incurrieron en su cólera se yerguen sobre las estacas de la entrada a su morada.

Como es natural, los nativos a los que pudo matar Kurtz no pueden ser más de unas docenas, quizás unos cientos; en realidad esto nunca se concreta y poco importa. Lo importante es que, al igual que el rey Leopoldo II tenía el poder absoluto en el Estado Libre del Congo, Kurtz lo tenía en esa estación interior. Este se convierte en un psicópata por influjo de la selva, que le «susurra cosas de sí mismo que le fascinan» y le convierten en un ser cuya única moral es la suya, sin ninguna atadura a código humano o divino alguno; su voluntad, sus apetitos, sus deseos, son lo único que cuenta.

Se entiende así que, en ese momento final, a punto de expirar, Kurtz tenga la visión clara de alcance del mal que causó («En aquella cara de marfil vi la expresión del orgullo sombrío, del poder despiadado, del terror pavoroso, de una desesperación intensa y desesperanzada») y podamos hacer la lectura de que, cuando fallece diciendo «¡El horror! ¡El horror!», en realidad está describiendo ese mal inexplicable y monstruoso que está al alcance de unos pocos. *El corazón de las tinieblas* sería así la primera obra que nos mostraría al psicópata genocida o, sin llegar necesariamente a tanto, a todos aquellos que tienen posiciones de liderazgo y maniobran para someter a una población cautiva, lo que podría incluir a líderes de sectas como el reverendo Jones (que decretó el suicidio de novecientas personas en la Guyana), militares criminales de guerra (Reinhard Heydrich, el Carnicero de Praga) y políticos asesinos de masas. En otras palabras, mientras que las obras comentadas anteriormente presentaban al psicópata como un ser malvado que actuaba sobre otros individuos, ahora Kurtz representa al hombre poderoso que se cierne sobre una colectividad. Esa transformación queda explícita cuando Marlow lee el «Informe para la Supresión de las Costumbres Salvajes» iniciado por Kurtz al comienzo de su estancia en el Congo, así como el añadido final que escribió años después: «¡Exterminad a todos esos salvajes!».

En la adaptación que hizo Francis Ford Coppola para el cine, *Apocalypse Now*,[3] el director, en consonancia con la denuncia que pretendía su filme de la inhumanidad que provocaba la guerra, introdujo un cambio significativo con respecto a la novela original: en lugar de emplear un estilo alusivo y misterioso para dar cuenta de las cosas que dice Kurtz a Marlow (que en la película es el capitán Williard), ahora Kurtz será más explícito en el contexto de la guerra del Vietnam. Así, una vez que Williard ha llegado hasta él y, en efecto, comprueba que él es el señor de ese lugar recóndito de la tierra y por ello está en sus manos, ambos personajes dialogan.

Comienza Kurtz por reflexionar sobre el horror:

> No creo que existan palabras para describir todo lo que significa... a aquellos que no saben qué es el horror. El horror... El horror tiene rostro... Tienes que hacerte amigo del horror. El horror y el terror moral deben ser amigos, si no lo son, se convierten en enemigos terribles, en auténticos enemigos.

Para desarrollar esta idea, recuerda un suceso acaecido en sus tiempos en las Fuerzas Especiales:

> Fuimos a un campamento a vacunar a unos niños. Dejamos el campamento después de vacunarlos a todos contra la polio. Un viejo vino corriendo, llorando, sin decir nada: «Ha sucedido algo tan terrible, tan espantoso, que no puede ser nombrado». Regresamos al campamento. Ellos [el Vietcong] habían ido y habían cortado todos los brazos vacunados. Vimos allí un enorme montón de bracitos. Y... recuerdo que yo... yo... yo lloré también como... como una abuela. Quería arrancarme los dientes. No sé qué quería hacer. Y me esfuerzo por recordarlo. No quiero olvidarlo nunca, no quiero olvidar.

Kurtz todavía no ha sido transformado por la selva que, en el contexto de la película, sería la metáfora de la violencia inhumana producida por la guerra; será esta la responsable de transformar al hombre en un monstruo. Porque se entiende que, después de este episodio (que no sería sino un ejemplo de otros muchos y en general del *clima psicopático* inducido por la violencia bélica que deshumaniza al enemigo), Kurtz aprende una lección:

> Entonces vi tan claro como si me hubieran disparado, disparado con un diamante, con una bala de diamante en la frente... Y pensé: ¡Dios mío, eso es pura genialidad! ¡Es genial! ¡Tener voluntad para

hacer eso! ¡Perfecto, genuino, completo, cristalino, puro...! Y entonces me di cuenta de que ellos [el Vietcong] eran más fuertes porque podían soportarlo. No eran monstruos, eran hombres, tropas entrenadas. Esos hombres que luchaban con el corazón, que tenían familia, hijos, que estaban llenos de amor, habían tenido la fuerza... el valor... para hacer eso. Se necesitan hombres con principios... que al mismo tiempo sean capaces de utilizar sus instintos, sus instintos primarios para matar. Sin sentimiento, sin pasión, sin prejuicios, sin juzgarse a sí mismos. Porque juzgar es lo que nos derrota.

La revelación de Kurtz consiste en que los soldados del Vietcong son capaces de hacer ese acto monstruoso (cortar los brazos de los niños) no porque sean monstruos, sino porque han aprendido a actuar como tales porque de ese modo serán capaces de ganar la guerra. Pero al describir a estos hombres, «que luchaban con el corazón, que tenían familia, hijos, que estaban llenos de amor», y que al mismo tiempo realizaban esas acciones monstruosas, en realidad Kurtz está describiendo al monstruo moral, al torturador que durante el día comete las mayores vilezas y durante la noche acuesta a sus hijos leyéndoles un cuento infantil y acariciándoles el pelo. Esto es, a sujetos que se han convertido en psicópatas. Kurt se revela inicialmente contra la psicopatía inducida culturalmente —que definimos en el capítulo 10 como sociopatía— («No quiero olvidarlo nunca, no quiero olvidar»). Pero al final, la selva (la inhumanidad de la guerra, que obliga a tratar al otro como menos que humano), como en *El corazón de las tinieblas*, le vence, le devora y, por ello, cuando también en *Apocalypse Now* Kurtz exclame: «¡El horror! ¡El horror!», será en el reconocimiento de la monstruosidad moral que implica la guerra, que exige que los soldados, cuando se alcanza ese nivel de trato degradante del enemigo, actúen como psicópatas si quieren prevalecer. Queda implícito que, después de esa revelación, eso es justamente lo que ha hecho Kurtz con sus tropas, hasta que finalmente se ha quedado solo como rey en ese lugar recóndito.

Las dos obras (la novela y la película) tienen una profunda conexión en su descripción del monstruo moral o psicópata. *El corazón de las tinieblas* describe al hombre que se yergue en señor y amo de una tribu y un territorio, pero al tiempo nos habla de la brutalidad inhumana de los colonos. Al basarse en la historia real del rey Leopoldo II, la novela de Conrad nos ilustra acerca de la violencia abyecta y psicopática (puesto que trata al ser humano como objeto sin cargo alguno de conciencia) que es capaz de crear un régimen que, eso sí, se sirve de un modelo antropológico en el que el «salvaje» estaba lejos de ser completamente humano (aunque, como señalamos, esta idea ya empezaba a ser fuertemente contestada por intelectuales y diplomáticos europeos). De este modo, los esbirros del Estado Libre del Congo son capaces de actuar con los nativos como los nazis con los judíos o los esclavos, tratándolos como meras bestias de carga. Hombres que quieren a sus hijos en su país, pero que en su función «profesional» traspasan la frontera del horror. Esa psicopatía culturalmente inducida es la que Coppola traslada a su película, solo que el obsoleto modelo antropológico del darwinismo social (que justificaba la violencia y el expolio de la colonia) aquí se sustituye por las ideologías que buscan vencer al enemigo, demonizándolo. Kurtz, en *Apocalypse Now*, también ha escuchado a la selva y, fascinado, ha comprendido que solo el psicópata puede triunfar en medio del corazón de las tinieblas.

9

La isla del Dr. Moreau[1]

—Repite estas palabras. No caminarás a cuatro patas; esa es la ley.

Me quedé perplejo.

—Repite estas palabras —insistió el Hombre Mono,
y las sombras de la puerta las corearon en tono amenazador.

H. G. WELLS, *La isla del Dr. Moreau*

H. G. Wells (1866-1946) es considerado uno de los fundadores
de la ciencia ficción junto a Julio Verne (1828-1905). Son ya
clásicas sus obras *El hombre invisible, La máquina del tiempo* y *La
guerra de los mundos.* Wells y Conrad se conocieron y entabla-
ron amistad, aunque parece que el aprecio artístico de Conrad
hacia Wells era mayor que el del escritor inglés hacia el pola-
co. Sea como fuere, es evidente que ambos tenían cosas en
común, no ciertamente el estilo, mucho más poético y simbólico el de Conrad, pero sí la profunda crítica social que contienen las dos obras que comentamos en esta parte. Si Conrad
crea una epopeya del horror existencial a lomos de la política
depredadora del colonialismo representado por Leopoldo II,
Wells va a ser mucho más gráfico y directo, de tal modo que el
lector ya no tendrá que imaginar dónde reside la violencia que
encierra y devora el alma de Kurtz en el corazón de las tinieblas, sino que tendrá asiento de primera fila ante el parque

temático del horror que ha creado el Dr. Moreau. Aquí hay monstruos de verdad, gritos interminables arrancados por el dolor insoportable que inflige Moreau a sus criaturas, bestias acechantes a punto de retomar su instinto natural de caza y, por encima de todo, un universo de pesadilla, una espectacular advertencia de qué es lo que puede ocurrir si el hombre, llevado por su deseo de poder, olvida los principios esenciales que conforman el trato digno hacia sus congéneres, ya sean «salvajes» o civilizados, pues las bestias que quiere transformar Moreau en hombres no son sino una metáfora de lo que el hombre blanco superior quiere hacer con los indígenas de las colonias.

Sinopsis de la novela

Junto al Dr. Moreau, el otro protagonista principal de la novela es Edward Prendick, un hombre que había decidido dedicarse «a las ciencias naturales para huir del aburrimiento de una holgada independencia». En una travesía por mar, Prendick naufraga y, cuando está a punto de perecer en su bote salvavidas, es recogido por un carguero, el Ipecacuanha. Lo peculiar es su carga: transporta animales salvajes. Su salvador es el Dr. Montgomery, responsable de los animales, que tiene como ayudante a un siervo nativo (de nombre M'ling) cuyo aspecto causa una profunda inquietud a Prendick, aunque no acierta a saber por qué. Montgomery le dice a Prendick que las fieras van a ser transportadas hasta una isla, donde él reside y trabaja en un proyecto de investigación con animales.

Después de algunas peripecias (Prendick se ve de nuevo solo en el mar a la deriva en un bote, porque le ha expulsado el capitán del carguero, que está muy nervioso por la remesa de fieras que lleva y además es un borracho), el Dr. Montgomery le salva de nuevo, ya que en un principio se había negado a llevarle con él, pero le recoge camino a la isla, cuando comprende que la expulsión de Prendick del carguero lo había condenado a una muerte segura. Prendick, camino de la isla, le dice que quien dirige todo es el Dr. Moreau.

Al principio, el Dr. Moreau no está feliz de recibirlo («Siento ser tan misterioso, señor Prendick, pero recuerde que nadie le ha invitado»), pero al saber que Prendick es biólogo cambia de opinión. Con el paso de las horas, la sensación de profunda extrañeza e inquietud con que Prendick percibe a los nativos de la isla se va incrementando, a lo que se añade un continuo aullido de dolor que, una vez instalado en una habitación de la casa grande de madera y paja en la que vive y trabaja Moreau, no para de atormentarle. («Los aullidos me resultaban cada vez más conmovedores, hasta que se convirtieron en tan exquisita expresión de sufrimiento, que se me hizo insoportable. [...] Parecía como si todo el dolor del mundo se hubiera concentrado en una sola voz».)

Finalmente, debido a que Montgomery insiste en saber qué pasa en esa isla, el mismo Dr. Moreau le da la explicación: los nativos no son tales, sino el producto híbrido *inter-especies* de su trabajo visionario. En Inglaterra era un científico que buscaba traspasar nuevas fronteras y, para ello, tenía que realizar múltiples vivisecciones, lo que contrarió a la opinión pública y al *establishment* médico, sobre todo a raíz de que un periodista escribiera un artículo titulado «Los horrores de Moreau». Entonces comprendió que no podía contar con más ayuda que él mismo y la de su ayudante Montgomery, que también tenía pocas expectativas de éxito en su profesión.

¿Y en qué consiste su obra? Empezó haciendo experimentos *dentro* de la especie, produciendo seres con rasgos de diferentes subespecies, pero luego pasó a crear bestias de especies distintas, hasta que al fin derivó hacia su más grande empresa, a la que le ha dedicado los más de diez años que llevaba en la isla: convertir a las bestias (osos, cerdos, pumas, monos, etc.) en seres humanos:

Sí. Las criaturas que usted ha visto son animales viviseccionados y vueltos a esculpir para darles nuevas formas. A ello, al estudio de la plasticidad de las formas vivas, he dedicado mi vida. He estudiado durante años y mis conocimientos han aumentado poco a poco. Veo que está usted horrorizado y, sin embargo, no le estoy diciendo nada nuevo. Todo estaba ya en la anatomía práctica hace ya años, pero nadie se atrevió a intentarlo. No es solo la forma exterior de un animal lo que puedo transformar. La fisiología, los procesos químicos de la criatura, también pueden ser susceptibles de una transformación duradera, muestra de lo cual son las vacunas y otros métodos de inoculación con materia viva o muerta que sin duda le serán familiares.

No obstante, Moreau está lejos de haber culminado su trabajo. En particular es «la reorganización del cerebro» lo que le causa los mayores problemas, ya que «la inteligencia de mis criaturas es increíblemente escasa, presenta innumerables fallos y lagunas inesperadas». Por otra parte está el hecho de que, al ser animales salvajes, tienen instintos peligrosos hacia el hombre: «Pero lo más insatisfactorio de todo es algo que no logro descubrir, algo que reside en el control de las emociones, pero que no sé exactamente dónde se encuentra. Anhelos, instintos, deseos de hacer daño a la humanidad, una extraña reserva oculta que estalla de pronto y llena a la criatura de ira, de odio o de temor».

Moreau utiliza el hipnotismo para domeñar esos instintos salvajes y hacerles seres obedientes, porque esta ciencia, «cada vez más cultivada, parece apuntar a la posibilidad de sustituir viejos instintos inherentes por sensaciones nuevas. De hecho, gran parte de lo que llamamos educación moral es una transformación artificial y una perversión del instinto semejante a las obtenidas bajo hipnosis». Pero Prendick comprenderá, en su deambular por la isla, que esa forma extraña de «educación moral» no basta para contener a las fieras, sino que se hace necesario la imposición de una serie de leyes que amenaza con grandes dolores a quienes las violen; porque no puede haber mayor castigo que el regreso a la casa del Dr. Moreau, a la que llaman la Casa del Dolor, porque es en ella donde las bestias sufren los tormentos exigidos por las incontables operaciones en vivo para transformarlos en seres humanos. En la isla hay una explanada oculta donde se juntan las bestias transformadas, pero que no han cumplido las expectativas de Moreau, que son en realidad todas, porque para su desesperación, este ha observado que hay una tendencia inexorable hacia la regresión o degeneración al estado animal. Otras bestias que sirven en casa del doctor y realizan tareas de mantenimiento quizás están más logradas y, sobre todo, son más obedientes.

Las bestias escondidas en la isla tienen un Recitador de la Ley, que mantiene el control de los instintos de las fieras recitando todos los días la letanía de mandamientos que Moreau les ha enseñado:

—No caminarás a cuatro patas; esa es la Ley. ¿Acaso no somos Hombres?

—No sorberás la bebida; esa es la Ley. ¿Acaso no somos Hombres?

—No comerás carne ni pescado; esa es la Ley. ¿Acaso no somos Hombres?

—No cazarás a otros Hombres; esa es la Ley. ¿Acaso no somos Hombres?

—Come raíces y hierbas. Es Su voluntad —dijo el Hombre Mono.

—Terrible es el castigo para quienes quebrantan la Ley. No hay escapatoria.

—No hay escapatoria —repitió la multitud de Salvajes, lanzándose miradas furtivas los unos a los otros.

—No hay escapatoria —repitió el Hombre Mono—. No la hay. ¡Mira! Una vez hice algo malo, algo sin importancia. Dejé de hablar y empecé a chapurrear. Nadie me entendía. Y me quemaron, me marcaron la mano con un hierro candente. ¡Él es grande; Él es bueno!

—No hay escapatoria —proclamó la criatura del rincón.

—No hay escapatoria —repitieron las bestias, mirándose de reojo.

Lo cierto es que Moreau ocupa el papel de la divinidad: él es el sumo legislador, su creador. Por ello cuando visita a sus monstruos en la isla, armado de un látigo y un revólver, sabe que ha de imponer la autoridad de su figura:

—Quien infringe la Ley... —empezó Moreau, apartando los ojos de su víctima [un Hombre-Pantera que le desafió] y volviéndose hacia nosotros. Me pareció advertir en su voz cierto regocijo.

—... Vuelve a la Casa del Dolor —aclamaron todos—, ¡vuelve a la Casa del Dolor, oh Maestro!

—Vuelve a la Casa del Dolor, vuelve a la Casa del Dolor —murmuró el Hombre Mono, como si la idea le resultase agradable.

Pero, como decimos, ni siquiera la imponente figura de Moreau y sus terribles castigos bastan para contener la «degeneración»:

Aunque era evidente que les producía mucha vergüenza, de vez en cuando [Prendick] sorprendía a alguno corriendo a cuatro patas, incapaz de recobrar la posición vertical. Sujetaban las cosas con mayor torpeza, bebían directamente con la boca, roían la comida y se mostraban cada día más zafios. Entendí mejor que nunca lo que Moreau me había dicho sobre la «obstinada carne de las bestias». Estaban regresando rápidamente a su estado primitivo.

Algunos —primero las hembras, según observé con cierta sorpresa— comenzaron a hacer caso omiso de las normas del decoro, casi siempre deliberadamente. Otros incluso se rebelaron en público contra la institución de la monogamia. Era evidente que la Ley se debilitaba a ojos vista.

Ahora bien, estas criaturas no degeneraron en vulgares osos, lobos, tigres, bueyes, cerdos o monos. *Seguían siendo bestias extrañas.* «Moreau había mezclado un animal con otro: uno tenía rasgos principalmente osunos, otros felinos, el de más allá bovinos, pero cada cual estaba contaminado por otras criaturas, y una especie de animalismo generalizado surgía bajo sus caracteres específicos.» En ese rápido proceso de regresión al estado animal era posible ver, «de vez en cuando, ciertos rasgos humanos, como la recuperación momentánea del lenguaje hablado, la inesperada habilidad de las patas delanteras o algún penoso intento de caminar erguidos».

Es inevitable que se instale el caos en la isla: cuando los animales, debido a su regreso a sus instintos primarios, empiezan a matarse unos a otros y a probar la sangre, es solo cuestión de tiempo que los únicos tres hombres que viven en esa isla (Moreau, Prendick y Montgomery) vean sus vidas gravemente amenazadas. En realidad, la alianza entre Moreau y Prendick nunca existió, porque este nunca vio con buenos ojos los «experimentos» de aquel. Una vez, Prendick irrumpió violentamente en el quirófano de Moreau porque escuchó unos aullidos de dolor insoportables que le parecieron humanos, y le llenó de temor que lo que allí vio le pudiera pasar a él:

> Un aterrorizado galgo de caza gañía y se retorcía de dolor. En el fregadero había sangre, sangre oscura, mezclada con sangre escarlata, y percibí el inconfundible olor del ácido fénico [...] vislumbré algo dolorosamente atado a una estructura, lleno de cicatrices, rojo y vendado [...] y tras la tortura, la más terrible degradación que imaginarse pueda: *abandonarme* como a una bestia, como a un alma perdida, junto al resto de los Salvajes.

Su relación con Montgomery era más cercana, pero nunca pudo fructificar en una amistad porque quien le salvara dos veces de perecer en el mar estaba ya con el espíritu vencido, alcoholizado y sabedor de que su vida estaba más allá de toda redención.

En efecto, el único que sobrevive de los tres hombres es Prendick, que consigue en último extremo subirse a una goleta pequeña que, a la deriva y con sus tripulantes muertos, había llegado a la isla, y sucede cuando estaba ya desesperado, tras fracasar en su intento de construir una balsa y echarse al mar. Atrás quedaron los cuerpos de Moreau y Montgomery destrozados por las bestias y todo el campamento quemado. Prendick ha tenido que luchar contra los engendros de Moreau para sobrevivir, lo logró por su inteligencia, pero también con ayuda del revólver que llevaba. De hecho, en esos días finales antes del rescate, cuando estaba solo frente a los monstruos, su espíritu de supervivencia le había convertido, a su vez, en un hombre fiero, al que «se le pasó por la cabeza la idea de hacer una masacre, tendiendo trampas o atacándolos con un cuchillo». Es más, «si hubiera tenido cartuchos suficientes, no habría vacilado en comenzar la matanza».

Al igual que le sucedió a Marlow en *El corazón de las tinieblas*, el regreso a la sociedad victoriana de nuestro protagonista no fue sencillo. «Cuando vivía en Londres, el terror era casi insoportable. No podía olvidarme de la gente: sus voces entraban por las ventanas, las puertas eran una endeble protección», pues le acechan las pesadillas de todo lo que ha vivido en la isla del Dr. Moreau; se siente extraño, paradójicamente amenazado en la civilización donde debería encontrar la seguridad de una vida convencional después de su terrible experiencia. Pero no es así, pues a pesar de que los ciudadanos son «seres diametralmente opuestos a los monstruos», comprende que lo vivido junto a Moreau le ha transformado; la supuesta civilización en la que los hombres se complacen en comparación con la bestialidad animal puede ser profundamente alienante para el alma humana. Por ello, Wells termina la novela con estas líneas:

El brillo de las estrellas me produce, aunque no sepa cómo ni por qué, una sensación de paz y seguridad infinitas. Creo que es allí, en las vastas y eternas leyes de la materia, y no en las preocupaciones, en los pecados y en los problemas cotidianos de los hombres, donde lo que en nosotros pueda haber de superior al animal debe buscar el sosiego y la esperanza. Sin esa ilusión no podría vivir.

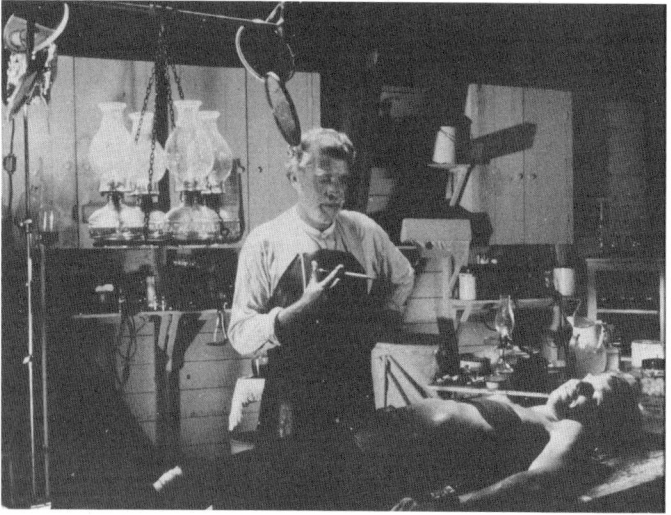

Figura 6. El Dr. Moreau (Burt Lancaster) comete sus terribles experimentos en la Casa del Dolor. Fotograma de la película *La isla del Dr. Moreau* (Don Taylor, 1977).

Moreau como psicópata

Si *El corazón de las tinieblas* era una metáfora coetánea del régimen genocida instaurado en el Estado Libre del Congo, *La isla del Dr. Moreau* es una fantasía presciente del régimen nazi y, en particular, del denominado Ángel de la Muerte, el Dr. Mengele. Pero antes de detenernos en los paralelismos existentes entre ambos personajes hemos de analizar a Moreau como psicópata.

Lo primero que tenemos que señalar es que Moreau es el personaje que representa en toda su crudeza el movimiento del darwinismo social o eugenesia que, fundamentándose en una interpretación libre y poco rigurosa de la teoría de Darwin, surgió a finales del siglo xix y principios del xx con el ánimo de impedir la reproducción de los que ya conocemos como «degenerados». Aunque la postura de Wells acerca de la eugenesia es ambigua, como en muchos de su generación (ya que fueron numerosos los científicos y pensadores progresistas que la apoyaron), no cabe duda de que en esta novela, cuando Moreau quiere «mejorar» a los animales para convertirlos en hombres, es difícil no ver una metáfora de lo que quisieron hacer los defensores de la eugenesia al esterilizar a los «seres inferiores»; del mismo modo podemos entender la crueldad de la vivisección que practica Moreau, actividad que recuerda a los experimentos genéticos para mejorar la raza.

Esta idea es importante: Moreau no es un mero representante del grupo del «científico loco» tantas veces mostrado en la literatura y, sobre todo, en el cine (desde el Dr. Mabuse en las películas mudas de Fritz Lang, al Dr. No de la primera aparición de James Bond en el filme del mismo título, de 1962), sino que representa de forma extrema la respuesta que una parte importante de la ciencia y la sociedad plantearon ante el criminal nato de Lombroso, los locos «auténticos» (donde ya no regía la razón) y los psicópatas o locos morales. Pero aquí la paradoja es que *el psicópata es el científico que quiere «mejorar la raza»*, lo que nos da una idea del potencial subversivo que escondía una aparente novela de aventuras.

¿Por qué Moreau es un psicópata? En primer lugar, lo único que le importa es satisfacer su vanidad de científico. Tuvo que huir de Inglaterra porque sus experimentos empleando la vivisección crearon un gran rechazo entre sus colegas y el público en general; convertida su ansia intelectual en única ley, desafía todo código ético. Lo expresa claramente en la novela: «Hasta ahora nunca me habían preocupado los aspectos éticos de la cuestión. El estudio de la naturaleza vuelve al hombre tan cruel como la propia naturaleza. Yo he seguido adelante sin tener en cuenta nada más que la cuestión que perseguía, y el material ha ido [...] acumulándose en el interior de esas cabañas...». En relación con este narcisismo que le lleva a creer que la crueldad que él exhibe es del todo legítima, figura el rasgo esencial del psicópata, la ausencia de empatía: «No se imagina el extraño deleite que estos deseos intelectuales producen. *Lo que uno tiene ante sí deja de ser un animal, un semejante, para convertirse en un problema.* ¡Dolor empático! Todo cuanto sé de él, lo recuerdo como algo que yo mismo sufría hace años».

Narcisista, insensible ante el sufrimiento ajeno, sin conciencia de culpa (transmutada en un viejo recuerdo), el psicópata sustituye el proyecto humano de otorgar un sentido a la vida contribuyendo a la comunidad, por la toma de poder, de ahí su uso desmedido del mismo, el afán del dominio total del otro, una pulsión propia de quienes cosifican a los que están bajo su autoridad, de modo que sus actos están exclusivamente destinados al control absoluto que adquiere sobre los que viven subyugados.

Un poder que se sustenta en las leyes crueles destinadas a repeler cualquier atisbo de rebelión, lo que incluye el castigo por recaer en el ejercicio de los instintos animales, como probar la sangre. Moreau crea un bestiario propio de la iconoclastia demoníaca (los Hombres-Cerdo, la Yegua-Rinoceronte, el Hombre-Mono, el Hombre-Pantera, el Hombre-San Bernardo, entre otros). Como Kurtz en el corazón de la jungla, Moreau es un dios e impone su autoridad con el látigo y la pistola. Por eso, las infelices bestias recitan:

—Suya es la Casa del Dolor.
—Suya es la Mano que crea.
—Suya es la Mano que hiere.
—Suya es la Mano que cura.
—Suyo es el rayo cegador.
—Suyo el profundo mar salado.
—Suyas son las estrellas del cielo.

La ley de Moreau no es más que una farsa, una caricatura de una legalidad impuesta por intereses particulares para fines propios y egoístas. Se cumple así otro parámetro psicopático, el del dominio según las reglas propias, en las que no cabe discusión ni intrusión de los intereses del que es sometido, el cual queda degradado al estado de Cosa (así se les denomina en ocasiones a los monstruos de Moreau) sujeta a sus planes y caprichos.

En resumen, *La isla del Dr. Moreau* representa un microcosmos del colonialismo imperial británico, seres inferiores que son rescatados de su ignorancia, inferiores moralmente, con prácticas salvajes alejadas de la pureza de la civilización blanca, con un marcado bestialismo instintivo, incapaces de progresar o, tan lentamente, que es inapreciable. Todo ello en un contexto de selección de supremacía del fuerte sobre el débil, del superior sobre el inferior, que tiene que ajustarse a unas leyes que les son impuestas y que ni siquiera quien las impone las respeta o tiene que respetarlas, imbuido de un halo de poder como si fuera investido por designios de Dios.

Esta megalomanía psicopática la llevaría a la realidad cuarenta años después el Dr. Mengele, el criminal de guerra nazi más odiado.

EL DR. MOREAU Y EL DR. MENGELE

No se puede entender la vida y hechos de Mengele al margen del régimen nazi y del formidable sistema de conquista y aniquilación con que Hitler pudo convertir en realidad durante unos años su delirante ideología. El Führer creó *un Estado sociopático* y un psicópata latente como Mengele floreció en todo su esplendor en el siniestro servicio médico de Auschwitz, donde era amo y señor. Su bien ganada notoriedad, con el sobrenombre del Ángel de la Muerte, fue debida a su diabólica capacidad para infligir torturas en los cuerpos de los prisioneros de Auschwitz en pos de realizar experimentos que pudieran servir para mejorar la raza aria. En este sentido, Mengele fue el máximo exponente del amplio programa de eugenesia iniciado años antes del estallido de la guerra, desde la toma del poder por Hitler (1933), periodo en el que se realizaron cuarenta mil esterilizaciones por causas físicas, mentales o por la pertenencia del desdichado a una raza «inferior». Los experimentos atroces que perpetró eran una continuidad lógica en el tratamiento cosificado de los enemigos del «Reich de los mil años».

Mengele era el responsable de dirigir la rampa de selección, el que decretaba quién —niños, ancianos, enfermos, muchas mujeres— debía ingresar directamente en las cámaras de gas, quién era apto para ir a los campos de trabajo y quién se reservaba para sus experimentos «científicos». Como Moreau, Mengele deseaba descubrir a cualquier precio los enigmas de la biología humana, si bien a diferencia de aquel no lo hacía —al menos no solo— por satisfacer su vanidad intelectual, sino para pasar de inmediato a la biología aplicada, a la tecnología o ingeniería, ya que Mengele se debía al esfuerzo de dominar el mundo de los nazis. Quería saber por qué nacían gemelos para multiplicar la tasa de natalidad de las alemanas, creando así auténticos ejércitos de niños arios que repoblaran los extensos territorios del este de Europa. Lo más satisfactorio para Mengele era que aquellos experimentos podían llevarse a cabo sin ningún tipo de obstáculo ético o legal. Todo era posible, como en la isla de Moreau.

¿Y la empatía? ¿Por qué iba a mostrar empatía por personas que en el imaginario nazi eran como las bestias para Moreau? En una carta dirigida a sus padres en 1932, Mengele escribió: «Nuestra especie ha perdido siglos de progreso en el conocimiento por culpa de absurdas pseudoideas moralizantes difundidas por los grupos a los que habría perjudicado este progreso. Se han empeñado en ocultar las desigualdades evidentes entre las razas, y han tratado de beneficiarse del inmovilismo [...]. No os imagináis la alegría que siento por vivir en este momento de la historia, en el mayor centro de saber del mundo, Alemania, y de trabajar en las disciplinas más avanzadas de todas, la biología y la antropología genética. No hay reto que no podamos plantearnos».

Las barbaridades de las que fue responsable han sido ampliamente divulgadas y no es nuestro deseo detenernos en ellas, pero dado el horror de los experimentos que hizo con niños siameses y otros desafortunados, bien podríamos calificar a su clínica como la Casa del Dolor, aquella tan temida por las bestias desgraciadas y torturadas en la isla del Dr. Moreau. Mengele convirtió en realidad el sueño de su sosias literario, pero para ello no tuvo que desterrarse a una isla perdida para llevar adelante sus planes: el Estado nazi le dio todas las facilidades para tener su propio reino donde dar rienda suelta a su sadismo, otro rasgo que ambos doctores compartieron y en el que destacaron.

Parte IV

EL PSICÓPATA DE LA MODERNIDAD

Un enemigo de cuidado

Tanto *El talento de Mr. Ripley* (1955) como *El asesino dentro de mí* (1952) son obras extraordinariamente precoces en su tiempo, que vislumbraron en sus personajes —Tom Ripley y Lou Ford, respectivamente— algunos de los graves inconvenientes que iban a ser habituales en la sociedad moderna que siguió a la posguerra, cuando empieza lo que se conoce como «estado del bienestar», a partir de los años sesenta del pasado siglo.

Por una parte, ambos autores pusieron de relieve los peligros de atender a la apariencia de la persona, es decir, a su papel social, a lo que *pretende ser* frente a lo que realmente es. Ya sea en un pequeño pueblo del Oeste o en la bulliciosa Roma, ambas novelas nos avisan de que quedarse en el plano de lo externo o superficial cuando tratamos con la gente puede llevarnos a vivir sorpresas muy desagradables.

Por otra parte, en ambas novelas la justicia queda muy mal parada: en el caso de Tom Ripley, es completamente burlada; y en el caso de Lou Ford es la propia ley que encarna Ford la responsable de los homicidios y, cuando esta finalmente interviene de manos de quienes le persiguen, resulta del todo inoperante, pues no puede evitar que Ford mate por última vez.

Pero, para el objetivo del presente libro, lo más interesante es que se trata de las primeras obras de ficción con trascendencia cultural que describen al psicópata en su condición moderna más actual, esto es, al psicópata que desarrollará Hervey Cleckley en su obra, *La máscara de la cordura* (edición original de 1941) y, posteriormente, el reconocido experto contemporáneo en esta condición, Robert Hare, con su gran obra de divulgación, *Sin conciencia* (1993). Estos dos autores recogen el legado de la «locura moral» del siglo XIX con una mirada mucho más curtida sobre el crimen y las patologías mentales, y escribirán los trazos más definitorios de esta condición hasta nuestros días. Los expertos y policías encargados de estudiar e identificar a los asesinos en serie deberán tener muy presentes ambas aportaciones, pues la inmensa mayoría de ellos son psicópatas.

10

El psicópata como personalidad criminal

He descrito al psicópata como un depredador de su propia especie que emplea el encanto personal, la manipulación, la intimidación y la violencia para controlar a los demás y para satisfacer sus propias necesidades egoístas. Al faltarle la conciencia y los sentimientos que le relaciona con los demás, tiene la libertad de apropiarse de lo que desea y de hacer su voluntad sin reparar en los medios y sin sentir el menor atisbo de culpa o arrepentimiento.

ROBERT HARE, doctor e investigador
especializado en psicología criminal

VISIÓN GENERAL DEL PSICÓPATA

El primer investigador de la mente humana que estudió al psicópata en lo que podemos considerar la concepción moderna de esta condición o configuración peculiar de la personalidad fue el psiquiatra de la Universidad de Georgia (Estados Unidos), Hervey M. Cleckley, que publicó en 1941 la obra fundacional sobre la psicopatía, *The Mask of Sanity* [La máscara de la cordura]. En este tratado apareció la descripción del psicópata con base a determinados rasgos —en las esferas de la afectividad, el pensamiento y la conducta— que todavía perdura en sus aspectos esenciales: un sujeto que tiene habilidad para presentarse ante los otros como alguien atractivo y parecer del todo «normal». Sin embargo, esa habilidad para embaucar, mentir y manipular a la gente esconde una agenda oculta, donde lo principal es satisfacer sus deseos, ya que están al servicio de un yo narcisista, que no precisa de vínculos afectivos reales y profundos. Dependiendo de otros factores (como la inteligencia y la clase social), el psicópata puede dedicarse con tesón a conseguir una meta socialmente muy valorada o bien incurrir en conductas del todo irresponsables y sin beneficio real alguno, pero que le procuran diversión. Un elemento característico de la psicopatía es la falta de empatía y de sentimiento de culpa, lo que les deja vía libre para explotar, maltratar o incluso agredir gravemente (y en casos extremos, matar) a los que pone en su punto de mira. La consecuencia de lo anterior es que generalmente tienen todo tipo de excusas y justificaciones para no asumir la responsabilidad de sus actos, ya consistan estos en negligencias o abandono de sus obligaciones profesionales, familiares o sociales, ya sean actos crueles, antisociales o criminales.

Cleckley también destacó que las cosas no mejoran con el tiempo para el psicópata, porque le cuesta mucho aprender de la experiencia o, si se prefiere, de sus errores. A esto contribuye su impulsividad y deseo de vivir situaciones de riesgo, lo que no facilita la reflexividad ni el autoanálisis.

En función de lo anterior, a pocos puede sorprender que los psicópatas sean un grupo importante (aunque no el mayoritario) entre los delincuentes, particularmente entre los más persistentes y violentos. Pero, contrariamente, es importante decir desde ahora que hay muchos psicópatas integrados, esto es, que no han sido identificados como tales o como criminales. De estos, a su vez, podemos hacer dos grupos:

a. *Psicópatas integrados criminales.* Son los que tienen un manto exterior de respetabilidad, pero se dedican de forma oculta a diferentes actividades delictivas: líderes de sectas que abusan y explotan a sus acólitos; violadores y asesinos en serie que llevan una «doble vida» de la que nadie sospecha; políticos y financieros que corrompen las instituciones y se benefician de modo ilegítimo; maltratadores de la pareja que parecen personas cariñosas y atentas... En ocasiones, tienen un poder tal que no han de ocultar sus intenciones y actos criminales, tal es el caso de tiranos, dictadores y criminales de guerra. Estos individuos se sostienen debido al poder que ostentan, al apoyo de grupos clave que le admiran o reciben prebendas para favorecer su agenda, y al control férreo de la información veraz y contraria a sus intereses.

b. *Psicópatas integrados no criminales.* Son individuos que, a pesar de su personalidad, se mantienen dentro de los límites de la ley o tienen la capacidad para maniobrar por sus márgenes sin realmente cometer infracciones o delitos significativos. Algunos de ellos pueden escalar puestos importantes en empresas e instituciones públicas. En ocasiones se les denomina «psicópatas de éxito» o «funcionales». Estos últimos son la mayoría, pues como veremos en este capítulo, aunque en la cultura popular se asocian los conceptos de «psicópata», «criminal», «asesino» e incluso «asesino en serie», la delincuencia en general o el crimen más grave o violento en particular no es condición necesaria del síndrome de la psicopatía, por más que en los medios de comunicación se mencionen preferentemente los casos más espectaculares donde convergen el psicópata y el sujeto desalmado o criminal serial.

La mayoría de los psicópatas son hombres (ratio de tres a uno), y ciertamente lo son en todavía mayor proporción si hablamos de sujetos con gran potencial destructivo. Sabemos que la psicopatía está presente en Oriente y en Occidente, así como en contextos urbanizados y de economía básica en aldeas o pueblos. Es un lugar común mencionar que la antropóloga Jane Murphy descubrió en 1976 que un pueblo Inuit que habita en el Estrecho de Bering tenía un término (*kunlangeta*) para referirse a aquellos individuos que habitualmente mentían, robaban, se evadían de sus obligaciones, buscaban acostarse con las mujeres de otros y que eran llevados continuamente ante los ancianos para que les impusieran castigos, los cuales tenían escaso efecto.

Psicópatas y sociópatas

En la serie de culto *Los Soprano*, la terapeuta de Tony Soprano (Jennifer Melfi) decide terminar la terapia porque una amiga y colega le dice que el mafioso es un psicópata clásico y, por consiguiente, no tiene cura posible. Pero realmente, Tony Soprano (al que le da vida el estupendo actor James Gandolfini) no es un psicópata «clásico», sino un «sociópata». La diferencia está en que, si bien ambos pueden ser igual de destructivos, los segundos manifiestan más ansiedad y trastornos emocionales que los primeros —razón por la que Tony va a terapia, un psicópata no lo haría nunca *motu proprio*—, así como una capacidad para establecer vínculos reales con determinadas personas de su familia y entorno social más próximo. Robert Hare, en su obra señera *Sin conciencia*, pone un ejemplo muy ilustrativo.

> Un psicópata conversa con una psiquiatra y le pregunta: «¿Si estuviese en un avión secuestrado, preferiría estar sentada a mi lado o al lado de un sociópata o neurótico que se caga en los pantalones y hace que nos maten a todos?». La pregunta desconcierta a la psiquiatra, y se queda sin respuesta. Entonces sigue el psicópata: «Yo, si me tienen que diagnosticar, prefiero ser un psicópata que un sociópata». «¿No es lo mismo?», pregunta la psiquiatra. «No, no es lo mismo —contesta—. Mira, un sociópata se comporta mal porque le han criado así. Quizá tiene algo en contra de la sociedad. Yo no tengo nada en contra. No guardo ninguna hostilidad. Yo soy como soy. Sí, creo que soy un psicópata.»

Ese *soy como soy* le hace estar por encima de la sociedad, porque al tiempo que afirma que no tiene nada contra ella, no le guarda ninguna hostilidad; sin embargo, *yo soy como soy* comporta ser único, irrepetible, no homologable, el mejor, que vive según sus convicciones no sujetas a las reglas de los demás, lo que le autoriza a crear las suyas propias.

Llegamos aquí a un punto que podríamos definir como la «esencia» del psicópata: la carencia que tiene para formar vínculos humanos significativos debido a la poca profundidad de las emociones morales (compasión, responsabilidad hacia el otro, lealtad y reciprocidad, empatía), la compensa con la necesidad de tener control y poder sobre el ambiente (las personas y sus relaciones) que le rodea. Por ello, el psicópata desprecia las reglas, las quebranta, no son sus reglas, le incomodan, no las entiende *en su sentido profundo* (que requiere del compromiso) porque busca su gratificación personal y, dado que estas le restringen, se revuelve contra ellas y crea las suyas propias.

Por el contrario, el sociópata es el «asesino ideal» en las organizaciones criminales, porque es capaz de guardar fidelidad y respetar las reglas. Estamos habituados a ver en las películas a sujetos que se preocupan por sus mujeres e hijos y que son capaces de matar sin pestañear si reciben la orden de hacerlo. Muchos de ellos pueden presentar trastornos emocionales (ansiedad, depresión) con el tiempo ya que, aunque compartimentan su vida en relación con su rol de asesino profesional y miembro de un grupo o de una familia, en ocasiones resulta duro proceder de este modo, una tensión que suele acrecentarse en el tiempo. Ahora bien, esto no significa que no haya psicópatas en las organizaciones criminales, puesto que los hay, solo que serán menos dóciles a la hora de seguir exactamente las instrucciones recibidas y, con seguridad, no los veremos cuidar «responsablemente» de su familia. (Ahora bien, algunos psicópatas alcanzan el liderazgo de las organizaciones criminales si poseen inteligencia y mayor autocontrol que un psicópata que, por diferentes razones, decide trabajar para un grupo criminal durante un tiempo.)

Actualmente, se cree que el sociópata —como decía el personaje que habla con la psiquiatra— es producto de la cultura y educación en la que se ha desarrollado, mientras que en el psicópata hay un componente necesario (pero en muchos casos *no suficiente*) de naturaleza genética, probablemente asociada a determinados patrones de funcionamiento del sistema nervioso, y en particular a determinadas áreas del cerebro. Hemos destacado la expresión «no suficiente» porque los estudios actuales dentro del ámbito de la epigenética[1] señalan que, para que un individuo devenga en psicópata, sería preciso que este se desarrollara en un ambiente facilitador de la expresión de caracteres genéticos predisponentes al comportamiento psicopático. Un hogar abusivo o negligente de forma severa podría ser ese tipo de ambiente.

¿Se puede saber *a priori* si alguien va a ser un psicópata? La respuesta actual más honesta es que no. Los mejores indicadores, por desgracia, pueden ser visibles demasiado tarde, como se relata en el siguiente caso, que también nos plantea la interesante pregunta de cuáles pueden ser los instigadores últimos de un crimen psicopático.

EXPERIMENTO DE TERROR (CASSIE JO STODDART)

El siguiente caso ilustra qué sucede cuando el terror gótico se convierte en realidad. Los jóvenes de esta historia muestran de forma cruda por qué la psicopatía permanece como núcleo del asesinato serial: la víctima se convierte en un medio para afirmar una identidad que, desde el proyecto de un ser humano anclado en valores morales, está fracasando estrepitosamente.

Que el terror y la muerte se conviertan en alimento de la identidad y plenitud de la vida emocional del asesino es lo que permite que la modernidad tome al *serial killer* como icono de la monstruosidad.

El 22 de septiembre de 2006, Cassie Jo Stoddart se fue a casa de sus tíos para cuidarla durante un par de días mientras ellos estaban de viaje. Cassie tenía dieciséis años y vivía en Pocatello, Idaho. La petición de sus tíos no le supuso ningún problema, ya que estaba relativamente cerca de su propio domicilio y, además, podría ganarse un dinero que le darían por vigilar la casa y cuidar del perro de la familia. Lo mejor de todo: no estaría sola, ya que su novio Matt Beckham se pasaría por ahí durante unas horas.

Las cosas empezaron a complicarse cuando su novio Matt vino acompañado por dos amigos del instituto, al que también iba Cassie, Brian Draper y Torey Adamcik. Si bien Matt era realmente amigo de este último, les robaban intimidad y a Cassie ninguno de los dos le parecía particularmente simpático. Pero sea como fuere, los tres cenaron pizza y se pusieron a ver una película en la televisión. Pero los dos invitados —Brian y Torey— se aburrieron pronto y se marcharon a las dos horas; dijeron que preferían irse al cine. Una vez solos, Cassie y Matt no tuvieron mucho tiempo para ellos, porque al poco tiempo empezaron a escuchar ruidos en el sótano de la casa, aunque ninguno de los dos bajó para investigarlos. Solo cuando se fue la luz, Matt se levantó para ir al sótano, ya que ahí estaba el interruptor central, pero no llegó a bajar porque la luz regresó. Que el perro de los tíos de Cassie se quedara ante la escalera que bajaba al sótano ladrando no hizo sino aumentar el desasosiego de la chica, por lo que Matt llamó a su madre para preguntarle si podía quedarse a dormir esa noche en casa de los tíos de Cassie.

La madre dijo que no, que solo tenían dieciséis años y no podían pasar la noche juntos. Así que le dijo a Matt que se preparara, que en un rato iba a pasar a recogerle. Cuando llegó, su hijo le volvió a pedir que le dejara quedarse con Cassie, que estaba muy asustada, pero la madre se mantuvo firme. No obstante, ella le dijo a Cassie que si quería podía irse con ellos y dormir en su casa, pero ella declinó la oferta: se sentía responsable de cuidar de la casa, así había quedado con sus tíos y además le pagaban por ello.

Esa fue una decisión fatal. La madre recogió a Matt a las 22:30 y, en el camino a casa, el chaval pensó que era todavía muy pronto, que quizás podría pasarse por casa de Adamcik o bien acercarse a donde estuviera, así que llamó a este último. Cuando contestó, Adamcik habló susurrando. Matt apenas pudo oírle. Su amigo le dijo que estaba en el cine y por eso no podía hablar, así que no podían quedar y Matt se resignó a dar por terminada la noche.

Pero, mientras Matt se dirigía a su casa, decepcionado, a su novia Cassie le quedaban solo minutos de vida. Tal y como se supo posteriormente, Brian y Adamcik no se habían ido al cine tras despedirse de los novios, sino que, después de marcharse en su coche, regresaron más tarde y se introdujeron en la casa por una puerta trasera exterior del sótano que previamente habían dejado abierta. Ellos fueron los que hicieron los ruidos que oyeron los chicos cuando se quedaron solos, también quienes quitaron la luz. Ahora que Cassie estaba sola, los jóvenes, desde su escondite, volvieron a quitar la luz y esperaron a que Cassie bajara al sótano para encenderla. Pero Cassie no bajó, porque se había quedado dormida en el sofá. Entonces, Brian y Adamcik decidieron subir. Llevaban ropas negras, guantes y máscaras. Brian Draper llevaba una daga y Adamcik un cuchillo de caza.

Brian abrió y cerró con fuerza la puerta de un armario para asustar a Cassie, pero ella no se movió. El siguiente movimiento de ambos fue el ataque: treinta cuchilladas, doce de ellas fatales al atravesar el corazón, de acuerdo con el examen forense. Luego se marcharon. El cadáver, cubierto de sangre y con evidentes laceraciones por arma blanca, no fue descubierto hasta dos días después del crimen, el 24 de septiembre. Al día siguiente del asesinato, Brian y Adamcik se vieron con Matt que, desconocedor de todo lo sucedido, llamaba a su novia sin poder comunicarse con ella.

La investigación por homicidio empezó cuando regresaron los tíos y se encontraron con el cuerpo de su sobrina Cassie. La policía no tardó en averiguar lo que había sucedido en las últimas horas de vida de la chica gracias al testimonio de Matt. Este, en un principio levantó las sospechas de los agentes (¿por qué no se había pasado por la casa de sus tíos para ver a Cassie, si sabía que ella se había quedado con miedo sola?) pero, tras interrogar a Brian y Adamcik, el foco de la sospecha recayó en ellos. Ambos dijeron que se habían marchado de casa de los tíos de Cassie en torno a las 20:30 horas porque se aburrían, que luego se habían ido al cine y finalmente durmieron en casa de Adamcik. Pero ninguno de los dos supo decir qué película habían visto ni recordar nada del argumento. Interrogada la taquillera, dijo que no vio a ninguno de los dos —a los que conocía, porque eran habituales de la sala— ese día.

Incapaces de sostener la coartada, al día siguiente Brian decidió confesar la verdad y llevó a la policía a donde habían enterrado las pruebas de su crimen, en el Cañón Black Rock. La policía recuperó las armas del crimen más otras adicionales también blancas, así como los guantes y las máscaras. Pero, lo que realmente les dejó atónitos es una cinta de video que también estaba en el agujero con todo lo demás, una cinta en la que se veía cómo ambos asesinos habían planeado el asesinato de Cassie y —lo más triste de todo— sus reacciones de euforia narcisista después de haberla matado: «¡Acabamos de matar a Cassie! —exclamaba Brian—. ¡Justo ahora nos hemos ido de la casa! ¡Esto no es una jodida broma! La acuchillé en la garganta, y vi su cuerpo sin vida». En otro momento dijo que «esperaban hacer historia» al convertirse en *serial killers* famosos, como sus ídolos los Estranguladores de la Colina (Kenneth Bianchi y Angelo Buono), el Zodíaco y Ted Bundy.

En síntesis, en la cinta se veía y se escuchaba a dos jóvenes psicópatas que, según decían, habían iniciado su carrera como asesinos en serie con la esperanza de emular a los mencionados. Con tal fin, habían confeccionado una «lista de la muerte», donde figuraban el nombre de las personas a las que pensaban matar, en la que se incluía Cassie. Pero además de estos célebres matarifes, los jóvenes reconocieron otras inspiraciones, como los asesinos de la masacre de Columbine, Eric Harris y Dylan Klebold, o la película de terror *Scream*, en la que varios adolescentes son asesinados por un amigo común.

Los dos homicidas, ambos de dieciséis años de edad (como Cassie) cuando cometieron el crimen, fueron condenados en 2007 a cadena perpetua sin posibilidad de libertad condicional. Pero, años después, el Tribunal Supremo determinó que esta condena de «perpetua sin condicional» no podía aplicarse a menores de dieciocho años, por lo que tanto para el uno como para el otro se abrió esta posibilidad de salir algún día en libertad condicional, si la junta encargada de otorgarla lo consideraba oportuno.

El corolario de este crimen concebido como un experimento de terror es la demanda que interpusieron los padres de Cassie contra el Departamento de Educación del estado de Idaho, con el argumento de que el instituto había incumplido su obligación de supervisar a los jóvenes asesinos, al no haber detectado de ningún modo los planes homicidas de dos de sus alumnos. Estos, ciertamente, no sacaban buenas notas, y la investigación policial determinó que algunos compañeros del instituto les habían oído decir que querían matar a gente y convertirse en «leyendas» como Bundy o el Zodíaco, pero que nadie les había tomado en serio. El tribunal, sin embargo, falló en contra de los padres de Cassie: su dictamen fue que un hecho así no se podía prever.

En las noticias sobre este caso se concluye de forma simplista que la causa última de este asesinato fue la influencia de la película *Scream* en la mente de los adolescentes, pero claramente esto no tiene ningún sentido. La causa última, sea la que fuere, está relacionada con un proceso complejo que llevó a conformar en ambos chicos una personalidad tal que fueron incapaces de conectarse realmente con la comunidad de valores y emociones compartidos que llamamos «persona». Como estamos descubriendo en la presente obra, estos jóvenes sufrieron un proceso de identidad fracasada que se canalizó mediante la manifestación de impulsos de poder en una identidad asesina, un proceso oculto ante los demás (desdoblamiento).[2]

LOS PSICÓPATAS Y OTRAS PATOLOGÍAS

Seguro que el lector no tiene dificultad en reconocer a uno de los psicópatas más célebres del siglo XX: Ted Bundy, objeto de innumerables libros y películas. Una de las razones de su continua popularidad es el hecho de que fue uno de los casos más notables de «personalidad desdoblada», ya que cuando su *sombra* tomaba el control (la «entidad», decía él) mataba jóvenes estudiantes universitarias y cometía actos de necrofilia, mientras que en su vida pública era un estudiante de Derecho que llegó a obtener un grado en Psicología, y entre sus ocupaciones figuraron la de consejero en una línea telefónica de atención a personas en riesgo, asistente para la mejora de aplicación de la ley en el estado de Washington y miembro de la campaña para uno de los candidatos a gobernador de dicho estado. Además, durante varios años mantuvo una relación de pareja «normal» con una mujer (Elizabeth Kloepfer, que utilizó durante muchos años el seudónimo de Liz Kendall) que tenía una niña pequeña, asumiendo el rol de padrastro.

Acerca de Bundy se hizo un estudio interesante en 2006, en el que setenta y tres psicólogos de la Asociación Americana de Psicología (APA) le diagnosticaron de acuerdo con los criterios reconocidos en el *Manual diagnóstico y estadístico de los trastornos mentales*. Cerca del 80 % de los psicólogos lo diagnosticaron con el *trastorno de personalidad antisocial*, en el cual quedan incluidos los psicópatas. Si consideramos las brutales violaciones, actos de terror psicológico y físico gratuitos y los asesinatos de unas treinta y cinco mujeres, esto difícilmente puede sorprender a nadie. Ahora bien, nada menos que el 95 % de los psicólogos también le adjudicaron un diagnóstico de *trastorno de la personalidad narcisista*. Este trastorno define a los individuos que se consideran superiores a los demás y que, en consecuencia, creen que tienen el derecho a disfrutar de privilegios negados a los otros, con independencia de que tales ventajas sean legales o ilegales. Asociado a estos rasgos está una «piel fina» para recibir críticas (lo que ellos perciben como ataques) o un trato irrespetuoso, una falta notable de empatía y el recurso a amenazas y actos de represalia si se ven contrariados o frustrados.

Pero, junto a estos dos diagnósticos, en torno al 50 % de los psicólogos también le adjudicaron otras dos patologías de personalidad. Una es la conocida como *trastorno límite*. Su característica fundamental es la impulsividad y un problema grave de control de los estados de ánimo, con episodios recurrentes de ira y depresión, lo que da lugar a problemas frecuentes de identidad (el individuo tiene problemas para tener una imagen estable de quién es) y en las relaciones sociales, ya que tanto puede sentir un rechazo agudo hacia la gente con la que se relaciona como desear contar con su apoyo incondicional. Probablemente, los psicólogos llegaron a ese diagnóstico porque la relación que mantuvo con Elizabeth se movió en ese escenario, por un lado, abandono (cuando cometía los asesinatos) y por otro, deseo de que estuviera presente en su vida en otros momentos. Por ejemplo, cuando fue detenido por tercera y última vez (y ya había asesinado a su última víctima, una niña de doce años en Florida) solo accedió a dar su nombre verdadero cuando la policía le permitió llamarla por teléfono. De igual modo, Bundy contó en varias ocasiones que recurría al alcohol para superar sus frecuentes estados de ánimo de frustración e impotencia.

La otra patología reconocida por la mitad de los psicólogos fue el *trastorno esquizoide de la personalidad,* que se caracteriza por un patrón general de desapego y desinterés general en las relaciones sociales y una gama limitada de emociones en las relaciones interpersonales. Sin duda, Ted Bundy nunca se implicó emocionalmente en relaciones sociales duraderas (quizás con excepción de Elizabeth) y su gama de emociones era ciertamente limitada, al menos si las entendemos como emociones profundas: alegría genuina, empatía, admiración, lealtad o responsabilidad eran algo ajeno a su psicología.

A parte de este estudio sobre Bundy, es posible encontrar otras patologías adscritas a los psicópatas, como ideas de suspicacia o de sentirse amenazado (en el espectro de la paranoia), pensamientos obsesivos, parafilias como la pedofilia o la necrofilia (además del sadismo, que sí que estaba presente en Bundy), abuso de alcohol y drogas.

La conclusión que se extrae de este estudio diagnóstico sobre Ted Bundy puede generalizarse a otros muchos psicópatas, incluyendo a los asesinos seriales. Aquellos que sean «psicópatas plenos» —es decir, que se acerquen al prototipo de lo que es un «auténtico» psicópata— comparten rasgos con otras patologías de la personalidad y con otros síndromes, pero la personalidad psicopática es más que la suma de diversos diagnósticos que pueda compartir. La razón es que el psicópata tiene un patrón de rasgos que es único, cuya confluencia hace que puedan cometer actos de destrucción que, hablando en general, solo están a su alcance.

EL PSICÓPATA DE HERVEY CLECKLEY

El primer psiquiatra que definió al psicópata en lo que hoy se tiene como concepción moderna del mismo fue Hervey Milton Cleckley (1903-1984). Cleckley fue un hombre de gran cultura humanista, que utilizó obras célebres de la literatura para inspirarse en su investigación psiquiátrica. Aunque su trabajo científico más importante fue el mencionado *La máscara de la cordura*, obtuvo mayor fama por su libro firmado junto con su colega Corbett Thigpen *Las tres caras de Eva* (1957), sobre un caso de trastorno de personalidad disociativo (antes «múltiple») que tuvo gran repercusión gracias a su adaptación cinematográfica, donde la actriz Joanne Woodward interpretaba a la paciente, cuyo nombre real era Shirley Mason.

Pero volvamos a la psicopatía. Su mérito fue liberar al concepto de la confusión que había ido arrastrando desde comienzos del siglo XX, cuando prácticamente había perdido su utilidad diagnóstica: había tantos tipos de psicópatas con síntomas tan diferentes, que en realidad no se sabía qué es lo que se quería describir con ese concepto. Cleckley retomó el concepto original que habían desarrollado los alienistas del siglo XIX bajo la rúbrica de «locura moral» (la de un sujeto que no tenía problemas con el entendimiento o razonamiento, pero sí con su capacidad para integrar adecuadamente las emociones en su toma de decisiones y conducta), dotándola de una lista de síntomas que le otorgaban una identidad patológica propia.

El cuadro siguiente muestra la lista de los dieciséis síntomas que Cleckley adscribió al psicópata, con comentarios añadidos de otro gran especialista en la psicopatía, el profesor David T. Lykken (1928-2006).

LOS SÍNTOMAS DEL PSICÓPATA DE CLECKLEY[3]

1. Encanto superficial y buena inteligencia

La despreocupación y la indiferencia son la esencia del encanto: la gente encantadora es extrovertida, segura de sí misma, tiene labia y (al menos) aparenta jovialidad. «En el psicópata —escribió— no hay nada raro o extraño y, en todos los sentidos, para los demás representa el concepto de una persona feliz y equilibrada.»

Por otra parte, Lykken afirma que, la buena inteligencia, para Cleckley, no significaba tanto que el psicópata fuera alguien particularmente brillante desde el punto de vista intelectual, sino que su modo de actuar —las conductas psicopáticas— *no eran la consecuencia de un defecto intelectual o una inteligencia escasa.* Dicho esto, es obvio que un psicópata puede también presentar un amplio rango de capacidad intelectual, desde una inteligencia limítrofe hasta valores cercanos a lo excepcional. En todo caso, el propio Cleckley escribió: «Los test de inteligencia suelen mostrar que es alguien de una inteligencia superior». Sin duda, todo esto se debe a que la muestra de pacientes que él evaluó eran gente de clase media o medio-alta, que habían tenido oportunidad de estar en contacto con la cultura y muchos habían tenido una escolaridad prolongada. (Hoy en día, se sabe que los psicópatas tienen una inteligencia media igual a la de la población general.)

2. Ausencia de delirios y otros síntomas de pensamiento irracional

Aquí, Cleckley deja claro que el psicópata no es un psicótico: «No escucha voces, y no se observa que padezca de delirios». El examen clínico tradicional no verá en él depresión, ni manía, «nada que indique incompetencia». Además, aparentará disponer de buen juicio «y, en teoría, formulará planes de vida aceptables o admirables, será capaz de expresar críticas de los errores come-

---

tidos». Además, es de gran importancia resaltar que el psicópata «parece responder con emociones normales [...] con sentimientos adecuados al interés que el otro pueda mostrar en él», y con respecto a su familia, «todos lo considerarían un hombre de cálida respuesta humana, con una devoción y lealtad plenas».

3. Ausencia de «nerviosismo» o de otras manifestaciones neuróticas

Para Cleckley —apunta Lykken— «nerviosismo» no es lo contrario de «calma» o tranquilidad, sino que hace referencia a que el psicópata no muestra rasgos de una gran sensibilidad nerviosa, o responde de forma alarmada (sobresaltada) a los estímulos, como es característico de alguien a quien todo le afecta, que responde «como un resorte» ante estímulos o situaciones inesperadas. Sin embargo, el psicópata puede estar aburrido, inquieto o irritable y quizás en estas circunstancias no está quieto, se sienta y se levanta, coge y deja cosas sin mayor propósito, todo lo cual puede interpretarse como que está «nervioso», pero en realidad no es así. En efecto, Cleckley concede que puede dar muestras de intranquilidad en las situaciones donde él ya no controla las cosas, como en una cárcel o un hospital psiquiátrico, también porque le cuesta comprender y aceptar por qué tiene que estar retenido en contra de su voluntad. Además, añade algo fundamental: esas ocasiones donde muestra aprensión o agitación, «nunca son el resultado de sentimientos de culpa, remordimientos o inseguridad personal. Él parece casi tan incapaz de sentir ansiedad como de sentir un remordimiento profundo».

4. Informalidad (irresponsabilidad)

Aparenta ser formal, pero finalmente dará muestras de su profunda irresponsabilidad, sin que «importe la fuerza de la obligación, la urgencia de la situación o su importancia». Tampoco cambiará su disposición poco fiable, aunque se le confronte repetidamente con su modo irresponsable de cumplir sus tareas.

El psicópata, sin embargo, sabe que al principio tiene que mostrar la imagen que él pretende y, por ello, durante un periodo variable —puede ser una semana, un mes o un año— cumplirá con sus obligaciones, absteniéndose de quebrantar las normas e incluso de robar, aunque vea la oportunidad. Esa es la razón por la que, cuando ese periodo de fingimiento responsable se acaba, la consternación de sus colegas es tan grande, porque no comprenden ese proceder de alguien que podía triunfar usando caminos legítimos.

Para el autor de *La máscara de la cordura*, lo que produce más inquietud es que no se puede predecir cuándo actuará de un modo errático. «En la cúspide de su éxito en su empleo puede falsificar un cheque de poca cuantía, cometer un hurto o simplemente abstenerse de ir a la oficina. Igualmente, después de un periodo de felicidad con su familia, puede iniciar una pelea con su esposa, meterla en el coche y dejarla por ahí después de darle unos pocos puñetazos, o tirarle a la cara de su hijo de tres años un vaso de té helado.» En resumen, su informalidad no puede ser predicha; dado que no obedece a motivos comprensibles, solo se puede asegurar que continuará en el tiempo ese modo de proceder.

5. Mentiras e insinceridad

«El psicópata muestra una despreocupación notable por la verdad y no se puede confiar más en sus explicaciones de cosas del pasado de lo que se puede en sus promesas para el futuro, o en aquello que nos afirma hoy. Da la impresión de que es incapaz de incluso comprender de forma real lo que significa la verdad para los demás y el aprecio que le pueden mostrar a la sinceridad.»

Dicho esto, es evidente que su labia y sus buenas maneras hacen más digeribles sus mentiras. Es muy hábil echando la culpa de sus faltas a los demás y tiene todo tipo de explicaciones, aunque se le coja in fraganti con el producto de una estafa o fraude. «El candor y la apariencia de sinceridad se dan en él en tales ocasiones.» Por eso se muestra sorprendido si en posteriores ocasiones su palabra de «honor» de que hará o no hará tal cosa, no es tomada como una garantía suficiente.

6. Falta de remordimientos o de vergüenza

No aceptará ser culpable de sus desmanes y normalmente culpabilizará a otros, como señalamos en el punto anterior. Si en alguna ocasión admite su responsabilidad, lo hace por razones espurias y de modo falso. Tampoco muestra la emoción de la vergüenza, no por sus actos ni por sus actitudes, ni por su pasado ni por su presente; no muestra «la menor prueba de sentir pesar o humillación» por verse expuesto en su comportamiento inmoral o ilegal.

7. Conducta antisocial sin una motivación adecuada

En este punto, nos damos cuenta de que el psicópata de Cleckley se mueve preferentemente en el terreno de la grave conducta inmoral y, digamos, la delincuencia de poca monta; esa conducta antisocial de la que nos habla en este apartado se reduce a, «hurtos, falsificación, adulterio, fraude y otros hechos», y nos dice que muchas de esas conductas las realiza en ausencia de una meta o finalidad aparente, sin que podamos decir que actúa siguiendo una compulsión, como sería el caso de la cleptomanía o la piromanía.

8. Pobre juicio y fracaso para aprender de la experiencia

«A pesar de su excelente capacidad de razonamiento, el psicópata continúa mostrando el criterio más execrable cuando se trata de obtener lo que podemos suponer que él anhela.» Cleckley da como algo frecuente el siguiente ejemplo: sus pacientes quieren salir del hospital en el que están ingresados en contra de su voluntad por orden judicial (generalmente de tipo civil), pero no parecen hacer nada adecuado para lograr recuperar su libertad, incluso aunque odien estar encerrados y califiquen a sus compañeros de «lunáticos».

Además, no aprende de la experiencia, de sus actos destructivos para sus propios intereses. Es la acción lo que le delata, porque «cuando se trata de situaciones teóricas, muestra generalmente un excelente juicio». Es paradójico: el psicópata puede aconsejar de forma admirable a otros e incluso... ¡a sí mismo! En efecto, si él pudiera hacerse caso cuando se dice lo que «él haría en tal situación», una vez se encuentra en ella, muchos de sus problemas desaparecerían. Pero es incapaz de ello, *porque su conducta está disociada de su razonamiento o aprehensión teórica de la situación.*

9. Egocentrismo patológico e incapacidad de amar

«El psicópata siempre se distingue por su egocentrismo.» Cleckley continúa con su habitual lenguaje ornamentado: «Este es usualmente de un grado no visto en la gente común y con frecuencia está a un paso de dejarnos atónitos». Un egocentrismo que se muestra en su vanidad y en su alta autoestima, todo lo cual le lleva a la imposibilidad absoluta de amar: «El término absoluto es, yo creo, apropiado si lo aplicamos a cualquier actitud afectiva intensa y lo suficientemente significativa como para llamarla amor, esto es, que prevalezca en grado y tiempo suficientes para que ejerza una influencia notable en su comportamiento».

Como resultado de lo anterior, *cuando pretende amor o devoción a una mujer o a sus hijos, es una pose.* Los sentimientos positivos que pueda tener hacia estos supuestos objetos de amor no son sino amor hacia sí mismo. La confirmación de esa ausencia total de amor se comprueba cuando vemos lo poco que le importan las dificultades en todos los órdenes de la vida que proyectan sus actos hacia sus —supuestamente— seres queridos. Precisamente, concluye Cleckley en este punto, esta incapacidad para querer algo fuera de sí mismo es lo que dificulta el establecimiento de una buena relación con el terapeuta durante el curso del tratamiento y, «puede ser un factor importante en el fracaso terapéutico que, en mi opinión, ha sido universal».

10. **Pobreza general en las reacciones afectivas mayores**

Junto a lo anterior, «el psicópata siempre muestra una pobreza general afectiva». Cleckley asegura que las ocasionales manifestaciones de afectos con que nos obsequia —rabia, entusiasmo, lloriqueos, expresiones de dolor— son siempre superficiales. Sigue diciendo que en él veremos también expresiones de resentimiento, «poses de indignación», «pueriles actitudes de vanidad», pero lo que no veremos es lo siguiente: «ira de corazón o madura, indignación auténtica o consistente, dolor honesto y sólido, alegría profunda y desesperación genuina». Asegura que, aunque esté arrojado en una celda o un hospital psiquiátrico, aunque se haya hundido en la miseria, nunca veremos en el auténtico lamento o pesadumbre. «Llega a enojarse y a rebelarse, e incurre en una impaciencia activa y constante cuando se le confina, pero no sufre como otros [en su situación] sufren». También en ellos el humor real está ausente, aunque en ocasiones su ingeniosidad pueda ser tomada como tal.

Finalmente, Cleckley se pregunta si esta ausencia de afectos verdaderos puede compaginarse con la información que él ha leído con frecuencia, donde se apuntaba a que los psicópatas manifestaban, «pasiones y fuerzas instintivas poderosas» tras sus actos. La respuesta es que no, que a un clínico experto «los fuegos fatuos de palabras e intentos teatrales de impresionar a los otros», habituales en los psicópatas, no pueden engañarle.

11. Pérdida específica de *insight* (perspicacia)

Aquí «perspicacia» ha de entenderse como la capacidad que tiene el psicópata de comprender cómo le perciben los demás. Cleckley no tiene dudas: «Él no tiene ninguna capacidad de verse como le ven los demás», aunque «quizá sea más acertado decir que no tiene la capacidad para saber cómo se sienten los demás cuando le ven, o para experimentar subjetivamente algo comparable a lo que los demás sienten ante su presencia. Todos los valores, todos los sentimientos [que puede suscitar] acerca de quién es él, son incognoscibles para él».

Esto quizás explica que, en lugar de hacer frente a los hechos que le permitirían verse de un modo más realista —por ejemplo, aceptando que ha dilapidado su fortuna y dejado a su familia sin recursos por su mala cabeza y su falta de responsabilidad— se enreda en culpabilizar a los otros y racionalizar sus actos. En ocasiones, puede parecer que sí tiene *insight* y acepta sus errores, incluso él mismo puede estar de acuerdo en que es un psicópata, pero Cleckley asegura que es solo apariencia, que no hay una convicción real ni emociones profundas que puedan avalar la sinceridad de lo que está diciendo. «El paciente parece carecer de la capacidad para sentir el significado de la situación, para experimentar las emociones reales de culpa o vergüenza, o la determinación necesaria para mejorar.» «Esto no es *insight*, sino mera imitación de *insight*», señala.

Finalmente, Cleckley se acerca a lo que él piensa que es el núcleo de la patología del psicópata: «Aquí tenemos el espectáculo de una persona que usa todas las palabras que usaría alguien que realmente comprendiera y que pudiera igualmente definirlas, pero que a pesar de ello es ciego sobre su significado [...]. Aquí tenemos a una persona que cumple todos los requisitos de una "mente sana" y, sin embargo, esta aparente mente saludable es más incomprensible que la del paciente psicótico».

Para Cleckley, un ejemplo claro de esta ausencia de *insight* es cuando el psicópata asegura que el castigo penal que le ha sido impuesto por su crimen no debería de serle aplicado. «Este sorprendente defecto de comprensión con frecuencia parece genuino, como si el sujeto realmente se sorprendiera de que la cárcel fuera una consecuencia para aquellos que, como él, han realizado tal crimen.»

12. Falta de respuesta (indiferencia) a las relaciones interpersonales

De nuevo el verbo florido de Cleckley: «El axioma ordinario de la existencia de que una buena acción merece otra, un principio que en ocasiones es honrado incluso por caníbales y asesinos de la peor calaña, solo tiene una validez superficial para él. Si bien, cuando se trata de obtener alguna ventaja como la libertad condicional o el alta de un hospital mental, puede citarlo con gran elocuencia».

Ahora bien, en él se da la paradoja de que esa ausencia de correspondencia con los actos de los demás no tiene por qué manifestarse cuando se trata de mostrarse cortés, o bien de devolver algún pequeño favor. Lo fundamental es su incapacidad para apreciar los actos de sacrificio y generosidad que su familia, sus amigos u otros realizan por él. Y el hecho de que, por ejemplo, ayude a una vecina ocasionalmente a cargar con algún bulto pesado, no puede hacer olvidar el desprecio y las humillaciones que causa a su propia familia.

13. Conducta fantástica o poco atractiva, con o sin consumo de alcohol

Dice Lykken, a propósito de este criterio, que debemos acordarnos de John Belushi en su papel en la película, *Desmadre a la americana*: «¿Por qué no eructamos, ni eliminamos gases ni tiramos comida a nuestro alrededor...?». La respuesta es que nos da vergüenza. El psicópata puede mostrar conductas bufonescas y sumamente vulgares, bromas pesadas, fingiendo que ataca a alguien o realizando cualquier cosa extraña si bebe alcohol, pero también sin haberlo probado, porque —dice Cleckley— el alcohol simplemente facilita la expresión a través de los efectos desinhibidores que produce, pero no provoca nada que no esté en la personalidad del individuo. Hay psicópatas que no prueban el alcohol, ya que no precisan de los efectos sedantes o liberadores que provoca en la mayoría de la gente, pero es cierto que consumen en mayor medida que el ciudadano medio tanto alcohol como drogas, preferentemente estimulantes como la cocaína.

14. Raramente se suicida

El psicópata puede llamar la atención diciendo que se va a suicidar o haciendo gestos poco concluyentes de intentar suicidarse, pero pocas veces lleva a término este propósito, lo que se ajusta bien a una personalidad que no siente vergüenza o culpa por sus fechorías y que no manifiesta síntomas neuróticos de una personalidad alterada por la angustia.

15. Vida sexual trivial y poco integrada

Parece lógico pensar que un individuo que no guarda lealtad a nadie y que tiene una afectividad tan limitada como el psicópata, hará un uso utilitarista de las relaciones sexuales, sin que estén al servicio de una vida amorosa integrada. (No obstante, han pasado muchos años desde que se revisara por última vez este texto, 1976, y las costumbres en cuanto al sexo han cambiado mucho.)

Dicho esto, Cleckley opinaba que su promiscuidad sexual era más una cuestión de falta de autocontrol, que una consecuencia de poseer un impulso sexual fuerte.

16. No sigue un plan de vida

Este criterio es claramente una derivación de algunos de los anteriores. El punto de mayor interés es que Cleckley afirma que, «el psicópata no puede seguir de forma consistente un plan de vida, ya sea orientado a un fin bondadoso o maligno». La razón es que, sin venir a cuento, por puro capricho o impulso, puede echar a perder una actividad en la que le van bien las cosas, ya sea un negocio honrado o delictivo. Cuándo va a ocurrir esto no se puede predecir, pero es lógico pensar que depende del grado de autocontrol que muestre y de si cuenta o no con gente a su alrededor que pueda sostener o acompañar su actividad.

El psicólogo canadiense Robert D. Hare (n. 1934) tomó buena nota de la aportación de Cleckley, pero buscó mejorarla y adaptarla a su tiempo. Para ello, publicó en 1993 un libro que recogía su concepción de la psicopatía titulado, *Sin conciencia*. Hare comprendió que, para que el trabajo seminal de Cleckley pudiera ser aplicado en la práctica (los delincuentes que estaban en las cárceles) precisaba hacer dos modificaciones. La primera, definir criterios específicos que permitieran una medida o cuantificación de los diferentes rasgos o síntomas de la psicopatía, ya que el psiquiatra de Georgia se limitó a describirlos. A tal fin, creó la *Psychopathy Checklist* que, en su versión revisada más reciente (conocida como la PCL-R), otorga hasta un total de cuarenta puntos en la evaluación de los veinte rasgos o síntomas que la componen. Este instrumento es considerado el canon de la evaluación de la psicopatía y se aplica en numerosos países dentro de las cárceles, así como —en distintas variaciones del original— a sujetos de la población en general.

La segunda cosa que tuvo que hacer fue dotar de un contenido más «criminal» a la lista original de los dieciséis síntomas. Como ya se ha comentado, Cleckley trabajó en un hospital civil, aunque es cierto que algunos de los casos estaban bajo supervisión de un tribunal porque habían delinquido. Pero no eran delincuentes graves, no había violadores reincidentes o asesinos. Sin embargo, esta era justamente la población a la que Hare quería administrar su escala de la psicopatía. Desde luego, Cleckley era consciente de que el psicópata podía ser un sujeto muy peligroso si en él concurrían otros síntomas, como una parafilia, desviación sexual o sadismo. («El psicópata real que es un sádico persistente y organizado, sin duda es una persona muy peligrosa», escribió). Él mismo tuvo la oportunidad de evaluar a Ted Bundy como perito de la acusación y determinó que se trataba de un psicópata sin lugar a dudas.[4] Pero, Hare fue bien consciente de que el psicópata de finales del siglo XX exhibía una capacidad de violencia con la que Cleckley no había contado; por ello, en su opinión debían incorporarse a los síntomas clásicos que este había enunciado, los propios de la conducta criminal, tanto los que el sujeto había cometido en su etapa juvenil, como los que había cometido de adulto. (El lector recordará que la única mención que había hecho Cleckley al delito era el síntoma, «conducta antisocial pobremente motivada».)

No obstante, esta decisión por parte de Hare ha sido contestada por varios autores, al considerar que la violencia manifiesta y el crimen no son sino *consecuencias probables* de la psicopatía, pero no elementos constitutivos de la misma. En estos momentos, ese debate (¿forma parte el crimen o la delincuencia de un rasgo de la psicopatía, o es una secuela o producto de tener una personalidad psicopática?) está muy vivo. En nuestra opinión, el crimen es una consecuencia o producto de la psicopatía, como lo prueba el hecho de que la gran mayoría de psicópatas son integrados no criminales. Amorales, ventajistas, en muchos sentidos *antisociales* (en cuanto que transgreden sin rubor normas morales implícitas en la vida social como mostrar lealtad, ser responsable con las obligaciones y no abusar de los más débiles), pero no «criminales».

Los rasgos esenciales del psicópata de Hare aparecen a continuación, junto con su descripción. Vemos que hay tres facetas, factores o dominios: *la interpersonal* —caracterizada por la arrogancia y la manipulación—, *la afectiva* —que incluye los síntomas centrales de la «falta de conciencia»— y la del *estilo de vida impulsivo e irresponsable*. No se incluyen los síntomas de una cuarta faceta, *la faceta antisocial y delictiva*, porque no es necesario (añada el lector numerosos y variados delitos en la juventud y en la adultez, así como una infancia con problemas de conducta —desobediencia, fugas del hogar, absentismo escolar, etc.— frecuentes). *Lo importante es recordar que estas tres facetas, para Hare, se asocian necesariamente a un individuo con una criminalidad y violencia muy intensas.* No están todos los síntomas de la lista de *La máscara de la cordura*, pero sí la mayoría y los más importantes. Por ejemplo, no figura el síntoma de «falta de ansiedad» (o nerviosismo), que sí aparece en las listas de otros autores y ha sido comprobado de manera repetida por la investigación fisiológica, que revela un escaso miedo anticipatorio a un castigo programado en estudios de laboratorio. Tampoco la «conducta fantástica con o sin consumo del alcohol» o la escasa prevalencia del suicidio. Hare pensó que no tenían la validez necesaria para discriminar a los delincuentes psicópatas de los que no lo eran.

Faceta interpersonal	Faceta afectiva	Faceta estilo de vida
Arrogante/ manipulador	*Deficiente emocionalidad*	*Impulsiva e irresponsable*
Encanto superficial (seductor)	Ausencia de culpa	Tendencia a aburrirse y necesitado de vivir «al límite» (temeridad)
Grandioso sentido del yo (narcisismo)	Insensible, falto de empatía	Falta de metas realistas a largo plazo
Mentiroso patológico	Afectos superficiales	Impulsivo e irresponsable
Manipulador/ embaucador	No acepta la responsabilidad de sus actos	Estilo de vida parásito

Nota: A estas tres facetas, Hare añade una cuarta: *la faceta de la conducta antisocial (delictiva)*, que mide la falta de autocontrol y la intensidad y variedad de la actividad delictiva del sujeto en la edad juvenil y adulta. Pero en realidad, esta faceta es un producto o secuela de la psicopatía y no debería considerarse dentro de los síntomas que definen esta condición, porque la mayoría de la gente habitual del delito puntuaría alto sin ser psicópatas.

La faceta interpersonal muestra, en su primer atributo (*encanto superficial*), a un sujeto que es *aparentemente* alguien amable y atento, que «cae bien» enseguida, que produce la impresión de ser una buena persona y, por consiguiente, merecedor de que pongamos nuestra confianza en él. El adjetivo «superficial» subraya el hecho de que el sujeto muestra lo que es una máscara social, esto es, un modo de ser que el psicópata sabe que la otra persona encontrará atractivo, pero que no responde a su auténtica identidad o naturaleza. Un sinónimo sería el de «seductor». Este modo de presentarse falsamente ante los otros responde al hecho de que el psicópata persigue una agenda oculta cuya finalidad es aprovecharse o abusar de la otra persona (en cualesquiera de sus posibilidades, desde conseguir dinero hasta satisfacer su pulsión al homicidio), lo que se relaciona directamente con el rasgo de la *mentira patológica* (donde se miente por el placer de hacerlo, para realzar el ego demostrando que se puede resultar creíble cuando se desea) y el de ser un *manipulador o embaucador*. En este concepto se incluye la mentira usada de forma instrumental —para conseguir algo—, el uso de información privada para obtener una posición de ventaja, crear rivalidades o enemistades que puedan beneficiar y, en general, el uso de cualquier estrategia que permita tener ascendencia o influencia sobre alguien para que secunde sus propósitos, por ejemplo apelando a que es un «amigo incondicional» o expresando que siente un profundo amor que espera ser correspondido.

Finalmente, el psicópata es una persona que tiene una *autoestima exagerada*, que se siente con derecho a hacer u obtener cosas o privilegios por encima de los demás, y que espera que su entorno le muestre un trato preferente por su «extraordinaria valía». Un modo de resumir este atributo sería con la etiqueta «narcisista» o «extremadamente arrogante». El sujeto se conduce de forma dominante y hostil cuando tiene libertad para hacerlo, porque ve natural ese modo de conducirse. Señala Hare que, «los psicópatas tienen una visión narcisista de la vida. Se creen el centro del universo, seres superiores a los que se debiera permitir vivir según sus propias normas. "No es que yo no cumpla la ley —decía uno de nuestros sujetos—. Es que *sigo mis propias leyes. Estas nunca las he violado*"».

La faceta afectiva incluye algunos de los rasgos más esenciales de la psicopatía desde su primera aparición como «locura moral» en el siglo XIX. En un sentido genérico, podría considerarse como la faceta de la personalidad que describe la «maldad» del individuo. *La ausencia de culpa o remordimientos* no necesita de mayor explicación, al igual que la *incapacidad de sentir empatía*. No obstante, la empatía tiene dos niveles: la de naturaleza cognitiva, que mide en qué medida un sujeto puede «leer la mente» del otro —y por ello es capaz de imaginar lo que está pensando o sintiendo—, y la empatía profunda o emocional, por la que uno acompasa su estado emocional al del otro, ya sea de júbilo o de dolor y pena (sin que esto implique que la intensidad de quien sufre la emoción y quien la conoce por empatía sea del mismo nivel). Este rasgo *mide esta empatía profunda*, ya que se ha observado que muchos psicópatas pueden leer la mente del otro, lo que le faculta para manipularlo con más eficiencia. Esta ausencia de empatía profunda se asocia a la crueldad y la insensibilidad ante el sufrimiento ajeno, ya sea provocado por el individuo, por otras personas o por circunstancias de otra índole (una enfermedad, un accidente, etc.).

Los afectos superficiales se refieren, por una parte, al hecho de que el sujeto establece débiles vínculos con los otros, de tal modo que uno no se compromete con el bienestar ajeno; y, por otra parte, que las emociones que siente suelen ser volátiles y cambiantes, así como poco profundas. Por ejemplo, se sabe que los psicópatas experimentan menos temor o ansiedad ante estímulos generalmente aversivos o desagradables, de igual modo tendríamos que señalar una baja intensidad de las emociones llamadas prosociales o morales (aparte de la empatía), como el sentido de la justicia, el amor, la gratitud o la lealtad. Esto no impide que las emociones negativas como la ira, la envidia, el desprecio o el deseo de venganza puedan ser relevantes en muchos momentos, pero tales emociones no son valoradas aquí.

La incapacidad para responsabilizarse de los actos propios describe a un sujeto que busca excusas para justificar las consecuencias negativas de sus acciones o bien echa la culpa a los otros, a las instituciones o a la sociedad en general. En definitiva, él nunca es responsable o tiene la culpa de nada.

Finalmente, **la faceta del estilo de vida** engloba el aspecto más observable o externo del comportamiento y puede considerarse común a otros individuos habituales en el mundo de la marginación y la delincuencia. *La tendencia a aburrirse* y, en compensación, *el gusto por vivir aventuras excitantes o la temeridad* representa el rasgo por el que un individuo necesita escapar del aburrimiento poniéndose en situaciones emocionantes, como conducir a mucha velocidad, tomar drogas o alcohol o participar en actividades ilegales excitantes.[5]

La ausencia de metas realistas a largo plazo describe a sujetos que son poco realistas en la evaluación de sus posibilidades para conseguir determinadas metas que les atraen. Por ejemplo, pueden carecer de un oficio y asegurar que «en cuanto se pongan a buscar trabajo» lo encontrarán sin problemas, o hablan mucho de las grandes cosas que harán cuando terminen sus estudios o consigan un préstamo, a pesar de que es muy improbable que los finalicen, porque no ponen ningún esfuerzo, o que obtengan el préstamo porque carecen de las suficientes garantías para ello.

La *impulsividad* mide el actuar sin pensar. El individuo no se toma su tiempo antes de decidir, sino que «actúa por impulso», sin ponderar las consecuencias de sus acciones. Una persona con un pobre autocontrol —esto es, que frente a una tentación o provocación pierde el dominio de sí misma y actúa de un modo que sabe que es contrario a sus intereses— suele ser impulsiva, pero no siempre van juntos ambos rasgos. El pobre autocontrol se relaciona más con «perder los papeles», entrar en peleas frecuentes y recaer en hábitos y adicciones negativos.

El *estilo de vida parásito* describe a alguien que vive de los demás, esto es, que se aprovecha del trabajo ajeno, bien pide préstamos continuamente, bien hace lo posible para beneficiarse de las instituciones y servicios públicos para subvencionar su forma de vivir. En suma, logra con habilidad que los demás trabajen en su propio interés. Finalmente, *la falta de responsabilidad en el cumplimiento de los roles sociales* se refiere al fracaso del sujeto en los diferentes desempeños que implica vivir en sociedad. Por «roles sociales» entendemos las tareas de la paternidad, el desempeño laboral, la participación en grupos sociales como entidades sindicales, comunitarias y de variada índole, como políticas o deportivas, pero también podríamos incluir las exigencias del rol de la amistad y otras situaciones.

Así pues, cuando nos refiramos al «psicópata de Hare» tendremos la imagen del psicópata criminal, capaz de cometer muchos y numerosos delitos; en cambio, hablaremos del «psicópata de Cleckley» cuando queramos destacar la presencia de un psicópata que —a pesar de tener los síntomas esenciales de este trastorno— tiene una mejor integración social, es más camaleónico en su capacidad de adaptarse a las circunstancias, en imitar las emociones humanas profundas, en aparentar que es un sujeto del todo normal y que puede cometer delitos, algunos incluso graves, pero sin que los celebre especialmente por su potencial destructivo; en general, serán el medio para conseguir disfrutar de una situación o unos bienes que anhela.

A SANGRE FRÍA: EL ESPECTRO DE LA PSICOPATÍA

La novela de no ficción, *A sangre fría*, de Truman Capote (1965),[6] es una extraordinaria obra literaria, pero también un profundo estudio de psicología criminal debido a las numerosas entrevistas realizadas por el autor a los dos asesinos confesos (Richard Hickock y Perry Smith) acerca del crimen múltiple de la familia Clutter (padre, madre y dos hijos) en una granja del estado de Kansas.

Alrededor de las once y media de la noche del sábado 14 de noviembre de 1959, Perry Smith y Dick Hickock entraron a la casa de los Clutter y, después de inmovilizar a los cuatro miembros de la familia presentes, registraron todo el inmueble buscando una caja fuerte que, según información recibida por Hickock, contenía diez mil dólares. Al comprobar que esta no existía y que la información era errónea, asesinaron a los Clutter uno por uno.

El primero en ser asesinado fue Herbert Clutter, quien había sido llevado al sótano y atado de manos y pies. Smith le cortó la garganta con un cuchillo de caza. Al sentir el corte, Clutter logró soltar su mano izquierda, por lo que Smith le disparó a la cabeza con una escopeta. En otro lugar del mismo sótano se encontraba, atado y amordazado, su hijo menor Kenyon, de quince años, al que Smith asesinó disparándole en el rostro (cerca de la nariz). Luego se dirigieron al cuarto de Nancy Clutter, a la que asesinaron disparándole en la parte posterior de la cabeza (detrás del oído derecho, según se constató en la autopsia realizada) sin importarles que rogara por su vida. Smith declaró inicialmente que Hickock había matado a las dos mujeres, pero posteriormente confesó que los cuatro crímenes habían sido realizados por él.

Finalmente se dirigieron al dormitorio de Bonnie Clutter, a quien igualmente Smith le disparó en la cabeza (en la sien izquierda) mientras se encontraba amordazada y atada a su cama. Los asesinos robaron algunos bienes (unos binoculares y una radio a pilas) cuyo valor no pasaba de cuarenta dólares y huyeron de Kansas para luego terminar en México.

A las pocas semanas fueron detenidos gracias a un «soplo» de un preso que había conocido a Hickock en la cárcel. Capote tuvo mucho tiempo para empaparse de la cultura del lugar, para hablar con vecinos y familiares de los Clutter, así como con los policías y el fiscal que llevaba el caso. La opinión del autor de *Desayuno en Tiffany's* sobre los asesinos es ambivalente. Por una parte, describe sus asesinatos de modo tal que deja una profunda huella en el lector. Sabemos que son muertes absurdas, que los matan aún a pesar de que saben que no hay nada de valor en la casa. Es más, nos horrorizamos al saber que tomaron *a priori* la decisión de no enmascararse, por lo que solo tenían la opción de matarlos para evitar que pudieran posteriormente describirles e identificarles. Por otra parte, Capote siente que solo una grave patología mental puede explicar este proceder. Sin mencionarse el concepto de psicopatía en ningún momento durante el proceso (el tribunal no permitió que se discutiera el estado mental de los acusados, puesto que quedó claro en un principio que ellos sabían distinguir el bien del mal y que la planificación de los crímenes revelaba claramente que podían haber tomado otra decisión, esto es, que ninguna «fuerza incontrolable» les obligó a actuar), del análisis exhaustivo que nos brinda Capote en la novela se desprende que Hickock y Smith reunían los rasgos esenciales de esa condición, como así lo creía el psiquiatra de la defensa, el Dr. Mitchell Jones.

Ahora bien, es interesante reparar en un hecho: todos los asesinatos fueron cometidos por Smith, lo que da lugar a preguntarse por qué, máxime si tenemos en cuenta que la idea de todo el asunto la tuvo Hickock, así como la logística del homicidio múltiple, incluyendo la idea de no dejar ningún testigo vivo. Stewart Justman, profesor de la Universidad Johns Hopkins, dedica un interesante estudio al personaje de Hickock —definido por Robert Hare como un «perfecto psicópata de hablar pausado»—, que ilustra bien la idea que exponemos en este apartado: aunque existen sujetos que podrían ser considerados *prototipos* de la psicopatía, esto es, asesinos que representan de forma completa (o casi) todos los rasgos de la psicopatía de Cleckley y Hare, en realidad la concepción más ajustada a la realidad de la psicopatía es *la imagen del espectro*: que más que una condición de «todo o nada», la gente que tiene rasgos de psicopatía puede presentar variaciones significativas en lo relativo a la intensidad de los diferentes rasgos que la componen.

Por ejemplo, tomemos el rasgo de la impulsividad, que aparece tanto en la lista de Cleckley como en la de Hare. Smith declaró que Hickock estuvo planificando durante meses el asalto, que dibujó un diagrama de la casa de los Clutter y cómo tenían que proceder; también «dijo un millón de veces que no íbamos a dejar ningún testigo». ¿Podemos decir que Hickock es un psicópata impulsivo? No lo parece, al menos por lo que se refiere a la actividad criminal. Tenemos el mismo problema si nos ocupamos del que quizás sea el rasgo más definitorio de la psicopatía: la falta de sentimiento de culpa o de conciencia. De la descripción de los asesinatos parece concluirse que Hickock hace una distinción entre el hecho de preparar un crimen y el «mancharse las manos» ejecutándolo personalmente. ¿Acaso creía que dejando todas las ejecuciones a Smith podría librarse de la horca? Es muy poco probable que esta fuese la razón, puesto que un hombre con antecedentes y una trayectoria larga de tratos con la justicia como él, tendría que haber sabido que ante la ley era tan culpable de los asesinatos como Perry Smith. *La alternativa es pensar que no tuvo estómago para matar a cuatro personas atadas e indefensas que no le habían hecho nada.* Aunque muy escasa, parece que su capacidad para la culpa era mayor que la de Smith. A este argumento se suma otro hecho que *no ocurrió* en el asalto a los Clutter: Capote descubre en él «tendencias pedófilas», que Hickock confesó a su psiquiatra:

Sé que está mal, pero en esos tiempos [cuando el crimen] no me detenía a pensar lo que estaba bien o estaba mal [...]. Una cosa que nunca le he dicho [al Dr. W. Mitchell Jones] en torno al asunto de los Clutter es que, antes de entrar en la casa, sabía que allí iba a estar una adolescente [Nancy]. Ahora creo que la principal razón por la que quería ir allí no era para robar, sino para violar a la chica. Porque, créame, pensé mucho sobre esto, y fue la razón principal por la que nunca me eché atrás, incluso después de saber que no existía una caja fuerte. Una vez allí, hice algunas cosas para acercarme a Nancy, pero Perry nunca me dio una oportunidad. Espero que nadie salvo usted sepa esto, porque me daría mucha vergüenza que mi familia lo averiguara. Estoy más avergonzado de estas cosas [que hice] que de que me ahorquen.

Es obvio que podemos dudar de la veracidad de lo que está diciendo, pero si fuera mentira no tendría en realidad ningún propósito, puesto que nada de esto iba a trascender en el juicio. Por otra parte, coincide con lo relatado por Capote en *A sangre fría*, cuando nos informa de los intentos de Hickock de acostarse con una niña de doce años. Lo que podemos deducir de esto es que si Hickock fuera un psicópata «perfecto», nada le hubiera impedido después de acudir al dormitorio de Nancy, violarla antes de que Perry hubiera podido intervenir. Porque sabemos que él pasó el tiempo suficiente a solas con ella para contarle que tuvo una infancia desgraciada al ser huérfano (lo que era mentira). Sin embargo, *no fue capaz de hacerlo*, a pesar de cuánto lo había deseado.

En resumen, mientras que difícilmente podemos calificar a Hickock como empático o atormentado por la culpa, parece que sí existe una diferencia en este punto con respecto a su colega Perry Smith. Este dejó claro que «No siento nada con respecto a esto [el crimen]. Desearía poderlo sentir, pero lo cierto es que nada en ese asunto me afecta lo más mínimo». Aunque se podría discutir si esto realmente era así (¿por qué Perry le dio al Sr. Clutter un colchón para que no estuviera en contacto con el suelo del sótano antes de matarlo?), eso no es lo importante. Lo fundamental es reconocer que *no todos los psicópatas tienen la misma intensidad en los rasgos que definen el «prototipo» del psicópata,* de tal modo que hay psicópatas criminales, inclusive asesinos en serie, que no muestran varios de esos rasgos. Por ejemplo, dado el carácter huraño y el escaso diálogo que solía mantener Perry, nadie le describiría como un hábil manipulador o con «encanto superficial». Lo mismo podríamos decir de Richard Ramírez, alias el Acechador Nocturno, que sembró el terror en Los Ángeles en el periodo de 1984-1985 mediante catorce asesinatos. Ramírez tenía un aliento fétido y una muy pobre educación.

Los ejemplos en este sentido son innumerables. Analizando esta cuestión, los profesores Thomas Widiger y Cristina Crego señalan que, en realidad, «solo unos pocos sujetos tienen todos los rasgos» que definen al psicópata prototipo. Y comentan que es la *constelación de rasgos antagonistas u hostiles,* con un grado de intensidad variable, pero en todo caso notable, *sin que sea necesario que puntúen de forma elevada en todos ellos,* lo que es común a los sujetos a los que podemos calificar de «psicópatas». Esa constelación antagonista u hostil incluiría ese cuerpo común de rasgos que describieron Cleckley y Hare: mentiroso y manipulador, egocéntrico y explotador, cruel, insensible, sin remordimientos o sentimiento de culpa. Otros rasgos como impulsivo, ávido de excitación o incapaz de tener planes realistas a largo plazo serían más periféricos al trastorno (que en el modelo de Hare se incluirían principalmente en la faceta 3). (Sin embargo, como ya comentamos anteriormente, Hare no incluyó el síntoma de «sin miedo o ansiedad al castigo», que tiene un sólido aval en la investigación.)

En relación con esto último —síntomas o rasgos no esenciales de la psicopatía— es importante puntualizar que el psicópata puede presentar síntomas comunes a otros sujetos no psicópatas. Muchos delincuentes son impulsivos e irresponsables, pero no son psicópatas. De igual modo, hay personas que pueden mostrarse extravagantes y poco sumisas ante las reglas, es decir, gente «diferente» o en los márgenes del sistema —lo que constituye una opción de vida tan válida como cualquier otra—, a los que tampoco se les puede atribuir la condición de psicopatía.

Recapitulación: no hay un único perfil de psicópata

De lo dicho hasta ahora nos damos cuenta de dos ideas fundamentales en relación con la psicopatía, de acuerdo con la investigación actual. En primer lugar, ya tomemos el modelo de Hervey Cleckley o el de Robert Hare (que comparten los rasgos esenciales de la psicopatía, pero difieren en la importancia que le dan a la conducta criminal: Cleckley describiría mejor al psicópata común —integrado— que al psicópata con un historial criminal largo y grave; y viceversa en el caso de Hare), *no existe un único perfil de psicópata*. Esta es la razón por la que hablamos de un espectro de la psicopatía: los individuos considerados como «prototipos» son una abstracción en la inmensa mayoría de los sujetos reales. Podemos encontrarnos con psicópatas muy impulsivos y con un largo historial delictivo, que destacarían sobre todo en la faceta 3 de la PCL-R (estilo de vida impulsivo e irresponsable) y en la faceta 4 (conducta antisocial y delictiva), pero con puntuaciones menos intensas en la faceta 1 (interpersonal) y 2 (afectiva). Y al contrario: psicópatas muy hábiles en la manipulación y el engaño, extraordinariamente arrogantes (alta faceta 1: interpersonal) y particularmente crueles e insensibles (alta faceta 2: afectiva), pero con una mayor capacidad de autocontrol y de integración social (baja faceta 3: estilo de vida impulsivo e irresponsable), y con un historial delictivo escaso o nulo (baja faceta 4: conducta antisocial). Ahora bien, un sujeto con este perfil, si ostenta poder financiero o político, podría implicarse en actos delictivos graves de forma tardía en la vida, si cree que la ley no le puede tocar. El cuadro siguiente presenta un ejemplo de este tipo de perfil: Jeffrey Epstein. Probablemente el lector ya sepa que este hombre riquísimo y amigo de presidentes y gente de mucho poder fue detenido y acusado de múltiples cargos de agresión sexual cometidos contra chicas menores de edad, a las que llevaba a su mansión de Miami y, mediante argucias, convencía para que le practicaran «masajes».

Jeffrey Epstein, eso está claro, era un hombre peculiar, más allá de que tenía una obsesión por el sexo con adolescentes. Era un hombre hecho a sí mismo, pero no tanto por sus estudios, sino por su capacidad de *parecer* un tipo fiable y genial, y salir exitoso de muchas situaciones difíciles. Epstein nació en Brooklyn en 1953 y creció en Coney Island, su padre trabajaba para el Departamento de Parques de la ciudad. Era una suerte de prodigio, tocaba el piano desde los cinco años, se saltó dos grados en la escuela y se graduó de la escuela secundaria Lafayette a los dieciséis años.

Pronto, sin embargo, empezó a hacer trampas: solo cursó dos años de Física en la universidad y, sin el título, obtuvo un puesto de profesor en una escuela de secundaria, iniciando así una pauta consistente en salirse con la suya en cualquier situación. Un paso importante en su progresión hacia la cumbre viene con la relación que establece como analista financiero de la empresa Bear Stearns. Quien lo contrató, Michael Tennenbaum, afirma que Epstein, «tenía una capacidad asombrosa de innovar cuando se enfrentaba a un problema», a pesar de lo cual, «contratarle fue el error más grande de mi carrera». El primer susto lo tiene cuando descubre, a los dos meses, que aquel había falseado su currículo; el segundo vino cuando descubre que estaba saliendo con la hija de un conocido suyo del mundo de los negocios, que formaba parte de la compañía, Ace Greenberg. Tennenbaum le cuenta a Greenberg lo del currículo falseado de Epstein y propone despedirlo, pero finalmente Epstein logra convencerle y conservar su empleo.

Tennenbaum: «Me dije: ¿voy a jugar a ser Dios y destruir todo su potencial al echarle a la calle?, así que le dejé que siguiera en su puesto. Ojalá no lo hubiera hecho». Razones no le faltaron para ello, porque rindió tanto que le hicieron socio de la compañía, pero quebrantó una serie de reglas internas de la empresa y ya no pudo continuar.

Ese despido en realidad se convertiría en la gran oportunidad para Epstein, porque le dio ocasión, a mediados de los años ochenta, de trabajar para Steven Hoffenberg, un hombre de negocios millonario que también lamentó su relación con Epstein: «Lamento profundamente haberle conocido. Sin mí, no sería el millonario que es, y no habría violado a todas esas chicas. Y aquí estoy [apareciendo en este documental], buscando redención y dispuesto a hacer pública la historia». Como otros antes que él, supo ver que Epstein era un tipo fuera de serie: «Tiene un don extraordinario, cala a las personas en cuanto las conoce, y las manipula totalmente gracias a su carisma».

Pero, además de presentar un tipo de perfil psicopático definido como f1 y f2 elevados y f3 y f4 bajos, hay otra cosa que destaca en este caso, y que no se ve del todo bien recogido en el modelo de Hare: es lo que podríamos denominar como «audacia» o, si se quiere, «fuerza del yo», algo así como la cualidad de tener una gran confianza en uno mismo, saber aceptar riesgos cuando se piensa que es el mejor movimiento y ser muy resiliente ante el estrés, sin desmoronarse cuando vienen mal dadas.[7] Es cierto que Epstein terminó suicidándose, pero en ese punto ya no podía aspirar a salir bien de la situación legal en la que estaba. Y antes de eso, demostró mucha habilidad para salir indemne de muchos conflictos. Los psicópatas que presentan esta «resiliencia» y confianza en uno mismo son mucho más temibles, particularmente si puntúan alto en la faceta esencial de la psicopatía, la compuesta por la falta de empatía y sentimiento de culpa (f2 de Hare), que podríamos decir que albergan la capacidad de «maldad» del psicópata. Los grandes dictadores y genocidas de la historia (Hitler, Mao, Stalin) destacaron por su capacidad de dominar a una inmensa cantidad de gente por su seguridad en sí mismos y capacidad de perseverar ante enormes dificultades. Una vez conseguido el poder ya solo necesitaron de una invencible capacidad para el exterminio.

La psicopatía y los asesinos múltiples en una secuencia: el caso del profesor de Criminología

El asesino múltiple en un solo acto o secuencia mata a tres (o cuatro) personas en el transcurso de un acontecimiento único, sin que exista un «periodo de enfriamiento» entre los diferentes homicidios.[8] Esto significa que carece del horizonte de permanencia en el tiempo al que aspira el asesino serial y que tiene su fundamento, según vimos en el capítulo anterior, en un proceso de creación de una identidad orientada a alcanzar una vida emocional sustentada en un ritual que escenifica una fantasía poderosa. Al contrario, el asesino múltiple realiza una acción definitiva o «finalista», ya que es sabedor de que, después de realizar dicha acción, morirá (con frecuencia por su propia mano) o, como mínimo, será detenido y encerrado por largos años, terminando en todo caso con lo que hasta esos momentos era una vida en libertad. Por ello, y a diferencia del asesino serial, el múltiple no precisa de la «doble vida» en la que ocultar —y preservar— su identidad y fantasías homicidas, ya que su identificación va pareja con su acto de violencia.

Este es el escenario habitual de este tipo de homicidas, tal y como se manifiesta en los tiroteos en centros educativos, de trabajo y en otros lugares públicos como supermercados o centros comerciales. No obstante, en otras ocasiones acontece que el asesino hace lo posible para no ser identificado y detenido, esto es, pretende seguir en libertad, aunque no aspire necesariamente a seguir cometiendo este tipo de crímenes, ya que suponen un riesgo muy superior para su seguridad que el ataque a una sola persona cada vez, que es lo que hace el asesino serial.

Esta diferencia es importante, porque en los asesinos múltiples la presencia de la psicopatía no es habitual. Al contrario, en este escenario son frecuentes los sujetos aquejados por diversas patologías mentales, entre las que se encuentran el grave trastorno del estado anímico (síntomas intensos de ansiedad o depresión) y las alteraciones del pensamiento asociadas con ideas paranoicas y delirantes. En otros casos donde no hay una patología evidente encontramos a individuos que constantemente se obsesionan o rumian con profundos sentimientos de rencor o agravio, cuya persistencia los lleva progresivamente a imaginar un escenario en el que, mediante la acción de matar a varias o muchas personas, anhelan cambiar su autoimagen de víctima por la de un *poderoso vengador*.

Pero, hechos como los narrados en *A sangre fría* son otra cosa. Aquí sí podemos encontrar a personalidades psicopáticas. El asesino mata a varias personas por satisfacer una pulsión interna, que puede tener componentes añadidos como el robo. Otro caso que refleja la importancia de la psicopatía en este subtipo del homicidio múltiple ocurrió a finales del año 2022. Tiene el interés añadido de que su autor fue un criminólogo que estaba haciendo su tesis doctoral sobre la mente criminal.

El 13 de noviembre de ese año murieron asesinados cuatro estudiantes que ocupaban una casa cercana al campus de la Universidad de Washington, en la ciudad de Moscow, de nuevo en el estado de Idaho. Tres chicas y un chico fueron acuchillados mientras dormían en dos pisos contiguos de la casa y, a pesar de que Dylan, una compañera de casa, pudo ver a un hombre joven, más bien alto y de complexión delgada pero fuerte, con cejas muy espesas, salir de la casa a hurtadillas, la policía no fue alertada hasta siete horas más tarde, lo que supuso la pérdida de un tiempo muy valioso para poder detener al asesino. No obstante, después de la conmoción inicial en una ciudad en la que el último homicidio databa de siete años atrás, la policía poco a poco empezó a hacer avances significativos.

Los crímenes fueron cometidos a las cuatro de la mañana. El asesino obró con rapidez, una de las víctimas se defendió porque en sus manos había heridas defensivas, y probablemente fue la que hizo los ruidos que alertaron a la compañera de casa que entrevió al atacante; las otras tres, con casi toda probabilidad estaban durmiendo cuando fueron asesinadas. Pero, más allá de la ferocidad del ataque, la policía encontró en la escena del crimen un indicio fundamental: el asesino había dejado la funda de piel que albergaba el arma homicida y la policía fue capaz de obtener una muestra de ADN de uno de sus botones. Claro está que era necesario poder contrastar esa muestra genética con la de un sospechoso, aquí es donde se produjo otro avance importante en la investigación.

La revisión de las cámaras de seguridad puso de manifiesto que un coche Hyundai Elantra estuvo pasando por la calle de la casa de los estudiantes en las horas anteriores al homicidio múltiple; hasta cuatro veces estuvo en la zona, así que la policía del estado se puso en contacto con las policías locales y la policía del campus para que tomaran nota si veían un coche de esa marca y modelo. El 25 de noviembre, un policía del campus informó a la policía de que un sujeto llamado Bryan Kohberger, de veintiocho años, era el dueño de un coche así. Este dato fue crucial, pues su aspecto físico coincidía con la descripción que dio Dylan del atacante.

La policía averiguó que era un graduado de la Universidad de Washington con estudios de psicología y ciencia forense, que durante un tiempo había realizado tareas de profesor ayudante como parte de su programa de doctorado en Criminología. Es más, la policía comprobó en sus registros que lo habían entrevistado unos meses antes porque el sospechoso había solicitado una plaza de prácticas para realizar una actividad de investigación acerca del crimen y su detección en las áreas rurales. En su currículo también constaban estudios realizados en el campus de la Universidad DeSales, Pensilvania, bajo la tutoría de la psicóloga criminalista Katherine Ramsland, una experta internacional en el análisis de la psicopatía violenta y el asesinato serial.

La policía se desplazó al estado de Pensilvania, donde vivían sus padres y en donde estaba alojado el sospechoso para pasar las fiestas de Navidad. Tomó una muestra de ADN de un objeto arrojado a la basura por el padre de Kohlberg y comprobó que coincidía con el hallado en la escena del crimen. El día 30 de diciembre de 2022, fue detenido.

Cuando Kohlberg estuvo yendo a las clases de Ramsland su proyecto versaba sobre «la psicología de los asesinos en el momento de cometer el crimen», a tal fin había subido a la red una serie de cuestiones que esperaban fueran contestadas anónimamente por los asesinos donde se indagaba sobre este tema, con preguntas que recuerdan a las formuladas por los agentes del FBI en el ya célebre Programa de la Personalidad Criminal de los años ochenta del pasado siglo (el estudio que aparece detallado en la primera temporada de la serie de David Fincher, *Mindhunter*), tales como: «Cuando llega a la escena donde piensa atacar, ¿qué hace para localizar su víctima?» o «¿Cómo abandona luego la escena?». En un mensaje que envió a un amigo suyo de la infancia, le dijo que le gustaría tener un empleo relacionado con la captura de delincuentes violentos, pero que pensaba que iba a ser muy difícil conseguirlo.

Como asistente en la Universidad de Washington, se había ganado la fama de ser un profesor áspero, «buscando la forma más compleja de explicar lo que fuese», según declaró uno de sus estudiantes. Otros compañeros de estudios lo definieron como una persona solitaria, que producía «desasosiego» en el trato, aunque esta dificultad parecía más grave con las mujeres; en ocasiones, tenía ataques verbales de ira. Sea como fuere —y aventurándonos a considerarlo culpable, ya que en las fechas de escribir estas líneas no ha sido juzgado—, es difícil no ver en este homicidio múltiple una experiencia de *iniciación en el crimen*, el paso al acto de una fantasía reprimida por largo tiempo, después de que Kohberger intentara canalizarla durante años como un interés intelectual y profesional mediante sus estudios de Criminología.

La tesis de la personalidad psicopática de Kohberger queda reforzada por una serie de entradas escritas por él años antes del suceso en su página web. Por una parte, escribió: «Nada de lo que hago me resulta placentero. Estoy en blanco. No tengo opinión, *no tengo emociones, no tengo nada*». Por otra parte, es digno de mención que en el año 2009 sufrió una patología ocular consistente en percibir pequeños copos de nieve, que aunque no dificulta una buena visión, puede ser psicológicamente incapacitante si la persona que la sufre no adopta la actitud correcta. Una neuróloga entrevistada al respecto afirmó que, «es una condición tan desconocida que no estamos seguros de que sea realmente una enfermedad. No sabemos qué la causa». De lo poco que se sabe, deducimos que puede asociarse con la presencia de ciertos síntomas mentales, como ansiedad, depresión y despersonalización. No obstante, según escribió Kohberger en su foro, parece que en 2012 había superado esos problemas, aunque un amigo suyo comentó que en los años 2013 y 2014, durante la secundaria, había abusado de la heroína. Este hábito parece que había desaparecido cuando ingresó en la Universidad de DeSales para estudiar psicología. «Solo tomaba drogas cuando me encontraba en un estado anímico que me hacía atractivo el suicidio —escribió a un amigo en 2018—. Desde entonces he aprendido mucho. Ninguna persona en el mundo me podría convencer para que la volviera a tomar.»

Si en el crimen de la familia Clutter encontramos al menos inicialmente un propósito de robo, con un método o plan *psicopático* para perpetrarlo —decidir de antemano que no iban a dejar testigos cuando existía la posibilidad de ir enmascarados para evitar ser identificados—, en el de Idaho, el fin primero y último es vivir la experiencia de matar, tal y como aconteció con los jóvenes que asesinaron a Cassie Jo Stoddart. ¿En qué medida sus problemas emocionales activaron el comportamiento psicopático? Es imposible de saberlo, con los conocimientos que tenemos actualmente. En muchas biografías de asesinos en serie —si bien Kohlberg no lo era— encontramos dificultades importantes de socialización y situaciones comprometedoras del equilibrio emocional, si bien en un grado menor de lo que vemos en los asesinos múltiples. Kohberger vendría a ser un caso donde la psicopatía se asociaría a una sintomatología más propia de este tipo de asesinos múltiples.[9]

Para terminar este capítulo, quisiéramos tocar un punto que no ha sido, a nuestro juicio, tratado adecuadamente en la investigación. Cuando Hare titula su obra *Sin conciencia*, no quiere señalar que el psicópata no tenga un diálogo interior o que no pondere de manera consciente sus decisiones, sino que tal diálogo no está condicionado por las emociones morales. Por ello, señala en esta obra que, «[los actos del psicópata] no son el resultado de unas mentes trastornadas, sino de una racionalidad calculadora combinada con una incapacidad escalofriante para tratar a los demás como seres humanos pensantes y sensibles. Su conducta incomprensiblemente amoral, dentro de una personalidad aparentemente normal, nos asombra y atemoriza».

Esta cuestión es importante, porque conviene señalar que el psicópata sí tiene conciencia, entendida esta como la existencia de un diálogo interior que prueba que el individuo somete al criterio de su mente consciente las acciones que va a realizar. Por ello, en este libro aparecen psicópatas que poseen discursos elaborados y —es de suponer— meditados. No se trata, pues, de que el psicópata carezca de conciencia reflexiva o esté extraordinariamente disminuida, sino de la constatación de que alberga *otra conciencia*, y por eso, porque son actos racionales y libres, podemos establecer su culpabilidad.

Sin embargo, hay casos en los que el paso al acto está presente en las formas más puras de psicopatía, pero esas conductas irreflexivas e impulsivas no quieren decir ausencia de conciencia, sino que es un acto surgido de su «lado oscuro» o *sombra*, que se ha formado con el oportuno diálogo interior; como el daltónico que ve, pero no distingue los colores. Un ejemplo: cuando el asesino de Utah, Gary Gilmore, tiene una pelea con su novia, se pone a conducir (y suele ir acompañado de otra mujer) hasta que ya no puede contener su ira.[10] Va a una gasolinera, deja a su joven acompañante sola escuchando la radio unos minutos y dispara a la primera persona que se le cruza. A la noche siguiente hace lo mismo. Tiempo después, describe a los dos hombres a los que dispara diciendo simplemente que, «estaban en el lugar equivocado en el momento equivocado», queriendo decir que estaban allí cuando él se vio en la necesidad de «descargarse» emocionalmente.

Ahora bien, otra cuestión particularmente compleja es, en qué medida este diálogo interior realmente se produce con los mismos componentes que tiene una persona no psicópata para llevarlo a cabo. Aquí tendríamos que traer a colación la descripción que hace Cleckley del psicópata para quien, aunque su razonamiento está intacto, su incapacidad esencial para comprender las emociones humanas le convierte en alguien que «imita» al ser humano. Cleckley ya subrayó que el psicópata puede elaborar teorías o argumentos que parecen muy sesudos y lógicos, pero que no aplica a su vida personal, porque en realidad tales comentarios o diálogos no significan nada para él, solo son un medio para salir de un apuro o para impresionar a su interlocutor. Cleckley lo expresa con su prosa elocuente:

> Solo a través de un examen cuidadoso basado en numerosas pequeñas impresiones llegamos a la convicción de que, a pesar de los procesos racionales intactos y las afirmaciones de índole emocional normales [...] *no estamos delante de un hombre completo en absoluto, sino con algo que sugiere una máquina refleja sutilmente construida, capaz de imitar a la perfección la personalidad humana.* Este aparato psíquico que funciona fluidamente reproduce con consistencia, no solo ejemplos de un buen razonamiento humano, sino que también finge apropiadamente la emoción humana normal en respuesta a todos los variados estímulos de la vida [...]. Y, sin embargo, al final nos damos cuenta de que él no puede experimentar la realidad en un sentido sano y pleno.

En fin, este es un tema muy complejo y, dejando a un lado el valor metafórico del texto de Cleckley, está claro que es muy difícil meterse en la cabeza del psicópata para saber en qué medida sucede así. Pero en todo caso, nuestra opinión es que, aun teniendo en cuenta que su diálogo interno pueda estar críticamente afectado por la ausencia de esta incapacidad emocional profunda, lo cierto es que el psicópata piensa y elabora razones, a esto lo llamamos la conciencia reflexiva. Luego el psicópata tiene conciencia, sí, aunque una hecha a su medida. Lou Ford, en *El asesino dentro de* mí, es un ejemplo excelso de ese diálogo interior que en realidad puede deberse a una profunda carencia para «experimentar la vida en un sentido sano y pleno», como afirmó Cleckley.

11

El talento de Mr. Ripley

El asesinato es un acto digno del hombre. El robo es cosa de perros y lobos.

PATRICIA HIGHSMITH, *Diarios y cuadernos*

La autora norteamericana nacida en Texas, Patricia Highsmith (1921-1995), no es simplemente una «escritora de misterio». Ella nos sumerge en una psicología diabólica, donde apreciamos el influjo del modernismo, definido por el crítico cultural Daniel Singal como «el universo caracterizado por el flujo incesante de acontecimientos, en el que la persona se afana por obtener certezas, cuando la única verdad que está a su alcance es la muerte». El modernismo está muy relacionado con el existencialismo. En su libro, *Existencialism* (*El existencialismo*), Robert C. Solomon lo define como, «un sentido de desorientación y confusión frente a un mundo sin sentido o absurdo».

Highsmith no escribió novelas de «detectives» donde lo importante es descubrir quién es el asesino, sino que el foco estaba en por qué o los motivos para cometer el asesinato, como puso de manifiesto en sus dos mejores y más conocidas novelas: *Extraños en un tren* y *El talento de Mr. Ripley*.

Es necesario indicar que solo analizaremos la primera aparición de Tom Ripley en *El talento de Mr. Ripley* (1955), porque este personaje apareció en otras cuatro novelas: *La máscara de Ripley* (1970), *El juego de Ripley* (1974), *Tras los pasos de Ripley* (1980) y

Ripley en peligro (1991). Considerar toda la serie de Ripley nos llevaría a un tipo de análisis que excede los límites de esta obra y, por otra parte, no es necesario, ya que durante quince años solo existió un único Ripley, y los elementos esenciales del personaje ya están ahí, aquellos que fueron premonitorios de una de las variantes en que se presenta el psicópata criminal. *El talento de Mr. Ripley* fue un éxito inmediato, como lo prueba su nominación al año siguiente a un galardón Edgar Allan Poe del Mistery Writers of America.

Por la propia Highsmith y por muchos expertos se sabe que la autora proyectó mucho de su vida en *El talento de Mr. Ripley*, a lo que sin duda ayudó que la novela siempre se cuenta desde el punto de vista de este personaje, lo que hace más fuerte el vínculo entre la autora y su *alter ego*. Así, el profesor de la Universidad de Princeton, Edmund White, señaló sin ambages que «Patricia Highsmith fue Tom Ripley sin su encanto» y que, «afortunadamente, ella expresó una única combinación de deseo y violencia a través de sus obras, no de su vida». La propia Highsmith no tuvo mayor problema en reconocer ambas cosas, y el lector de sus recién publicados *Diarios y cuadernos* (2022) no tendrá mayor dificultad en estar de acuerdo. La escritora se complacía en hablar de Ripley como si fuera una persona real y solía decir que «soy un hombre y amo a las mujeres». Es bien conocido que Highsmith era lesbiana, y su vida fue un compendio de turbulencias amorosas y genio creativo que se nutría de su propia personalidad (autoritaria, intransigente, esnob) y experiencias muchas veces excesivas, lo que incluía beber desde la mañana a la noche[1] y tener una gran actividad sexual. En sus diarios menciona que solía tener sexo con mujeres que conocía en bares hasta diez veces al día.

La similitud con Ripley va mucho más allá del hecho de que ambos tuvieran que ocultar su homosexualidad. Tanto el personaje como la escritora fueron arribistas sociales y muy celosos de su estatus, ambos en ocasiones se dejaban llevar por sus fantasías, de tal modo que estas se fusionaban con la realidad. Finalmente, Anna von Planta, bien conocedora de Highsmith y editora de sus *Diarios y cuadernos*, no tiene ninguna duda de que Ripley era el *alter ego* de la escritora, como prueba que casi se sintiera poseída por el personaje hasta el punto de que «A menudo tenía la sensación de que era Ripley quien escribía y yo meramente su mecanógrafa», según reveló en su libro, *Suspense: Cómo se escribe una novela de intriga* (1966).

Sinopsis de la novela[2]

La propia Patricia Highsmith resumió el libro para un artículo publicado en la prensa. Nosotros vamos a seguirlo, al tiempo que lo completamos con comentarios sobre la novela y la inclusión de algunos fragmentos de esta, que van en cursiva.

«En mi primer libro sobre Tom Ripley —escribe Highsmith—, este es un joven de veinticinco años, inquieto y sin trabajo en Nueva York, que temporalmente vive en el apartamento de un amigo. Se había quedado huérfano a una edad temprana y fue criado en Boston por una tía bastante tacaña». No solo eso, sino que su tía lo considera afeminado, y con frecuencia le llama «mariquita» (o «nenaza»). Ya de mayor, cuando tragándose su orgullo Tom está sin blanca y le pide ayuda, su tía le entrega cheques con cantidades generalmente pequeñas y ridículas, «*como seis dólares con cuarenta y ocho centavos, o doce dólares con noventa y cinco*».

Tiene un cierto talento para las matemáticas y la mímica, y estas dos habilidades lo capacitan para llevar adelante, por carta y teléfono, un pequeño juego de intimidación a los contribuyentes estadounidenses: les pide un nuevo pago a una oficina del Servicio Interno de Recaudación cuya sucursal, dice, se encuentra en una determinada dirección: la del amigo en cuya casa está viviendo, y Ripley recoge las cartas cuando llegan, aunque no puede hacer nada con los cheques que estas contienen, excepto reírse con una extraña satisfacción.[3]

Lo cierto es que Tom se considera un fracasado. Sus logros en la vida son inexistentes. Pero es importante darse cuenta de que Tom Ripley, de forma inadvertida, está explorando con esas estafas improductivas el camino por el que finalmente reivindicará su dignidad perdida: el fingimiento. Y es en esos tiempos aciagos, cuando más impotente se siente, cuando llegará su oportunidad, aunque él todavía no lo sabe.

Cuando Ripley se da cuenta de que le siguen por las calles de Manhattan por un hombre de mediana edad, su primer pensamiento es que el hombre es, o podría ser, un agente de la policía enviado para detenerle por su fraudulento juego tributario. El seguidor resulta ser el padre de un conocido de Ripley al que a este, de entrada, le resulta difícil recordar: Dickie Greenleaf, que ahora vive en Europa, dice el padre. Herbert Greenleaf invita a Tom a cenar al día siguiente y, en la cena, Tom conoce a la madre de Dickie y tiene una visión momentánea de las más refinadas cosas de la vida: buen mobiliario, servicio de plata en la mesa, orden y buenas maneras. Estas cosas —se da cuenta Tom, y no por vez primera— constituyen sus aspiraciones.

No solo eso, sino que ver el esplendor en el que viven los Greenleaf le suscita una profunda envidia, al tiempo que le deprime en comparación a cómo se ve su situación («Tom se dijo que Dickie era un tipo afortunado, *preguntándose, al mismo tiempo, qué había hecho él hasta entonces, cuando contaba la misma edad que Dickie.* La respuesta era que había estado viviendo a salto de mata, sin ahorrar un céntimo y ahora, por primera vez en su vida, se veía obligado a esquivar a la policía»).

Los Greenleaf le ofrecen costearle un viaje de ida y vuelta a Italia —sigue contándonos Highsmith—. Tom acepta ir. Es la primera vez que viaja a Europa. Llega al pueblecito donde vive Dickie Greenleaf [Mongibello, junto a Nápoles] con su novia Marge y va a visitarle. Cuanto más tiempo está con Dickie, más envidia le produce el modesto pero regular sueldo que a este le paga un grupo de empresas de Estados Unidos; le envidia por su independencia y lo que a Tom le parece su educación en las costumbres de los europeos. Pero cuando Dickie sorprende a Tom probándose uno de sus trajes, se enfada muchísimo y llega al punto de pedirle que salga de la casa. Esta es una escena capital de la novela, pues acaba con el sueño que había albergado Tom de ser compañero eterno de Dickie, del cual obviamente está enamorado:

Se acercó rápidamente al ropero y sacó un sombrero de la estantería de arriba. Era un pequeño sombrero tirolés, adornado con una pluma verde y blanca. Se lo encasquetó airosamente, sorprendiéndose al comprobar lo mucho que se parecía a Dickie con la parte superior de la cabeza oculta bajo el sombrero. De hecho, lo único que les diferenciaba era que su pelo era más oscuro. Por lo demás, la nariz..., al menos su forma en general... la mandíbula enjuta, las cejas si les daba la expresión apropiada...

—¿Qué diablos estás haciendo?

Tom se volvió rápidamente. Dickie estaba en la puerta. Tom comprendió que debía de haber estado en la verja al asomarse él momentos antes, por eso no le había visto.

—Bueno... solo trataba de divertirme —dijo Tom, con el tono grave de voz que en él era síntoma de embarazo—. Lo siento, Dickie.

La boca de Dickie se abrió levemente, luego se cerró otra vez, como si el enojo le impidiera pronunciar palabra, aunque, para Tom, el gesto fue tan desagradable como las propias palabras que pudiera haberle dicho. Dickie entró en la habitación.

—Dickie, lo siento si...

El portazo le cortó en seco. Dickie empezó a refunfuñar mientras se desabrochaba la camisa, como si Tom no estuviera allí, ya que estaba en su habitación, donde Tom no tenía por qué entrar. Tom se quedó de pie, petrificado por el miedo.

—¡A ver si te quitas mi ropa! —exclamó Dickie.

Tom empezó a desnudarse, con dedos torpes debido a la turbación que le embargaba, pensando que hasta entonces Dickie siempre le había dicho que podía ponerse cualquier prenda suya que le apeteciera. Eso nunca se lo volvería a decir.

No obstante, se van juntos a San Remo, y Tom mata a Dickie cuando están solos en una lancha motora a cierta distancia de la playa. Tom hunde el cuerpo en el agua con ayuda de unas piedras y se deshace de la motora de la misma manera. Al día siguiente, vuelve a la casa de Dickie, donde empieza a inventar historias sobre la desaparición de este.

No será el único asesinato que cometerá. Instalado en Roma, asume la personalidad de Dickie, dado que tiene una gran habilidad para imitar su firma, su tono de voz, ha falsificado su pasaporte y viste sus ropas. A Marge le ha dicho, para justificar que Dickie no regresara con él del viaje a San Remo, que necesitaba un tiempo para pensar y plantearse su relación con ella y que se había ido a Roma a vivir un tiempo. La personalidad de Dickie la alterna con la suya propia cuando habla por teléfono con su novia Marge o cuando se encuentra con amigos de Dickie. Es el caso de Freddie, que también conoce a Tom, por haber visitado Mongibello. Freddie averigua dónde (supuestamente) vive Dickie y va al apartamento que Tom había alquilado con el nombre de su difunto amigo. Pero Freddie está a punto de descubrir el engaño y Tom lo mata:

El borde del cenicero le dio en plena frente. Freddie se quedó atónito. Entonces se le doblaron las rodillas y cayó como un buey derribado por un mazazo entre los ojos. Tom cerró la puerta de un puntapié. Con el cenicero descargó un fuerte golpe en la nuca de Freddie. Luego otro, y otro, temiendo que Freddie estuviera simplemente fingiendo y que, de pronto, sus brazos le atenazasen las piernas y le derribasen. Descargó otro golpe, esta vez de refilón y sobre el cráneo, y la sangre empezó a manar. Tom se puso a maldecir. Corriendo, fue al cuarto de baño y regresó con una toalla que colocó debajo de la cabeza de Freddie. Luego le cogió la muñeca para tomarle el pulso. Advirtió que todavía le latía, débilmente, cada vez más débilmente, como si el contacto de sus dedos lo estuviera haciendo desaparecer del todo. Al cabo de un segundo, el pulso se esfumó [...]. Bajó la vista hacia la mole de Freddie y sintió una súbita sensación de asco e impotencia.

Tom se lleva el cadáver de Freddie y lo abandona en un descampado. A partir de aquí la novela se desarrolla como una investigación criminal. Alarmada la familia de Dickie (y su novia Marge) porque este ha desaparecido y no hay rastro de él, la policía interroga a Tom. Este ha inventado la historia de que está cuidando el apartamento por encargo de Dickie, pero que no le dijo adónde iba. De igual modo le preguntan por Freddie cuando se descubre su cadáver, pero Tom es muy hábil y sale bien librado de las pesquisas policiales. Finalmente, Tom decide finiquitar el asunto redactando una carta de suicidio supuestamente escrita por Dickie. Aunque Marge y sus padres se quedan consternados y escépticos ante este hecho, lo cierto es que lo creen finalmente, así como un testamento fraudulento inventado por Tom en el que le deja a él todos sus bienes.

Es indudable que Tom Ripley ha logrado su objetivo. Tiene todo lo que tenía Dickie, salvo a su novia, pero a Tom ella no le interesa lo más mínimo, ya que, aparte de su homosexualidad, la odia («Si la muchacha metía las manos en el agua, Tom deseaba que un tiburón se las arrancase de una dentellada»). No en balde, ella fue también un factor muy importante en la ruptura de la amistad entre ambos que, se produjo tras el incidente del espejo antes reseñado, porque Marge le había comentado a Dickie que estaba segura de que Tom era «invertido», cosa que él negó de forma vehemente.

El final del libro no puede ser más gráfico acerca del éxito de la empresa de Tom Ripley. Las autoridades y la familia de Dickie han aceptado el suicidio, y han comprendido que este confiaba en Tom como su mejor amigo, por lo que han aceptado igualmente que le dejara su patrimonio. Tom se embarca hacia Creta a empezar una vida de lujo:

Trató de imaginarse la llegada a Creta... la alargada isla, coronada por los cráteres de volcanes apagados, el bullicio del puerto cuando el barco enfilase la bocana, los mozalbetes que hacían de mozo de equipajes y que, ávidamente, tratarían de hacerse con el suyo para pegársela, dinero para todo y para todos. Vio cuatro figuras inmóviles de pie en el muelle imaginario, las figuras de los policías de Creta que le estaban aguardando, pacientemente, con los brazos cruzados. De pronto, se puso rígido y la visión se desvaneció.

¿Acaso iba a ver policías esperándole en todos los puertos en que desembarcase? ¿En Alejandría? ¿En Estambul? ¿En Bombay? ¿En Río?

Se dijo que de nada servía pensar en eso, ni echar a perder el viaje preocupándose por unos imaginarios policías. Aunque los hubiese en el muelle, su presencia no significaría por fuerza que...

—*A donda, a donda?* —preguntaba el taxista, tratando de hablar con él en italiano.

—A un hotel, por favor —dijo Tom—. *Il meglio albergo. Il meglio, il meglio!* [El mejor hotel. ¡El mejor, el mejor!].

FIGURA 7. *El talento de Mr. Ripley*: Matt Damon fue un Ripley extraordinario en la aclamada versión cinematográfica de Anthony Minghella (1999) *The Talented Mr. Ripley*.

LOS ASESINATOS DE TOM RIPLEY

En la novela se hace evidente que, a aparte de los asesinatos de Dickie y Freddie, Tom alberga desde el principio un odio larvado pero intenso hacia Marge, la única persona que le disputa el tiempo y el cariño de Dickie en los meses que siguieron a su llegada a Mongibello y antes de la ruptura por el incidente del espejo. De hecho, en ese mismo episodio, antes de que Dickie le sorprendiera con sus ropas, Tom había fantaseado con dar muerte a Marge:

—Marge, tienes que comprender que no estoy enamorado de ti —dijo Tom frente al espejo e imitando la voz de Dickie, más aguda al hacer énfasis en una palabra, y con aquella especie de ruido gutural al terminar las frases, que podía resultar agradable o molesto, íntimo o distanciado, según el humor de Dickie—. ¡Marge, ya basta!

Tom se volvió bruscamente y levantó las manos en el aire, como si agarrase la garganta de la muchacha. La zarandeó, apretándola mientras ella iba desplomándose lentamente, hasta quedar tendida en el suelo, como un saco vacío. Tom jadeaba. Se secó la frente tal como lo hacía Dickie, buscó su pañuelo, y, al no encontrarlo, sacó uno de Dickie del primer cajón de la cómoda, luego siguió con su actuación delante del espejo. Entreabrió la boca y observó que hasta sus labios se parecían a los de Dickie cuando este se hallaba sin aliento después de nadar.

—Ya sabes por qué he tenido que hacerlo —dijo, sin dejar de jadear y dirigiéndose a Marge, pese a estar contemplándose a sí mismo en el espejo—. Te estabas interponiendo entre Tom y yo... ¡Te equivocas, no se trata de eso! Pero ¡sí hay un lazo entre nosotros!

Dio media vuelta y, sorteando el cadáver imaginario, se acercó sigilosamente a la ventana. Más allá de la curva de la carretera, podían verse los escalones que subían hasta el domicilio de Marge. Dickie no estaba allí ni en los tramos de carretera visibles desde la ventana. «Tal vez estén durmiendo juntos», pensó Tom, sintiendo un nudo de asco en la garganta.

Ese ánimo homicida está a punto de convertirse en realidad tras el doble crimen de Tom, cuando Marge le ve en posesión de los anillos que llevaba Dickie y sospecha de él. En ese momento, «*había estado tan cerca de volver a matar*... Empezó a recordar la frialdad con que había pensado golpearla con el zapato, procurando no levantarle la piel por ninguna parte, y luego, con las luces apagadas para que nadie pudiese verlos, arrastrarla por el vestíbulo hacia la puerta principal: la rapidez con que su mente había improvisado una explicación, que ella había resbalado por culpa del musgo y que, creyéndola capaz de regresar nadando, él no se había lanzado al agua para rescatarla ni había gritado pidiendo ayuda hasta que... En cierto modo, incluso había llegado a imaginar las palabras exactas que él y míster Greenleaf, consternados por el accidente, hubiesen dicho después; *en su caso, la consternación hubiera sido pura apariencia*».

Ripley sería considerado un asesino en serie por la laxa definición actual del FBI (dos o más víctimas con un periodo de enfriamiento emocional o retorno a la vida convencional), pero no la que hemos adoptado en la presente obra. *Ripley no siente la compulsión de matar*, entendida esta como una necesidad interna que sigue generalmente a una fantasía recurrente del individuo. El asesinato de su amigo Dickie es producto de la envidia (del nivel de vida que este lleva) y del resentimiento, pues Tom sabe que pronto le va a expulsar de su vida.

Dickie permaneció totalmente callado durante todo el viaje. Fingiendo tener sueño, cruzó los brazos y cerró los ojos. Tom, sentado ante él, se puso a observar su rostro huesudo y arrogante, bien parecido, las manos adornadas con los dos anillos, el de la piedra verde y el de oro. Se le ocurrió robar el primero cuando se fuese. Resultaría tan fácil: Dickie se lo quitaba para nadar; a veces incluso lo hacía para ducharse en casa. Tom decidió hacerlo en el último momento. Clavó su mirada en los párpados de Dickie, sintiendo que en su interior hervía una mezcla de odio, afecto, impaciencia y frustración, impidiéndole respirar libremente. *Sintió deseos de matar a Dickie*. No era la primera vez que pensaba en ello. Antes, una o dos veces, lo había pensado impulsivamente, dejándose llevar por la ira o por algún chasco, pero luego, a los pocos instantes, el impulso desaparecía dejándole avergonzado. Pero ahora pensó en ello *durante todo un minuto, dos minutos*, ya que, de todas formas, iba a alejarse de Dickie y no tenía por qué seguir avergonzándose. Había fracasado con Dickie, en todos los sentidos. Odiaba a Dickie, y le odiaba porque, como quiera que mirase lo sucedido, el fracaso no era culpa suya, ni se debía a ninguno de sus actos, sino a la inhumana terquedad de Dickie, a su escandalosa grosería. A Dickie le había ofrecido amistad, compañía y respeto, todo lo que podía ofrecer, y Dickie se lo había pagado con ingratitud primero, ahora con hostilidad. Dickie, sencillamente, le estaba echando a empujones. Tom se dijo que si le mataba durante aquel viaje, le bastaría con decir que había sido víctima de un accidente.

El crítico David Thomson asegura que Tom Ripley es un asesino «nihilista», alguien que no cree en nada ni en nadie, y que en ese crimen solo hay un acto de desahogo emocional, un acto atroz que se decide «durante un minuto, dos minutos», y que Tom lo vive como un acto de reparación, pues no en balde, él había ofrecido «amistad, compañía y respeto» a Dickie y este había respondido, «echándole a empujones». Toda la escena da la impresión —sigue Thomson— de que la conclusión del asesino de matar a Dickie ocurre «por casualidad, con la misma indolencia como si estuviera arrojando piedras a un lago». Pero lo cierto es que, a continuación, el tono emocional en Tom cambia, porque del odio y del despecho, de los que nacen el motivo para el asesinato, se pasa a la excitación, cuando él imagina qué es lo que va a realizar tras el asesinato:

> De pronto, *se le ocurrió una idea brillante: hacerse pasar por Dickie Greenleaf.* Era capaz de hacer todo cuanto hacía Dickie. Podía, en primer lugar, regresar a Mongibello a recoger las cosas de Dickie, contarle a Marge cualquier historia, montar un apartamento en Roma o en París, donde cada mes recibiría el cheque de Dickie. Le bastaría con falsificar su firma. No tenía más que meterse en la piel de Dickie. No le resultaría difícil mover a míster Greenleaf a su antojo. Lo peligroso del plan, incluso lo que tenía inevitablemente de efímero y que comprendía vagamente, no hacía más que acrecentar su entusiasmo. Empezó a pensar en cómo ponerlo en práctica.

Pero, si el primer asesinato es fruto del resentimiento o despecho y de la envidia (¿por qué alguien como Dickie puede disfrutar de todo sin haber tenido que hacer nada, y él ha tenido que vivir como un pobretón?), el segundo es fruto de la necesidad, ya que mata a Freddie para que no le delate. Es cierto que casi mata a Marge pero, de nuevo —aunque la odiaba—, el intento obedecía a su supervivencia, ya que pensaba que había descubierto todo el complot. (En las siguientes novelas veremos a Ripley cometer otros muchos homicidios por razón de venganza o por necesidad de sus negocios criminales, pero, como dijimos, esto no nos atañe en el análisis de quién es Ripley en su primera y fundacional aparición literaria.)

No, lo realmente apasionante de Ripley no son sus asesinatos, sino su cualidad de psicópata.

Sabe el lector que un tema recurrente en las obras analizadas es el del «doble» en sus diferentes variaciones. En *El talento de Mr. Ripley* tenemos una nueva representación del doble: Tom se odia a sí mismo hasta que mata a Dickie, y la idea de adoptar la personalidad de este le insufla por vez primera de un auténtico afán por vivir. Porque, en efecto, a partir de la muerte de este, él puede exhibir sus mejores cualidades, que él mismo resume así: «falsificar firmas, contar mentiras y prácticamente imito a cualquiera». Esa capacidad, además, se va fortaleciendo a medida que progresa en su siniestra trama y, cuando está a punto de matar a Marge, tiene ya una gran seguridad en sí mismo: «En su interior se hubiese sentido tan tranquilo y seguro de sí mismo como después del asesinato de Freddie, porque su historia hubiese sido perfecta, igual que la de San Remo. Sus historias eran buenas porque siempre las imaginaba intensamente, tanto que él mismo llegaba a creérselas».

Esa es la clave: Tom se funde con el nuevo personaje, *no se limita solo a copiarlo*. No solo firma los cheques de Dickie o escribe las cartas con la máquina de escribir de Dickie, lleva sus ropas o adopta su tono de voz, en realidad Tom Ripley deja atrás su antiguo «yo» y adopta el del hombre al que deseaba y asesinó. Esto se simboliza muy bien en la posesión de Tom de los anillos de Dickie, un hecho que claramente podía ponerle en peligro (como se demostró con el incidente con Marge), pero que para él tenía una gran importancia porque, de algún modo, «al poseer los anillos, Ripley puede poseer a Dickie y convertirse en él», escribe el profesor de literatura creativa Eric Targan.

Esta capacidad de sobrevivir que muestra Ripley desmiente su condición de «nihilista» (o si se quiere existencialista) que anteriormente le atribuía el crítico David Thomson; esto es, la de un hombre que mata casi por capricho y se deja llevar por lo que la vida le pueda deparar, ya que no cree que esta tenga sentido o que haya ideales que pueda seguir para orientar su camino. Por el contrario, cuando alumbra la idea de ser su difunto amigo Dickie, Tom va a iniciar una nueva vida que él quiere que sea de éxito social y de lujo, y ciertamente se saldrá con la suya. Ripley caminaba sin rumbo antes de ir a Mongibello pero, cuando conoce a Dickie, quiere ser como él, estar siempre con él... cuando este le rechaza, encontrará su camino vital definitivo, convirtiéndose en el asesinado.

¿Qué imagen tenía Patricia Highsmith de su personaje? En la biografía que le dedicó Andrew Wilson, a la pregunta de si ella consideraba a Ripley un enfermo, responde: «Creo que en ciertos aspectos podría ser calificado de psicótico... un poco enfermo. Pero no lo llamaría demente porque sus actos son racionales... *No es un psicópata que tiene que matar a alguien.* Lo considero más bien una persona civilizada que asesina porque tiene que hacerlo. Asesina a regañadientes». Veamos detenidamente esta descripción. Está claro que Ripley *no es un psicópata en su modalidad de asesino en serie,* es decir, que siente la compulsión interior de «tener que matar a alguien». Tampoco es un «loco» («demente»), pues es racional, no tiene delirios o alucinaciones, como una voz interior que le mande hacer cosas. Si finalmente lo describe como, «un poco enfermo en ciertos aspectos», es porque Highsmith es consciente de que Tom Ripley no tiene *una personalidad normal.*

¿Y en qué se basó para desarrollar esta personalidad anormal? Pues en *La máscara de la cordura,* del psiquiatra Hervey Cleckley, la obra que llevó a los modernos estudios de la psicopatía, de cuyo trabajo son herederos los más reputados investigadores del momento.

EL PSICÓPATA DE CLECKLEY

Tom Ripley *no sería un psicópata en su más elevada expresión de capacidad destructiva.* Por ejemplo, aunque no tiene ningún sentimiento de culpa por matar a Freddie y por «casi» matar a Marge, no obstante sí siente la punzada de esta emoción moral por haber asesinado a Dickie. Lo dijo la propia autora: «Es el único asesinato que Tom lamenta profundamente y del que se siente avergonzado, porque es consciente de que lo llevó a cabo por egoísmo, codicia, envidia, cólera». Pero, no adelantemos acontecimientos, porque volveremos a ello en breve.

¿Por qué se convierte Ripley en un usurpador y asesino? Highsmith no da muchos detalles sobre los años anteriores de Ripley al comienzo de la novela, pero esos pocos trazos son muy significativos. Es posible que podamos tomar como referencia el primero de los libros analizados, *Frankenstein o el moderno Prometeo*. El profesor Alex Tuss señala que, al igual que lo que sucede con la Criatura, que es abandonada a su suerte por su padre, Victor, Tom Ripley también es un huérfano que, después de la muerte de sus padres, queda desde pequeño al cuidado de su desagradable tía Dottie y, por ello, se ve obligado a construir su personalidad sin un vínculo afectivo seguro en una sociedad indiferente y obsesionada con el triunfo. Ripley, «poseía una especial aptitud para las matemáticas, pero no había logrado hallar ningún sitio donde le pagasen por ella», y eso le deja en profunda desventaja frente a quienes han contado con el apoyo de una familia amorosa y una educación formal, adecuada para el éxito profesional. Al igual que hizo la Criatura de Frankenstein, Ripley devolverá el «favor» a la sociedad en forma de destrucción, en su caso mediante el robo, la estafa, la suplantación de personalidad y el asesinato. Si el padre de Dickie, Herbert Greenleaf, representa la sociedad que deja atrás a hombres como él, mientras nutre y es indulgente con quienes solo tienen el mérito de haber nacido en una buena familia —como su hijo Dickie—, entonces hay que concluir que Tom Ripley se toma una cumplida venganza, como lo hizo la Criatura matando a todos los seres queridos de su hacedor, ya que asesina a Dickie, hace creer a todos que se ha suicidado y se queda con su herencia. Ahora bien, Tom no ha pasado por las terribles condiciones por las que pasó la Criatura; de ahí que, cuando conoce a Dickie y este le rechaza, tiene la libertad de tomar, bien el camino de intentar mejorar las cosas, bien la senda del crimen. Tom elige esta última y por ello podemos decir que *su identidad se deleita en corromperse* para disfrutar del lujo y del poder, una decisión que había tomado en el siglo anterior Dorian Gray.

Tom, como consecuencia de sus orígenes, tiene una profunda herida en su autoestima; se sabe *de algún modo* inteligente, pero se compara con otros jóvenes de su edad y no ha conseguido nada, incluso teme que la policía le siga por su estafa a los contribuyentes del servicio tributario. La única fuente de su confianza proviene de su capacidad para fingir, para imitar y copiar, solo por instinto empieza su reivindicación personal mediante el crimen, cuando el padre de Dickie le hace el encargo de convencerle para que regrese a casa y se haga responsable de los negocios de la familia: «Tom *sabía lo que tenía que decir* a un padre como el Sr. Greenleaf». Pero aquí, Ripley solo hace lo que sabe hacer (aparentar, simular); su carrera criminal se materializará cuando asuma con seguridad sus dotes innatas para imitar, copiar, fingir y usurpar la personalidad.

Así pues, cuando Ripley asesina a Dickie no hay marcha atrás. Tom posee lo que Harold Bloom denomina, «el poder para desarrollar el propio potencial en una maldad activa», y en este punto le descubrimos como un ejemplo relevante del psicópata de Hervey Cleckley. Hay varias fuentes que acreditan este hecho. John Sutherland, en su introducción a una nueva edición de la obra aparecida en 2015, menciona que «la descripción del artista del engaño, Tom Ripley, se basó directamente en su lectura de *La máscara de la cordura*», lo que no es extraño, dado el interés que tenía la escritura en la psicología de los criminales y gente poco ortodoxa. Por su parte, el estudioso de la cultura Leo Robson señala dos fuentes de la psiquiatría vigente en aquellos años y que tuvieron gran influencia en ella. Por una parte, una obra señera de Karl Menninger (1893-1990), *The Human Mind* (*La mente humana*, original de 1945), donde se hacía un análisis profundo de cómo las personas podían responder, en ocasiones de forma destructiva, ante situaciones que les superaban; y por otra, la obra de Cleckley, que «había llevado a Highsmith a darse cuenta de que en sus tramas de novelista sentía la necesidad de introducir la perspectiva del psicópata». Preguntada decenios después si ella pensaba que había conseguido retratar al psicópata en sus obras, la escritora rio y contestó: «Sí, yo diría que sí», y puso como ejemplo que sus protagonistas son «incurables», como el propio Cleckley había afirmado que eran los psicópatas.

No puede sorprender la psicopatía de Tom Ripley si uno recuerda la primera y exitosa novela de Highsmith, *Extraños en un tren* (1950), en la que Bruno apunta maneras de psicópata muy evidentes. Todos recordamos la genial adaptación cinematográfica que hizo Hitchcock tan solo un año después. Bruno, un joven sin oficio ni beneficio, pero hijo de un hombre adinerado (interpretado por el actor Robert Walker), insta a Guy, su compañero de tren (interpretado por Farley Granger), a intercambiar sus asesinatos: él matará a la odiosa mujer de Guy a cambio de que este hiciera lo propio con su padre.

Pero, como antes apuntamos, a pesar de ser un homicida reincidente, Tom Ripley está más cerca del psicópata ingenioso, simpático e irreverente descrito por Cleckley que del asesino en serie sádico que llena muchas de las páginas de *Sin conciencia*, que publicará después Robert Hare en 1993. Ripley es un antihéroe, un villano que nos resulta ciertamente simpático y, como lectores —o espectadores de las adaptaciones fílmicas de la novela—, *nos sorprendemos* deseando que Ripley triunfe en sus engaños. Pero su simpatía no puede ocultar que posee las características del psicópata de Cleckley, cuyo déficit o patología esencial consiste en que, *es incapaz de integrar de modo correcto los procesos de pensamiento y de las emociones,* lo que da lugar a una toma de decisiones y a un comportamiento insensatos y no constreñidos por el respeto a los derechos de los demás y las leyes de la sociedad. En otras palabras, *el psicópata de Cleckley es un personaje que imita la afectividad humana.* Por ello, «fracasa en conocer todos los estados emocionales más intensos y profundos que son el mimbre con el que se construyen la tragedia y el triunfo de la vida ordinaria, la vida que constituye la experiencia humana importante» (Cleckley).

Así, entre los dieciséis rasgos que acreditan al psicópata de Cleckley, Ripley puntúa en muchos de ellos, sin duda en los más importantes. Destacamos primero aquellos donde Ripley sería un ejemplo o prototipo de tales rasgos. Empecemos, por razones obvias, por el rasgo número cuatro de la lista: «la presencia habitual de engaños y mentiras», pero también podemos anotar rápidamente en su haber el «escaso interés en suicidarse» (número quince), su «encanto superficial y una adecuada inteligencia» (número dos) y «la ausencia de síntomas neuróticos y de comportamiento nervioso» (número uno), pues aunque hay ocasiones en que, efectivamente, siente la presión de la situación, lo cierto es que muestra un aplomo ante la policía, los amigos y los familiares de Dickie en momentos muy delicados para su seguridad, que pocos podríamos mantener.

Pero, sin duda los grandes «agujeros» de Ripley se sitúan en los rasgos número ocho («egocentrismo patológico e incapacidad de amar»), número nueve («gran pobreza afectiva e incapacidad para corresponder adecuadamente a las relaciones personales»), número once («insensibilidad en las relaciones personales ordinarias») y, de un modo casi pleno, el rasgo número seis («falta de remordimientos y de vergüenza»). Lo primero se demuestra en su forma patológica de amar a Dickie; más que querer tener un vínculo con su amigo, *quiere ser él*, ser su doble, poseerlo psicológicamente; de ahí que, cuando Dickie le rechace, Tom no puede soportarlo y decide convertirse en él. Una vez hecha la suplantación, a Tom le cuesta cada vez más volver a ser quien era:

> Odiaba tener que convertirse de nuevo en Thomas Ripley, un don nadie, odiaba volver a sus viejos hábitos, a experimentar otra vez la sensación de que la gente le despreciaba y le encontraba aburrido a menos que hiciera algo especial para divertir a los demás, como un payaso, sintiéndose incompetente e incapaz de hacer algo que no fuese divertir a la gente durante unos minutos. Odiaba volver a su auténtica personalidad del mismo modo que hubiese odiado tener que ponerse un traje viejo, manchado y sin planchar, un traje que ni cuando era nuevo valía nada.

Ripley solo piensa en Ripley todo el tiempo; a pesar de su frágil autoestima, esconde el narcisismo patológico de aquellas personas que, sin necesidad de mostrar un comportamiento de dominio evidente sobre los demás, sienten que no están siendo tratadas como se merecen y guardan las afrentas para desquitarse en el momento oportuno (*narcisismo herido*). La «insensibilidad» en las relaciones con los demás se manifiesta en que le trae sin cuidado el dolor que causa su plan criminal en las personas afectadas, lo que podemos asociar con su *falta de remordimientos y de vergüenza*, con la excepción antes apuntada. De igual modo, no tiene mayor problema en abusar de la confianza del Sr. Greenleaf, el padre de Dickie, gastándose alegremente su dinero, cuando todavía contaba con el favor de su amigo, o en matar a Marge en caso de que hubiera sido necesario.

Ahora bien, en la novela hay un fragmento donde Tom Ripley parece sentir remordimientos por haber matado a Dickie: «Inopinadamente, se encontró con los ojos llenos de lágrimas, recordando la sonrisa de Dickie el día en que habían empezado a congeniar, al confesarle Tom que su padre le había enviado». Pero, ciertamente, parece sospechosa esta atribución por parte de Highsmith a su personaje (que estaba claro que le gustaba, como ella afirmó numerosas veces), si tenemos en cuenta que, después de matar a Dickie, «Tom pasó unos momentos de éxtasis al pensar en todos los placeres que iba a poder permitirse con el dinero de Dickie: otras literas, mesas, mares, buques, maletas, camisas, años de libertad, de placer. Entonces apagó la luz, recostó la cabeza en la almohada y se quedó dormido casi inmediatamente, lleno de una felicidad y una confianza como nunca había sentido anteriormente».

Un último rasgo en que destaca es, «la informalidad y falta de responsabilidad» (número cinco) puesto que, cuando conocemos a Tom, ha pasado por muchos trabajos y ninguno lo ha mantenido, no duda en incumplir el encargo que recibe del Sr. Greenleaf, al tiempo que le engaña para que siga enviando dinero. Si por responsabilidad entendemos hacerse cargo de los efectos de sus acciones, vemos que se limita a engañar a todos y esquilmar el patrimonio que pertenecía a Dickie.

Hay otros rasgos en los que podemos considerar que Ripley cumple solo *de manera parcial*. Es el caso de la «vida sexual trivial, sin resonancia emocional» (número dieciséis), pues parece condenado a sublimar su homosexualidad en forma de lujo y aceptación y, una vez muerto Dickie, no parece echar en falta una relación afectiva significativa. También el rasgo de «conducta antisocial pobremente motivada» (número trece), pues hemos de recordar que su estafa con el servicio tributario no le proporciona dinero alguno, ya que no puede cobrar los cheques que consigue fraudulentamente de los ciudadanos. Si consideramos el asesinato de Dickie, ya vimos que en realidad es un crimen que nace de su sentimiento de envidia y frustración. Él toma la decisión de matarle *antes* de tener la idea de suplantarle, luego comete un hecho tan grave como un asesinato por razones ciertamente banales, siguiendo un pensamiento al que le dedica, «un minuto o dos». Si decimos que solo converge con este aspecto de la psicopatía de modo parcial es porque, *después* de que decida suplantarlo, todos los actos antisociales y delitos que lleva a cabo sí están adecuadamente motivados por su plan y por la necesidad de no ser arrestado por el crimen. Finalmente, también anotaríamos a Ripley la atribución parcial del rasgo de, «pobre uso del juicio sensato e incapacidad para aprender de la experiencia» (número siete) y «vida sin un plan futuro» (número catorce), porque, a pesar de que su «talento» le permite burlar a todos, es evidente que, hasta que empieza su maquiavélico plan, no había seguido un camino marcado por el juicio sensato o un plan de vida realista, incluso podríamos preguntarnos si matar a Dickie y suplantarlo era en realidad un «plan futuro» realista, considerando las probabilidades de que le descubrieran y fuera a la cárcel por muchos años.

Finalmente, Ripley *sí* que tendría la capacidad para verse como otros lo ven (número diez),[4] pues esa habilidad le resulta crítica para tener éxito en su suplantación y posterior estafa de los bienes de Dickie. Pero no cumpliría tampoco el rasgo de, «conducta extravagante y abuso del alcohol» (número doce), salvo el periodo que comparte con Dickie, donde hay mucho de ambas cosas. Una vez comienza su plan, se mantiene siempre en un tono discreto, sin llamar la atención ni abusar del alcohol de modo que ponga en peligro su empresa.

En resumen, Tom Ripley sería un buen ejemplo del psicópata de Cleckley, donde este «puede aprender a usar las palabras comunes y, si es muy inteligente, incluso palabras muy elocuentes que pueden dar la impresión de que experimenta lo mismo que las otras personas», pero solo estará «aprendiendo a reproducir de forma apropiada toda la pantomima del sentimiento» (Cleckley). Tom es el gran impostor.

POR QUÉ NOS CAE BIEN TOM RIPLEY (EL ANTIHÉROE)

Como antes mencionábamos, a Highsmith le gustaba mucho Tom Ripley, hasta el punto de que, en muchos sentidos, Ripley era ella. No es de extrañar que la autora norteamericana hiciera todo lo posible para que a nosotros también nos gustara Ripley y, para ello, empleó diferentes técnicas narrativas. Veamos estos dos puntos.

Primero, la atracción de Highsmith por Ripley no solo se sustenta en el parecido psicológico entre ambos, sino en la atracción que sentía la primera por el crimen y los personajes «desviados». Ella no lo pudo dejar más claro: «La lástima que siento por la humanidad es una lástima por los perturbados mentales y por los criminales. (Por eso siempre serán los mejores personajes en cualquier cosa que escriba.) ¿Los normales y los mediocres? Esos no necesitan ayuda. Me aburren». Entonces, si se siente fascinada por la psicología del crimen, y si considera que el «asesinato es digno del hombre» (véase la nota introductoria al capítulo), solo hay un pequeño paso para reivindicar el atractivo que tiene sobre ella que alguien como Ripley puede superar a la justicia y, más todavía, a las propias normas morales alineadas con el bien: «Lo que predije que alguna vez haría, ya lo estoy haciendo en este mismo libro [*El talento de Mr. Ripley*], es decir, demostrar el triunfo inequívoco del mal sobre el bien, y me regocijo en ello. Haré que mis lectores también se regocijen. Así pues, lo subconsciente siempre precede a lo consciente o a la realidad, como en los sueños».

Esa apelación al subconsciente no hace sino reconocer el atractivo de las ideas de Freud, cuando situaba en el plano no consciente deseos reprimidos que, de ser liberados, chocarían con los valores y normas de la sociedad (lo que hemos denominado *la sombra*). Patricia Highsmith reconoce en ella esos impulsos reprimidos, pero acierta a convertirlos en impulsos creativos para retratar las pulsiones y tensiones ocultas que corren subterráneas a lo largo de la existencia. Se entiende así que la escritora encontrara en *La máscara de la cordura*, de Cleckley, una fuente importantísima para elaborar la psicología de Tom Ripley: la de alguien que engaña, estafa, asesina y, a pesar de ello, se siente estupendamente; esto es, la figura del psicópata.

En cuanto al segundo punto (cómo hizo que nos guste Ripley), en realidad no le fue difícil, ya que Highsmith comprendió de manera intuitiva que hay determinados recursos de contenido y de estilo que posibilitan esta identificación del lector con el villano, es decir, cuando se convierte en un antihéroe. De hecho, creemos no equivocarnos si atribuimos a Tom Ripley el mérito de haberse convertido en el primer antihéroe dentro del género criminal del siglo xx o, si se prefiere, el primer psicópata que asesina que suscita nuestra simpatía y nuestros deseos de que le vaya bien en la vida.

Así pues, ¿qué es un antihéroe? ¿Por qué hay personajes que al tiempo que son villanos o «malos», queremos que se salgan con la suya? Los antihéroes son cada vez más populares en la cultura actual, estos son individuos que, a pesar de que transgreden las normas y leyes, podemos *comprender* las razones que hay detrás de sus actos, porque conocemos el contexto en el que se producen y además somos capaces de identificarnos con algunas de sus cualidades. Por ejemplo, Michael Corleone (Al Pacino) en la segunda parte de *El padrino* mata a sangre fría (en la célebre secuencia del restaurante) a quienes instigaron el intento de asesinato de su padre; esa ejecución implacable de los comensales no es algo que vayamos a hacer nosotros, pero en el contexto de lucha de poder de las mafias es una acción que podemos comprender. Además, sabemos que Al Pacino *no quería* hacer eso, que quería dedicarse a otra cosa que no fueran los «negocios» de su padre, pero que el cobarde atentado contra este le había «obligado» a actuar de forma tan letal.

Este fenómeno de identificación (esto es, de sentirnos que compartimos algunos atributos psicológicos con el antihéroe o que, al menos, son cualidades que nos gustaría tener) es muy poderoso para establecer un vínculo emocional con la gente y, por consiguiente, para que un malvado nos resulte simpático.[5]

Junto a la oportunidad para comprender el contexto de los actos que realiza el villano y las razones que tuvo para hacer lo que hace, así como el hecho de que posee cualidades que admiramos o que quizá compartamos con él (la lealtad a la familia, la honestidad, la inteligencia...), es necesario también considerar la naturaleza de los actos cometidos. Salvo que adoptemos una perspectiva cómica, es difícil que nos «caiga bien» el asesino de la saga de *La noche de Halloween* o un secuestrador y asesino de niños, por muchas cualidades positivas que tenga (prestigio, dinero, inteligencia o lo que sea). En cambio, asesinos en serie como Dexter o Hannibal Lecter, tienen muchos seguidores, ¿por qué?

Sí, Dexter es un asesino en serie, desde luego, pero gracias a las enseñanzas que le dio su padre (el código de Harry), solo asesina a gente que se lo merece: otros asesinos en serie. Las fechorías de estos últimos se nos hacen presentes, sentimos que esa gente son una amenaza muy grave y que, si la policía no puede detenerlos, *alguien tendría que hacerlo*. Por otra parte, Dexter es un buen tipo, se preocupa por su hermana, así como por su hijo; de igual modo es un analista de la escena del crimen muy profesional. ¿Podemos perdonarle este defecto?

Algo diferente es el caso de Lecter en *El silencio de los corderos*. No hay duda de que es un *serial killer* de primer nivel: muy astuto y extremadamente peligroso, además de caníbal. Sin embargo, en el contexto de la novela hay dos circunstancias que hacen que nos pongamos de su parte y desearle buena suerte cuando logra escaparse de la jaula en la que estaba preso. La primera, es que se trata de un personaje muy atractivo, tiene cualidades que todos valoramos, como gran inteligencia, dinero, una gran erudición y una conversación fascinante. La segunda es que su «próximo objetivo» cuando se escapa de la cárcel es el odioso Dr. Chilton, al que los espectadores ya hemos sentenciado como un sujeto zafio y arribista, sin escrúpulos.

En el caso de Mr. Ripley tenemos que considerar varios factores al hilo de lo comentado hasta ahora. En primer lugar, aunque Highsmith no se detiene apenas en explicarnos su pasado, lo hace de modo directo y sintético, y así sabemos que es un pobre huérfano, que tuvo la mala suerte de ser criado por una tía que no lo quería. Cuando conocemos a Tom, solo es un chico agradable e inteligente que no ha tenido suerte; desde luego, no la suerte que tiene Dickie. Cuando ambos se relacionan, sentimos lástima por Tom, porque vemos que solo busca —como una mascota abandonada— a alguien a quien admirar y que, por vez primera, le permita sentirse importante. En definitiva, vemos que de algún modo está reparando su autoestima marchita, y nos alegramos por él. Al mismo tiempo, es difícil que nos resulte simpático Dickie, un sujeto que no tiene ningún plan de futuro, incapaz de comprometerse con nadie y con nada, que se limita a vivir a lo grande sin ocuparse de su padre ni de su madre (que está muy enferma en Estados Unidos, esperando a que él regrese para morir en paz). En otras palabras, Dickie tiene también rasgos importantes de psicopatía, solo que la vida no le ha hecho desarrollar una ambición, una necesidad de librarse de una autoimagen de perdedor, como sí le ha ocurrido a Tom.

Por eso, la verdad es que apenas lamentamos que Tom le parta la cabeza con el remo en la barca. Una vez que sabemos lo que pretende hacer, nos subimos a ese carro y mentalmente nos decimos: «¡Sí, chico, prueba que eres capaz de vivir a lo grande en esa sociedad de estirados que tanto te desprecia!». Tom ha matado (casi) a un indeseable, pero él es simpático, educado, no es un zafio... Su segundo asesinato también acaba con un individuo presuntuoso (Freddie) que siempre le miraba por encima del hombro porque Tom era un don nadie. Así pues, estamos del todo con Ripley: no queremos que los polizontes italianos le pillen. El atractivo de Ripley remueve en nosotros esos deseos subconscientes de los que hablaba Highsmith, y nos gana para su causa.

Tom Ripley triunfó entre el público y Patricia Highsmith correspondió con otras cuatro novelas sobre el personaje. El cine hizo lo propio y se dejó tentar en varias ocasiones por el camaleónico Ripley, que ha tenido el rostro de actores como Alain Delon (*A pleno sol*), John Malkovich y Dennis Hopper en dos adaptaciones de *El juego de Ripley* (también conocida como *El amigo americano*) y, sin duda, la más exitosa y mejor: la nueva versión de *El talento de Mr. Ripley* (1999), dirigida por Anthony Minghella e interpretada por Matt Damon en el papel de Ripley. Esta nueva versión introduce algunos cambios relevantes con respecto a la psicología de Tom. Por ejemplo, Minghella lo muestra como una persona que lamenta de verdad su acción homicida nada más ejecutada, y se acuesta al lado del cadáver en un momento íntimo de afecto y cariño. En esta versión, por consiguiente, se subrayaría el componente de sensibilidad emocional (empatía) que está ausente en la novela de Highsmith. Un segundo cambio importante se halla en el velado (por sugerido, ya que no se muestra) asesinato de Peter (un amigo suyo que conocía a Dickie), que pondría más cerca a Ripley del asesino serial, al dar cuenta de cómo matar puede ser una experiencia gratificante, un modo de comportarse, un hábito cuando se ha experimentado esa sensación. Tal y como veremos en el capítulo 13, cuando el *serial killer* experimenta la ejecución de quitar la vida a otro ser humano, se produce un efecto de satisfacción, de estado placentero, pleno y único, que solo se puede reproducir con un nuevo asesinato (compulsión), por lo que mata y vuelve a matar.

Pero, al margen de las adaptaciones de las novelas de Ripley, encontramos su molde en otras obras de ficción. El crítico Leo Robson afirma que el personaje de Tom, «ha ejercido una continua influencia, hasta el punto de colonizar un subgénero, así como un ámbito propio de la experiencia humana». Esta influencia se ha revelado no solo en la ficción, sino también en la realidad. Cita como ejemplos, el personaje femenino de *Perdida* (2014, dirigida por David Fincher), donde Rosamund Pike interpreta a la psicópata Amy Elliott, y el también maquiavélico Valmont (John Malkovich) junto a la marquesa de Merteuil (Glenn Close) en *Las amistades peligrosas* (1998). También podemos añadir a la progenie de Ripley, a Chris Wilton (Jonathan Rhys-Meyers), el protagonista de la película de Woody Allen, *Match Point* (2005). Como ejemplos de asesinos reales que muestran la psicología esencial que diseñó Highsmith para Ripley, destaca Charles Sobhraj, popularizado por la serie de ficción de la BBC, *La serpiente* (2021).

Pero no necesitamos irnos tan lejos en el tiempo o en la geografía para encontrar casos que reproducen el esquema mental de Ripley. En Barcelona tuvimos uno muy notable.

ESTUDIO DE CASO: ANGIE, LA IMPERTURBABLE

Angie era y es una mujer notable. La sentencia que la condena la describe como una homicida extremadamente calculadora, aunque visto lo visto fue más el espectáculo, el atrezo, que lo que la obra tenía en sí misma de sustancia, porque a diferencia del plan espontáneo pero eficaz ideado por Tom Ripley, la muerte de Ana Páez tenía pocas posibilidades de quedar impune —aunque eso no lo sabía—, a pesar de que le costó dos años planificar el crimen. Claro que, *a priori*, tampoco el plan de Ripley tenía muchas posibilidades de salir adelante...

Como en *El talento de Mr. Ripley*, también en el asesinato de Ana Páez Capitán —la víctima de María Ángeles Molina, conocida por Angie— hay una doble vida, suplantación, firmas apócrifas y un gran deseo de lujo, móvil esencial del caso Angie y uno de los dos en el de Tom Ripley (junto al despecho por el abandono anunciado de su amigo).

María Ángeles Molina Fernández, Angie, decidió a la edad de treinta y ocho años matar a Ana Páez, de treinta y cinco, amiga suya años atrás, cuando esta trabajaba de diseñadora en una empresa donde Angie dirigía el departamento de recursos humanos. La fecha fatídica fue el 18 de febrero de 2008. El lugar, uno de esos pisos que se alquilan por horas en el barrio de

Gracia. Dos días después, la chica encargada de limpiar los apartamentos se encontró con un cadáver en el sofá. Estaba desnuda, tumbada de supino, con las piernas flexionadas. Llevaba una bolsa de plástico en la cabeza, fijada con cinta aislante de varias vueltas y ningún signo de violencia aparente. La autopsia reveló un detalle desconcertante: había restos de semen en la boca y en la parte exterior de la vagina. De dos hombres diferentes.

Los Mossos d'Esquadra tuvieron que averiguar quién era la mujer fallecida, puesto que no había ningún objeto que pudiera identificarla: no estaba su ropa ni un bolso. Solo se halló junto al cuerpo una peluca de pelo negro liso y unas botas negras de caña muy alta (por encima de las rodillas). El paso más lógico era preguntar a la agencia arrendataria del apartamento. La policía averiguó que, efectivamente, el apartamento había sido alquilado por Ana Páez para tres días (del 18 al 21 de febrero) pero que, extrañamente, la dirección que constaba de Ana no era la suya propia, donde vivía con su pareja, sino la calle Balmes 308. Hasta ese punto, la escena del crimen podía sugerir una muerte accidental como consecuencia de un juego erótico que se había escapado de las manos a los participantes, aunque tanto el novio con el que llevaba años conviviendo Ana (Carlos) y sus padres negaron por completo esa posibilidad, pues en los últimos tiempos ella estaba muy contenta como empleada en una empresa de diseño en Mataró, incluso estaba pensando en tener hijos. No, para ellos, todo ese escenario era una pesadilla sin sentido alguno; de igual modo, jamás habían sabido nada de que Ana tuviera un domicilio en la calle Balmes. Allí, la policía averiguó por las declaraciones del portero que se recibían en esa dirección muchas cartas a nombre de Ana Páez, pero nadie vivía ahí con ese nombre ni él había tenido la oportunidad de conocerla personalmente. Sencillamente, las cartas llegaban a esa dirección y él se limitaba a guardarlas.

¿Y qué es lo que contenían esas cartas? Solo facturas correspondientes a un teléfono móvil y copias de concesiones de préstamos bancarios y seguros de vida a nombre de Ana Páez. Aquello rozaba lo surrealista. Mientras tanto, los Mossos empezaron a reconstruir las últimas cuarenta y ocho horas de la fallecida y observaron las cintas de las cámaras de los bancos donde consta que Ana había retirado dinero en efectivo de su cuenta a partir del 18 de febrero. En el primer caso, había entrado ese mismo día (el último en que se la vio viva, por la mañana, antes de ir a trabajar) a una sucursal de su banco en Mataró y, horas después, estaba en un cajero automático en Barcelona. Entonces apareció una nueva sorpresa: ninguna de las mujeres que entró ese día a ese banco se parecía a Ana Páez, pero destacaba una atractiva mujer con una melena negra repeinada en exceso, como si llevara una peluca, similar, por cierto, a la encontrada junto al cadáver. Mostraron la imagen de la mujer al compañero de la fallecida y este aseguró que no era Ana, pero que sin duda era Angie, la amiga y antigua jefa de Ana. Precisamente, Carlos había dicho a la policía que la noche del 18 de febrero (cuando fue asesinada) su mujer había quedado a cenar con Angie, y que por eso no se llegó a alarmar demasiado cuando esa noche no regresó, pues pensó que podría habérsele hecho tarde y decidido quedarse a dormir en casa de su amiga.

A partir de ahí, suceden dos avances en la investigación que devienen esenciales. El primero es que, interrogada Angie, esta asegura que en principio sí había quedado a cenar con su amiga Ana, pero que finalmente anuló la cita porque tuvo que ir a recoger las cenizas de su madre a Zaragoza, afirmando que regresó a Barcelona sobre las doce de la noche. También aseguró que había recibido, hacia las ocho de la tarde, una llamada de teléfono de parte de Ana en la que ella parecía querer decirle algo que sirviera de coartada a una posible tercera persona que estaría escuchando («Ella me dijo: "Tú sígueme el rollo"»). El problema con la coartada de Angie es que no se sostenía: la policía averiguó que, en efecto, se había desplazado ese día a Zaragoza a recoger las cenizas de su madre, pero... ¡su madre había muerto un año antes! Qué casualidad que el día de la muerte de Ana fuera precisamente el día en que Angie se hacía finalmente cargo de los restos de su progenitora. Y lo más importante: tal y como comprobaron los investigadores, se podía ir y volver de Zaragoza a Barcelona en siete horas, lo que le daba tiempo más que suficiente para haber ido a la funeraria, recoger las cenizas y estar de vuelta en Barcelona sobre las seis o las siete de la tarde.

El segundo avance fundamental se produjo cuando la policía empezó a acumular extractos de préstamos bancarios y copias de seguros a nombre de Ana Páez —recogidos en Balmes 308— y se dirigió a los diferentes bancos con las fotografías de Angie y de Ana. Sin excepción, todas las empresas aseguradoras señalaron a Angie como la persona que decía llamarse Ana Páez; a esta no pudo reconocerla ninguno de los empleados que realizaron los préstamos o gestionaron los seguros. ¡Es increíble! ¿Cómo era posible que tantos individuos sufrieran ese engaño? La cuestión tiene su miga: los empleados aseguraron que Angie les mostró el DNI auténtico de Ana Páez y por eso creyeron que ella era realmente Ana. Sin embargo, ambas mujeres guardaban muy poco parecido... por más que Angie llevara la célebre peluca que, vista en las cámaras de seguridad, recordaba claramente a la peluca hallada junto al cadáver en el apartamento. La policía quedó consternada cuando, después de terminar las pesquisas en esta línea de la investigación, supo que los seguros de vida realizados por (supuestamente) Ana Páez llegaban al millón de euros... cifra reunida después de estar dos años suplantando a Ana cuando esta, obviamente, estaba viva.

¿Cómo pudo obtener Angie el DNI de Ana Páez? Y otra cuestión rocambolesca: ¿cómo iba a poder cobrar Angie el dinero del seguro una vez falleciera Ana? Porque hemos de aclarar que la beneficiaria no era María Ángeles Molina, alias Angie, sino una tal Susana B. que, cuando recibió la visita de la policía, dijo que no tenía ni la más mínima idea de quiénes eran Ana o Angie y, por supuesto, que no había contratado esos seguros. No obstante, ella sí recordó que en el mes de noviembre de 2007 había ido a una fotocopiadora situada en un centro comercial y había perdido el DNI. La policía llegó a la conclusión de que Angie vio a esta mujer dejarse el DNI debajo de la tapa que cierra el visor de la fotocopiadora y se lo apropió. Si se sigue la lógica... el próximo movimiento de Angie, una vez cerrado el caso de Ana Páez de forma satisfactoria para ella, sería acudir a los bancos haciéndose pasar por Susana B. y cobrar las indemnizaciones; si juzgamos lo bien que le salió contratar esas pólizas, no podemos descartar en absoluto que hubiera tenido éxito en esta nueva suplantación.

Finalmente, el caso se cerró en lo que respecta a las pruebas concluyentes cuando la policía, llamando a los teléfonos que figuraban en los extractos remitidos al domicilio Balmes 308, contactó con una empresa de despedidas de soltero con actuantes masculinos (American Gigolo) y el encargado le dijo que se acordaba muy bien de Angie porque había hecho una petición del todo inusual: los hombres no la tocaron, ella se limitó a pedirles que eyacularan en sendos botes de recogida de muestras; dijo que era para ganar una apuesta con unas amigas. Ya tenían la explicación de los dos tipos de semen encontrados en el cuerpo de Ana Páez. Y, por si fuera poco, la policía fue capaz de ubicar el teléfono móvil de Angie en un radio de trescientos metros del apartamento donde murió Ana y en el rango horario de su muerte, precisamente cuando, según Angie, ella todavía no había regresado a Barcelona de su viaje a Zaragoza.

En fin, que la pareja de Angie encontrara detrás de la cisterna del váter de su piso un sobre conteniendo el DNI y el pasaporte de Ana Páez acabó por convencerle de que no conocía en absoluto a la mujer con la que había estado conviviendo los últimos doce años. Sí, era difícil ponerse en la mente de Angie, como lo era para los que conocían a Tom Ripley, pues a ambos les va como anillo al dedo el apodo de «camaleón» con que se conoce esta capacidad del psicópata.

Pero, la historia no acaba aquí, porque existe una posibilidad fundada de que Angie hubiera ejecutado otro homicidio, solo que esta vez sí fue exitoso. Tal y como cuenta el periodista Jesús García, Angie había estado casada previamente con un hombre de negocios argentino que tenía varios hoteles en la isla de Gran Canaria. En 1990, dos años después de conocerse y el mismo año de la boda, Juan Antonio Álvarez, su primer marido, fue finalmente a conocer a los padres de Angie que, según ella, eran parte de una familia de gran abolengo de Aragón. Su desconcierto fue evidente —su padre era un simple taxista— y, pesar de que no tenían títulos nobiliarios y tierras, accedió de todos modos a casarse con ella. Tuvieron una hija, las cosas siguieron su curso hasta que Juan Antonio falleció de forma inopinada por envenenamiento. Tras la autopsia efectuada, el juez se inclinó por considerar que la ingesta por parte del fallecido de una sustancia con fosfatos aptos para detergentes y algunos raticidas había sido intencionada y, por ello, determinó el suicidio como causa de la muerte. Esto dejó a Angie como heredera única de su patrimonio.

Aunque a raíz del asesinato de Ana Páez se reabrió la causa de su primer marido, se volvió a cerrar porque no pudo encontrarse ninguna nueva prueba relevante. Cuenta Silvia, la hermana de Juan Antonio, que en el velatorio le pidió a Angie quedarse un rato más a solas con su hermano y su respuesta se le quedó grabada para siempre: «A mí no me hables en términos filosóficos, yo no puedo darte toda la tarde».

Es muy interesante comprobar lo que ella mismo dijo frente a pruebas tan concluyentes como las que llevaron a su condena de veintidós años por homicidio y estafa. Se declaró probado que Angie hizo subir a Ana a su apartamento alquilado con una excusa cualquiera. Allí, hizo uso del cloroformo para dejarla inconsciente (había recipientes con esta sustancia en su casa, junto con búsquedas en Google de cómo utilizarlo con animales). Luego, la desnudó y le puso una bolsa en la cabeza, a la que ató sólidamente con muchas vueltas de cinta americana. Ana murió asfixiada, sin pelear. Después, sacó los recipientes con el semen comprado a los gigolós y lo puso en los orificios de la mujer. Ciertamente, hay que tener estómago. Pero ella sonríe casi todo el tiempo (en una entrevista realizada por uno de los autores de esta obra), como Ripley cuando está en situaciones comprometedoras.[6] No, ella no mató a Ana, ya tenía mucho dinero de su difunto marido (conducía coches de lujo como un Porsche 911 Carrera o un Hummer), ¿por qué iba a necesitar matar a nadie? Sí, ella sabía la afición de su amiga a los juegos eróticos de alto voltaje... pero no fue responsable de su fallecimiento. Además, tiene muchos planes cuando salga: pueden parecer poco realistas, pero no nos atreveríamos a decir que son, para ella, imposibles.

Epílogo: el asesino del sueño americano

Tom Ripley no mata por diversión, sino por ascender en la escala social y tener la oportunidad de vivir una vida de placer y lujo que la fortuna no quiso concederle por el azar del nacimiento, a diferencia de Dickie, cuyo único mérito fue nacer en una familia rica. El sueño americano, sin embargo, asegura que no importa de dónde vengas, solo con tu esfuerzo puedes llegar a lo más alto. Al principio se contenta con ser un parásito en la estela frívola de Dickie: mientras este le tolera, él puede vivir vicariamente su deseo de triunfador. Pero, una vez conocedor de que su amigo ha roto el cordón umbilical, Ripley no tiene paciencia ni los ánimos necesarios para buscar una vía legítima con la que triunfar. Él tiene un talento muy peculiar, resumido en una psicopatía que le permite utilizar su capacidad innata para la impostura sin que le perturbe el carácter profundamente inmoral de sus acciones. Visto desde esta perspectiva, Tom Ripley encarna el modo monstruoso de conseguir el *american dream* a través del homicidio, el engaño y el fraude.

Su identidad como Ripley es una identidad de fracaso, su prodigiosa habilidad para hacerse pasar por Dickie y falsificar firmas, cartas y documentos es el camino para forjarse una nueva personalidad que, a la postre, él descubre *que es realmente la suya*, porque él se identifica mucho más con el yo que ha suplantado que con su yo original. El lujo y las cosas son las que llenan su espíritu o, en otras palabras, el poder de tener dinero y ostentar un estatus que impone respeto y otorga el marchamo de ganador en la lucha sin cuartel del capitalismo. «Amaba poseer cosas, no en gran cantidad, sino unas pocas y escogidas, de las que no quería desprenderse, pensando que eran ellas lo que infundía respeto hacia uno mismo. Sus bienes le recordaban que existía y le hacían disfrutar de esa existencia. No había que darle más vueltas. ¿Y acaso eso no valía mucho? *Existía*. No había en el mundo mucha gente que supiera hacerlo, aun contando con el dinero necesario.» En la novela, las cosas selectas son las que otorgan a Tom existencia, no las relaciones que pueda forjar con la gente, porque él, más allá de leer lo que otros puedan estar pensando —algo necesario para tener éxito como suplantador—, no puede conectar profundamente con ellos, *no puede comprender de verdad sus emociones*. Ripley encarna de modo soberbio el vacío espiritual del psicópata: si no puede conectar con el misterioso mundo de los afectos que configura la trayectoria vital de las personas, se contentará con experimentar aquello que sí impacta en su psique: el placer del lujo y del poder del estatus:

> Miró a Dickie fijamente, a sus ojos azules y enojados todavía, sus cejas rubias, casi blancas a causa del sol, y pensó que aquellos ojos no eran más que unos pedacitos de gelatina azul, brillantes y vacíos, con una mancha negra en el centro, sin ningún sentido ni relación que a él se refiriese. Decían que los ojos eran el espejo del alma, que a través de ellos se veía el amor, que eran el único punto por donde podía contemplarse a una persona y ver lo que realmente ocurría en su interior, *pero en los ojos de Dickie no pudo ver más de lo que hubiera visto de estar contemplando la superficie dura e inanimada de un espejo.*

Muchos años más tarde, Bret Easton Ellis retomará la idea del poder del éxito social y del lujo como sustituto de los lazos humanos auténticos en su novela, *American Psycho* (1991). Pero —ya eran otros tiempos— su psicópata no matará para poder conseguir el sueño americano, sino que, convertido en asesino serial, matará por la misma razón por la que disfruta de las cosas que tiene: por puro placer.

12

El asesino dentro de mí[1]

> Cuando se tiene algo sobre la conciencia, no se puede perder la cabeza.
>
> Lou Ford, en *El asesino dentro de mí*

El asesinato siempre requiere una respuesta de la comunidad, tanto para castigar al culpable como para comprender lo sucedido. La narrativa criminal, ya sea puramente ficcional o se base en hechos reales, supone un esfuerzo para asignar un significado al hecho homicida. En tanto en cuanto los escritores, periodistas de investigación o cineastas producen esas historias, se ven obligados, en esa búsqueda de sentido, a usar los elementos o recursos que tienen a su alcance en la construcción de las historias: tramas, personajes y visiones del mundo toman vida dentro del estilo (el arte) del creador, de modo que se impone necesariamente una forma determinada de representar los hechos o las historias que trasciende la realidad, pues con frecuencia esa realidad no aparece de forma nítida, ni tiene un solo modo de construirse cuando se crea el relato.

Es el caso de una de las novelas negras más «diferentes» nunca escrita: *El asesino dentro de mí* (1952). En la antología, *Crime Novels: American Noir of the 1950s*, se afirma que *El asesino dentro de mí* es, «una de las novelas criminales más apasionantes y duras jamás escritas», lo que es del todo cierto, además por varios motivos. Por una parte, aparece una realidad que dista mucho de ser clara e inequívoca, puesto que el narrador, Lou Ford, es un psicópata y no sabemos en qué medida nos está diciendo la verdad acerca de lo que siente o piensa. *Parece*, eso sí, que dice la verdad, ya que no duda en revelarnos sus oscuras fantasías y sus actos de gran violencia... pero cabe la posibilidad de que intente engatusarnos del mismo modo que —según él mismo reconoce— engatusa a todos los del pueblo haciéndoles creer que es un simplón sin muchas luces. Por ejemplo, ¿hemos de creerle cuando asegura que se convirtió en un «enfermo» (un psicópata criminal) debido a que su institutriz abusó de él sexualmente? ¿No nos está mareando con una palabrería rimbombante para ocultarnos que, en realidad, disfruta siendo un tipo muy violento y matando cuando lo ve «necesario»? Y, lo más importante, ¿de verdad tenía que matar a tanta gente para vengarse de una sola persona?

Por otra parte, *El asesino dentro de mí* se aleja totalmente de lo que es la narrativa criminal habitual en el género negro, ya que no hay propiamente dicho un caso que galvanice la acción en su descubrimiento. Desde el principio sabemos que Ford es un sádico asesino, y lo que realmente nos engancha no es si le van a poder atrapar o no, sino las cosas que nos cuenta acerca de él, de su historia personal y, sobre todo, *del modo en que mata y sus pensamientos y emociones al respecto.*

Finalmente, *El asesino dentro de mí* parece una novela de otro planeta en el contexto de los plácidos años cincuenta en Estados Unidos. Todo sucede en una pequeña ciudad perdida en la nada, pero representa un mundo donde reina el desaliento: los policías son asesinos, los políticos son corruptos, la gente decente no tiene ninguna oportunidad y muere a manos de empresarios sin escrúpulos (Mike, el hermano de Lou) o del propio Lou.

Todo esto resulta aún más extraordinario si caemos en la cuenta de que Jim Thompson (James Mayers Thompson, 1906-1977) era un tipo sensacional. Mientras que, según vimos, Patricia Highsmith es Tom Ripley, para nada Thompson es Lou Ford. Su agente literario, Jerry Bick, dijo de él que, «era el tipo de individuo cuyos sentimientos se ven heridos con facilidad, que siente dolor fácilmente y en mayor medida que la mayoría. Jim se afligía con todo, era incapaz de pasar de largo junto a un mendigo en la calle». Ahora bien, como no podría ser de otra manera, Thompson estaba fascinado por la criminalidad, lo que no es extraño dado que su vida fue muy dura, debido a los rigores de la Gran Depresión en la que creció. Pero ese interés y conocimiento le pulieron como escritor: «Jim tenía la capacidad de arremeter contra aquellos que le habían perjudicado o se habían portado mal con él, y hacerlo con violencia. Pero todo esto acontecía en un único lugar, y ese lugar era la máquina de escribir».

Por ello, podemos decir que, si bien *El asesino dentro de mí* es un relato de *horror policíaco* del todo inventado, también hay un poso de conocimiento con raíces familiares y personales; su padre fue —como el protagonista de la novela, Lou Ford— un *sheriff* corrupto del condado, «borrado en México en los años siguientes, petrolero tramposo en Texas después, figura ambigua y poderosa» —en palabras del escritor Juan Sasturain— que necesariamente tuvo que marcarle; también su propia experiencia vital, donde abundaron el abuso del alcohol, múltiples oficios y lugares y... una gran admiración por Karl Marx, que no ocultó en absoluto. Finalmente, Thompson, aunque nunca fue millonario, sí que tuvo en los últimos años una vida más holgada y mayor reconocimiento gracias a su colaboración con el cine, que adaptó varias de sus obras. Aparte de la que comentamos en estas páginas, suyas fueron también, *Los timadores*, *1280 almas* y *La huida*.

Sinopsis de la novela

Lou Ford, de veintinueve años de edad, es el *sheriff* adjunto en una pequeña ciudad perdida de Estados Unidos («una encrucijada en una carretera de Texas»), de nombre Central City, un lugar, según explica Lou a una camarera, en donde «no hay muchos maleantes [...]. Y, además, también son personas, aunque se alejen del camino recto». Pero esta aparente ecuanimidad del *sheriff* pronto nos muestra una vena inquietante: Lou está conversando en un restaurante con el dueño, el griego Max Pappas, y le somete a un monólogo insulso que se regodea en el hecho de hacerle pasar un mal rato al darle una cháchara insulsa y que apenas Max puede entender. «Me estaba pasando, pero ya no podía contenerme. *Castigar a la gente de ese modo era casi tan agradable como del otro modo* [que] tanto había luchado yo por olvidar —y casi había olvidado— hasta que me topé con ella.» Es una primera pista para el lector acerca de la personalidad inquietante de Lou: ¿a qué «otro modo» de «castigar a la gente» se refiere? Hay implícito un claro presagio maligno, porque de lo contrario, no hubiera tenido que «luchar tanto para olvidar».

El libro es corto, así que los acontecimientos se suceden rápidamente. Un día, «el viejo Bob Maples, el *sheriff*» le ordena que vaya a visitar a una chica llamada Joyce Lakeland, pues le han dicho que es una prostituta (por consiguiente, una fuente de problemas para una pequeña ciudad como aquella), y Bob le pide que maneje el asunto a su discreción; si piensa que debe marcharse o quedarse, será su decisión. Tal y como suceden las cosas, Joyce se quedará, pues aunque al principio trata a Lou con gran desprecio, cuando averigua que es policía («Señora, no es usted muy cortés. Solo vine para charlar un poco», a lo que ella replica: «¡Estúpido bastardo!»), Lou llega un momento en que decide pasar a la acción y le da una severa paliza, algo que aparentemente no quería hacer, porque su propósito inicial era abandonar la casa: «Sabía lo que ocurriría si no me iba inmediatamente, y no podía consentirlo. Era capaz de matarla. *Podía volverme la enfermedad*». (Esta «enfermedad» actúa como un gancho para el lector; solo avanzada la historia sabremos en qué consiste.)

Lo cierto es que Joyce, sorprendentemente, reacciona con un gran deseo sexual, lo que deja atónito a Lou («Empezó a desabrocharme la corbata, la camisa, me desnudó a pesar de haber estado a punto de desollarla»). Este episodio tiene una gran importancia en la historia, porque Lou nos revela que, haber ejercido esa violencia fue «como si un huracán hubiese avivado un viejo fuego que se extinguía». Lou visitará a Joyce regularmente, pero a partir de ese momento empezará «a zaherir a la gente con indiferencia, a injuriarla a falta de otra cosa», y no dejará de pensar en vengarse de Chester Conway, el dueño de una poderosa empresa de construcción, del que tiene la seguridad de que fue responsable de la muerte de su hermano Mike (oficialmente calificada de accidental). Lou está seguro de esto: su hermano, como inspector de obras, suponía una grave amenaza para los intereses de Conway, pues se sabía que iba a paralizar uno de sus proyectos inmobiliarios más provechosos, debido a las irregularidades detectadas.

Pero Joyce no solo se le entrega incondicionalmente, sino que —sin que ella lo sepa— va a permitirle que se vengue del odiado Conway. La cuestión es que Joyce ha seducido por completo a Elmer, el hijo inútil de Conway, que además «está ciego como un topo». Joyce le propone a Lou que le diga a Conway que, por una buena suma de dinero, ella está dispuesta a olvidarse de su hijo y no seguir con la boda que a toda costa quiere Elmer. Una vez obtenido el botín, ambos podrían abandonar ese pueblo.

A continuación, sabemos más de la familia de Lou: su padre, ya fallecido, era un médico muy respetado en la zona. Mike era su hermano adoptivo, su padre lo adoptó cuando Lou tenía cuatro años y Mike seis. Cuando este era adolescente, fue acusado de haber atacado a una niña de solo tres años. La naturaleza de la agresión no se especifica en la historia, pero podemos asumir que fue un asesinato, porque en un diálogo que tiene Lou con Rothman, dirigente sindical bien conocedor del pueblo y su historia, este afirma: «Toda la ciudad sabe que de haber tenido Mike unos años más, habría ido a parar a la silla eléctrica y no al reformatorio».

En el transcurso de esa conversación, Jim Thompson nos da acceso a los pensamientos de Lou y sabemos que el ayudante de *sheriff*, mientras le dice a Rothman que tanto él como su padre estaban convencidos de la inocencia de Mike, fue en realidad el asesino de la niña: «*El culpable era yo. Mike había cargado con mi culpa*».

Lou no se fue del pueblo cuando murió su padre, pensó en vender la casa, pero finalmente no lo hizo, a pesar de que era muy grande, con establos y una gran biblioteca donde trabajaba su padre. Averiguamos que Lou es un hombre muy culto y que ha leído a grandes nombres de la psiquiatría como Krafft-Ebing, Jung, Freud, Kraepelin... También puede leer textos en cuatro idiomas. Su padre quería que Lou fuera médico, «pero le horrorizaba mandarme lejos para estudiar, así que me enseñó todo lo que pudo en casa». Su padre temía que *la enfermedad* de Lou hubiera arraigado en él, por ello no quería perderlo de vista y, finalmente, renunció a que su hijo fuera alguien importante; solo cabía esperar que se ganara la vida de forma honrada y nunca más volviera a matar a un inocente. («Ese era mi futuro: vivir y simpatizar con paletos».) Para evitar que Lou pudiera propagar su «enfermedad» a sus hijos, su padre le practicó una vasectomía.

Lou siguió ese plan: libre de ser estigmatizado como un enfermo homicida gracias a su hermano —que asumió la culpa voluntariamente para protegerlo con la aprobación de su padre—, fingió disponer de una personalidad vulgar y de una inteligencia mediocre: «Un vulgar guardián de la paz en un pueblo del Oeste. Ese era yo [...]. Había fingido tanto tiempo que ahora era como mi segunda naturaleza». Lou cumple con su tarea como ayudante del *sheriff*, haciendo gala de manejar a borrachos y pequeños maleantes solo con su autoridad, sin hacer uso de la fuerza.

Además de sus visitas regulares a Joyce, Lou mantiene una relación de noviazgo con Amy Stanton, maestra de escuela, que está ansiosa por casarse con él, aunque desde el principio queda claro que Lou no está por la labor, limitándose a dejarse querer.

* * * * *

A partir del capítulo seis, la novela vira hacia una violencia inaudita. Primero, el doble asesinato de Elmer y Joyce. Lou había tendido una trampa tanto a Elmer como a Joyce. A Elmer le había hecho creer que debía acudir al domicilio de Joyce para poder escapar y casarse con ella, ya que él mismo intercedería ante su padre por una buena cantidad. A Joyce le dice que permanezca dos semanas huida con Elmer, y que luego lo abandone y regrese con él, y que entonces ambos se irán del pueblo para siempre. Pero Lou tiene otros planes. Primero asesina a Joyce antes de que llegue Elmer y, cuando este entra en casa y descubre el cadáver, muere igualmente a manos de Lou, que le descarga seis tiros y pone luego el arma en manos de Joyce. Lou quiere que parezca que Elmer atacó a Joyce y que ella se defendió, matándolo a su vez. De esta forma, Lou consuma su venganza sobre Conway, matando a su hijo. Lou se lleva el dinero que portaba Elmer.

El siguiente asesinato es el de Johnnie, el hijo de Max Pappas, el dueño del restaurante, quien está bajo su tutela y el chico le tiene cariño de verdad, porque Lou evitó que se descarriara debido a sus malas compañías. Johnnie trabaja en una gasolinera, Lou va a verle y sin querer, le paga con un billete de veinte dólares que posteriormente vinculará a Johnnie con el doble crimen. Lou revela al lector que sus sentimientos hacia Johnnie son sinceros: «Me preocupaba de veras por el chico. Me preocupaban sus problemas».

Mientras tanto, ya en su casa, Lou recibe la visita de Amy. Ella está ansiosa por entregarse a él, pero Lou se da cuenta de que su piel lleva el olor corporal del sexo que había tenido con Joyce antes de asesinarla, y lo rechaza: «¡Apártate de mí! ¡No te atrevas a tocarme!». Esto inquieta profundamente a Lou, que teme que pueda relacionarle de algún modo con el doble asesinato. «Pensaba solo en ella misma —relata Lou—, en el insulto que había sufrido. Pero yo sabía que con el tiempo —y no mucho tiempo— iría uniendo las piezas del rompecabezas». Es cierto que Amy no tendría prueba alguna que relacionara a Lou con el doble homicidio, pero, según Lou, eso no sería un obstáculo insalvable para que le atraparan porque, «si el interesado no era un pez gordo, el problema se reduce a obligarlo a confesar».

Cuando se descubre el doble crimen, el fiscal del distrito, Howard Hendricks, lleva la investigación y sospecha de Lou, pero este maniobra bien para no incriminarse («Cuando se tiene algo sobre la conciencia, no se puede perder la cabeza»), a pesar de que la escena del crimen presenta sus problemas. Joyce apareció con la cara destrozada y las vértebras cervicales rotas, ¿cómo pudo una mujer en ese estado disparar seis balas y acertar todas ellas en el cuerpo de Elmer? Además, cuenta con el aprecio del viejo *sheriff*, Bob Maples, que lo conoce desde niño y le asegura que, «nunca te vi obrar mal» y que, «sé lo que vas a decir y a hacer antes de que lo hagas, no importa dónde ni cuándo». En la soledad de su casa, Lou reflexiona. Le han dicho que Joyce no estaba muerta cuando llegó la ambulancia, pero él duda de que pueda aguantar mucho más después de lo que le hizo. Piensa en marcharse del pueblo y vender la casa, «en cuanto las aguas se calmasen». Mientras tanto, le dicen que finalmente, Joyce había fallecido.

Pero las cosas dan un giro cuando el fiscal le dice que tienen al culpable, que no es otro que el joven Johnnie, porque le han encontrado un billete de veinte dólares perteneciente al fajo de dinero que llevaba Elmer, un dinero que estaba marcado. Lou va a visitar al chico a la cárcel. Este, que le aprecia de veras, le dice que no se preocupe, que no les ha dicho que ese billete se lo dio él. Pero Lou comprende que esto siempre será un cabo suelto. Su asesinato es cruel porque viene de una mano querida para Johnnie:

—[Lou] Siento que no se lo hayas dicho, Johnnie [que el billete se lo dio él]. Era lo peor que podías hacer.

—¿Quieres decir que se enfadarán? —gruñó—. ¡Al diablo con ellos! Ellos no me importan nada, y, en cambio, tú eres un verdadero amigo.

—¿Estás seguro? —pregunté—. ¿Cómo lo sabes, Johnnie? Nunca puede uno estar seguro de nada. Vivimos en un mundo loco, muchacho, en una civilización muy peculiar. *Los policías juegan a ladrones y los ladrones juegan a policías.* Los políticos son predicadores y los predicadores son políticos. Los recaudadores de impuestos recaudan para su propio bolsillo.

Lou le está diciendo a Johnnie claramente, que es un ingenuo y que él, aunque es policía, no hace sino seguir las normas de una sociedad corrompida. Por eso, después de ese breve discurso, que se prolonga un poco más, pasa a la acción:

—«Hay un tiempo de paz —recité—, y un tiempo de guerra. Un tiempo de siembra y un tiempo de cosecha. Un tiempo para vivir y un tiempo para morir...».[2]

—L-lou...

—A mí me duele más que a ti.

Con un golpe seco, descargué el filo de la mano sobre su laringe. Luego me incliné para desabrocharle el cinturón [lo colgará de él haciendo que parezca un suicidio].

[...] Llamé a la puerta y al momento vino el carcelero. Entreabrió la puerta, salí y volví a cerrar.

—¿Algún problema, Lou?

—No. Estaba lo más tranquilo del mundo. Creo que ya tenemos el caso resuelto.

* * * * *

Al fin averiguamos algo más de lo que produjo a Lou Ford su «enfermedad», con ocasión de que se tropieza con una vieja fotografía mientras leía un libro de la biblioteca de su padre. Lou estaba muy unido al ama de llaves y amante de su padre (su madre había muerto al poco de nacer él), Helene. Thompson da a entender que Helene le enseña a encontrar placer en la violencia. Así, cuando el niño Lou le pide boxear con ella, la mujer le contesta: «¡Oh, estoy cansada! Pégame solo tú...». Y lo más grave es que un día ella abusa sexualmente de él; su padre lo descubre y la echa de casa, no sin que antes ella le recrimine: «Esto no tiene la menor importancia. Absolutamente ninguna. Pero ahora la tendrá. Lo has tomado de la peor manera posible...». También le acusa de que en realidad la echa de casa porque tiene celos, y porque ella solo es una chica pobre, «una pobre blanca piojosa». Además, le dice furiosa que «no es él en quien piensas, sino en ti. En las posibles consecuencias que tendría para ti».

Es obvia la profunda huella que le dejó Helene. Por ejemplo, a pesar de que estaba orgulloso de Amy («cuando salía a la calle meneando su pequeño y redondo trasero, con la barbilla hundida y los senos prominentes, todos

400

los hombres de menos de ochenta años se exaltaban»), al tiempo la odiaba porque era muy parecida de aspecto a Helene y, en algunas ocasiones, «casi llegué a imaginar que en realidad era ella». Lou está convencido de que, «tenía que matarla por segunda vez», indicando que matar a Amy sería como volver a matar a Helene. Ella sabe demasiado, a pesar de que el lector no tiene el convencimiento de Lou de que en realidad pueda suponer un problema para él. Pero Lou tiene claro que no va a casarse con ella y teme que, por despecho, de algún modo diga cosas que hagan que el fiscal del distrito y el *sheriff* empiecen a sospechar de él.

Ya llevamos tres homicidios en la nómina de Lou Ford, también sabemos que piensa asesinar a Amy. Su plan es quedar con ella para marcharse los dos pasados algunos días. Le mentirá diciendo que se casarán, y que para ello lo mejor es dejar atrás el pueblo. Ella dejará su empleo de maestra y él el de *sheriff*. Entonces la matará. ¿Cómo hacerlo? La suerte aparentemente juega a su favor. Lou recibe la visita de un vagabundo y este le informa de que hace unas semanas regresó al pueblo después de haber pasado un tiempo realizando un trabajo temporal y, sin quererlo ni prestar atención, reconoció a Lou cuando entraba en casa de Joyce. Posteriormente, cuando averiguó lo que había sucedido en esa casa, comprendió que podía sacar provecho de lo que había visto. Así que, le da dos semanas para que reúna cinco mil dólares si no quiere que le delate ante el *sheriff*. Lou piensa rápido y decide que tiene que matar a Amy haciendo que el extorsionador parezca que sea el asesino. Cuando llega el día señalado y el vagabundo entra en casa, Amy es ya cadáver. La mata cuando ella va a abrazarle, exultante, porque al fin se «fugan» para casarse y emprender una vida juntos. Pero Lou se limita a decirle: «Lo sé. Quieres entregarme tu corazón». Después:

La golpeé en el vientre con todas mis fuerzas.

Mi puño penetró hasta su columna vertebral, y la carne se cerró en torno a mi muñeca. Lo arranqué con un movimiento brusco, y ella se dobló en dos, como si tuviera una bisagra en la cintura.

Se le cayó el sombrero y chocó contra el suelo. Luego se desplomó hacia atrás, como un chico que intenta dar un salto mortal. Quedó tendida boca arriba, con los ojos fuera de las órbitas, agitando la cabeza a uno y otro lado.

Llevaba una blusa blanca y un traje sastre color crema claro. Y debía ser nuevo, porque no recordaba habérselo visto. Cogí el cuello de la blusa y la rasgué hasta la cintura. De un tirón levanté la falda hasta que le tapé la cara, lo cual la hizo agitarse y estremecerse de pies a cabeza. Oí entonces un sonido raro, como si intentase reír.

Después vi como el charco se agrandaba bajo su cuerpo.

Me senté y traté de leer el periódico. Intenté fijar la vista en él. Pero había poca luz, insuficiente para leer, y Amy seguía removiéndose.

En un momento dado, sentí que algo me rozaba el zapato, miré hacia abajo, y era su mano. Iba tanteando la punta de la bota. Avanzó hacia el tobillo y la pierna. No sé por qué, pero sentí miedo de apartarme. Sus dedos llegaron hasta el final de la bota, y entonces cerró la mano. Casi no podía moverme. Me levanté e intenté rechazarla, pero sus dedos seguían asiéndome.

Tuve que arrastrarla casi un metro, para que me soltara.

Sus dedos siguieron moviéndose, deslizándose, arrastrándose en todas direcciones, hasta que asieron el bolso fuertemente. Lo arrastraron bajo su falda, y ya no pude verlo, ni tampoco sus manos.

Bueno, muy bien. Causaba mejor efecto agarrada a su bolso. Pensando en el detalle, sonreí un poco. Era muy propio de ella eso de agarrarse al bolso. Había sido siempre tan tacaña y... y supongo que por la fuerza de las circunstancias.

[...]

¿Y por qué diablos no llegaba él? [El vagabundo que viene a cobrar el chantaje.]

Hacía más de media hora que ella apenas respiraba, y el dolor debía atormentarla. Sabía que sufría atrozmente. Yo retuve la respiración un momento, porque habíamos hecho tantas cosas juntos, y...

Entonces llegó.

Había cerrado la puerta delantera, para que no pudiese entrar, y oí cómo forcejeaba con ella.

Le di a Amy dos fuertes puntapiés en la cabeza. Su cuerpo se levantó y la blusa se deslizó descubriéndole el rostro.

Como es obvio, Lou ha preparado una celada a su chantajista. Le da un fajo de billetes, pero a continuación lo va a acusar de haber matado a Amy.

Casi la pisó. Creo que por un instante la tocó con el pie.

Lo retiró mirándola como si ella fuese un imán, y sus ojos de acero. Intentó apartar la vista, pero solo consiguió poner los ojos en blanco. Al fin los apartó.

Me miró. Le vibraron frenéticamente los labios, y al fin gritó:

—¡Yiiiiiii!

Un sonido estrafalario, como el de una sirena descompuesta que no llegara a arrancar.

—¡Yiiiiiii! —gritaba—. ¡Yiiiiiii!

Resultaba cómico verle y oírle.

Me dio un ataque de risa; su aspecto era tan cómico que no pude contenerme.

Entonces me acordé *de lo que él había hecho.* Dejé de reír y la cólera me dominó.

—¡Hijo de puta! —grité—. Iba a casarme con esa pobre chica. Íbamos a fugarnos los dos; ella te sorprendió en la casa y tú intentaste...

Me cegó la ira; me indignaba verle allí, con su aire sorprendi-do, gritando «Yiiiiii» y poniendo los ojos en blanco. ¿Qué derecho tenía a comportarse así?

[...]

Yo estaba loco de rabia.

Cogí el cuchillo de cocina oculto debajo del periódico y me lancé sobre él.

Resbalé precisamente donde ella había estado tendida.

Caí hacia delante con los brazos extendidos, y habría chocado contra él, si no se hubiese apartado. El cuchillo se me escapó de las manos.

Durante un minuto no pude mover un dedo. Permanecí inerme en el suelo. .

Por poco que me hubiese ladeado, habría podido abrazarla y estaríamos los dos juntos para siempre.

Pero ¿creen acaso que el infeliz iba a matarme? ¿Creen que iba a utilizar aquel cuchillo? ¡No, maldita sea!

Se conformó con salir corriendo, como hacen todos.

Cogí el cuchillo y salí corriendo detrás de él.

Cuando llegué a la puerta, se había plantado ya en la escalera. El miserable me llevaba ventaja. Cuando llegué a la calle estaba a más de media manzana de distancia, dirigiéndose hacia el centro de la ciudad. Le perseguí tan de prisa como pude. Que no era demasiado, por culpa de las botas. Pero el tipo corría mucho. Más bien parecía brincar. Daba saltos, sacudía la cabeza, con el pelo en desorden, con los codos pegados a las costillas, y las manos ejecutando una danza estrafalaria y lánguida. Seguía gritando, ahora más fuerte. Gritaba como un condenado.

—¡Yiiiiii! ¡Yiiiiii! ¡Yiiiiii!

Por mi parte, también me puse a aullar.

—¡A-SE-SI-NO! ¡Detenedle! ¡Detenedle! ¡Ha matado a Amy Stanton ¡A-SE-SI-NO!

Finalmente, el vagabundo es abatido por Jeff Plummer, asignado también a la oficina del *sheriff*, que detiene el coche, saca tranquilamente el Winchester del maletero y le dispara tres veces.

Parece que, de nuevo, Lou Ford se ha salido con la suya, pero no es así. Su mentor y amigo, Bob Maples, se ha suicidado porque ha comprendido una verdad que no puede soportar: que Lou Ford, a quien, según decía, conocía muy bien y apreciaba desde niño, se ha revelado como un asesino despiadado. Tanto Plummer (que pasa a ocupar el cargo de Maples) como el fiscal Hendricks van a visitarle a su casa. Son muchos muertos relacionados con Lou: su «amiguita» Joyce, Elmer, su protegido Johnnie, ahora su novia formal Amy y, por si fuera poco, un vagabundo que aparentemente huía de su casa después de asesinar a Amy. Tienen claro que Lou Ford es el autor de todas esas muertes y se lo dicen sin tapujos. Pero Ford no se inmuta y tranquilamente niega los hechos, es consciente de que no tienen una prueba incriminatoria nítida contra él. El fiscal se asombra ante esta exhibición de insensibilidad emocional: cinco o seis cadáveres a sus espaldas (si se incluye el suicidio de Maples) y ahí está Lou, «dando explicaciones y sonriendo —le dice—. No le preocupa lo más mínimo. ¿Cómo puede hacer eso, Ford?».

Pero está claro que Lou Ford *puede hacerlo*. De hecho, el fiscal emplea tres tácticas para intentar que se venga abajo, pero ninguna da resultado. La primera es darle a leer una carta que había escrito Amy previamente a que se reuniera con él para —supuestamente— casarse e irse del pueblo. Lou averigua ahora que Amy presentía que la iba a matar, pero que, a pesar de todo, le quería y perdonaba. La segunda treta es ponerlo en la celda donde había asesinado a Johnnie Pappas y hacerle escuchar un disco que había grabado el chico para su familia («uno de esos discos en que por cincuenta centavos te graban la voz») durante «tres días y parte del cuarto. Hasta que se gastó, supongo». Lou *simula* que la voz de Johnnie le tortura, pero «no me molestaba en absoluto. ¿Por qué iba a molestarme?». La tercera estrategia del fiscal consiste en ingresarlo «en un manicomio» donde le muestran continuamente diapositivas hechas de fotos donde aparece Amy, pero tampoco le causan el más mínimo efecto: «Yo no pensaba flaquear, claro está. Cuanto más la contemplaba, más firme y resuelto me sentía».

Pero el fiscal aún tenía una última baza. El abogado de Lou Ford logra sacarlo, le dice que debe estar tranquilo, que no tienen pruebas y que no van a poder acusarle de ninguno de los asesinatos. Lou regresa a su casa y se prepara, esta vez sí, a dejar todo atrás, abandonar la casa y Central City. Pero entonces llega un coche, del que salen varias personas. Aparecen el fiscal y el nuevo *sheriff*, Plummer; también está Conway y otros que no conoce. Detrás de ellos surge, como si hubiera resucitado, Joyce Lakeland. Finalmente, los médicos pudieron salvar su vida, aunque se lo ocultaron a Lou, porque lo cierto es que Hendricks siempre sospechó de él. «Su rostro era una máscara blanca de gasa y esparadrapo, que apenas dejaba ver más que los ojos y los labios.» Joyce apenas puede decir alguna palabra, murmura algo parecido a que ella no quería hacer eso, estar ahí, para incriminarle. Pero Lou no le dio opción: «Y me abalancé sobre ella [...]. La habitación estalló en gritos y detonaciones, y yo estallé con ella en una carcajada estruendosa, homérica [...]. Joyce acababa de recibir un buen golpe entre las costillas y la hoja se clavó hasta la empuñadura».

Thompson cierra aquí la novela. No dice exactamente lo que sucede a continuación, pero se desprende que Lou está en el corredor de la muerte, esperando su ejecución: «Sí, creo que eso es todo, a no ser que la gente como nosotros tenga otra oportunidad en el otro mundo».

Figura 8. *El asesino dentro de mí*: Casey Affleck como Lou Ford en la película *The Killer Inside Me*, dirigida por Michael Winterbottom en 2011.

El psicópata de Robert Hare

Si Ripley es el psicópata descrito por Hervey Cleckley, Lou Ford es el psicópata y *serial killer* que llenará los medios y el interés público a partir de finales de los años sesenta. Mientras que el primero también prosperará en el mundo de los negocios y la política, es ese otro nivel —callejero, sanguinolento, sádico—

el que se llevará la mística del monstruo de nuestro tiempo. Decíamos antes que Ford no se oculta en su maldad: gracias a sus reflexiones y pensamientos, a las cosas que dice a los otros personajes (generalmente mentiras) y, sobre todo, *les hace*, podemos diagnosticarle con los criterios de la *Psychopathy Checklist* de Hare como un psicópata casi completo. Que Thompson escribiera una novela donde aparecen casi todos los síntomas de la *Psychopathy Checklist* sin saberlo, no hace sino agrandar nuestra admiración por su profundidad psicológica en la descripción de la monstruosidad.

Desde luego, Lou Ford es la prueba de que el psicópata sí tiene capacidad para el autodiálogo, como apuntamos en el capítulo 10. *Otra cuestión es si ese diálogo consigo mismo es honesto y profundo.* Como hemos visto en tantas ocasiones anteriormente, muchos psicópatas pretenden justificar lo que hacen; no tanto porque se sienten culpables, sino como un modo de presentar su identidad ante la gente de forma menos malvada, *como si supieran que el público se horrorizaría si se decidieran a contarles toda la verdad.* Y con ese objeto, *neutralizan su responsabilidad,* es decir, de un modo u otro la excusan o justifican. Por ejemplo, en su discurso, sus víctimas de algún modo eran culpables de provocar su fatal destino: «Todos eran gente que no tenían que estar ahí. Gente que aceptaban la suerte que les tocaba porque no tenían suficientes arrestos como para rebelarse. Tal vez fue eso. *Posiblemente pensaba que el tipo que no quiere defenderse cuando puede, merece lo peor».* Esta devaluación de la víctima llega a extremos grotescos con su amigo y mentor, el *sheriff* Bob Maples, que tuvo la culpa de su suicidio por ser «impaciente»: «¡Pero si Bob nunca llegó a saber nada! Se había precipitado a sacar conclusiones igual que todos. No había sido capaz de aguardar a que yo se lo explicase, con lo que me hubiera gustado explicárselo. ¿No se lo expliqué siempre todo? *Pero no quiso esperar.* Se había pronunciado sin la menor prueba, igual que los demás». (Recordemos que Bob se suicida porque le parte el corazón averiguar que su querido Lou es un asesino despiadado.)

Pero, como se ha visto en la sinopsis, *ahora aparece una violencia fiera y sádica, cuyo objetivo fundamental son las mujeres,* para lo que se tiene también una justificación. Así, las muertes ejecutadas por Lou Ford a Joyce (salvo su «segunda muerte», cuando la ataca con un cuchillo) y a Amy, son producidas con las manos y pies; a los hombres les reserva, una pistola a Elmer y al vagabundo, un cuchillo (Johnnie es una excepción por el contexto). Y, como decimos, la excusa perfecta es la «enfermedad»: «Ella [Helene] se había ido, y ya no podía castigarla por lo que me había hecho. Ya no podía matarla. Pero poco importa. Era la primera mujer que me había conocido; para mí era la mujer. Todas las mujeres tenían su misma cara. De modo que yo podía pegar a cualquiera de ellas, a cualquier mujer, a la que menos pudiera defenderse, y sería como golpearla a ella».

Pero no se trata, repetimos, de quitarse responsabilidad para defenderse del sentimiento de la culpa, porque él no siente ninguna. Por eso antes decíamos que no podíamos fiarnos de Lou, ya que él, al ser el narrador, se dirige a sí mismo al tiempo que a nosotros y, si él no juega limpio, tenemos que ver sus motivos más allá de lo que él afirma que es verdad. Lou pretende que le compremos la premisa básica para su sadismo: la «enfermedad» que le inoculó Helene, pero es en vano, *porque sus acciones hablan más fuerte que sus palabras*. Así, cuando asesina a Joyce:

> Se puso de pie de un salto, y yo también. La hice girar como una peonza y le di un rápido uno-dos, salió disparada hacia atrás, hasta chocar contra la pared, tambaleándose. Consiguió mantenerse en pie, dando manotazos, farfullando no sé qué, para casi caer ante mí. Entonces volví a golpearla.
>
> La estampé contra la pared, pegándole una y otra vez, *y era como machacar una calabaza*. Dura al principio, para luego ablandarse de repente. Se derrumbó, con las rodillas dobladas, y la cabeza colgando. Luego, lentamente, centímetro a centímetro, logró enderezarse otra vez.
>
> [...]
>
> Tomé impulso y le lancé un gancho al mentón. Se oyó un crac seco, y todo su cuerpo fue proyectado hacia arriba, para caer otra vez hecha un guiñapo. Y ya no se movió.

Las referencias a cosas equiparadas con la persona (peonza, calabaza, guiñapo) son, sin duda, elementos que aluden a una cosificación de su víctima, a la que somete a una violencia inusitada en aras de lograr un padecimiento difícilmente soportable por Joyce. Repárese en que el asesino está hablando en primera persona, sin ningún intermediario que traduzca o lleve a cabo interpretación alguna de sus palabras. Lo describe así, porque es así como lo vive. En ese momento, la frágil Joyce es un mero objeto a su merced.

La violencia sádica, entonces, es su «enfermedad», que parece tomar el control sobre él a marchas forzadas a partir del primer encuentro sádico-sexual con Joyce. Pero, es importante darse cuenta de que su psicopatía, como condición estable de la personalidad una vez que se llega a la edad adulta, nunca dejó de estar presente. Lo que ocurría es que Lou se contenía y aplicaba una modalidad verbal de sadismo. Recuérdese cómo disfruta en atormentar a Max al principio de la novela: este quiere irse, tiene trabajo que hacer, y lo que le está diciendo Lou es solo pura palabrería. Pero no puede, ya que él es la autoridad y, al mismo tiempo, mentor de su hijo Johnnie: «Me estaba pasando, pero ya no podía contenerme. *Castigar a la gente de ese modo era casi tan agradable como del otro modo* [que] tanto había luchado yo por olvidar —y casi había olvidado— hasta que me topé con ella [Joyce]».

LA DUALIDAD

Como buen psicópata, Lou Ford no siente emociones positivas hacia la gente. Vemos en la novela que prefiere estar solo antes que con los demás, prefiere refugiarse en el despacho de su padre a recordar y leer libros de psicopatología, a cuyos autores célebres menciona con la esperanza de que creamos que, «ahí está todo» el conocimiento que explica por qué hace lo que hace. Además, estar con la gente exige mostrar su identidad de policía bueno y razonable, y ya sabemos que en los últimos tiempos esto se le ha complicado mucho; es decir, cada vez le cuesta más interpretar la dualidad de roles o de identidad (policía amable versus asesino sádico) que define su vida desde el célebre episodio con Helene. Esta dualidad la reconoce explícitamente en la conversación que tiene con Johnnie justo antes de asesinarle, en la que trata de explicarle que la sociedad es profundamente injusta y que, para mantener la apariencia de que hay orden y justicia, los chicos como él (jóvenes pobres con antecedentes) han de ser sacrificados: «Creo que vivo con un pie en cada lado, Johnnie. *Los planté hace tiempo, y ahora he echado raíces, y no puedo moverme ni saltar.* Lo único que puedo hacer es esperar a que me parta en dos. Justo por la mitad. Eso es lo único que puedo hacer... Pero tú, Johnnie... Bueno, quizás hiciste lo que debías. Quizá sea mejor así. Porque las cosas van a ir de mal en peor, muchacho, y ya sé lo mal que han ido hasta ahora».

La crítica social en *El asesino dentro de mí*

Sí, en esta conversación de Lou con Johnnie, Thompson saca a relucir sus convicciones de juventud y arremete contra la sociedad que injustamente deja a mucha gente a la intemperie, para que los poderes fácticos sigan gozando de su posición privilegiada. Por eso, le dice a Johnnie que, «hiciste lo que debías», porque entiende que él callara ante el fiscal que el dinero se lo había dado él, al fin y al cabo, él era su amigo y mentor. Ahora bien, ese entendimiento revela en Lou Ford dos cosas muy importantes. Primero, que esa comprensión es puramente intelectual, ya que él tiene claro que lo ha de matar como mata a Elmer, al vagabundo y a las dos mujeres. Empatía cero. Segundo, que él, como representante de la ley, puede matarlo impunemente porque nadie va a poner en duda que Johnnie se suicidó aunque fuera Lou Ford el último en haberle visto con vida, lo que refuerza el rol de Johnnie como una persona perteneciente a las clases «prescindibles», cuya muerte no va a producir un gran revuelo.

No obstante, la crítica más directa a la sociedad aparece un poco antes, en el diálogo que mantiene con el chico, donde le asegura que: «Los policías juegan a ladrones y los ladrones juegan a policías. Los políticos son predicadores y los predicadores son políticos. Los recaudadores de impuestos recaudan para su propio bolsillo».

Jim Thompson se adelantó cincuenta años a una corriente de la sociología criminal que ha puesto el acento en *el efecto alentador del asesinato serial* que tiene una sociedad caracterizada, por un lado, por unos medios que jalean al *serial killer* como un personaje célebre y, por otro, por el desarrollo de una cultura profundamente narcisista y consumista, donde la corrupción y el incremento de beneficios lo es todo, que deja a muchos ciudadanos sin una guía moral. Al mostrar la impunidad de Ford en varias de sus muertes —Joyce, la prostituta y Johnnie— también tuvo la intuición poderosa de señalar a quienes en unos cuantos años iban a ser las víctimas favoritas de los asesinos en serie, a causa de su mayor vulnerabilidad social: las prostitutas y los jóvenes de ambos sexos con dificultades de integración.[3]

Por supuesto, más allá de que Thompson aproveche a su feroz personaje para zaherir a los crédulos en las bondades del sistema, no deja de ser cierto también que, desde el plano de la psicología de Lou, esta es otra excusa o justificación para poder asesinar fríamente. «Si toda la sociedad está corrupta —sería su diálogo consigo mismo en esos momentos— y solo soy uno más, entonces no soy realmente *peor* que otros policías o los políticos, *porque yo ahora te mate* para que pueda seguir cumpliendo con mi deber y mantener el orden.» Él solo es un malvado en una sociedad corrompida, llena de gente malvada.

Lou Ford como asesino en serie: el guía turístico

«Cualquiera. Amy. Joyce. *Cualquier mujer que, aun por un instante, se transformase en ella. Las mataría. No me daría por vencido. Lo intentaría una y otra vez, hasta matarlas.*» Esta es su declaración motivacional para seguir matando. Lo calificamos como asesino en serie porque, a pesar de que se puede entender que Lou

Ford mata por exigencia de supervivencia, dado que —según nos dice— no quiere dejar cabos sueltos, en realidad sabemos que no es así. En sus palabras anteriores lo deja muy claro. Es muy difícil saber cuándo una mujer, «aun por un instante, se va a transformar en ella», lo que en la práctica vendría a significar «cualquiera» de entre las jóvenes con las que se tropezará. La diferencia con Tom Ripley es manifiesta: este mata primero por avaricia y despecho; después, en efecto, para no ser detenido. Pero Lou Ford está haciendo una declaración de principios: odia a las mujeres que en su imaginación le recuerden a Helene. Estamos ante un sádico sexual con un odio profundo a las mujeres.

Así pues, Jim Thompson puso su visión particular del mundo en los años cincuenta junto a Highsmith para dar un segundo perfil de psicópata a los investigadores, criminalistas y al público en general. Ripley es el psicópata sofisticado que te puede matar si lo ve necesario. Lou Ford es la «bestia sedienta de sangre» de la que hablaba Lombroso. Solo que, a diferencia de lo que pensaban los antropólogos del XIX, el monstruo no estaba en los suburbios, entre desgraciados y carne de cárcel, sino entre los propios policías. Al retratar al asesino en serie sádico-sexual, Thompson ofreció en una novela *pulp* del género negro muchas de las claves psicológicas de los célebres *serial killers* de los setenta y ochenta, como Bundy, Berkowitz, Rader (BTK) y tantos otros. Su mérito ha sido poder representar los rasgos más puros del psicópata con el escalpelo de su pluma. Lou Ford es como el guía turístico, que enseña casas sin alma, esculturas frías y vacías, ciudades sin moradores, ciudades fantasmas. Es como el guía turístico que, al mostrarnos lugares donde el horror fue provocado por el hombre, pretende que los tomemos como un hecho natural. En el caso de Lou Ford, el recorrido se hace, por su devastadora condición humana, de forma rápida y sin aliento, entretenidos, para asumirlo como forma natural; es la naturalidad del horror. La naturalidad del psicópata.

PARTE V

EL ASESINO EN SERIE COMO MONSTRUO

Pasión por matar

Anthony Meoli es un hombre culto que durante muchos años se ha dedicado a mantener correspondencia con asesinos en serie, así como a coleccionar objetos pertenecientes o hechos por ellos (lo que se conoce como *murderabilia*). Uno de los asesinos más notables con los que Meoli estuvo escribiéndose fue Danny Rolling; lo hizo durante tres años hasta su ejecución en 2006, incluso le visitó personalmente el 15 de noviembre de 2003. Danny Rolling había sido condenado por violar y matar a ocho chicas universitarias de un modo dantesco entre 1989 y 1990. En el encuentro que tuvieron, Rolling le dijo: «Tony, sabes que cuando tomas la vida de alguien... tú realmente pierdes una pequeña parte de tu alma en el proceso. Finalmente, cuando has cometido suficientes asesinatos, ya no te queda alma que perder».

El comentario de Danny Rolling encierra una metáfora poderosa de la idea de no identidad (humana) del vampiro: ya no hay un alma humana, solo una persona que intenta dar sentido a su existencia mediante el acto repetido de asesinar. En esta última parte, nos vamos a ocupar de analizar el mundo del asesino en serie, poniendo de relieve el extraordinario legado de los autores que hemos analizado en este libro, pues establecieron, nada más y nada menos, la agenda de algunos de los temas más definitorios del psicópata criminal y del asesinato serial durante el siglo xx y hasta nuestros días. Cuando crearon sus monstruos, los escritores definieron en el imaginario colectivo una serie de rasgos que no solo ayudaron a conformar la imagen del *serial killer*, sino que tales temas fueron recogidos por los científicos sociales en su estudio de este tipo de asesino. Los propios asesinos también se vieron influenciados por los personajes creados por los góticos y utilizaron en su autodefinición aspectos que habían nacido en su forma moderna en las páginas de esas novelas. Ese *proceso de interacción entre arte y realidad* ha seguido dándose hasta nuestros días, no cabe duda, ya que los escritores miran a la realidad del asesinato serial para seguir elaborando sus tramas (también audiovisuales) de misterio, unas novelas y películas que a su vez serán leídas y vistas por otros asesinos posteriormente.

Pero, en esta parte final, la literatura ha dejado su lugar al arte por excelencia del siglo xx, el cine. Con su capacidad de transmitir imagen y sonido en movimiento, su impacto en la cultura popular ha sido muy superior al de la literatura. En realidad, los monstruos góticos analizados por nosotros entraron en el imaginario colectivo también gracias al cine, que llevó los relatos creados en una pequeña parte de Europa (aunque muy importante en el siglo xix) a convertirse en personajes reconocibles en todo el mundo. Ahora bien, generalmente las adaptaciones cinematográficas se limitaban a destacar aquellos aspectos de las obras *a priori* más «comerciales», como el componente sexual desviado o violento, las maquinaciones malévolas producto de vidas traumatizadas o de delirios de poder. El resultado fue que —sin negar la calidad artística de muchos de estos filmes clásicos— se dejó al margen lo que constituye esencialmente el corazón del género gótico: la maldad.

A partir de los años sesenta, y comenzando con *Psicosis*, ese elemento central será una marca distintiva del cine de terror, en el que ingresó el asesino serial, haciendo honor a su origen gótico (Drácula). De tal modo que no es de extrañar que la imagen del asesino en serie acabara por sustituir al demonio y a los *viejos monstruos* del gótico (el vampiro, el hombre lobo, la momia...) como iconos del nuevo monstruo. (Junto a la novela gótica, los personajes de la novela negra de Ripley y Lou Ford, como vimos anteriormente, también ayudaron a pergeñar la imagen moderna del asesino serial, pero no tanto en el cine de terror como en el de misterio o policíaco.) Claro que se siguen haciendo muchas películas, series y libros sobre monstruos como Frankenstein, Drácula o el hombre lobo y otros sucedáneos como los zombis; es natural, son mitos modernos. Pero fuera de las pantallas, el espectador sabe que el monstruo real está en la calle y tiene el rostro de Norman Bates o de Hannibal Lecter. Con este último llegó el auge extraordinario del asesino en serie como producto de consumo popular destacado, así como su definitiva entronización como monstruo de la modernidad.

En el capítulo 13 de esta última parte ponemos de relieve ese legado importante de los autores estudiados en la comprensión del asesino serial, acercándonos a la realidad de este tipo de crimen, mientras que en el capítulo 14 y final del libro explicamos de qué modo las películas *Psicosis* y *El silencio de los corderos* contribuyeron a forjar las dos variantes más relevantes en lo que es la imagen colectiva del asesino serial. Veremos que, curiosamente, ambas obras maestras del cine tienen conexiones profundas con el monstruo gótico de nuestros escritores. Aunque no hablamos de ellas, sería injusto no reconocer que hubo dos grandes obras maestras en el cine mudo absolutamente góticas que pueden entenderse como antecedentes de Bates y Lecter: *El doctor Mabuse*, de Fritz Lang (1922), y *El gabinete del doctor Caligari*, de Robert Wiene (1920).

Finalmente, a través del estudio en detalle de uno de los grandes «monstruos» del asesinato serial, Jeffrey Dahmer, tendremos la oportunidad de comprobar en qué medida la realidad y la ficción pueden llegar a converger en formas inquietantes.

13

El asesino en serie

Puedes gritar y tal, como las demás, pero no te servirá de nada. Somos bastante desalmados, por decirlo de algún modo.

CHARLES CHI-TAT NG, asesino en serie

DE LOS MONSTRUOS GÓTICOS AL *SERIAL KILLER*

Escribimos en la introducción de esta obra que los autores góticos analizados ofrecieron tres contribuciones que con el tiempo se han revelado esenciales en el estudio científico de los psicópatas criminales y, más específicamente, de los asesinos en serie: los conceptos del doble y la sombra; el análisis del fracaso en la conformación de una identidad sana que le permita vivir como una persona plena; y la explicación de la maldad humana como forma de buscar la realización personal mediante actos que buscan la sensación de dominio y poder, que se concretan en *actos monstruosos*. Como corolario, concluíamos que las novelas estudiadas rechazaron el paradigma científico dominante de la época (el monstruo como degenerado o asesino atávico) y afirmaron la idea revolucionaria de que no existe una naturaleza monstruosa *a priori* (fijada por el aspecto externo, la procedencia, etnia o clase social) sino que solo se podía predicar el adjetivo monstruoso con posterioridad, en atención a que sus actos, efectivamente, hubieran sido monstruosos, esto es, *provistos de una gran maldad u horrorosos.*

En este capítulo dedicado a los asesinos en serie es donde podemos ver con mayor concreción la importancia de ese legado de los escritores (legado al que continuaron ofreciendo diversas aportaciones Highsmith y Thompson) para el conocimiento de la realidad de los asesinos seriales.

Empecemos por el «doble» y la «sombra». Ya sabemos que en las cuatro primeras novelas analizadas está la figura del doble. La Criatura es el *alter ego* de Victor Frankenstein, Edward Hyde es el Dr. Jekyll, el cuadro repugnante es Dorian Gray, y Drácula el vampiro es el conde que contrata servicios, hace negocios y pasea por Piccadilly. Ahora bien, a diferencia de otras obras que hicieron uso de este artificio, «el doble» en aquellas pierde su condición de mero recurso literario para convertirse en un espejo en el que el personaje pueda contemplarse. ¿Y qué es lo que ve al contemplarse en el espejo? Aquí es donde entra el concepto del «lado oculto» (u oscuro) de la persona, que posteriormente será objeto de análisis por parte de pensadores tan importantes como Freud o Jung, y que los autores góticos descubrieron como parte necesaria o consustancial de todo individuo. Y así, nuestros escritores góticos, sin excepción, se interesaron sobre los aspectos oscuros y los anhelos reprimidos de sus personajes centrales, adelantándose a cuestiones que son universales y que, sin embargo, estaban adormecidas. La «sombra» se encuentra en el subconsciente y la constituye todo aquello que reprimimos en nuestra consciencia,[1] bien por convicción personal, bien porque se opone a valores compartidos por la comunidad, incluso a valores colectivos antropológicos (como el incesto), pero también porque contiene anhelos o deseos que chocan con una determinada moral, como la victoriana.

Así que, por un lado, tenemos la figura del «doble» y, por otro lado, el concepto de «sombra». En estas cuatro novelas, *la sombra es lo que ven los personajes cuando miran a su doble*, esto es, ven su lado oculto, sus pasiones y deseos más íntimos que no se atreven a mostrar en su vida convencional. ¿Por qué tiene esto importancia? En otras palabras, si todos tenemos ese lado oculto y vivimos con él, ¿cuál es el problema? El problema es que el ser humano precisa manejar, negociar o gestionar su «sombra» para alcanzar en la edad adulta un equilibrio psicológico en el que fundamentar *una identidad sana*, entendiendo por esto su capacidad para verse como una persona capacitada para tener una vida significativa y, a la vez, reconocer a los otros como seres de igual valor a ella.[2] Esto mismo se puede resumir de este modo: una identidad sana implica haber reconocido esos deseos ocultos y filtrarlos como meros actos de la fantasía o negociarlos de algún otro modo para que no tengan un efecto perturbador o destructivo. El problema viene cuando somos incapaces de alcanzar ese tipo de identidad porque la sombra (figurativamente) se nos ha impuesto, no la hemos sabido gestionar, lo que nos lleva a la segunda contribución de los escritores góticos: *la noción de identidad fracasada o frustrada.*

Así, Shelley, Stevenson, Wilde y Stoker describieron en sus novelas a los «dobles» de sus personajes como monstruos, porque fueron resultado de que su personalidad primigenia era incapaz de gestionar de un modo sano su «sombra», dando lugar a un fracaso o frustración de su identidad. Este fracaso en construir una identidad sana es un factor criminógeno relevante y con importantes repercusiones sobre la génesis del mal, y en particular, un factor etiológico de primer orden en el origen de los asesinos en serie.

En las distintas novelas, esta identidad fracasada o frustrada registra varias modalidades. Así, en la Criatura de *Frankenstein* se genera una *identidad fragmentada*, no solo porque es un ser físicamente ensamblado de trozos de cadáveres, sino porque carece de memoria, no tiene historia, ni siquiera nombre y, lo más sobresaliente, ha sido rechazado por el Padre (su creador, Victor) y por los Otros (todos los que se relacionan con él). Todo ello constituye el entramado social indispensable para que, a través del reconocimiento de los demás como un igual, se logre el reconocimiento de uno mismo como tal. La ausencia del entorno familiar —no tiene madre, ni padre, ni hermanos— («¡quién soy!»), y el rechazo social, incomprensible para quien, pese a ser bondadoso, sufre odio y desprecio, junto a la consideración de *extraño y monstruoso*, no puede sino generar una identidad fragmentada, armada mediante costurones de angustia, soledad y marginación.

Stevenson da un paso más, pues su esfuerzo se cifra en profundizar en lo que podemos denominar la *identidad intentada (o tentada)*, fruto de la angustia existencial. Jekyll realiza una exploración de la «sombra», ese lado oculto, con el fin de dotar a su identidad con todos aquellos elementos que han sido relegados en razón a una moral imperante, pero de cuya ausencia se lamenta existencialmente pues siente que, como Dr. Jekyll, parte de su ser se queda sin poder realizarse. Crea —en este caso, no con restos humanos, sino con la psique— a Hyde, que es el encargado de realizar los anhelos reprimidos. Pero, a medida que Hyde (la «sombra») va ganando en fuerza, el lado monstruoso *en forma de psicópata o de loco moral* se va adueñando progresivamente de su personalidad, y Jekyll solo ve un único modo de impedir que triunfe Hyde a través de la autodestrucción.

Por su parte, Wilde, en *El retrato de Dorian Gray*, construye el proceso identitario sobre la pérdida de valores esenciales del individuo, lo que hemos llamado *identidad corrompida*, pues renuncia nada menos que a su dignidad por una eterna juventud. Llevado por el exceso de una vida hedonista basada en el placer de los sentidos y del arte, Gray renuncia a una identidad que estaba bien integrada y la corrompe, convirtiéndose en un psicópata y en un asesino.

Finalmente, Stoker da cuenta de lo que podemos llamar una *no identidad*. Drácula encarna el «no muerto», no tiene identidad humana (al menos cuando le conocemos). Todo él es la destilación pura de los rasgos del psicópata, como Hyde, pero en aquel hay una capacidad de violencia y de esparcir la muerte muy superior a la del «doble» de Jekyll. Drácula es la expresión del «puro mal», pues somete a sus víctimas nada menos que a su esfera de poder, ejerciendo un dominio que les hace seguir la estela de la maldad, pues las deja exangües para convertirlas en vampiros, en un ejército durmiente durante el día y depredador por la noche, eliminando su voluntad y sujetas al antojo de su verdugo. Esta es la razón por la que Drácula resulta el personaje literario más certero del asesino en serie, al que volveremos en el capítulo siguiente.

Decíamos que la tercera contribución de los escritores góticos era *la exploración de la maldad*. En todas las novelas, vemos que la maldad del monstruo consiste siempre en alcanzar una situación de poder y de control sobre la víctima o su entorno, algo que ya sabemos que es la finalidad última de todos los asesinos en serie. *Ahora bien, esa finalidad última puede verse acompañada de otras metas complementarias.* En la Criatura, el fin inmediato es la venganza por el abandono al que le sometió su creador; es una venganza contenida y limitada hacia la familia de Victor, pero vemos que en él se genera una compulsión a seguir matando porque, por vez primera, al convertirse en un asesino implacable, siente que tiene poder, que es un ser con capacidad de afectar críticamente a otras personas y, con ello, *mediante la serie de asesinatos, se afirma por vez primera como ser que cuenta en el mundo.* En Edward Hyde se desprende que es el deseo sexual y probablemente el sadismo, junto al anhelo de vivir una vida de lujo, ya que cuenta con el dinero generoso del Dr. Jekyll. Dorian Gray también quiere sentir el poder que le da su posición social y su belleza inmarchitable, por ello seduce tanto a mujeres jóvenes aristócratas—aunque implícitamente también a jóvenes varones— como *usa* con su dinero a los desheredados de las calles degradadas de Londres. Mata para sobrevivir, para resguardar el poder que le dio el pacto con el demonio de vivir para siempre sin perder la lozanía de la juventud. Finalmente, ya hemos visto que el poder que busca Drácula es absoluto y total: bebe de sus cuerpos y los convierte en «no muertos», en esclavos a su servicio, aunque tampoco podemos despreciar el fuerte contenido sexual asociado a la toma de posesión de sus víctimas.

Lo asombroso es que, como ya hemos adelantado, la investigación cien o más años después sobre los *serial killers* tiende a alinearse con estas ideas. Es extraordinario darse cuenta de que los escritores góticos (y singularmente Stevenson con *Jekyll y Hyde*, puesto que Wilde y Stoker siguieron su estela) «descubrieron» la figura del doble o la «doble vida» de los asesinos en serie que hoy es una marca distintiva de este tipo de depredadores. En sus monstruos —como en la realidad de los asesinos seriales— la vida del personaje expuesto al público o convencional (Victor Frankenstein con su familia y amigos, Jekyll en su rol de médico, Dorian Gray como aristócrata frívolo e ingenioso, Drácula como conde y hombre de negocios) servía para encubrir las fechorías y crímenes de su insaciable lado oculto o perverso.

Junto a esta primera aportación, la idea de los góticos de la identidad fracasada como génesis esencial de sus monstruos se ve reflejada en la teoría *del fracaso en el desarrollo sano de la identidad de adulto*, que es la más aceptada actualmente como causa psicosocial del asesinato serial, en especial con respecto al de tipo sexual, que es el más dominante y estudiado.[3] A modo de resumen breve de toda esta investigación, la profesora de la Universidad de Toronto, Sasha Reid, en su estudio de setenta asesinos en serie sexuales explicó cómo la *acumulación de factores de riesgo desde antes del nacimiento* (por ejemplo, mediante una pobre dieta de la madre, el abuso del alcohol o las drogas, o generando un ambiente de gestación estresante), pasando por la primera y segunda infancia y culminando en la adolescencia, puede producir daños muy graves en el desarrollo intelectual, moral y emocional de las personas. El resultado de todo ello sería el deseo en ciertos individuos —los futuros asesinos en serie sexuales— de escapar de una realidad frustrante *mediante fantasías de dominación de los otros*, ya que, en su opinión, tal cúmulo de experiencias negativas no les habrían permitido disponer de *un autoconcepto o identidad sanos*, apoyado en una vinculación significativa con los demás. Ni la pudieron tener con sus padres, opina la doctora Reid, ni pudieron crear lazos estrechos con otras personas que les habría permitido encontrar vías de escape alternativas al homicidio.

La propuesta de la doctora Reid señala una grave alteración de los procesos psicológicos cognitivos y emocionales como consecuencia de *una acumulación en cascada*, que se produce cuando una deficiencia en el desarrollo influye sobre el siguiente proceso, alterándolo, y así, sucesivamente. Por ejemplo, un niño gravemente desatendido en su primera infancia no habría establecido un apego seguro con sus padres, como consecuencia adoptará una actitud hostil en la escuela como mecanismo de defensa del yo, lo que le conllevará problemas de relación con los compañeros que, a su vez, podría provocar en él la desatención de sus tareas y el rechazo de los profesores.[4] Impedido de socializar y con una autoestima lesionada, este niño podría buscar en las fantasías violentas sexuales y de dominación, una salida a su vida gris y humillante, un proceso que se iría haciendo más potente con el tiempo y que explicaría que cometiera actos delictivos ya en la adolescencia (allanamientos de casas, abuso sexual a compañeras o niños, robos), porque le haría sentir «vivos» con la experiencia de ser capaz de hacer cosas diferentes y de riesgo en comparación con sus compañeros. Por ejemplo, Reid menciona la experiencia del Asesino del Río Verde (Gary Ridgway) en su infancia: «un chico estaba jugando [a mi lado] y entonces le clavé un cuchillo. No lo maté... Solo saqué el cuchillo de mi bolsillo y se lo clavé. Solo quería saber cómo era acuchillar a alguien».

Obsérvese que la fantasía que genera el asesino en serie como compensación ante una vida que se le antoja insoportable, y que deviene en compulsión cuando siente el poder que tiene al matar, tiene una fácil traducción en las novelas analizadas. La Criatura no desarrolla una fantasía propiamente dicha, pero sí un anhelo tan embriagador como la fantasía de convertirse en vengador de las injusticias recibidas por Frankenstein y, cuando siente la muerte en sus manos, se deleita en ello, le genera una compulsión que, como revela al final, se apodera de él. La fantasía de Jekyll es más nítida: sueña con gozar del placer de la transgresión como vía de escape a su vida convencional, que se le llega a hacer intolerable. Gray descubre la fantasía de la vida acompañada de la juventud eterna mediante el adoctrinamiento de lord Henry, pero una vez disfruta de ese poder, su vida ordinaria le genera una profunda insatisfacción; por ello —como refleja el cuadro con el paso del tiempo— progresivamente se va convirtiendo en un ser más malvado. Drácula es un caso aparte, porque él es no un hombre, sino un «no muerto», y en él la fantasía no es necesaria como paso previo mental y emocional a la compulsión: esta le pertenece por propia supervivencia, ya que se alimenta del asesinato.

Finalmente, con respecto a la compulsión de matar como expresión de la necesidad de alcanzar el poder total sobre la víctima, los casos que siguen y el contenido del capítulo dan buena prueba de ello. Es obvio que tal ansia de poder y control del otro se fundamentan *en su cosificación*: este ya no es una persona en el sentido pleno, sino un medio para sus fines de control total. En resumen: la «doble vida», la identidad fracasada, la fantasía que lleva a la compulsión y el poder como meta última del asesino serial, fueron ideas contenidas en nuestros autores góticos *a través de sus creaciones monstruosas*, que en la actualidad constituyen caminos fructíferos de investigación por los científicos sociales.

Ted Bundy

Ya conocemos a Theodore Bundy (1946-1989) del capítulo anterior. El asesino en serie de la modernidad tardía (o posmodernidad) no nació con él en un sentido estricto, si nos atenemos al tipo de homicidios que llegó a representar como nadie. Años antes de su eclosión, en 1974, ya habían existido el Zodíaco y el Estrangulador de Boston (Albert DeSalvo). El primero había aterrorizado la zona del golfo de San Francisco con sus mensajes crípticos y amenazadores a finales de los años sesenta, si bien la nómina de sus asesinatos oficialmente son un magro botín de cinco cadáveres. El segundo había hecho lo propio en la ciudad de Boston y sus alrededores unos años antes, en el periodo de 1962 a 1964, acabando con la vida de trece mujeres de todas las edades. Ambos fueron famosos, qué duda cabe, y han sido objeto de numerosos tratamientos en la cultura popular. Sin embargo y por diferentes razones, ninguno de los dos sirvió para prender la mecha que iba a llevar al asesino serial a ocupar el papel que en el siglo XIX y anteriores tenían el vampiro o el hombre lobo, es decir, el del *monstruo (no humano) que actúa por pura maldad.* En el caso del Zodíaco, nunca se le pudo capturar, así que no hubo un rostro que poner a una amenaza que, por otra parte, era ciertamente local: los que no vivían en la bahía de San Francisco y alrededores, no tenían en realidad que preocuparse. También fue local Albert DeSalvo (1931-1973) y, aunque mató a numerosas mujeres, sus crímenes difícilmente podían ser noticia destacada en Texas, California o Vermont. Además, DeSalvo no era en absoluto un personaje interesante para los medios; no hay constancia de que se manifestara en público sobre sus crímenes (puesto que solo los confesó estando encerrado con ocasión de varias violaciones que había cometido y nunca fue juzgado al respecto), ni su aspecto ni sus modales podían seducir a las masas.

Todo esto cambió con Ted Bundy. No porque fuera uno de los mayores *serial killer* de Estados Unidos de su tiempo, sino porque Bundy vino a hacer realidad lo que los escritores *góticos* de *misterio* del siglo XIX (y posteriormente otros renombrados escritores a mediados del siglo XX) ya habían señalado: *que un monstruo moral podía ser cualquiera,* sin que fuera relevante su aspecto externo, etnia o clase social, y que por esta razón solo los actos podrían cualificar a alguien como monstruo. Si esto era verdad, entonces no podíamos saber si esa persona del todo «normal», que se confundía con la gente en la calle, en los bares y acontecimientos deportivos, era en realidad uno de esos depredadores humanos ocultos por su falta de marcadores externos.

Eso fue lo que significó Ted Bundy hasta convertirse en icono del *serial killer* de la sociedad digital y tecnológica en la que vivimos, a la que denominamos popularmente como moderni-dad tardía. Toda una nación, no una ciudad o un estado, que-dó fascinada y horrorizada por una serie de crímenes que se extendían de costa a costa (desde el estado de Washington has-ta Florida) y afectó en total a siete estados. Fue con Bundy cuando toda la potencia de los medios se puso al servicio de un caso criminal, retransmitiendo por primera vez en la historia su enjuiciamiento por televisión; finalmente, nunca antes un hombre que parecía la antítesis de un monstruo, se descubría ante todos como tal, como alguien capaz de secuestrar, violar, torturar, matar y, en algunos casos, tener sexo con sus cadáve-res. Por si esto no bastara, las víctimas de Bundy eran las preferi-das de los medios: jóvenes hermosas universitarias que se hacían adultas en un mundo cada vez más receptivo ante los derechos de las mujeres.

De pronto, Bundy aparecía como una amenaza consciente ante esas mujeres que reclamaban la libertad de ser ellas mis-mas, puesto que podía esperar pacientemente a que una de ellas le ayudara a meter un fardo de libros en su escarabajo verde pálido, apenada por el brazo en cabestrillo que lucía lla-mativamente; o podía recogerla en una gasolinera si ella espe-raba que alguien la llevara; también podía acechar tras la salida de clases en un rincón oscuro, para asaltarla.

Sí, el impacto cultural de Bundy fue muy grande. Aunque en esos años y en los siguientes le iban a acompañar otros asesinos seriales célebres como David Berkowitz, alias el Hijo de Sam, John Wayne Gacy, Richard Ramírez, alias el Acechador Noctur-no, o Jeffrey Dahmer, alias el Carnicero de Milwaukee, fue Bundy el primero en cometer crímenes a escala de todo el país y poner de relieve los métodos obsoletos que manejaba el FBI para enfrentarse a este tipo de criminales. Queremos decir con esto que también influyó de forma poderosa para que los méto-dos policiales avanzasen, porque los diferentes estados con sus diferentes policías (que incluían también a locales) de pronto se dieron cuenta de que si no compartían la información, no iban a poder seguirle la pista. Así mismo, Bundy está en el mis-mo inicio de la metodología de la perfilación criminal, desarrollada por la ahora famosa Unidad de Ciencias del Comportamiento del FBI (cuyo desarrollo se detalla en la serie *true crime* de ficción, *Mindhunter*). También ejerció una gran influencia sobre Thomas Harris, el escritor de *El silencio de los corderos*, que siguió con atención obsesiva los devenires judiciales de Bundy, que se extendieron por todo el decenio de los ochenta mediante diferentes procedimientos y vistas para determinar si estaba cuerdo cuando fue juzgado, que fue el motivo de apelación de sus abogados a la pena de muerte a la que fue condenado por los asesinatos de Florida que comentamos más adelante. (Harris escribió la primera aventura de Lecter, *El dragón rojo*, en 1981; y la más célebre, *El silencio de los corderos*, en 1988. Bundy fue ejecutado en enero de 1989.)

Bundy era definitivamente «el monstruo» y ponía rostro real a los monstruos imaginados por otros escritores góticos, quienes a su vez se habían basado en el «loco moral», descubierto por los alienistas en la primera mitad del siglo XIX: *alguien cuya razón permanece intacta, pero que tiene un proceder moralmente alienado o enfermo*. El impacto fue muy grande porque, como antes apuntamos, Bundy era la antítesis de la imagen de un asesino serial sádico: alguien de modales impolutos, con estudios superiores en Psicología y estudiante de leyes, con experiencia laboral cualificada y bien parecido. Uno de los estudiantes de la Universidad de Florida (en una de cuyas residencias Bundy atacó) escribió en una carta al periódico antes de que fuera detenido que «el mayor de los horrores es que el asesino probablemente camina junto a nosotros y parecerá del todo normal».

Oficialmente, se le llegó a vincular con treinta y seis homicidios, pero afirmó ante la policía de Pensacola (el último lugar donde mató, en Florida) que «el número más correcto sería uno que tuviera tres dígitos». Su *modus operandi* era idóneo en una época donde todavía no se había popularizado el concepto de «asesino en serie» y, por ello, no había una conciencia general sobre el peligro que significaban este tipo de criminales. Sencillamente, la gente no tenía palabras para describir a alguien como Ted Bundy. Aparecía en el campus de una universidad o en un sitio de recreo, como un lago o un resort de esquí, y fingía estar impedido de un brazo o de una pierna; entonces pedía a una joven que le ayudara a llevar algo pesado a su coche y, cuando ella había metido el cuerpo para depositar el objeto en el asiento trasero, Bundy le golpeaba en la cabeza y conducía con su presa inconsciente a un lugar alejado de la ciudad, donde las violaba, las mataba mediante estrangulamiento o golpes en la cabeza y luego abandonaba el cadáver; cuando eran descubiertos, con frecuencia habían sido despezados por los animales. Hubo algunas variaciones. A la primera chica que asesinó (1 de febrero de 1974, Lynda Healy) la atacó en su propio dormitorio: la escena del crimen estaba llena de sangre, pues la secuestró estando ella muy mal herida. A las dos últimas que mató en Florida (con excepción de la última víctima y primera niña que mató, Kimberly Leach) también hizo uso de la invasión del domicilio, entrando de noche en la residencia de chicas universitarias Chi Omega con una barra de hierro, para matar y violar brutalmente a Lisa Levy con un bote de laca y matar a Margaret Bowman (14 de enero de 1978). Para entonces, Bundy estaba en un deplorable estado físico y mental, ya no guardaba las precauciones de los años anteriores. Quizás esto explique ese asalto y su primera víctima infantil. Priscilla, una amiga de Kimberly, narró a la policía que la había visto subirse el día de su desaparición (9 de febrero) a una camioneta blanca con un hombre del que no pudo aportar más datos. Bundy la secuestró mientras regresaba a la escuela por un bolso que había olvidado. La convenció para irse con él y la llevó a un lugar aislado para agredirla sexualmente. Murió durante la violación. En Florida, ocho semanas después, fue encontrado su cuerpo.

Pero, más allá de sus crímenes, Bundy fue también pionero en someterse a multitud de preguntas por parte de periodistas, psiquiatras y abogados defensores, a resultas de lo cual disponemos de numerosos libros con muchas de sus declaraciones. Todo ello ha propiciado un caleidoscopio por el que mirar la mente del psicópata asesino en serie, porque a pesar de su ocultación de la verdad de los hechos (no fue hasta pocos días después de su fecha de ejecución, que aceptó ser culpable de todos los asesinatos y propuso que se demorara la pena de muerte mientras colaboraba con el FBI para identificar a las chicas desaparecidas y supuestamente asesinadas por él), habló tanto y en diferentes circunstancias, que se vio obligado a decir muchas cosas ciertas, obedeciendo a una introspección exigida por sus entrevistadores. Por ejemplo, la madre de Bundy declaró que una vez, cuando Ted estaba de visita en la casa familiar de Tacoma (estado de Washington), al ver que su hermana pequeña se arreglaba para salir a una cita, le dijo: «Sabes, mamá, ella tiene el aspecto de esas otras chicas [las que él estaba matando]. Espero que sepas a dónde va y con quién».

En la explicación que dio a los escritores Stephen Michaud y Hugh Aynesworth, a lo largo de numerosas horas de entrevistas, así como a su abogada defensora de apelación a la pena capital, Polly Nelson, y a la psiquiatra Dorothy Lewis, Bundy dijo que desde joven sentía que una «entidad» se iba adueñando progresivamente de su voluntad, hasta el punto de que, alimentada por una fantasía de violencia, le exigía actuar, es decir, pasar de la fantasía al acto. En diversos momentos de su actividad homicida hizo esfuerzos por controlar a esa entidad después de haber matado a alguien: «Me convencía a mí mismo de que ya se había acabado, de que esto no iba a pasar otra vez. Me sentía bien, ya no necesitaba hacer eso [matar] otra vez», solo para fracasar en ese intento de autocontrol de forma recurrente. (No obstante, Bundy dijo explícitamente que esa entidad no era una «doble personalidad», sino más bien una fuerza interior que parecía que se le imponía.)

Varios de los forenses que le evaluaron en diferentes momentos de su estancia en la cárcel consideraron que Bundy pudo haber sufrido malos tratos en su casa, ya que fue criado como si fuera el hermano pequeño de su madre (era hijo ilegítimo) y parece ser que su abuelo materno era abusivo con su abuela. Pero Bundy rechazó siempre esa hipótesis: «Mi madre me amó lo suficiente para darme a luz, para cuidarme y darme su cariño —escribió a Michaud y Aynesworth—. A mí me parece más que suficiente».

Igualmente interesantes son sus comentarios acerca de su psicología. En conversaciones con Polly Nelson y Dorothy Lewis, Bundy dijo: «Mirando hacia atrás, no pude, ciertamente, no pude ver o comprender el amor [...]. Por amor entiendo la capacidad para sentir los sentimientos de otra persona y así poder consolarla, protegerla y hacer cosas buenas para ella. Y a su vez poder sentir que hay otra persona que siente lo mismo por mí». En sus conversaciones con Michaud, hablando de sus años de juventud, afirmó: «No sabía lo que hacía que la gente quisiera tener amigos. No sabía lo que hacía que dos personas se gusten. No sabía cuál era el tejido que creaba las relaciones sociales». Estas expresiones son muy elocuentes de la incapacidad para percibir las emociones morales de los psicópatas.

EL PODER DE LA FANTASÍA: AGRESORES SEXUALES Y ASESINOS SERIALES

La noticia era realmente inquietante, había un violador serial oculto en Scotland Yard: «Uno de los agentes, David Carrick (cuarenta y ocho años), conocido entre los compañeros del cuerpo como *Bastard Dave* [Dave el Bastardo, o el Hijoputa] por su carácter agresivo, ha admitido este lunes [16 de enero de 2023] ante el tribunal de Southwark, en Londres, su culpabilidad en más de ochenta delitos, incluidas cuarenta y ocho violaciones a doce mujeres, a lo largo de dos décadas». Avergüenza que la policía más famosa del mundo abriera catorce expedientes en todos esos años sin que se le retirara al menos de su trabajo policial.

Pero, lo que nos ocupa aquí no es el problema de la ineficacia de la policía en detectar a los criminales que sorprendentemente cobija, sino analizar el papel de la fantasía en los asesinos en serie y por qué es importante cuando nos preguntamos qué separa a un violador serial como Carrick, de un asesino serial. La comparación es relevante porque Carrick era un violador con componentes sádicos, que además disponía del poder añadido de su trabajo de policía. Su forma de proceder la resumió así el periodista:

> Durante el juicio, celebrado a puerta cerrada, llegaron a conocerse sus prácticas, de un sadismo casi cinematográfico. En una pequeña despensa situada en el sótano de su vivienda había mantenido presas a varias de las mujeres. Las obligaba a practicar sexo oral y anal, y a limpiar la casa totalmente desnudas. A una de ellas llegó a golpearla con un cinturón, y a todas las describía como «putas» y «esclavas» en los mensajes de texto que surgieron durante la investigación. Llegó a orinarse encima de alguna de las víctimas e intimidó a todas las mujeres con su placa y su supuesta autoridad policial, para infundir auténtico terror y obligarlas a mantenerse calladas.

Es notable, por encima de todo, el profundo desprecio hacia la mujer y su cosificación, que es habitual en los agresores donde la ira es un componente fundamental. También lo es su confianza en que la policía no va a ser capaz de arrestarle, algo para lo que podía tener fundamento, considerando cómo estaban yendo las cosas, pero que nos recuerda al típico proceder de muchos asesinos seriales, que no cesan hasta que son detenidos.[5]

La pregunta interesante es *¿por qué este violador serial no se convirtió en asesino?*, máxime cuando es razonable deducir que estamos en presencia de un psicópata, la condición que comparten casi todos los asesinos en serie. Para contestar a esta pregunta nos serviremos de la misma ciudad y de la misma policía (como ven, llueve sobre mojado en Scotland Yard). Nos retrotraemos dos años, a marzo de 2021, cuando una joven ejecutiva de treinta y tres años, Sarah Everard, fue secuestrada por la noche en plena calle por un policía que la violó, asesinó y descuartizó.

El asesino fue el policía de la unidad de élite de protección diplomática Wayne Couzens, de cuarenta y ocho años. Sarah regresaba caminando por una zona considerada segura, no era muy tarde cuando salió de visitar a unos amigos, apenas las diez de la noche. Wayne, sin que ella lo supiera, la había visto caminar hacia donde él estaba. Iba de paisano. Entonces, Wayne se interpuso en su camino saliendo de improviso y la acusó de saltarse las restricciones impuestas contra la COVID-19, que entonces prohibían las reuniones en casas de otros. A continuación, la esposó y le dijo que estaba detenida. Hubo gente que vio esta acción, pero pensó que estaba presenciando una detención, no un secuestro. Pero Wayne no la trasladó a la comisaría, sino que la introdujo en su coche y la llevó a un lugar oculto a la vista de todos —en el bosque cercano a Kent, a más de ciento veinte kilómetros de Londres—, donde la violó y asesinó estrangulándola con un cinturón. Después, quemó su cuerpo y lo troceó, esparciendo sus partes en bolsas cerradas por el bosque y el lago.

Escarbando en su historial, la policía descubrió que había sido denunciado dos veces por exposición indecente, sin que parece que esto hubiera concluido en un expediente sancionador.

Pudiera parecer que este caso representa un ejemplo de violación y homicidio, este último como medio para que la víctima no pudiera ser identificada. Es posible, pero también lo es que fuera el primero de una serie de asesinatos. Todo depende de en qué medida el crimen ha cubierto una necesidad que ahora, a esa mediana edad, ha despertado finalmente.

Veamos. De nuevo tenemos la personalidad psicopática como base psicológica para el crimen. ¿Por qué? El fiscal reveló en la vista (por la que fue condenado a cadena perpetua sin posibilidad de condicional) que solo unos pocos días después, llevó a su mujer y a sus hijos en una salida festiva a un lugar *muy cercano* a donde había violado y estrangulado a Sarah, lo que no pudo ser una casualidad. Cabe la posibilidad de que quisiera estar cerca de ese sitio, sin que el juego y gritos de sus hijos le importunara su conexión emocional con el lugar del crimen, esto es, el recuerdo de lo que le hizo. (En realidad, ir a ese lugar antes de que apareciera el cadáver de Sarah con su familia era un modo seguro de revivir las emociones que sintió, además de que nadie pudiera luego declarar que le había visto en ese lugar sin que hubiera una razón para ello.) Otro hecho que sostiene la posible psicopatía es que los incidentes de la exposición indecente no le hubieran apartado del cuerpo de policía, lo que nos dice que Wayne supo aguantar el tipo y navegar por los recovecos del sistema para seguir ejerciendo. Por lo que se ve, la familia también lo apoyó. No olviden el aplomo con el que arrestó en plena calle a Sarah, fingiendo que la detenía por romper el protocolo sanitario, todo lo cual se ajusta muy bien al síntoma de ausencia de nerviosismo o ansiedad que había descrito Cleckley en *La máscara de la cordura*.

Ahora bien, Wayne fue detenido porque fue grabado por las cámaras de vigilancia de la zona, lo que nos lleva a la pregunta de cómo es posible que un policía no se apercibiera de eso. La respuesta parece ser que él prefirió correr ese riesgo (más el que lo vieran *in situ*, como ocurrió) *antes que renunciar a un deseo que le estaba quemando*. Si Wayne mató a Sarah para no ser identificado y no por el placer de hacerlo, no tiene ningún sentido que no hubiera planeado un ataque que evitara que fuera reconocido. De ahí que, en este pequeño juego especulativo, ese ejemplo nos sirva como pretexto para comprender el papel de la fantasía en el asesinato serial. Wayne actuaba siguiendo el mundo privado de su fantasía. Con alta probabilidad, hubiera seguido matando de no ser apresado. En cambio, la fantasía de Carrick no precisaba de la posesión total que confiere el asesinato.

LA FANTASÍA CATALIZA EL MOTIVO ÚLTIMO DEL *SERIAL KILLER*

Joel Norris distinguió hace ya unos años unas etapas o secuencias por las que pasa el asesino en serie en su proceso recurrente de matar. En la fase primera (conocida como *aura*), el asesino se ve inmerso en fantasías acerca de su próxima víctima, en la que suele vivir momentos de disociación de la realidad, absorto en esa imaginación pervertida. En la fase segunda (*búsqueda*) explora su ambiente en busca de la persona que mejor encaje en su fantasía. En la fase tercera (*engaño*) gestiona las circunstancias para que la víctima elegida caiga bajo su control, conduciendo a la fase cuarta (*captura*). La fase quinta (*asesinato*) supone la realización del contenido de la fantasía y, por ello, es la que deja la impronta emocional más poderosa del homicida. Las fases siguientes son: la sexta, llevarse un recuerdo de la escena del crimen (*souvenir o trofeo*) o dejar algo propio en ella y la séptima un *estado anímico depresivo* que sigue a la exaltación emocional y la tensión que le ha embargado durante todo el proceso del crimen.

Este modelo se ajusta bien a la realidad de muchos asesinos seriales, pero no de todos, ni tampoco se da siempre en todos los homicidios de un mismo asesino. Por ejemplo, algunos no utilizan el engaño para llevar a la víctima a una situación vulnerable donde no pueda recibir ayuda, sino que atacan súbitamente cuando la persona está a su alcance. Tony King, el asesino de Rocío Wanninkhof y Sonia Carabantes en el primer decenio del siglo, en la Costa del Sol, esperaba agazapado a que las jóvenes pasaran por el lugar donde él las estaba esperando, oculto en la oscuridad. Otros asesinos (al menos conscientemente) tampoco se llevan trofeos o dejan objetos que indiquen su autoría, como notas escritas o pintadas en la pared, o elementos identificativos, tal y como hizo Alfredo Galán (alias el Asesino de la Baraja), cuando dejó un naipe en algunas de las escenas de sus crímenes. (No obstante, algunos pueden reivindicar los crímenes posteriormente en los medios o ante la policía si desean ser famosos, como hicieron el Zodíaco, Dennis Rader alias BTK o David Berkowitz alias el Hijo de Sam, lo que podría considerarse como la obtención de un trofeo posterior, es decir, la fama o reconocimiento.)

Pero, lo que más nos interesa es la fase primera, *el aura*. Norris puso una etiqueta a un proceso de ensimismamiento mental y emocional sin el cual sería difícil hablar del asesino en serie estricto, es decir, que actúa bajo la presión de una compulsión interna que le exige construir una identidad diferente a la convencional que, en su caso, no se ha completado o ha fracasado en su conformación. En efecto, el *serial killer* cuando mata está perseverando en una identidad o naturaleza que él considera esencial para su bienestar psíquico, *donde ha renunciado a crear o favorecer la vida* (en este punto, actuaría como el vampiro que posee una «no identidad» donde solo se vive para matar). La compulsión refleja esa perseverancia en su naturaleza esencial, por la que el asesino se ve obligado a transitar por la vida convencional con una identidad que él rechaza y sabe ajena a quién es él en realidad. Si este es el caso, es comprensible la sensación de plenitud emocional que sigue al asesinato, puesto que cada homicidio es como una dosis de droga en una persona adicta.

De nuevo, tenemos que comprender la gran variedad que existe entre este tipo de criminales. No en todos ellos esa compulsión está al servicio de una fantasía muy elaborada, sino que es más el resultado de un deseo por obtener *fama o reconocimiento,* junto a una sensación de hartazgo y frustración frente a la vida convencional. Hay una fantasía, sí, pero es muy primitiva. Tenemos dos ejemplos —uno español y otro de Estados Unidos— donde aparece esta idea claramente, y no es anecdótico que en ambos el arma empleada fuera de fuego. Alfredo Galán mató a seis personas y tiroteó a otras tres en 2003 sin que se le relacionara lo más mínimo con ellas, puesto que quienes fueran estas, no tenía la mayor importancia: el hecho de que podía matarlas es lo que motivó la secuencia de crímenes, que duró unos pocos meses. La fantasía consistente en convertirse en un asesino más listo que la policía estaba muy poco trabajada. Más o menos en la misma época (2002), Lee Malvo y John Mohammad (los Francotiradores de la Autopista) mataron a larga distancia con un rifle de precisión a diez personas en los alrededores de Washington D. C. y Maryland, en tan solo unas semanas, sin que realmente pretendieran un fin concreto, aparte del hecho de matar. Es cierto que al final de su carrera homicida pidieron dinero a cambio de cesar de matar, pero esto fue un pensamiento posterior, no un motivo para iniciar la secuencia de homicidios. De nuevo, el detonante de la serie homicida fue la insatisfacción vital acumulada a lo largo del tiempo por John Muhammad, y no una fantasía elaborada desde la adolescencia.

En resumen, podríamos decir, entrando en el terreno más simbólico o figurado, que tanto Galán como Malvo y Muhammad mataron porque quisieron «vivir la fantasía» de sentirse por encima de las leyes de la sociedad, como si fueran forajidos del viejo Oeste (Jesse James o Billy el Niño) o excombatientes alienados de la vida convencional; en suma, héroes solitarios frente al sistema. Esto es cierto, pero hemos de ser conscientes de que tales fantasías tienen una textura y profundidad diferentes a la que expresan las series homicidas donde la interacción con la víctima y el ritual sádico-sexual juegan un papel fundamental, como en el caso de Dennis Rader, alias BTK, y Richard Cottingham, alias el Asesino del Torso. Vamos a ocuparnos de ellos a continuación.

Dennis Rader, alias BTK

El 15 de enero de 1974 comenzó la carrera criminal de BTK, un asesino serial que atemorizó a los ciudadanos de Wichita durante décadas. Ese día mató a cuatro miembros de la familia Otero. Joseph Otero (el padre de familia) y Joseph Jr. (su hijo de nueve años) murieron asfixiados por las numerosas prendas y bolsas que el asesino envolvió alrededor de sus cabezas. Julie Otero, la madre, fue estrangulada y su hija Josephine (de once años) falleció por ahorcamiento. BTK se masturbó contra el cuerpo inerte de la niña hasta que eyaculó. Todos ellos fueron atados con diferentes nudos. Este hecho confundió a la policía, ya que pensaron que podía haber más de una persona implicada en los asesinatos. La línea telefónica fue cortada previamente y el coche de la familia apareció aparcado lejos de la vivienda familiar.

Unos meses después, los hermanos Kathryn y Kevin Bright fueron atacados por un hombre que dijo ser un fugitivo de la ley. Este ató a ambos hermanos, dejando a cada uno en una habitación diferente, después estranguló al varón. Ante la resistencia de Kevin Bright, acabó disparándole en la cabeza; a pesar de esto, el joven pudo escapar y pedir ayuda. También intentó estrangular a la hermana, pero al no conseguirlo empezó a acuchillarla hasta matarla. Ante la falta de notoriedad que recibieron sus crímenes y la inculpación de otros sospechosos, Dennis Rader dejó una carta el 22 de octubre de 1974 en la que admitió la autoría de los asesinatos y se apodó a sí mismo como BTK.

En marzo de 1977, Shirley Vian se convirtió en la sexta víctima: fue estrangulada con una cuerda. En diciembre de ese mismo año fue el turno de Nancy Fox (que también fue estrangulada, pero con un cinturón). Ambas fueron atadas y ninguna de ellas había sido violada. En 1985, este mismo asesino estranguló con sus propias manos a Marine Hedge, su octava víctima. Su cuerpo fue encontrado ocho días después, en un camino, cubierto de vegetación; junto a él se hallaron unas medias anudadas (la clara firma de BTK, aunque la policía nunca le atribuyó este crimen hasta su confesión). El 16 de septiembre de 1986 estranguló a Vicky Wegerle y, finalmente, en 1991 estranguló con unas medias a Dolores Davis, su décimo asesinato. Vicky Wegerle fue encontrada dos semanas después de su asesinato bajo un puente cercano a una granja abandonada. Todos los cadáveres se encontraron en los domicilios de las víctimas, salvo los de Hedge y Davis, que fueron trasladados. En total, asesinó a diez personas (siete mujeres, un hombre y dos niños).

Desde su último asesinato hasta su próxima aparición, pasaron trece años y dos meses. La causa de su resurgimiento fue la vanidad: un abogado dijo en los medios que quería escribir su historia, lo que le puso de actualidad, así como la publicación de una noticia en la que se dijo que BTK, con toda probabilidad estaba muerto y que Wichita ya no le tenía miedo. Esto enfureció enormemente a Dennis Rader, por lo que durante un año y unas semanas se dedicó a atemorizar a la ciudadanía detallando sus «hazañas», sus próximos proyectos y jugando con la policía mediante comunicaciones que contenían acertijos y pistas sobre crímenes que no se le habían adjudicado. Los agentes encargados del caso creyeron que la mejor forma de tratar con BTK era usar a un policía con el que pudiera sentirse identificado. Finalmente, fue su propio ego el que lo traicionó: no creyó que la policía lo pudiese engañar. Le aseguraron que no podrían rastrearlo si les enviaba un disquete con su siguiente mensaje, pero era mentira y BTK cayó en la trampa.

En 2009, dos investigadoras se preocuparon por analizar el discurso de Dennis Rader tal y como este había quedado registrado en las transcripciones del juicio en el que fue condenado a cadena perpetua. Su estudio buscaba contestar cuestiones como estas: ¿qué tipo de personalidad proyectaba a los que le escuchaban? Las cosas que decía, ¿querían transmitir determinadas ideas a la audiencia? Encontraron que dos tipos de ideas o discursos dominaban sobre los demás. *El primero buscaba provocar una cierta simpatía en el público*, podría resumirse como un intento de no aparecer como un monstruo. Los siguientes extractos de sus declaraciones van en esa línea.

En primer lugar, Rader nos habla de su primer ataque, donde mata a los cuatro miembros de la familia Otero. En este fragmento nos asegura que procura que el Sr. Otero esté «cómodo»:

Bien, empezaron a quejarse de las ataduras, así que yo las aflojé en un par de ocasiones, intentando que el Sr. Otero estuviera lo más cómodo posible. Aparentemente, tenía una costilla rota debido a un accidente de tráfico. Le puse una almohada debajo de su cabeza.

Esto nos recuerda a lo sucedido en *A sangre fría*: antes de que Perry asesine al Sr. Clutter por estrangulación, procura que la costilla no le haga sufrir. En otro momento, Rader explica que «se vio obligado» a estrangular en una segunda ocasión al hijo de los Otero, porque la primera vez se arrepintió:

Entonces me dirigí a donde estaba el chico [le llama Junior]... Ah, una cosa... Antes, ella [la madre] me había pedido que no matara a su hijo y yo le había hecho caso, quitándole la bolsa de su cabeza, pero estaba molesto conmigo mismo por haber accedido a su petición. Así que, básicamente, el Sr. Otero estaba muerto, la Sra. Otero también, entonces fui a por Junior y le puse otra bolsa en la cabeza.

¿Rader nos descubre una *mínima y pasajera* conciencia de culpa? Es posible, pero luego lo estropea cuando reconoció que ese atisbo de humanidad finalmente le había molestado, por haber accedido a la súplica de su madre.

En un tercer extracto de lo que declaró ante el juez, saltamos a la sexta víctima de Rader, Shirley Vian. BTK describe sus momentos finales:

> Ella se puso enferma, vomitó. Entonces le traje un vaso de agua y la tranquilicé un poco, después seguí adelante y la até [manos y pies], le puse una bolsa en la cabeza y luego la estrangulé.

Aquí Rader parece ignorar que la causa de que la mujer vomitara y que «se pusiera enferma» era el terror profundo que él le había causado. Su discurso da a entender que su enfermedad le parecía algo ajeno a su presencia y sus intenciones.

El segundo discurso es bien diferente. Aquí *Rader se identifica con el asesino serial* y, más concretamente, del tipo impulsado por la fantasía sexual. Su intención parece ser que quien le oyera llegara a pensar que, al identificarse Dennis Rader como un asesino en serie, de algún modo estaba impulsado por fuerzas —fantasías sexuales desviadas— que él no podía controlar, lo que vendría a seguir el paradigma de *Jekyll y Hyde* (la «sombra» o el lado oscuro se apodera de su «yo» bueno y acaba por dominarle).

En primer lugar, Rader responde a una pregunta que le hizo el juez para que aclarara el concepto de *trolling*:

> Bien... si usted lee sobre los asesinos en serie, estos pasan por diferentes fases. Pues una de esas fases es la de *trolling*, en la que, básicamente, lo que se hace es que se está buscando una víctima [a la que matar]... Esto puede durar meses o años. Una vez que se ha elegido a una persona, entonces se la acecha [*stalking*]... Se puede hacer esto con varias víctimas a la vez, pero siempre hay una que es la principal.

Está claro que BTK sabe de lo que habla y pasa como un experto en la materia.

En otro momento, Rader explica en qué consiste «estar impulsado» por la fantasía sexual:

[en relación con los preparativos de uno de sus ataques] Bien, como ocurrió en los otros casos, *dado que iba a vivir fantasías sexuales*, llevé conmigo mi kit de asalto [*hit kit*].

Finalmente, refiriéndose a lo que hizo inmediatamente después de matar a la octava víctima:

Después de matarla, como estaba siguiendo mi fantasía sexual, entonces la desnudé y probablemente —no estoy seguro— la puse atada encima de una sábana...

El factor X

Dennis Rader es un ejemplo sobresaliente de la importancia de la fantasía desviada (sádico-sexual) en la motivación y ejecución de los homicidios seriales. Es también un asesino mentalmente muy articulado. Durante varios meses mantuvo una copiosa correspondencia con la psicóloga criminalista Katherine Ramsland, sirviéndose de un código para preservar de lecturas indiscretas sus confesiones por parte del personal de la cárcel. El resultado de esos intercambios fue publicado en un libro; en él encontramos ideas importantes acerca de su fantasía y, lo que es igualmente importante, sobre sus ideas acerca del por qué se convirtió en un asesino en serie. Su respuesta va a ser extraordinariamente frecuente en otros muchos asesinos seriales: hay una «bestia», «entidad», «enfermedad» o «personalidad oscura» que toma el control y desplaza a la identidad convencional o «buena», que nunca haría esos actos. En su caso, era el factor X o Minotauro.

Muchos asesinos en serie han hecho uso de esta idea para explicar sus crímenes, por razones obvias: si hay una entidad que se impone a la débil voluntad del sujeto, entonces este no es un monstruo, sino solo alguien que ha actuado de forma monstruosa impelido por una fuerza que le ha superado. Él, como ser humano, no queda del todo definido por sus crímenes. Por ejemplo, Joel Rifkin, que asesinó mediante estrangulación a diecisiete prostitutas en Nueva York entre 1989 y 1993, afirmó: «No creo que la gente sea capaz de separar la enormidad de mis crímenes de mi persona [...]. El solo hecho de que yo haya matado no significa que no sea capaz de sentir cosas y que no me pueda preocupar de otras cosas fuera de los muros de la cárcel».

Rifkin tenía una capacidad avanzada de introspección. Cuando fue capturado, la policía encontró varios libros de asesinos en serie en su poder. La razón era que Rifkin quería averiguar algo crucial: «¿Soy yo un asesino en serie? ¿Por qué estoy haciendo esto? ¿Puedo parar? Una vez que maté por vez primera, pensé que nunca más lo volvería a hacer. Me contentaba con imaginarlo una y otra vez, como si fuera un aparato de video. Pero quizás, en un plano subconsciente, esto hizo más fácil que cometiera el segundo asesinato». Entonces, vino el tercero. Después de yacer con la prostituta, mientras ella dormía, «intenté decirme a mí mismo que lo dejara estar, estuve como una hora. Pero estaba lleno de adrenalina... así que empecé a dar vueltas por la casa. ¿Debería matarla o no? Finalmente, la maté».

Este relato es muy gráfico: hay un Rifkin que quiere dejar que la mujer siga durmiendo. Ha hecho su trabajo. Se entrega al sueño. *Pero hay «otro» Rifkin que ansía matarla.* La consecuencia lógica de que haya «una fuerza dentro de uno» que se impone y que acaba haciendo que el individuo mate una y otra vez es que el asesinato se convierte en una compulsión o adicción.

Como dijimos, Dennis Rader llamó a la «entidad» de Bundy «el factor X» o Minotauro. Rader afirma que todos los asesinos seriales lo tienen, puesto que habita «una fiera en su interior que necesita alimentarse de personas inocentes». El factor X es un compartimento secreto del asesino, una bestia a la que tiene que alimentar de vez en cuando. La razón por la que Rader aceptó la larga y compleja correspondencia con Ramsland es, según le dijo, «ofrecer una buena historia que pueda ayudarte a ti y a otros... Es necesario comprender esa otra parte oscura de la moneda». Ahora bien, ¿cómo funciona la mente cuando el factor X toma el control? Para entender ese proceso tenemos que aprender cómo la fantasía obsesiva del *serial killer* se ve asistida, en su plasmación en la realidad, por la disociación y la compartimentación.

La fantasía, la disociación y la compartimentación

La fantasía es el escenario imaginado que contiene todo aquello que el asesino en serie quiere conseguir cada vez que se pone en acción. La fantasía es el combustible del que se sirve el Minotauro (factor X, la entidad) para «adueñarse» de la voluntad del individuo. La fantasía tiene textura, dinamiza toda la personalidad, activa intensamente las emociones del asesino, por eso llega un punto en que este no puede contentarse con solo imaginarla, sino que ha de pasar al acto. Varios asesinos en serie sexuales han dejado muy claro este punto: llega un momento donde los mecanismos de inhibición fracasan y el sujeto se atreve a dar el paso. Quizás no mate la primera vez, con frecuencia el primer intento es un intento fallido. Bundy relató que la primera chica a la que atacó se le escapó. Rader intentó secuestrar a una mujer que estaba con su coche en el aparcamiento pero, ante su resistencia, desistió. Antes del primer intento serio, hay pasos previos: espiar a los «objetivos», entrar en casas y manosear la ropa interior de las mujeres... La pornografía o las revistas gráficas de crímenes (muy populares en la segunda mitad del siglo XX) fueron catalizadores frecuentes de esas fantasías, aunque podía ser cualquier imagen femenina o meramente insinuante la responsable de enervarlas. La fantasía que ya desde preadolescente tenía Rader era muy nítida, en su caso el *bondage* era el elemento crucial. En sexto grado, espiaba a su profesora:

[...] mirando el jardín de mi profesora, quizás un fin de semana soleado, esperando a espiarla, por alguna razón me llevé cuerdas. *Mis fantasías habían empezado.* Iba a atarla. Pero [ya en clase] en la tercera fila, escondido, me até a mí mismo y, cuanto más apretaba, más me excitaba. Después, de repente tuve mi primera *liberación masculina*. No me había ni tocado, pero ocurrió.

Cuenta que la madre descubrió la mancha en su ropa interior y, «me avergonzó. De ahí en adelante, las cuerdas y mi actividad sexual se volvieron mi manera secreta de liberación».

Ahora bien, la fantasía como catalizador del deseo de matar (y por ello, como instigadora del progresivo poder que el factor X acumula sobre el individuo) puede explicar el primer homicidio, pero por sí sola no explica que el asesino en serie sea capaz de aparentar ser alguien «normal» antes y después de alimentar a la «bestia» («el doble»). Es más, este mezclarse con los demás es un elemento fundamental del éxito del asesino serial: si no es capaz de hacerlo, sus probabilidades de continuar matando se desvanecen.

Por ello, la fantasía, ese mundo imaginado de rituales de control y violencia que alimentan en el sujeto el ansia de matar, precisa del concurso de otros dos procesos psicológicos, tal y como señaló el Dr. Al Carlisle, que analizó a Ted Bundy y otros célebres *serial killers*. Uno es *la disociación*, que es la absorción por la fantasía. La experiencia de llegar a sentirse inmersos en una fantasía, una película o el hecho de soñar despierto, son ejemplos cotidianos de disociación. La fantasía del asesino en serie sexual es muy intensa, como sabemos, y le sirve para evitar los sentimientos incómodos de la realidad, como el verse inferior o el aburrimiento. Los asesinos utilizan las fantasías para sentirse poderosos y desarrollar una identidad alternativa (el factor X). Cuanto más aburrida, frustrante o desagradable se vuelve la vida real, las fantasías resultan más atrayentes. (De este modo, la ciencia actual lo que hace es explicar psicológicamente cómo pueden los asesinos seriales mantener sin estridencias la convivencia del personaje y su doble monstruoso descubierta por los escritores góticos.)

En ese «perderse» en la fantasía aparecen dos fenómenos que se han informado repetidamente en los criminales seriales: la despersonalización y la des-realización. Por ejemplo, informan de que se sienten como si pudieran contemplarse *desde fuera de sus cuerpos*, o como si vieran el mundo a través de una neblina, lo que supone una imagen *irreal* —des-realización— y distorsionada del mundo. Arthur Shawcross, condenado por matar a once prostitutas y dos niños pequeños en el periodo 1972-1989, le dijo a la escritora y periodista Nadia Fezzani, en respuesta a por qué se había comido algunos trozos del cuerpo de una prostituta a la que había asesinado: «No lo sé. Es como si lo hubiera hecho otra persona. Como si yo hubiera estado sentado detrás y hubiera visto a otro hombre haciendo eso».

En estas circunstancias, la despersonalización no solo alcanza al portador del factor X, sino que se extiende a las víctimas, porque son despojadas de su entidad humana, es decir, son cosificadas y, por ello, el agresor tiene vía libre para su ataque.

El otro proceso es la *compartimentación*, es decir, la capacidad del asesino de vivir dos vidas —como persona «normal» y como depredador— sin que una interfiera en la otra. De nuevo, Rader lo explicó nítidamente: «Eso es lo que hace que un asesino en serie sea tan peligroso y difícil de detectar. Se convierten en maestros de la compartimentación. [...] Por alguna extraña razón para el hombre corriente, el Minotauro ha de permanecer en las profundidades para sentirse especial».

Llegados a este punto podemos entender mejor por qué existen agresores sexuales violentos, incluso sádicos, que no matan a sus víctimas. La respuesta sería que no tienen necesidad de ello, porque su fantasía no incluye el acabar con sus vidas. Más bien, puede ocurrir que les satisfaga que permanezcan vivas, porque al saber de ellas posteriormente o verlas, pueden seguir gratificándose con las vejaciones que les infligieron. Si recordamos a David Carrick, este no tenía problema alguno —sino más bien todo lo contrario— en atacar compañeras policías o personas con las que de un modo más o menos casual se relacionaba. Hablar con ellas posteriormente o *de ellas*, para responder a (ineficientes) preguntas sobre lo que había sucedido, no le perturbaba.

En cambio, Richard Cottingham, alias el Asesino del Torso (n. 1946), representa al asesino en serie sexual donde la fantasía homicida, aunque es muy relevante, no tiene la exigencia absoluta que, por ejemplo, animaba a Ted Bundy o Dennis Rader, en el sentido de que era más maleable y dependía mucho del comportamiento de sus víctimas. Si hemos de creerle —y en principio, parece que dijo la verdad— tuvo muchas relaciones convencionales con prostitutas a las que no hizo nada, bien porque ellas se supieron «comportar» como él quería, bien porque él tuvo claro que la mujer no le denunciaría a pesar de las vejaciones a las que las sometía.

En otras palabras, Cottingham bien podría haberse limitado a la violación, sin tener que llegar a matar, si las víctimas hubieran consentido que él desarrollara su fantasía sádica sexual (golpes, ataduras, fuertes mordiscos en los senos y amputación en ocasiones de los pezones), lo que obviamente no era posible. Pero en él convergieron dos impulsos: por una parte, quería experimentar el control total de las jóvenes mediante la violación y los rituales de dominación; por otra, era consciente del grave peligro que corría si las dejaba vivas. Estos dos impulsos —el de exploración emocional y el de supervivencia— se dieron cita desde el inicio de su carrera criminal y llegaron a fusionarse, de modo tal que llegó el momento en que el placer del asesinato se sumó con frecuencia a la fantasía violenta. Si lo afirmado por él es cierto (que dejaba marcharse a aquellas prostitutas que él sabía que no le iban a denunciar), entonces Cottingham retuvo la capacidad de excluir el homicidio de la fantasía al menos en determinadas ocasiones.

Para entender esto es necesario darse cuenta de que Cottingham era un hombre «respetable» y llevaba una vida acomodada. Ganó su apodo —Asesino del Torso—[6] porque cortó la cabeza y las manos de algunas de sus víctimas, que se dedicaban a la prostitución. Cuando empezó su carrera homicida a los veintiocho años era un padre de familia que tenía tres hijos, trabajaba como operador informático en una empresa de Nueva York y buscaba a sus víctimas tanto en Nueva Jersey o alrededores (donde vivía con su familia) como en Nueva York, donde además había alquilado un apartamento en el que pasaba algunas noches a la semana. A su mujer le decía que era por trabajo, pero en realidad era su base de operaciones para buscar prostitutas por la zona de Times Square, que en los años setenta del siglo pasado estaba muy deteriorada socialmente. Pero, aunque Cottingham siempre dijo que solo mató a prostitutas (que él pensaba que le iban a denunciar por no haber querido pagarles y haberles obligado a hacer *cosas extrañas* en el terreno sexual), lo cierto es que en los últimos años se ha sabido que esto era falso, porque antes de «especializarse» en las trabajadoras sexuales había matado a chicas muy jóvenes de su entorno, en Nueva Jersey.

La historia de Cottingham nos enseña la importancia de ese transcurrir del tiempo y cómo la fantasía se puede acomodar a las circunstancias cambiantes por las que atraviesa el asesino. En 2022, Cottingham reconoció finalmente, ser el asesino de cinco chicas de vida convencional en Long Island, cuyos homicidios estaban sin resolver nada menos que desde hacía cincuenta años: Mary B. Heinz, de veintiún años, estrangulada; Laverne Moye, de veintitrés, estrangulada; Sheila Heiman, de veinticinco, muerte por factura craneal; María Rosado Nieves, dieciocho, estrangulada. Estas jóvenes murieron en 1973, pero la quinta víctima que Cottingham reconoció haber matado fue la primera de su serie, Diane Cusick, de veintitrés años, en 1968, estrangulada. Esos cinco homicidios fueron precedidos por la confesión el año anterior (2021), de *un doble incidente* acontecido en 1974 que había marcado a fuego a todos los policías de Nueva Jersey: el secuestro, violación y homicidio simultáneos de dos chicas, Lorraine Marie Kelly, de dieciséis años, y de Mary Ann Pryor, de diecisiete.

Cottingham mantuvo durante cincuenta años la farsa de que él era «solo» un asesino de prostitutas *que no se habían portado bien con él.* De hecho, fue capturado cuando una de las prostitutas en un motel de Nueva Jersey empezó a gritar porque vio en peligro su vida. Era 1980, al año siguiente sería condenado a cadena perpetua por el asesinato de cinco de esas mujeres. La pregunta interesante es por qué decidió colaborar en el cambio de imagen como asesino que se tenía de él, bien entrados sus setenta años (de asesino de prostitutas a asesino de «jóvenes inocentes»). Desde luego, no se debe a que la vejez le hubiera vuelto más sensible o le hubiese sobrevenido un sentimiento de culpa. La historia es más sencilla: durante quince años, Robert Anzilotti, policía adscrito a la fiscalía del condado de Bergen (Nueva Jersey) —y posteriormente, jefe de la policía judicial—, estuvo visitando regularmente a Cottingham, en los últimos años incluso lo trasladó a sus dependencias para tomar café y hablar. Nunca había podido olvidar las muertes de Marie Kelly y Mary Ann Pryor. Estaba convencido de que las había matado Cottingham. Anzilotti veía acercarse la fecha de su jubilación y no quería hacerlo sin resolver la muerte de las dos niñas. Finalmente, como regalo de despedida, Cottingham, movido por lo que parece un *sentimiento de amistad* hacia el hombre que le había hecho tantas visitas durante esos años, confesó los crímenes. En total, se sabe a ciencia cierta que mató a dieciséis mujeres, aunque él asegura haber matado en torno a cien.

Llovía el 14 de agosto de 1974 cuando Cottingham estaba conduciendo en dirección a Manhattan y vio pasar, caminando en dirección contraria, a las dos chicas. Entonces, dio un volantazo y puso el coche a su lado preguntándoles a dónde se dirigían. Ambas se subieron al coche y se dirigieron al centro comercial, a donde las chicas querían ir, pero llovía tanto que esperaron dentro hasta que amainara. Las chicas estuvieron un buen rato hablando. Cottingham pudo conocerlas: «Si no hubiera llovido de la forma en que lo hizo, nada de esto hubiera pasado. Ellas se hubieran bajado y yo me hubiera ido al trabajo», le dijo a Anzilotti. En lugar de esto, las llevó a un motel, las mantuvo cautivas durante horas y finalmente las mató, ahogándolas en la bañera. Según contó, estas dos muertes «le pesaron más» que las otras, porque: «Sigo pensando a día de hoy que, si las hubiera dejado libres, ellas nunca hubieran dicho nada; por eso me sigo acordando con pesar de esto, porque probablemente *no tendría que haberles hecho nada* a ellas». No dudamos de su sinceridad, pero es llamativo que, cuando afirma esto último, en realidad se refiere a asesinarlas... *porque sí les había hecho cosas muy graves* antes de llegar a ese final. Por ejemplo, violaciones repetidas, quemaduras de cigarrillos en sus cuerpos, marcas de estrangulación y, además, ambas aparecieron atadas una a otra por los tobillos y muñecas.

Todd Kohlhepp, asesino por ira/venganza

Ya comentamos antes que, si bien todo asesino serial busca satisfacer la necesidad de ejercer el poder total sobre la víctima, en ocasiones este propósito esencial se acompaña de otros fines, como el deseo de obtener fama o reconocimiento (el Zodíaco, el Asesino de la Baraja, BTK), el sadismo sexual o la venganza. El caso siguiente ilustra la combinación de todas estas necesidades, con excepción del reconocimiento.

La escritora y periodista Mónica Álvarez[7] nos cuenta cómo fue detenido el asesino serial nacido en Florida en 1971, Todd Kohlhepp:

> Hacía tres meses que Charlie y Kala habían desaparecido sin dejar rastro. Lo último que se sabía de ellos era que habían acudido a un aviso de trabajo: se dedicaban a la limpieza de viviendas. No se supo nada más de ellos hasta que los investigadores localizaron la zona donde se perdió la señal de sus teléfonos móviles. Una vez realizada la triangulación de las antenas, la policía llegó a una propiedad. Mientras varios agentes registraban el lugar, escucharon unos ruidos procedentes de un enorme contenedor metálico. De inmediato, rompieron el candado y, al abrirlo, se encontraron a Kala encadenada como si fuese un perro. Cuando le preguntaron por la identidad de su captor, la joven señaló al culpable: Todd Kohlhepp, un agente inmobiliario y asesino en serie con siete muertes a sus espaldas.

El exagente del FBI, John Douglas, tuvo la oportunidad de entrevistarle y, en su opinión: «Mataba en respuesta a algún acto

cometido contra él, ya fuera real o fruto de su imaginación».
Después de una infancia muy difícil por sus problemas de comportamiento tanto en la escuela (desde la guardería, donde ya era muy agresivo) como en su casa, tuvo un comienzo en el crimen violento muy temprano: a la edad de quince años se hizo con la pistola de su padre y secuestró a una vecina de catorce, que estaba cuidando de sus hermanos pequeños. Como no podía conseguir tener relaciones sexuales, la forzó. «Ella relató —escribe Douglas— que se paseaba muy nervioso de un lado a otro, debatiendo consigo mismo si debía matarla o no, que ella fue quien tuvo la idea de inventarse la historia de lo del perro [que el perro se había escapado y ella había ido a buscarlo] para explicar lo que le había impulsado a ausentarse de casa, y que le prometió darles esa explicación a sus padres si él la soltaba.» Con anterioridad a este hecho Todd había sido internado en un hospital psiquiátrico durante tres meses y, cuando regresó a casa de su madre, ya había cumplido dieciséis años. Señalamos esto porque, si bien respetó la vida de la chica, la agredió sexualmente y la amenazó de muerte si se lo contaba a alguien.

Pero la joven contó lo sucedido, y Todd cumplió catorce años de condena, durante la cual aprovechó el tiempo y salió licenciado en informática. Cuando obtuvo la libertad en 2001 siguió estudiando, obteniendo el título en administración de empresas y prosperando como agente inmobiliario, con varios empleados a su cargo en Carolina del Sur. La gente que le trataba, lo calificaba de extrovertido y hombre responsable en su trabajo, aunque tenía un trato de acoso verbal con las mujeres que le atendían en los restaurantes. Precisamente, una de sus víctimas había sido una de esas camareras, desaparecida en 2015 y hallada muerta en su jardín.

Su primer asalto mortal conocido incluyó el célebre caso en Estados Unidos que recibió el nombre de «Superbike», por la tienda de motocicletas en la que cometió un asesinato múltiple: Superbike Motorsports, donde respondió con cuatro homicidios a lo que él consideró como una humillación porque, según declaró, se rieron de él por cómo conducía una de las motos. Fallecieron el dueño, el gerente, el mecánico y la contable y madre del dueño. Tal y como le dijo a Douglas: «Cuando mato, permanezco en silencio y centrado en lo que estoy haciendo. Cualquier posible comentario es claro y breve, para explicar [a sus inminentes víctimas] lo que quiero, suelo estar sereno».

Mónica Álvarez nos cuenta sus crímenes posteriores. El 22 de diciembre de 2015, Todd secuestró y mató a Johnny Joe Coxie, de veintinueve años, y a Meagan Leigh McCraw-Coxie, de veintiséis (la camarera antes mencionada). El 31 de agosto de 2016, secuestró a Kala Brown, de treinta años, y a su novio Charles David Carver, dos años mayor, que significaría el final de su carrera criminal. «Durante las siguientes semanas, la cuenta de Facebook de Charles se mantuvo activa, incluso, llegó a publicar varios mensajes. Pero la policía llegó a la conclusión de que alguien le estaba suplantando la identidad.» Sabemos que Kala sobrevivió, no así su novio.

Cuando fue detenido, Todd dijo a los inspectores que sabía que no iba a volver a pisar la calle y que lo único que le importaba era encontrar el modo en que su madre y su novia tuvieran acceso a todo su dinero y bienes, que su hija tuviera cubierta económicamente toda su educación. No ha sido este el primer caso en que un psicópata *serial killer* parece guardar un vínculo con su familia. El coronel Russ Williams, director de la base de la OTAN en Trenton, Canadá, asesino fetichista y sádico de dos mujeres, pidió como condición antes de confesar que se protegiera a su mujer del escándalo. También sabemos que Bundy parecía apreciar a su exnovia, Liz Kendall, así como a la hija de esta. Dennis Rader, BTK, nunca puso una mano encima a su mujer o a sus hijos, que jamás sospecharon nada.

Para Douglas, con excepción de Ed Kemper, Todd era el único asesino serial que mostró un auténtico interés en averiguar el porqué de sus crímenes, sin intentar «mostrar una faceta distinta en función de su interlocutor, o del beneficio que pudiera obtener en cada caso». Esto, en su opinión, lo apartaba de los asesinos más malvados, pues «en eso se diferenciaba por completo de los verdaderos depredadores, que no se cuestionan ni sus motivos ni cómo llevan a cabo sus crímenes».

En general, señala Douglas, Todd admitía su culpa, no le quitaba importancia al daño que produjeron sus actos. Al final de un documento que le solicita escribir el FBI, Todd anotó: «Iba por el mal camino y estaba decidido a continuar en esa dirección. Puedo sentarme hoy aquí y decir que eso o aquello habría podido prevenir lo que pasó pero, al final, el origen de todo está en mí. Tendría que haberme detenido». Reflexionando sobre su *modus operandi*: «Al repasar mi pasado no veo ningún patrón, era versátil a la hora de matar, optaba por lo que me viniera bien según la situación. No veo ninguna supuesta firma ni ninguna constante, y eso me confunde». A lo que apostilla Douglas: «En el caso de casi todos los criminales violentos y depredadores suele haber un punto en el que la lógica y la razón se desmoronan», queriendo decir con ello que es muy difícil mantener el control de su doble vida de manera eficaz durante mucho tiempo y que, en el caso de Todd, debido a que actuaba motivado por el deseo de vengarse de la gente, su actuación respondía a la situación particular que le había provocado esa ira intensa. ¿Por qué mantuvo con vida a Kala Brown durante tres meses? Eso fue un acto muy arriesgado, como lo prueba que la policía llegara hasta la joven por las señales que seguían emitiendo los teléfonos móviles de los dos desaparecidos. La razón es que le apetecía tener una esclava sexual a la que violar cuando quisiera.

Douglas concluye comparando a Todd Kohlhepp y BTK. Este era un sádico que buscaba llenar su mundo interior de la fantasía perversa y los crímenes que esta inspiraba, pero en el caso de Kohlhepp, «sus crímenes estaban relacionados con una ira irreprimible y con la revancha».

La neutralización de la responsabilidad

Una nueva aportación extraordinaria de los escritores góticos en un ámbito actual de la psicología criminal corresponde a lo que hoy en día se denomina, narrativa de la autojustificación (o neutralización de la responsabilidad) del delincuente. Así, Victor puso el peso de la culpa de todas sus desgracias en la Criatura. Jekyll creó un doble para que este cargara con el reproche moral de las iniquidades que cometía, de las que él también se beneficiaba (ya que compartían la misma mente). Dorian Gray echó la culpa de la muerte de su amada Sibyl Vane a su horrenda interpretación del personaje de Julieta, así como del asesinato de su amigo el pintor a las palabras injuriosas que este le había proferido. El Dr. Moreau apela al ideal de la ciencia para cometer sus terribles experimentos con animales. Pero no solo los escritores góticos del XIX comentados en estas páginas, pues Lou Ford fue un maestro en perderse en complejas justificaciones de sus crímenes y, en particular, «su enfermedad» le venía muy bien para esa finalidad.

Decimos que es un precedente extraordinario porque esta investigación de la narrativa de la neutralización de la responsabilidad no surgiría como un descubrimiento en Criminología hasta el año 1957: *la tendencia que tienen los delincuentes a neutralizar o exculpar su responsabilidad en los delitos cometidos*. (*El asesino dentro de mí* es de 1952).

Es paradójico que, a pesar de que han pasado setenta años desde que empezó a estudiarse este asunto, solo ha vuelto a ser de interés desde hace relativamente poco tiempo para los investigadores. Esto se debe a la revitalización académica del análisis de las narraciones de los delincuentes, que se ha extendido también a los asesinos en serie, porque muchos de ellos están dispuestos a hablar —si bien bajo determinadas condiciones— debido a que les alivia de la monotonía y les permite volver a ganar protagonismo. Como decíamos, en 1957 los criminólogos Gresham Sykes y David Matza publicaron un artículo científico en el que mantenían que todos los delincuentes empleaban lo que ellos llamaron, *técnicas de neutralización*, como paso previo a cometer los delitos, ya que tales técnicas les permitirían mantener una buena imagen de sí mismos, a pesar de su propósito de quebrantar la ley, porque les proporcionaban excusas o justificaciones para llevarlos a cabo. (Actualmente, se piensa que también pueden emplearse *después* de cometer los delitos, lo que les permitiría rebajar su sentimiento de culpa por lo realizado.)

Sykes y Matza describieron cinco técnicas de neutralización a las que denominaron: neutralización de la responsabilidad, negación del daño realizado, negación de la víctima, condenación a los que juzgan, y apelación a más altos ideales. Diversos estudios realizados recientemente tomaron como objeto de análisis las declaraciones hechas por asesinos en serie notables, que habían sido recogidas de entrevistas en documentales, libros escritos por policías, biografías, documentos judiciales y demás. La conclusión es que sí, los *serial killers* neutralizan o justifican sus crímenes, en especial usando las técnicas de neutralización de la responsabilidad y la negación de la víctima. Vamos a ver algunos ejemplos.

El sujeto que emplea *la negación de la responsabilidad* acepta que ha cometido un acto delictivo, pero da razones para que se piense que él no tenía el control de la situación, esto es, que bien su pensamiento o sus emociones no estaban bajo su gobierno.

Aquí entrarían todas las declaraciones que antes presentamos como propias del «factor X», en las que el asesino se torna impotente ante su «otro yo» o su «bestia interior» que le impele a matar, así como, por supuesto, la existencia de una enfermedad mental. Por ejemplo, a una pregunta de la escritora Nadia Fezzani, («¿se considera un monstruo?»), Richard Cottingham contestó: «No. Obviamente, debo de tener alguna enfermedad [mental]. La gente normal no hace lo que yo hice». Por su parte, John Gacy, como señalamos en el capítulo 5, intentó de modo pueril «colar» la hipótesis de la «doble personalidad» en su sentido más fuerte, es decir, apelando al trastorno de identidad disociativo (TID) (antes personalidad múltiple), pero evidentemente no tuvo ningún éxito, dado que fue ejecutado. Y Dennis Nilsen, que mató en Londres en el periodo 1978-1983 entre doce y quince jóvenes para gozar de su compañía después de muertos, aseguró que: «Yo siempre encubría a este "yo interior" al que tenía tanto aprecio. Sencillamente, él actuaba y tenía que resolver todos sus problemas a la fría luz del día. No podía denunciarle sin destruirme también. Al final, él perdió, pero todavía permanece durmiente en mi interior».

En otras circunstancias, los asesinatos *simplemente suceden.* Jeffrey Dahmer habla de una «compulsión» en términos parecidos, una «fuerza oscura interior», cuando describe cómo se despertó a la mañana siguiente junto al cadáver de Steven Tuomi sin recordar nada de lo sucedido. «De dónde surgió esa rabia o por qué, no lo sé, *pero no fui consciente de ello.*» (Volveremos a Dahmer en el capítulo siguiente.). En términos parecidos se manifestó Luis Alfredo Garavito, el asesino colombiano que mató a aproximadamente a doscientos niños en los años noventa, una vez ya en la cárcel, donde concedió varias entrevistas: «... voy al hotel a las nueve de la noche, [y] empiezo a sentir *esa fuerza extraña que me domina,* saco el cuchillo, consigo unas cabuyas, llevo licor y me dispongo a andar por las diferentes calles aledañas a la galería. Había un niño cerca [...] lo convenzo para que me acompañe. [...] Lo introduzco en el cañadulzal, lo amarro, lo acaricio y después lo mato».

La negación del daño realizado es una estrategia más difícil de emplear por un asesino en serie, ya que es evidente que el daño hecho es extremo y definitivo, además de forma repetida, por ello su uso es ciertamente anecdótico. El mismo Dennis Nilsen nos da un ejemplo de ello cuando refiere lo que hizo después de que asesinara a uno de los jóvenes que había llevado a su apartamento: «[...] había dejado de de respirar y le dije: "Stephen, eso no te ha dolido en absoluto, ahora nada te puede tocar". [...] Estaba muerto». Nilsen le asegura al escritor Brian Masters que la muerte fue benévola... lo que es un modo de negar el daño.

Negación de la víctima. Quizás sea sorprendente que esta sea la justificación más habitual. ¿Cómo puede ser culpabilizada —negada— una persona por ser víctima de un *serial killer*? Bien, digamos que, *en su mundo,* sí es posible.

Peter Sutcliffe, asesino de trece mujeres —la mayoría prostitutas— en la Inglaterra del decenio de 1980, afirmó: «Las mujeres que maté eran despojos, prostitutas canallas que estaban allí como basura en las calles. Solo estaba limpiando un poco el lugar». John Gacy se refirió a sus víctimas como, «buscavidas, mentirosos y pequeños codiciosos», y también aseguró que, «*tuve* que matarlos cuando, después de haberlos recogido en un sitio donde se ofrecían para prostituirse, me chantajeaban con la amenaza de que se lo iban a decir a mis vecinos». También echó las culpas a los padres de los chicos por no haberles impedido dedicarse a la prostitución. «Al final, fui yo el gilipollas, el chivo expiatorio [...] cuando me miro, me veo a mí mismo más como la víctima que como el agresor.» Hablando de los asesinatos, Gacy se retrataba como la víctima treinta y cuatro: «Yo soy una víctima más, fui engañado durante toda mi infancia». Se preguntaba a sí mismo si «habría alguien, en algún lugar, que pudiese entender qué dolor causaba ser John Wayne Gacy».

Por su parte Ted Bundy, hablando en tercera persona acerca del asesino serial, en sus conversaciones con Aynesworth y Michaud declaró que «... aparte del hecho de que ellas [las víctimas], *puede que ellas mismas* se pusieran en esa situación propicia [para ser atacadas], de modo inconsciente». También, «... algunos asesinos en serie le podrían decir: "Bien, yo no les hubiera hecho daño si antes no me lo hubieran hecho a mí". O bien: "¿Sabe? Hay tanta gente en el mundo, que no la van a echar de menos. ¿Qué es una menos?"... y yo diría... la víctima les estaba seduciendo o tratando de excitarles de algún modo. Ellas se lo merecían».

La condenación a los que juzgan, que incluye a la justicia pero también a la opinión pública en general; se produce cuando el asesino quita legitimidad a los que le juzgan o condenan. Por ejemplo, el mismo Bundy aseguró que: «Cualquier cosa que haya hecho en el pasado no me preocupa. ¡Intente tocar el pasado! Intente hacer algo con el pasado. No es real. ¡Es solo un sueño!» [...] «¿Culpabilidad? —repetía en la cárcel—. Eso es un mecanismo que usamos para controlar a la gente. No es más que una ilusión. Se trata de un mecanismo de control social y es muy insano. Nos perjudica seriamente. Le aseguro que hay muchas otras maneras de controlar nuestra conducta que ese increíble uso de la culpabilidad.»

Apelar a más altos ideales supone la invocación de creencias o principios a los que el criminal debe más obediencia que a las leyes y a las normas morales convencionales. Richard Ramírez, llamado el Acechador Nocturno Original, lo dejó bien claro cuando miró despectivamente al tribunal y declaró que: «No me asusta la muerte... todos llevamos el mal en el interior... yo y mis actos son puros... no necesito oír todas las racionalizaciones de la sociedad, las he oído antes y al final soy lo que soy... no me entendéis, no espero que lo hagáis... no sois capaces... Estoy más allá de vuestras experiencias... más allá del bien y del mal... La muerte siempre fue parte de esto... Nos vemos en Disneyland». En el caso de Ramírez, esas creencias eran el satanismo, pero también se considera que aquellas mujeres que aman a asesinos y les ayudan a matar, lo hacen como un modo de mostrar fidelidad a ideales más elevados, como ocurrió con las parejas compuestas por Charlene Williams y Gerald Gallego, por una parte, y Myra Hindley e Ian Brady, por otra. Las dos mujeres aseguraron inicialmente que sabían perfectamente que ayudar o colaborar con sus parejas a matar jóvenes y niños era algo que estaba mal, pero que se debían a los hombres que amaban, aunque posteriormente cambiaron el discurso y plantearon que todo lo que hicieron fue por una influencia insana que ambos ejercieron sobre ellas.

Manejo de la imagen personal

Ahora bien, al estudiar estas declaraciones de los asesinos en serie tenemos que recordar que son psicópatas y, por ello, no necesitan emplear estas estrategias de relatar los acontecimientos para evitar la culpa —que no sienten—, sino para presentar una imagen más positiva ante los que le escuchan o leen. *El control de la imagen ante los medios es el fin último de sus testimonios.* Ellos son plenamente conscientes de que decir la verdad, sin tapujos, produciría un rechazo total de la gente, y no es algo que les guste, por cuanto puede tener consecuencias negativas en su estancia en la cárcel (por ejemplo, endurecimiento de ciertas medidas). Además, ¿a quién le gusta pasar por un monstruo una vez que está en la cárcel de por vida? Si adoptaran esa postura demoníaca, perderían el apoyo de los «fans» del exterior, empeñados siempre en ver su «lado bueno», cuando no están dispuestos a creer en su inocencia.

No obstante, hay veces donde determinados *serial killers* aceptan sin tapujos su responsabilidad, aunque busquen congeniar con la gente mediante una actitud colaboradora y empática. Es el caso de BTK, comentado anteriormente, *mostrando preocupación* ante el sufrimiento de algunas de sus víctimas. También de Westley Allan Dodd, asesino y agresor sexual de tres niños en el estado de Washington, que afirmó: «Nunca fui abusado, ni sexual ni físicamente, tampoco fui criado de forma negligente. Mi familia tenía mucho dinero, teníamos nuestra propia casa, dos coches, una caravana. Tuve una infancia feliz».

14

Los asesinos en serie como iconos del mal monstruoso

Cada hombre tiene una pasión. Algunos prefieren jugar a las cartas. Yo prefiero matar gente.

RUDOLF PLEIL (1924-1958), asesino en serie

El cine negro americano, con películas de misterio psicológico como *Rebeca* (1940), *Laura* (1944), *Perdición* (1944), *Recuerda* (1945), *Vorágine* (1949) y otras muchas, había preparado el camino para *Psicosis*, sin olvidar que esto mismo había pasado con la literatura, de la que habitualmente se nutría el cine. Recordemos que, tanto *El talento de Mr. Ripley* como *El asesino dentro de mí*, escritas solo unos años antes que la obra maestra del horror de Alfred Hitchcock, son novelas negras que realizan una profunda introspección psicológica de los personajes, planteando una trama que se sostiene en el choque entre la patología de estos y una sociedad alienante. Lo que queremos decir es que el cine de la posguerra no pudo menos que reflejar la violencia inaudita de la Segunda Guerra Mundial y el Holocausto, ofreciendo a los espectadores con asiduidad tramas oscuras donde la salud mental de los protagonistas estaba en entredicho. Esta tendencia iba más allá del género policíaco, con películas como *El crepúsculo de los dioses* (1950), en la que una antigua estrella del cine enloquece porque no ha sabido aceptar su decadencia, y *De repente el último verano* (1959), que cuenta la historia de una matriarca de Nueva Orleans que intenta sobornar a un cirujano para que le practique una lobotomía a su sobrina, testigo de un asesinato.

Así mismo, si no hubiera existido *Psicosis* no hubiera podido existir *El silencio de los corderos*, puesto que Hitchcock presentó al mundo, con el enorme poder del cine, a un asesino en serie *aparentemente normal* en la plenitud de su compulsión homicida, instalándolo en el imaginario social como una fuente de terror equiparable a cualquiera de los «viejos monstruos» del cine de décadas anteriores. Pasados treinta años, cuando se estrena *El silencio de los corderos,* la sociedad ya ha conocido a muchos de esos monstruos reales (incluyendo la bomba mediática que fue Charles Manson y su Familia) y se hallaba inmersa en lo que se ha denominado «la edad de oro de los *serial killers*», la comprendida entre comienzos de los años setenta y mediados de los noventa. Hoy, los asesinos seriales son enormemente populares, objeto de un gran debate en los medios y en la Academia. Lo que va a suponer Hannibal Lecter es constituirse en el icono del asesino en serie total: de inteligencia superior, visionario, experto en la mente humana, casi indestructible.

PSICOSIS

Psicosis figura actualmente en la lista canónica de las mejores películas de la historia del cine que publica la revista británica *Sight and Sound,* pero durante muchos años fue considerada como una obra menor del «mago del suspense» con el argumento de que el maestro se había dedicado a aterrorizar a la gente con un filme de bajo presupuesto, rodado con mucha habilidad (pericia que nunca se discutía al director de *Con la muerte en los talones*), pero sin más trascendencia. Lo cierto es que ahora el lector puede encontrar libros enteros dedicados a esta película, así como un documental donde se analiza exclusivamente la escena de la ducha, una de las más célebres jamás rodadas.[1]

Sinopsis de la película

La película comienza un viernes en Fénix, Arizona. Marion Crane y su novio, Sam Loomis, están en una habitación de motel. Él vive fuera y solo pueden verse íntimamente en habitaciones alquiladas, pues no tienen dinero para formar un hogar. Ella está cansada de esta situación, pero Sam ha de pagar las deudas que dejó su padre al morir y la pensión de su exmujer; confía que en dos años dispondrá del capital suficiente para que puedan casarse, pero ese tipo de relación, casi clandestina, le resulta muy difícil a Marion de sobrellevar. Se despiden y Marion acude a su lugar de trabajo, una inmobiliaria, donde su jefe le pide que ingrese cuarenta mil dólares en el banco, producto de la venta de una casa a un rico texano. Ella toma el dinero y le pide permiso para irse después directamente a casa, pues le duele mucho la cabeza. Su jefe se lo concede, pero Marion tiene otros planes. Cuando llega a su apartamento, hace la maleta y se lleva el dinero, ya que esa suma solucionaría todos sus problemas. Se dirige entonces a Fairvale, en otro estado, donde vive y trabaja su novio Sam.

Pero su huida no sale como había planeado. En primer lugar, saliendo de la ciudad su jefe la ve casualmente en un semáforo; naturalmente se extraña, porque pensaba que estaría en su casa reponiéndose del dolor de cabeza. En segundo lugar, el viaje se le hace muy pesado, puesto que no para de llover, así que decide hacerse a un lado en la carretera y dar una cabezada. Cuando a la mañana siguiente un policía la despierte y le pregunte qué estaba haciendo allí, Marion comprende que el lunes, cuando vean que ella no está y el dinero en el banco tampoco, será una fugitiva así que, presa de ansiedad, decide cambiar de vehículo en cuanto tiene oportunidad y seguir conduciendo. Anochece de nuevo y, agotada, decide pernoctar en el motel Bates, que de forma repentina y fantasmagórica aparece en la carretera, en medio de la lluvia.

Le recibe Norman Bates, un joven alto, delgado y muy tímido. Norman la invita a comer algo y charlan un poco. Le cuenta que su madre está impedida, sufre de los nervios y que él lleva el negocio. (Anteriormente, Marion había escuchado una bronca entre Norman y su madre: oyó cómo esta le prohibía que la invitara a su casa —lo que había propuesto inicialmente Norman—, pues no aprobaría que tuviera un romance con ella.) En la habitación trasera de la oficina, rodeados de pájaros disecados por el propio Norman, Marion se come un emparedado, se relaja y empieza a reordenar sus ideas mientras conversa con él. Comprende que ha cometido un grave error y, cuando entra en su habitación, ya ha decidido regresar a casa y devolver el dinero el lunes. Pero nunca podrá hacerlo ya que, cuando entra en la ducha, una mujer la ataca salvajemente con un cuchillo y la mata.

Norman entra corriendo y grita, comprende que su madre la ha asesinado, así que limpia el baño y se deshace del cuerpo de Marion poniéndolo en el maletero del coche con el que vino y hundiéndolo en un pantano adyacente.

Una semana más tarde, Sam Loomis (el novio de Marion) recibe en su tienda de Fairvale dos visitas. La primera es de Lila Crane, hermana de Marion, que le cuenta la situación a Sam y le pregunta si ella está con él. La segunda es de Milton Arbogast, un detective privado contratado por el jefe de Marion. Sam les dice que no la ha visto. Convencido Arbogast de que Marion debe estar por la zona, llega finalmente al motel Bates. Norman, después de negarlo, confirma que Marion pasó una noche allí, pero que se fue al día siguiente. Pero el detective no se muestra satisfecho, ya que ha visto una figura en la casa y quiere interrogar a la madre de Norman, pero este se niega. Arbogast llama a Lila y le dice que se pasará luego por la casa de la madre de Norman para hablar con ella sin que se entere su hijo.

Pero lo cierto es que la madre de Norman entra de nuevo en acción y, cuando el detective está subiendo las escaleras para ir a su habitación, ella sale inesperadamente y lo mata a cuchilladas.

* * * * *

Sam, que va al motel después de no saber nada del detective en tres horas, no encuentra ni a Norman ni a Arbogast, *aunque sí ve la figura de una mujer en la ventana de la casa*; junto a Lila, deciden ir al *sheriff* (Al Chambers) y le cuentan lo sucedido. El *sheriff* llama a Norman y este le dice que el detective sí estuvo por allí, pero que luego se marchó y que él no sabe adónde. Cuando Sam y Lila le dicen al *sheriff* que Arbogast había acudido al motel para hablar con la madre de Norman, Al Chambers les dice que Arbogast les engañó, pues la madre de Norman llevaba muerta diez años. Entonces, ¿quién era la figura de mujer que vio antes Sam en la ventana de la casa?

Al día siguiente, el *sheriff* les dice que ha ido a hablar con Norman, que le ha confirmado que en su casa no hay ninguna mujer, así que les aconseja que pongan una denuncia por la desaparición de Marion y se vayan a casa, que dejen el asunto en manos de la policía. Pero Sam y Lila no están conformes y deciden visitar ellos mismos la casa. Mientras Sam entretiene a Norman en la recepción del motel, Marion explora la casa y se dirige al sótano. Norman percibe que le han tendido una trampa y pregunta a Sam dónde está Lila, tras golpearle en la cabeza, sale corriendo hacia la casa para buscarla. Al poco, cuando vemos entrar a Lila en el sótano, descubrimos una escena de pesadilla: debajo de una tenue luz, descansa el esqueleto de una mujer en una mecedora. Lila grita aterrorizada justo cuando una figura aparece en el umbral del sótano esgrimiendo un gran cuchillo, está vestida con ropa de mujer. Cuando en el último momento interviene Sam y logra reducir a la atacante, se descubre que es Norman con ropa de su madre y una peluca.

El epílogo de la película es la explicación por parte del psiquiatra Fred Richmond de la mente de Norman Bates. Lo ha interrogado en la celda de la comisaría, si bien asegura que ha conversado con la «madre» de Norman, pues este ya no existe, y que si dragan el pantano hallarán a Marion y a Arbogast, así como a otras mujeres jóvenes desaparecidas. Les cuenta que cuando murió su padre, Norman pasó a vivir solo con su autoritaria y absorbente madre, pero esta conoció a otro hombre. Norman se sintió abandonado y decidió matar a ambos.

Para borrar un crimen tan atroz de su consciencia, Norman robó el cadáver de su madre y lo conservó. En su mente se forjó la idea de que su madre estaba viva, por ello empezó a usar su ropa y una peluca, manteniendo incluso conversaciones con ella, llegando en ocasiones a ser dominado por la mitad materna, hasta que al final se impuso la identidad de la madre. Por esta razón, cuando Norman se sentía atraído por otra mujer, *ella se enojaba*, y eso ocurrió con Marion, por la que se sintió atraído y excitado, lo que provocó los celos de la madre, que acabó con ella, aunque no se quedó con los cuarenta mil dólares, pues el dinero no le interesaba.

En la secuencia final del filme, un policía va a llevarle una manta a Norman, que sigue encerrado en la celda de la comisaría, y este le da las gracias *con la voz de su madre*. Esa voz resuena en la cabeza de Norman que, inmóvil, escucha cómo le dice que es muy triste que una madre deba declarar contra su propio hijo, pero que no podía permitir que pensaran que los crímenes los cometió ella, que está tan enferma y limitada, que solo puede estar sentada sin moverse y que, si la vigilan, se darán cuenta de que no puede moverse y —al ver que una mosca se posa en una de sus manos— que no es capaz de matar ni a una mosca.

FIGURA 9. *Psicosis*: La mansión gótica sureña de *Psicosis*, donde «se oculta» la madre de Norman Bates, en el célebre film de Alfred Hitchcock.

UN HORROR REAL

Sin poder entrar en profundidad en el análisis artístico de *Psicosis*, ya que nuestro interés es mostrar cómo el monstruo gótico adoptó la forma del asesino en serie, resulta necesario explicar por qué esta pequeña película (en términos de producción, con estándares televisivos, no cinematográficos) logró conmocionar al público —y cambiar para siempre el cine de terror— antes de comprender qué fue lo que aportó al imaginario colectivo de lo monstruoso. Lo primero que se destaca es paradójico: Hitchcock utilizó un escenario gótico (sureño y rural) para introducirnos en el mundo del asesino serial, que muy pocos años después asolará las ciudades y la vida moderna. La casa donde «vive» la madre de Norman Bates tiene reminiscencias góticas de Poe (*La casa Usher*) y de toda la imaginería gótica del siglo XIX, lo que subraya la división existente entre ese mundo moderno gobernado por las prisas y las cuitas de la vida convencional —representado por Marion Crane cuando roba cuarenta mil dólares de su empresa para poder casarse con su amante— y el mundo de la enfermedad y el crimen que le aguarda en el motel Bates, donde se alberga cuando siente la necesidad de descansar en su fuga impulsiva de la ciudad donde trabajaba.

En ese ambiente gótico, el público de 1960 fue sometido *a una experiencia emocionalmente nueva y superlativa*, que le cogió completamente por sorpresa, abriendo así la vía para que la audiencia aceptara una nueva estructura narrativa.

La primera conmoción fue la muerte de Marion, la protagonista (interpretada por Janet Leigh), a los cuarenta y cinco minutos de iniciada la película. Hasta esos momentos, la heroína de un filme se relacionaba con el glamur, nunca moría asesinada y, en todo caso, si perecía era por causas «justificadas» y al final del relato. Aquí, sin embargo, Marion muere a mitad de la película dejando al público sin su personaje principal con el que identificarse (algo buscado a propósito por Hitchcock en la campaña de publicidad previa al estreno, donde Leigh destacaba como la gran estrella de la película). Pero, además, su asesinato la mostraba completamente *indefensa y vulnerable*, en una situación que el público no esperaba en absoluto para la estrella del filme.

La segunda conmoción es la mítica escena de la ducha. Hasta ese momento, los homicidios y actos de gran violencia se quedaban fuera de campo. Por ejemplo, en *La ventana indiscre-*

ta (1954), también de Hitchcock, James Stewart sospecha que su vecino ha matado y descuartizado a su esposa, pero eso nunca se ve, al igual que queda fuera de la vista del espectador la mutilación de los cadáveres de los indios que protagoniza John Wayne en el clásico de John Ford, *Centauros del desierto* (1956). Ahora por el contrario, el espectador de *Psicosis*, alternando entre el punto de vista de Marion y de Norman/Madre, ha de soportar la experiencia del asesinato en toda su dimensión, gracias a la expresión cinematográfica propia de un maestro del cine, porque al impacto visual tan brutal de las imágenes, se añaden las cuerdas de la música de Bernard Herrmann, que amplifican el horror de las cuchilladas, componiendo un asalto salvaje «sin precedentes [cinematográficos] en su violencia», como escribió un crítico.

Las interpretaciones que se han hecho de *Psicosis* precisarían de un libro entero, y no podemos entrar en ello, salvo para significar lo obvio: que, por vez primera, *aparece* un asesino en serie en toda su capacidad destructiva y que tal destrucción, provocó un horror nunca experimentado en una sala de cine. Así es como el *serial killer* abandonó el género policíaco y entró a formar parte de la monstruosidad, es decir, del género del horror. Un horror que, a diferencia de la saga de películas de *slashers* [asesinos que matan a cuchillo o similar] que toman a *Psicosis* como referencia (*La noche de Halloween*, *Viernes 13*, *Scream*, *La matanza de Texas*), donde los asesinos son poco más que máquinas de matar sin rostro, ahora se mostraba de un modo extraordinariamente real, y el público lo sintió de ese modo.

Pero, el asesino en serie que encarna Norman Bates está lejos de ser un psicópata, ya que claramente es un enfermo mental con esquizofrenia (según algunos críticos) pero, más apropiadamente, con un *trastorno de la identidad disociativo*. Aquí aparece una segunda continuidad —junto con la escenografía gótica— con los escritores del siglo XIX y es *su recurso al «doble»* para mostrar la monstruosidad: cuando Norman Bates se siente atraído por una mujer, «invoca» inconscientemente a su madre muerta (asesinada hace años por él mismo), para que ella se haga cargo de la situación matando a la mujer que «tienta» a su hijo. Esto no es más que el punto extremo final de la escisión en dos identidades que procuró el Dr. Jekyll con su experimento, en su intento de demostrar que el hombre «no era uno, sino muchos» dentro de un mismo cuerpo. Pero, si Jekyll fue siempre consciente de su *alter ego* Hyde (¿cómo iba a poder disfrutar de sus fechorías si su consciencia desaparecía?), en *Psicosis* la división se profundiza y destruye la consciencia única (que unía a Hyde con su creador) para crear dos mitades independientes y, por ello, dos consciencias con personalidades diferentes, en las que no hay comunicación alguna, hasta que finalmente la personalidad de la «madre» acaba por imponerse.

Pero, si Norman Bates no era un psicópata, ¿por qué en el imaginario popular se interpretó como tal? Fueron varias las razones. En primer lugar, con el devenir de los años se hizo evidente que el asesino en serie mostraba esa «doble personalidad» de normalidad/compulsión homicida, un atributo presente en la película, donde el introvertido Norman apenas es capaz de mirar a los ojos de la cansada pero todavía seductora Marion, por ello es la antítesis de la figura que irrumpe en la ducha con esa violencia tan fiera. En segundo lugar, a partir de los años sesenta y setenta se introduce en la cultura el concepto de psicópata asociado al asesino serial, lo que por defecto convertía a Norman en uno de ellos. Por otra parte, el título de la película (*Psycho*), es un término coloquial que sirve tanto para designar al psicótico (enfermo mental) como al psicópata, lo que contribuyó a consolidar esa asociación del filme con este último. Las pruebas de ese vínculo llegan hasta hoy. Por ejemplo, el MIT (Instituto de Tecnología de Massachusetts) desarrolló hace unos años un prototipo de inteligencia artificial siguiendo la forma de pensar de un psicópata clásico, al cual denominaron «Norman». Y cuando se pregunta a gente de la calle que mencione a psicópatas célebres reales o de ficción, invariablemente uno de los que surge es Norman Bates.[2]

Pero, la propia realidad no fue ajena a esta conexión entre *asesino serial como monstruo* que inauguró Hitchcock para el cine, debido a que mostró el horror de este tipo de asesino como nunca antes se había hecho en la cultura popular, pues se ha dicho —cada vez que se habla de *Psicosis*— que la novela en la que se basó del mismo título (escrita por Robert Bloch) se inspiró en el caso real del denominado Carnicero de Plainfield, Ed Gein (1906-1984). Sus crímenes fueron descubiertos por la policía en 1957 y, cuando los forenses examinaron cuidadosamente la granja en la que vivía, descubrieron que había exhumado cadáveres de cementerios locales y con ellos había realizado una labor de «artesanía» utilizando la piel y los huesos de aquellos. Oficialmente, solo se le responsabilizó de haber matado a dos mujeres: a la dueña de una taberna, en 1954, Mary Hogan; y a la dueña de una ferretería, Bernice Worden, en 1957. Pero lo interesante es que Ed Gein tuvo una madre muy parecida a la que se deja adivinar en *Psicosis*: dominante, sobreprotectora, puritana, despreciativa de la mujer que busca agradar a los hombres... Katherine Ramsland califica a su madre de «bastante demente y con un odio profundo al sexo». De igual modo, Norman Bates tiene mucho del asesino de Plainfield: introvertido, tímido, sin ninguna habilidad para el trato con las mujeres, socialmente aislado.

> Cuando [los policías] entraron en su casa —relata Ramsland—, encontraron el cuerpo desnudo de Worden colgado de los tobillos, decapitado, abierto por el torso y eviscerado. Entre otros macabros hallazgos, encontraron también diez cráneos a los que les había quitado la parte superior para servir a modo de tazones y ceniceros, pantallas de lámparas y asientos hechos de piel humana, platos de sopa hechos con cráneos, más cráneos en los postes de su cama, órganos de Bernice en el refrigerador, un cinturón de pezones humanos, una caja de zapatos con nueve vulvas y muchos más objetos hechos de partes de cuerpos humanos.

Ed Gein fue considerado un enfermo mental y estuvo encerrado en un hospital psiquiátrico hasta su muerte. Que el caso real de asesinato serial en el que se basó *Psicosis* fuera un *psicótico* ayudó a que durante los años sesenta y setenta los conceptos de psicópata y psicótico quedaran confundidos en la mente del público, convirtiendo a todos los asesinos en serie en gente «enferma» (opinión que sigue siendo muy popular).

EL SILENCIO DE LOS CORDEROS

De acuerdo con una encuesta realizada por el American Film Institute, Hannibal Lecter es el villano más popular del cine gracias sobre todo a la película dirigida por Jonathan Demme, *El silencio de los corderos* (1991), adaptación de la novela del mismo título (1988). Aunque Thomas Harris, su autor, escribió cuatro novelas más basadas en este personaje y se hicieron en total cinco películas con Hannibal Lecter, nosotros vamos a centrarnos en el filme galardonado con cinco Óscar, dado que es el que representa más fielmente la psicología del personaje, que le introdujo en la cultura popular como la quintaesencia del psicópata asesino en serie.

En muchos sentidos, Lecter es la antítesis de Norman Bates. Este, como ya hemos comentado, es un chico criado en un contexto rural, sin habilidades (con excepción de la taxidermia, muy apropiada para alguien como él), sin cultura o profesión conocida, salvo regentar el solitario motel donde encuentra su final Marion Crane. Lecter, por el contrario, es un psiquiatra con prestigio (hasta que le capturan), su cultura es vasta, incluyendo la medicina, todo tipo de artes y, desde luego, la cocina (cuando no prefiere degustar carne cruda, dada su condición de caníbal). Su presencia además es apabullante: su mirada es hipnótica y posee una gran capacidad para leer la mente de los que se aventuran a relacionarse con él, lo que le convierte también en un perfilador criminal excepcional, hasta el punto de que es él quien realmente forma a Clarice Starling en esta novedosa disciplina de investigación criminal (*Cri-*

minal Profiling) en los años noventa, no la Unidad de Ciencias del Comportamiento del FBI donde ella se está formando.

Sinopsis de la película

Además de Lecter, la protagonista principal es la agente en prácticas del FBI Clarice Starling (Jodie Foster), una joven que intenta abrirse paso en el mundo machista de la agencia federal, con gran dedicación y fina inteligencia. Starling dejó atrás una infancia difícil por la muerte de su padre en acto de servicio —era policía del estado— y la precariedad económica. Su supervisor, el agente Jack Crawford, le pide que haga una visita a un psiquiatra asesino en serie, Hannibal Lecter, para que cumplimente un cuestionario con el que la Unidad de Ciencias del Comportamiento está investigando a los asesinos seriales, pero su motivo real será que Lecter le dé pistas para capturar a otro asesino en serie denominado Buffalo Bill, pues arranca la piel de las mujeres después de asesinarlas.

En el hospital de Baltimore para criminales dementes donde se encuentra preso Lecter (interpretado por Anthony Hopkins) en una celda de plexiglás, el psiquiatra ve venir de lejos a Clarice y se deleita en asustarla: «Una vez, un agente del censo vino a hacerme una encuesta, me comí su hígado con habas y un *chianti* excelente». No obstante, Lecter accede a darle información, lo cual lleva a Clarice a descubrir una cabeza humana, en intercambio por información personal de su infancia (es el *quid pro quo*). Cuando descubren la larva de una polilla en la garganta de una de las víctimas de Buffalo Bill y una segunda en la cabeza que Clarice encuentra por medio de Lecter, queda claro que el psiquiatra sabe muchas cosas de este asesino. Lecter le dice a Clarice: «estoy ofreciéndole un perfil psicológico de Buffalo Bill basándome en las evidencias del caso» y sugiere que Buffalo Bill está intentando confeccionar un traje de mujer a partir de las pieles de sus víctimas, ya que puede que sea un travestido patológico o un transexual. A cambio de su ayuda, le solicita mejoras significativas en su reclusión.

Mientras tanto, el asesino ha vuelto a actuar, esta vez secuestrando a la hija de una senadora, Catherine Martin. La tiene en un pozo, esperando el momento adecuado para arrancarle la piel. El nombre real de Buffalo Bill es Jame Gumb y tiene la extraña afición de criar polillas dentro de una estancia que está en total oscuridad, en la que se desplaza usando gafas de infrarrojos. Las polillas en la garganta de las jóvenes asesinadas son un símbolo de su transformación sexual.

El psiquiatra responsable del hospital donde está Lecter, el Dr. Chilton, ve la oportunidad de ascender en su profesión cuando se entera del secuestro de la hija de la senadora. Así, negocia por su cuenta un acuerdo con Lecter y la senadora; si este accede a ayudar al FBI en la captura del asesino, cumplirá su condena en una prisión de Tennessee en unas condiciones mucho más benignas de las que goza ahora. Lecter acude al encuentro con la senadora totalmente inmovilizado por una camisa de fuerza y con una máscara de cuero tapando el rostro, que inspira terror en quienes lo ven, porque se sabe que la máscara impide *que se coma a la gente.* Después del encuentro —donde Lecter no pierde la oportunidad de humillar a la madre de Catherine, mostrando su sadismo—, este es recluido en una jaula en el edificio de un antiguo tribunal de justicia y, aparentemente, empieza a dar información al FBI para capturar al asesino. Pero Clarice sospecha de la veracidad de esa información y decide ir a visitarle a su nueva cárcel. En efecto, a cambio de otra sesión de *quid pro quo*, donde se ve obligada a darle información muy sensible de su pasado, recibe una información muy valiosa para poder identificarlo y capturarlo.

Después de que se marche Clarice, Lecter consigue quitarse las esposas, mata a los tres policías que le custodiaban, y logra escapar haciéndose pasar por uno de los policías heridos, al haber arrancado la piel de la cara de uno de ellos y ponérsela en su propio rostro. En la ambulancia que le traslada urgentemente mata a los enfermeros y se da a la fuga. Mientras tanto, Clarice ha hecho un buen uso de las claves proporcionadas por Lecter y averigua que una de las víctimas tenía relación con un sujeto (Jame Gumb) que le confeccionaba vestidos. Clarice consigue su dirección para interrogarle, pero una vez dentro de la casa se da cuenta de que es el asesino que buscan. Por desgracia para ella, el FBI no puede auxiliarla porque en esos mismos momentos está asaltando el domicilio de una dirección falsa que le había dado Lecter. Clarice, no obstante, consigue sobreponerse al terror que le causa penetrar en la habitación a oscuras donde Gumb cría a las polillas y, al escuchar un leve ruido detrás de ella, se da la vuelta súbitamente y dispara a ciegas a Gumb —que se acercaba por detrás con la ayuda de sus gafas infrarrojos—, matándole.

La película termina con una escena en la que Clarice Starling recibe su placa de agente especial del FBI. Una vez obtenido su diploma, la joven agente ha de contestar a una llamada: es de Hannibal Lecter, que le dice que no debe preocuparse, que no está en sus planes hacerle daño. A continuación vemos a Lecter siguiendo los pasos del Dr. Chilton, que ha emprendido la huida cuando Lecter escapó, porque sabe que cuando lo tuvo a su cargo fue muy descortés con él, y la grosería es un pecado imperdonable en el catálogo moral de Hannibal Lecter.

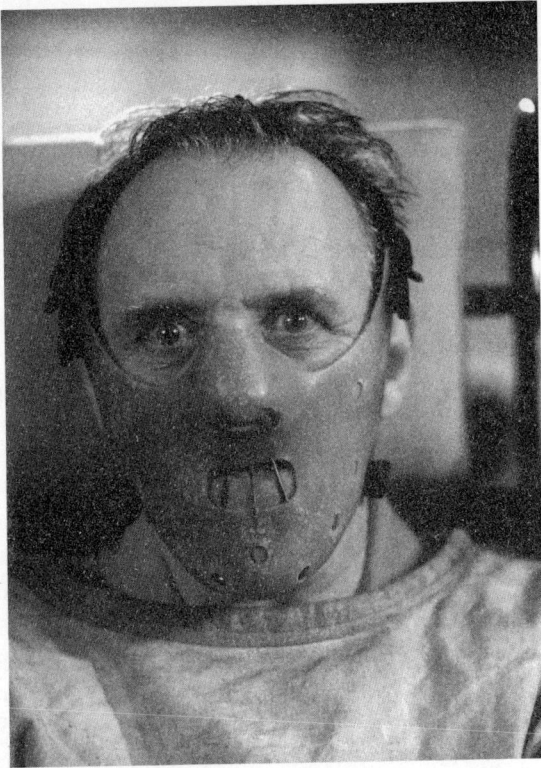

FIGURA 10. *El silencio de los corderos*: La imagen del asesino en serie como monstruo queda explícita en la máscara anticaníbal que lleva Hannibal Lecter en *El silencio de los corderos*.

UN PSICÓPATA DE DIMENSIONES SATÁNICAS

El impacto popular y cultural de *El silencio de los corderos* (en adelante, *El silencio*) fue excepcional y no cabe duda ninguna de que, junto con *Psicosis*, constituyen dos obras maestras del cine que lograron moldear la figura del psicópata asesino en serie en la segunda mitad del siglo xx, puesto que además de sus méritos cinematográficos fueron, como decimos, inmensamente populares. La Biblioteca del Congreso de Estados Unidos la calificó de, «un logro cultural, histórico y estético», y fue seleccionada para ser preservada en el Registro Nacional de Películas de este país. Al igual que *Psicosis*, su influencia en la cinematografía posterior relacionada con el cine de horror criminal y el subgénero *serial crime* en particular, fue enorme. Películas como *Copycat*, *El coleccionista de huesos* y *Seven* —por mencionar algunas de las más conocidas— no hubieran sido posibles sin el filme de Jonathan Demme. En opinión de la profesora de artes audiovisuales Sharon Packer, las habilidades forenses de las que hace gala Lecter tuvieron continuidad también en la televisión, inspirando el género conocido como *procedural* (que tuvo a *CSI* como franquicia universal y su larga serie de imitadoras o «inspiradas por», como *Bones*, *El mentalista*, *Mentes Criminales*...), o bien series donde los protagonistas son psicópatas o asesinos en serie, cuyo ejemplo más exitoso es *Dexter*. (Esto sin contar la propia serie de televisión, *Hannibal*.)

Hay otro paralelismo interesante entre *El silencio* y *Psicosis*. Sabemos que el caso de Ed Gein estuvo detrás del personaje de Norman Bates, lo que dio mucha notoriedad al asesino, porque además del comportamiento bizarro y enfermizo de aquel —que aireó con alborozo la prensa de la época— se asoció siempre a la película. Pues bien, además de que Gein sirviera también de inspiración para el otro asesino en serie que aparece en la película —Buffalo Bill—, el mismo año que se estrena esta aventura de Hannibal Lecter en los cines (febrero de 1991), solo unos pocos meses después, en el verano, se captura a un caníbal real: Jeffrey Dahmer, conocido como el Caníbal de Milwaukee, quizás el único que pudiera compararse en cuanto a su impacto popular con Ted Bundy o John Wayne Gacy. Por supuesto, hay diferencias importantes entre uno y otro. Ni Thomas Harris ni Jonathan Demme sabían de la existencia de Dahmer, a diferencia del autor de la novela de *Psicosis* y del autor del guion, Joseph Stefano, que pudo moldear a Norman Bates apoyándose en un asesino anterior.

Por otra parte, mientras Hitchcock compone un personaje apocado y muy realista, es evidente que el Lecter de Harris y Demme como asesino en serie tiene casi poderes sobrenaturales y no tiene trauma psicológico que le esclavice o norma moral que le importe si no es la suya, lo que le deja muy cerca de Drácula y del superhombre de Nietzsche (en un sentido genérico y no muy profundo, pero efectivo, que luego comentamos). A pesar de esa ficción hiperbólica, Lecter será la más genuina expresión del asesino en serie como monstruo central de la cultura de finales del siglo xx que se extiende hasta la actualidad. En palabras del crítico de cine del *American Journal of Psychiatry*, «Lecter demuestra una capacidad para el análisis forense excepcional, que aparentemente coexiste con un psicópata de dimensiones satánicas». No es baladí esa mención al príncipe de las tinieblas, pues el personaje de *El silencio* entroncará directamente con la más pura expresión del monstruo como asesino serial: el Drácula que cerró la tetralogía monstruosa y que dio paso a los psicópatas de masas representados por Kurtz y el Dr. Moreau. (Lo hará igualmente respetando el terror gótico, pues pertenece en definitiva a la sombría mazmorra donde está preso Lecter y toda la película tiene una atmósfera de pesadilla, que es la pura esencia del gótico.)

DRÁCULA VERSUS HANNIBAL LECTER

Ya mencionamos en un capítulo anterior que Drácula y Lecter comparten muchas cualidades, como la capacidad de leer la mente, los ojos hipnóticos, consumir a sus víctimas (sangre y carne, respectivamente), el porte aristocrático, la ascendencia europea de ambos personajes y, por supuesto, el desdoblamiento como mecanismo esencial en todo asesino serial (conde y psiquiatra, respectivamente). Pero hay algo más. Drácula lleva a Londres su ola de crímenes desde los misteriosos Cárpatos, un tipo de amenaza recogido en el folclore durante siglos, pero lo novedoso es su personificación dentro de la vida moderna y bulliciosa de Londres. Hay un monstruo que camina y se mezcla con los ciudadanos. Hasta que Van Helsing no consigue identificarlo (el agente patógeno), nadie sabe qué causa las muertes de Lucy o de los marineros del Demeter, el navío en el que arriba el vampiro a Inglaterra. El terror que provoca Drácula es el mayor posible, porque proviene del infierno; en su calidad de «no muerto» es la misma personificación del demonio, pues solo su vínculo con el Ángel Caído le permite vivir eternamente, como se pone en evidencia cuando ha de retroceder ante los símbolos cristianos. Sucede lo mismo con Lecter en *El silencio*. Tanto Harris en la novela, como Demme en la película, se esfuerzan por destacar la excepcionalidad de Lecter como *serial killer*, casi como una entidad demoníaca no humana, subrayando el desconcierto que provoca entre los psiquiatras (el Dr. Chilton que lo supervisa en la cárcel para homicidas dementes) y los agentes del FBI que buscan su colaboración para capturar a Buffalo Bill, haciendo buena la afirmación de Alexandra Carroll de que, «El monstruo reside [...] en un mundo de umbral inestable que separa lo conocido de los desconocido».

Se entiende así que, cuando el oficial Murray acompaña a Clarice camino a su primera entrevista con Lecter en Memphis, le pregunte: «¿Es verdad lo que dicen?... ¿es cierto que es una especie de vampiro?». A lo que Clarice responde: «No hay un nombre para lo que es». Precisamente esa cualidad de incognoscible o de excepcionalidad en el mal es lo que han destacado muchos analistas culturales, calificando a Lecter como «un demonio enigmático», un «puzle bizarro» y la «representación definitiva del mal».

Pero, aun siendo todo esto interesante, lo más característico tanto de Drácula como de Lecter radica en su identidad. Decíamos con ocasión de analizar la novela de Stoker que la identidad del vampiro es la del «no muerto» o sin identidad. En el caso de Drácula, su impulso de matar y absorber el alma de sus víctimas proviene desde un pasado tan largo que podemos considerarlo intrínseco a su naturaleza, y ese impulso de destrucción —la «sombra»— ha ocupado todo el espacio del yo en su peor expresión, ha borrado de un plumazo el yo consciente —el que puede negociar con la realidad y aferrarse a principios morales—, lo ha desterrado y sustituido. A eso le llamamos *no identidad*, porque ha desaparecido el primigenio yo para ser suplantado por un sucedáneo, *yo nacido en la sombra* (en la noche) que mata insaciablemente (vampiro). El vampiro, por consiguiente, encarna el extremo de lo que podríamos denominar *una esencia necrófila*: su ser consiste en destruir la vida; él vive en tanto en cuanto puede matar y fundirse (simbiosis) mediante la sangre con el cuerpo de los que seduce y muerde, puesto que también serán sus esclavos, sin autonomía o voluntad propias. Este también es el punto crítico del *serial killer*, que mata no por una razón comprensible o racional, sino por la necesidad de sentirse vivo, lo que sin duda subraya el sentido de supervivencia en ambos caracteres.

La idea de que el asesino en serie es un sujeto que de algún modo ha renunciado a tener una identidad vinculada con la vida, para perseguir en su lugar la muerte de los otros como *una identidad alternativa o necrófila (una no identidad)*, a modo de personificación del *aniquilador*, ha sido recogida de un modo u otro por diversos autores. Así, Erich Fromm definió el *carácter necrófilo* como la manifestación de una persona que ama todo lo que está muerto y que se deleita, «en la destrucción por el placer de la destrucción, y en odiar por el placer de odiar». Este carácter necrófilo se daba en personas con narcisismo maligno (término que designa a lo que hoy en día serían psicópatas). Por su parte, Christopher Bollas, en apoyo del trauma severo como origen del asesino serial, afirmaba que este había sufrido una «muerte emocional» y decía que psicológicamente podía entenderse como un «genocida», ya que «en lugar de un ser que tenía antes una vida, emerge un nuevo ser que se identifica con la muerte de todo lo bueno, con la destrucción de la confianza, del amor y de la reparación».

Igualmente, hay en Lecter esa afirmación de su voluntad como hecho diferencial de su existencia, donde matar y comerse a los que juzga molestos o «apetitosos» se lleva a cabo con una absoluta ausencia de conciencia o preocupación por sus actos criminales. Él, como Drácula, no tiene conflicto alguno en matar: no busca excusa alguna, no hay una insatisfacción vital o personal que genere la necesidad de desdoblarse para acallar con el crimen y la violencia los demonios que le atormentan, como sucede en los otros monstruos que hemos ana-

481

lizado. Al igual que Dorian Gray, ha asumido su propio código ético y desprecia cualquier imposición sobre su voluntad, por eso puede ser implacable con los que se muestren groseros o inoportunos, al tiempo que aprecia el respeto y los buenos modales, sin que el hecho de comerse a la gente le suponga mayor conflicto psicológico.

Esa altivez y afirmación del yo esencial (que también realiza Drácula cuando está con Harker en el castillo, al expresar el sentimiento de belleza que le inunda cuando escucha el aullido salvaje de los lobos, y cuando se enfrenta a sus perseguidores en su piso de Piccadilly)[3] es una constante en la novela y la película. Cuando Lecter mata a sus carceleros en su jaula de Memphis lo hace tanto para escapar, cuanto para dar una lección a quienes le han tratado de un modo desconsiderado. En el libro (que no en la película), Lecter deja claro que reclama para sí una plena autonomía; no acepta que él «sea el producto» de taras o circunstancias ambientales. Así, cuando Clarice le insta en la primera entrevista a que rellene el cuestionario del FBI para que así pueda comprender lo que «le pasó» (es decir, convertirse en un asesino en serie caníbal), Lecter responde:

> No me sucedió nada, agente Starling. *Yo sucedí.* No acepto que se me reduzca a un conjunto de influencias. En favor del conductismo han eliminado ustedes el bien y el mal, agente Starling. Han dejado a todo el mundo en cueros, han barrido la moral, ya nadie es culpable de nada. Míreme, agente Starling. ¿Es capaz de afirmar que yo soy el mal? ¿Soy la maldad, agente Starling?

Esto es claramente una reivindicación de su moral, no importa lo que opine Starling o la sociedad. Más allá de su inmenso ego y sus apetitos, *no existe nada que le concierna en cuanto ser humano.* Existe el bien y el mal, y él revindica su naturaleza esencial: mata y se come a las personas porque eso forma parte de él, como disfrutar de un concierto o de una vista hermosa. Clarice podría haberle respondido que sí, que él es el mal, puesto que afirma libremente («yo sucedí») que eligió ese camino.

Finalmente, Drácula fue, sin duda, una inspiración para *El silencio de los corderos*, a tenor del siguiente pasaje (habla su lacayo en el manicomio, Renfield):

Llegó hasta la ventana en medio de la niebla, como lo había visto antes, con frecuencia, pero entonces era algo sólido, no un fantasma, y sus ojos eran feroces, como los de un hombre encolerizado. Su boca roja estaba riendo y sus dientes blancos y agudos brillaban bajo el resplandor de la luna, al tiempo que miraba hacia los árboles, hacia donde los perros estaban ladrando. No le pedí que entrara al principio, aunque sabía que deseaba hacerlo... como había querido hacerlo siempre. Luego, comenzó a prometerme cosas..., no con palabras, sino haciéndolas verdaderamente.

Fue interrumpido por una palabra del profesor.

—¿Cómo?

—Haciendo que las cosas sucedieran; del mismo modo que acostumbraba a mandarme las moscas cuando brillaba el sol. Grandes moscas bien gordas, con acero y zafiros en sus alas; *y enormes palomillas*, por las noches, con calaveras y tibias cruzadas.

Van Helsing asintió en dirección al oído, al mismo tiempo que me susurraba a mí, de manera inconsciente:

—La *Acherontia atropos* de las Esfinges, lo que ustedes llaman la «polilla de la calavera», ¿no es así?

Así como Lecter se arroga el derecho de ser agente causal de su vida («Yo sucedí»), Renfield otorga ese poder a Drácula («Haciendo que las cosas sucedieran»). Además, la polilla de la calavera es el signo de la metamorfosis de *El silencio* y Drácula es una viva representación material y psicológica de la misma, ya que encarna la transformación del conde en vampiro como símbolo de la muerte. En ambos, también hay un placer en el acto de dar muerte, porque alimentan así su ser esencial (de *serial killer* y de vampiro, respectivamente).

Pero es evidente que también hay diferencias entre ambas obras. Cien años separan a las dos novelas: si Drácula solo es una criatura que vive en su plenitud durante la noche, y toda su actividad se centra en encontrar personas a las que matar para alimentarse, Lecter procura disfrutar de los sentidos en toda su extensión, así como de los lujos que otorga el dinero. Pero, como han señalado algunos autores, tanto en el conde como en el psiquiatra hay una cierta analogía con el superhombre de Nietzsche, en el sentido de que les mueve *una suprema voluntad de poder*. Sabemos que los asesinos en serie persiguen ese poder, es su objetivo vital y último, aunque en ocasiones se disfrace de sadismo sexual, venganza o búsqueda de reconocimiento y fama, pero como Lecter es el epítome del asesino en serie, una hipérbole artística del asesino real, se acerca a Drácula en su desafío a la divinidad y la ley de los hombres, a toda moral que les cohíba o constriña. Naturalmente, el final de ambos les separa: como corresponde a la época actual, donde los *serial killers* se han convertido en personajes célebres, Lecter triunfa sobre la justicia y, a partir de *El silencio,* vivirá en libertad, mientras que Drácula perece derrotado por los cazadores (aunque bien sabemos que nunca acaba por morir, porque siempre resucita de un modo u otro).

Tiene sentido que un tipo que se come «el hígado acompañado de habas y un *chianti* excelente» de un encuestador del censo porque le inoportuna, no tenga más conciencia que la que él se ha fabricado. Fernando Savater escribió a propósito de la filosofía de Nietzsche —y en particular de su idea del superhombre— que este pretendía trastornar radicalmente el proyecto de la humanidad, para ello atacó todos los pilares de la modernidad, como la compasión, los derechos humanos, el sentido de la justicia y el progreso, el cristianismo... Nietzsche escribió en el mismo siglo que nuestros autores góticos, dejando una huella extraordinaria.[4] Se han escrito bibliotecas enteras acerca del superhombre y no es nuestro propósito (ni tenemos competencia para ello) una discusión profunda sobre esta cuestión, pero *al margen de lo que realmente hubiera querido decir Nietzsche*, no cabe duda de que varios asesinos[5] reclamaron este concepto como inspiración para sus crímenes (más allá de la apropiación que hizo el nazismo de su filosofía), y en esta auto-determinación del hombre nuevo nietzscheano podemos encontrar un acomodo para Drácula y Lecter. Otro asesino en serie necrófilo, Dennis Nilsen, en conversación con el escritor Brian Masters, se refirió a la película *El silencio de los corderos* en estos términos: «Es su poder y manipulación lo que atrae al público». *Un poder para asesinar* que Lecter, como Drácula, lo convierte en un absoluto de su identidad.

EL SÍNDROME SCHAHRIAR EN LOS ASESINOS EN SERIE

Schahriar es el sultán de *Las mil y una noches* que obliga a Scheherezade a contarle un cuento cada noche para no perder la vida. Los profesores Claus y Lidberg propusieron con este nombre un modelo para analizar al asesino en serie sexual, caníbal o necrófilo, lo que necesariamente incluye a Drácula y Lecter del mundo de la ficción, pero también a asesinos en serie bien reales como Richard Trenton Chase (1950-1980), Jeffrey Dahmer (1960-1994), Peter Kürten, alias el Vampiro de Dusseldorf (1883-1931), Dennis Nilsen (1945-2018) y otros.

Los autores describieron el modelo con las siguientes cinco características:

- *Sentido de omnipotencia*, anhelo de poseer el poder absoluto sobre el otro, como se manifiesta en la posesión total del cuerpo y de la mente de la víctima mediante la imposición del horror, ejerciendo el poder final de matar.
- *Fantasías sádicas*, cuya importancia en la génesis del asesinato serial ya se destacó en el capítulo anterior (las fantasías permiten desarrollar una identidad alternativa a la convencional, donde el poder les proporciona un estado de plenitud que las emociones morales básicas no les proporcionan —amor, compasión, lealtad, etc.—).

485

- *Proceso de matar ritualizado.* Como vimos en BTK y en otros asesinos, el acto de cazar y matar a una víctima no basta para saciar al asesino sino que, en correspondencia directa con la fantasía, ha de realizar actos rituales idiosincráticos como someter a la víctima a un proceso complejo de sumisión mediante ligaduras, utilizar un diálogo cargado de significado para el asesino, crueldad previa al acto de matar, etc.
- *Deshumanización.* Es decir, considerar a las personas como un medio para su satisfacción; es el empleo cosificado del otro, sin atender a su dignidad humana.
- *Simbiosis.* Se refiere al proceso por el que el *serial killer* busca alcanzar una fusión o unidad simbiótica con su víctima. Los actos que indican este proceso incluyen comer la carne de esta, beber su sangre, así como actos sexuales explícitos de violación vaginal o anal.

Obviamente, no todos los asesinos en serie encajan en este síndrome. Los autores lo reservan para los asesinos sexuales que violan efectivamente a sus víctimas (la penetran) y, *de algún modo,* las ingieren. Para nosotros su mayor utilidad consiste en relacionar la fase de la simbiosis con el sentido de omnipotencia, lo que puede ayudarnos a explicar los asesinos necrófilos y caníbales, de entre los que destacamos a continuación a Jeffrey Dahmer, coetáneo de Lecter en ser presentado ante la opinión pública en 1991.

Jeffrey Dahmer

Dahmer ha vuelto al recuerdo del gran público gracias al gran éxito de una serie de ficción *true crime* estrenada en 2022, aunque para nosotros tiene mucho más interés el documental de tres episodios que acompañó a la serie de ficción, donde tenemos oportunidad de escuchar numerosas declaraciones suyas grabadas por su abogada defensora.[6]

Dahmer mató a diecisiete adolescentes y hombres jóvenes entre 1978 y 1991. Blanco, homosexual, de clase media, los padres se divorciaron cuando él contaba dieciocho años, sus víctimas eran preferentemente homosexuales, negras o hispanas. Tenía sexo con ellas antes y después de matarlas, las mutilaba, a algunas de ellas trató de convertirlas en zombis taladrando sus cráneos para inyectarles ácido clorhídrico y también se comió partes de algunos de sus cuerpos.

La descripción de uno de sus asesinatos más sonados, el de Konerak Sinthasomphone, nos puede ayudar a saber *qué* era Dahmer. Según comenta el Dr. Park Dietz en el documental, Dahmer estaba tomando una pizza y una cerveza cuando vio acercarse a un joven atractivo, Konerak Sinthasomphone. Entabló una conversación con él y le ofreció cincuenta dólares al chaval por posar para él. El joven accedió a acompañarle a su apartamento. Una vez allí, Dahmer le ofreció una bebida con la cantidad de *triazolam* necesaria para dejarlo inconsciente un buen rato. Como en el resto de los casos, Dahmer quería mantenerlo con vida el mayor tiempo posible. El Dr. Kenneth Smail le entrevistó:

> J. DAHMER: Probé la técnica del taladro con varios. Con este también lo hice.
>
> DR. SMAIL: ¿Sí? ¿En qué momento? ¿Antes o después de que llegara la policía?
>
> J. DAHMER: Sí, antes de que llegara la policía.

Dahmer llamaba «la técnica del taladro» al hecho de perforar el cráneo de sus víctimas para inyectar ácido clorhídrico y dejarlos en un estado de semiinconsciencia, para tener la posesión total de sus cuerpos. Según le contó a Wendy Patrickus, su abogada, «había hecho ajustes y cambios a su método para convertirlo en una especie de zombi que aún siguiera con vida». Igual que con el resto, le taladró un agujero en el cráneo, le inyectó ácido clorhídrico y se quedó esperando a ver si esta vez funcionaba.

> DR. SMAIL: ¿Cuánto penetró el taladro?
>
> J. DAHMER: Hasta el cerebro.

Dr. Smail: ¿Entre cinco y siete centímetros?

J. Dahmer: Sí.

Dr. Smail: ¿Lo hiciste de una vez?

J. Dahmer: Sí.

W. Patrickus: ¿Y no salió nada?

Dr. Smail: ¿Ningún fluido?

J. Dahmer: Ningún fluido, al menos que yo viera. Ni tampoco sangre. [...] Estaba como grogui. No estaba muerto ni nada. De hecho, hablaba. Pensé que, a lo mejor, podría mantenerlo así.

En un principio, parecía que la idea de Dahmer había funcionado. *Jeffrey le decía qué quería que hiciera y Konerak obedecía.* En un momento de la noche, Dahmer salió a comprar alcohol y no cayó en la posibilidad de que Konerak pudiera escapar. Así que, cuando se marchó, el chico aprovechó para huir hasta que se encontró con varias mujeres del vecindario, una de las cuales llamó a emergencias. Cuando la policía llegó, intentaron interrogar a Konerak, pero este no podía hablar a causa de las drogas que Jeffrey Dahmer le había suministrado. Además, la herida del taladro no era visible y, como no salía sangre, no había nada que pudiera indicar su existencia. En ese instante llegó Dahmer y las mujeres que habían llamado a emergencias intentaron mediar. Sin embargo, la policía no les hizo caso y los agentes ni siquiera tomaron notas de sus nombres.

Al contrario, dijeron que las detendrían si seguían hablando. Así que Dahmer dijo que era su novio y la policía lo acompañó de vuelta al apartamento. Entraron y Konerak se sentó en el sofá como si fuera su casa. Tenía su ropa ordenada en un rincón y Dahmer enseñó a los agentes las fotos que había tomado. Los policías seguramente pensaron que «eran cosas que hacían los gais» y no iban a detenerlos por ello, así que se marcharon. No vieron la habitación de Dahmer en la que el cadáver de Tony Hughes (una víctima anterior) estaba tirado en la cama. Cuando la policía se marchó, Dahmer retomó el asunto donde lo había dejado: «A Konerak le puse una inyección de ácido clorhídrico. Volví a usar el ácido en una dosis menor, pero seguía siendo demasiado aun habiendo reducido la cantidad». Una hora después, había muerto.

EL ASESINO CONVERTIDO EN ENIGMA

«Dahmer: El asesino que no puede ser explicado»: así titulaba la escritora Jessica Winter una colaboración para la revista cultural *The New Yorker*, publicada con ocasión de la emisión de la serie *true crime* de ficción, *Dahmer*, en otoño de 2022. En particular, comentaba el intento desesperado de su padre (Lionel Dahmer) para encontrar una explicación a ese comportamiento monstruoso de su hijo y cómo, a pesar de que él se convenciera de que había sido su culpa, en realidad aceptar su explicación —escribe Jessica— sería como «creer que un portazo que hemos dado ha sido la causa del terremoto que siguió después».

Lionel Dahmer se esforzó todo lo que pudo en comprender a su hijo. Estaba tan horrorizado que finalmente asumió que, de algún modo, los impulsos que él reconoció tener en sus sueños de matar a gente habían sido llevados a la realidad por su hijo. En el libro que escribió al respecto hablaba de la posibilidad de que le hubiera pasado un «gen asesino» a Jeffrey. Y no podemos sino empatizar con el padre. Que un chico del todo corriente de clase media se convierta en alguien igual que el caníbal que había arrasado en los cines de todo el mundo (cortesía del Dr. Lecter) en la época en que fue capturado, tuvo que dejar a su padre en estado de shock.

Aunque Dahmer mostró una gran colaboración con la fiscalía y nunca ocultó sus crímenes una vez que fue detenido, buscó dentro de sí «ese otro yo» que podría explicar el enigma de su vida. Y así, tal y como recoge Richard Tithecott en su libro dedicado a Dahmer, dijo a la policía antes del juicio: «Tengo que cuestionarme si existe *una fuerza maligna* en el mundo y si esta me ha influido... Aunque no estoy seguro de si existe un Dios o un diablo, sé que últimamente he estado pensando mucho sobre los dos, y me pregunto qué ha afectado a mi vida». Esta afirmación le aproximaba a la idea de una posesión demoníaca, algo que tenía sentido pues había tenido etapas de fervorosa religiosidad en su fe protestante, lo que explica el hecho de que un pastor baptista fuera al apartamento de Jeffrey y «realizara un exorcismo, donde pronunció palabras en lenguas extrañas y gruñidos guturales cuando los espíritus malignos le invadieron». Se entiende así, que la película favorita de Dahmer fuera *El exorcista*, que veía con alguna de sus víctimas antes de drogarlas.

Lo que hace más intenso y espectacular el enigma que representa Dahmer es que utilizó una *escenografía* sin precedentes, al concentrar en un solo espacio de horror (su apartamento) todo el proceso destructivo de los asesinos en serie, que generalmente se dispersa en diversas escenas del crimen. Por ejemplo, Bundy acechaba en los campus, luego transportaba a la chica al monte y allí la mataba, enterrando sus restos. La policía pudo encontrar restos de cadáveres esparcidos por efecto de los animales salvajes. El horror está ahí, sin duda, pero proviene no tanto de lo que vemos, cuanto de lo que imaginamos acerca de lo que sucedió. En el caso de Dahmer no queda nada para la imaginación: el horror se ofrece en toda su plenitud sensorial. En palabras de María Luisa Bacarlett:

Cuando los policías arribaron al departamento de Jeffrey Dahmer, a las once y veinticinco de la noche del 22 de julio de 1991, nadie imaginó el espectáculo dantesco que les esperaba: cabezas y manos mutiladas guardadas en el refrigerador, restos humanos disueltos en una solución con ácido, cráneos ocultos en cajas etiquetadas y una larga colección de fotos Polaroid en las que figuraban cuerpos descuartizados o abiertos en canal, puestos en extrañas poses, que oscilaban entre lo erótico y lo grotesco. Los policías hicieron tal hallazgo cuando un joven negro, después de escapar del departamento de Dahmer, les pidió ayuda alegando que este lo había esposado y actuaba de manera rara. Los policías se presentaron en el departamento y de inmediato percibieron un olor nauseabundo. Los vecinos del edificio que ostentaba el n.º 924 de la calle Norte 25, en el área baja de la ciudad de Milwaukee, se habían quejado repetidamente al encargado del edificio —sin éxito alguno— sobre el hedor que se desprendía del departamento. Los policías que tocaron por la noche su puerta fue lo primero que percibieron, un tufo a putrefacción. Los agentes descubrieron las macabras aficiones de Dahmer al husmear un poco y mirar al interior de una cómoda semiabierta, ahí estaban las fotos. Después vinieron los demás hallazgos.

En Dahmer se junta el canibalismo de Lecter, la necrofilia de Drácula y los experimentos en el cráneo como remedo de crear un «vivo muerto» como se propuso el Dr. Frankenstein. Igualmente, no hace falta exagerar el simbolismo para plantear que su propia casa era como el desván de Dorian Gray, donde se acumulaban los horrores en la pintura de su retrato.

Dahmer tiene una fantasía que lo consume desde joven: su logro es poseer por completo, de forma total, a otro ser humano, alguien que le excite sexualmente («Eso es lo que me atraía. El físico. Los cuerpos musculados. Esa era mi motivación») —recoge Bacarlett— y del que no se quiere separar nunca en la medida de lo posible; pues esta ingestión es la simbiosis última del asesinato con el asesino. Es un proceso que, como sabemos, se va gestando en el tiempo, al principio con intentos o sucedáneos, como cuando se llevó a casa de su abuela un maniquí para tratarlo como si fuera un joven, hasta que llegó el primer asesinato. Steven Hicks accede a ir a su casa (todavía vivía en casa de sus padres, pero estaba solo) para tomar algo y fumar. Pero Hicks no es homosexual, así que no está interesado en los avances de Dahmer. Pasado un rato, Steven Hicks dijo que debía irse, pero Dahmer no quería que se fuera. Cogió una pesa y le golpeó en la cabeza. Steven se quedó inconsciente y Jeffrey lo estranguló con la misma pesa. Dahmer dice en el documental antes reseñado: «Era la primera vez y deseaba sentir que tenía el control. Dejé a un lado los sentimientos y supongo que, simplemente, decidí hacerlo, fuera gay o no. Me daba igual. [...] Tampoco sé por qué lo golpeé.

Solo quería que se quedara un rato más. [...] *Me resultó increíble lo que le estaba haciendo a otro ser humano.* Me sorprendió haber llegado hasta ese punto. *Era una sensación de emoción y de control,* aunque mezclada con mucho miedo». Pero ese miedo va a desaparecer en el segundo asesinato, nueve años después. La compulsión está asociada al poder y es esta *experiencia psicosomática* la que resulta irresistible, la que forja la compulsión. Así, hablando de ese segundo asesinato (en la persona de Steven Tuomi, en el hotel Ambassador), Dahmer dijo a su abogada Wendy que, «me proporcionaba un gran placer. No podía dejar de pensar en hacer esas cosas. [...] *Mis deseos eran... los de una bestia*».

Esa incredulidad con respecto al primer homicidio es notable: está *como si eso no pudiera estar pasando,* pero ciertamente ha pasado. El miedo que le sigue no va a ser suficiente para que renuncie a lo que acaba de experimentar. Es el poder que descubre la Criatura cuando mata por vez primera, apretando el cuello de William, el hermano de Victor («Observé a mi víctima, y una alegría y un triunfo infernal embargaron mi corazón...»). Es la sensación exultante de poder que invade a Edward Hyde cuando mata a Carew («Un segundo después, *con la furia de un simio,* pisoteaba salvajemente a su víctima cubriéndola con una lluvia de golpes»), y la misma que, en forma de poder sádico, galvaniza a Lou Ford cuando mata a su amiga Joyce o a su novia Amy («Mi puño penetró hasta su columna vertebral, y la carne se cerró en torno a mi muñeca. Lo arranqué con un movimiento brusco y ella se dobló en dos, como si tuviera una bisagra en la cintura»).

Dahmer parece asumir que es la encarnación del propio Hannibal Lecter, *alguien que hace lo que la gente disfruta ver hacer a Lecter en el cine*: «La gente ve cine sangriento de terror por el morbo de ver lo que pasa en las películas. La única diferencia es que yo lo llevaba a cabo», afirma en el documental.

Pero hay algo más, algo que conecta íntimamente a los asesinos en serie prolíficos que sienten la omnipotencia y buscan la simbiosis (fagocitación) de la víctima, y que nos lleva de nuevo directamente a Drácula y Lecter. Wendy le pregunta de forma directa: «¿Podrías explicarme qué te llevó a querer matar a esos hombres?». Dahmer contesta: «Supongo que la fuerza subyacente eran mis perturbados deseos sexuales. Era como *un sentimiento de vacío constante*, de no ser capaz de encontrar nada en la vida que me proporcionara felicidad, paz o plenitud. Siempre quería más».

Dahmer se define como un *hombre vacío, hueco*: no existe nada más que su compulsión para rellenar ese agujero. La no identidad de Drácula en la que la vida diurna —recordemos que el Drácula de Bram Stoker *sí* puede vivir durante el día— es solo un tiempo en espera de la vida auténtica, que es la noche, es una metáfora de la de Dahmer, porque su vida auténtica es la que empezaba cuando drogaba a los jóvenes en su apartamento, *dando comienzo así a su vampirización*. Dahmer dijo que creaba un zombi para no sentirse solo o abandonado, pero no creemos que esa fuera la auténtica razón. Una de las preguntas que le hace Wendy es si alguna vez intentó forjar una relación, y él contesta que, «la verdad es que no», que «debido a mi situación familiar no podía mantener una relación estable donde vivía». Él estaba viviendo todavía en casa de sus padres. Probablemente quiso decir que mientras viviera con ellos tener una relación suponía reconocer que era homosexual, pero eso les pasaba a otros miles de chicos como a él, y buscaban forjar relaciones clandestinas. Dahmer ni siquiera tuvo interés en forjarlas cuando visitaba los clubs de «ambiente» o las saunas gais, porque lo cierto es que necesitaba que sus parejas ocasionales estuvieran a su merced. De hecho, se le prohibió la entrada a una de las saunas cuando en una ocasión se excedió con el somnífero con el que drogó a uno de sus acompañantes, que tuvo que ser hospitalizado.

Dahmer buscó compañía, sí, pero no porque quisiera afecto más allá de unas horas, sino porque quería sentir el poder total, por eso procuró extenderlo más allá de la muerte de sus víctimas. Pero ese método era poco satisfactorio porque, «lo quería todo de ellos, ¿sabes? Y no podía conseguirlo así».

Al igual que las fotos Polaroid que tomaba a los jóvenes a los que mataba, tanto antes como después, que buscaban mostrar los cuerpos en posiciones sugerentes o incluso con cierto toque artístico, el descuartizamiento y posterior canibalismo no fueron sino etapas superiores hacia el poder total sobre aquellos. «Me quedaba las partes más carnosas, las partes con menos grasa», dijo, y una vez que su compulsión de matar estuvo del todo liberada, tuvo que proveerse de un congelador enorme, donde los restos humanos allí conservados «parecían cualquier pedazo de carne que podías comprar en el súper». A la pregunta de cuántos kilos en total llegó a comerse de sus víctimas, Dahmer estimó que «en total, unos cuatro o cinco».

Dado que Dahmer confesó todo, el juicio no se centró en su culpabilidad como autor de los homicidios, sino en su responsabilidad criminal; en otras palabras, quedaba por dilucidar si era un demente o un «loco o un monstruo moral». En aquellos años, para que pudiera determinarse por ley que una persona estaba enferma en el estado de Wisconsin, el acusado debía sufrir un trastorno o enfermedad mental y carecer de la capacidad para discernir la diferencia entre el bien y el mal o para poder dirigir su conducta de acuerdo con los requisitos de la ley. El abogado defensor de Dahmer, Gerald Boyle (Wendy era su asistente), dirigiéndose al jurado —tal y como se recoge en el documental— declaró:

> Acepto la responsabilidad de demostrarles que no estamos ante un hombre malvado, sino ante un hombre enfermo. [...] Esto es lo que representa a Jeffrey Dahmer como ser humano. Una persona con todos estos rasgos: fantasías, droga, cráneos en el armario, canibalismo, impulsos sexuales, taladros, zombis, necrofilia. [...] Estaba fuera de control. No podía parar. Era un tren descarriado en una vía de locura.

Boyle exhibió en la sala el «santuario» —así lo llamó— que construyó Dahmer con los restos de sus cadáveres. En palabras del Carnicero de Milwaukee: «Tengo un pedestal. Un pedestal negro. Le puse una tapa negra y redonda encima y coloqué los cráneos encima o alrededor. Era solo una conmemoración... a esas personas. Un recuerdo de cada una de ellas. Era mi mundo íntimo y propio, digamos. Tenía el control total de él. *No existe mayor control en el mundo*».

Articulado en su discurso, en su vida no hubo una catástrofe en forma de trauma devastador, más allá de las dificultades habituales que tenían los homosexuales en los años setenta y ochenta para integrarse socialmente. La cuestión de su salud mental fue uno de los grandes temas de debate por parte de los forenses durante varios años. Dahmer demostró que estaba cuerdo —dijo un testigo experto en el juicio— «al recordar ponerse un condón antes de copular con la cabeza de sus víctimas». El fiscal del distrito de Milwaukee, E. Michael McCann, aseguró que esa cordura quedaba manifiesta en la selección de sus víctimas que, entre otras cosas, no disponían de coche, lo que dificultaba mucho que se pudieran rastrear una vez desaparecían, algo que implicaba una clara conciencia de dificultar el descubrimiento de los crímenes por parte de Dahmer.

En cambio, el abogado defensor se echaba las manos a la cabeza, pues no comprendía cómo alguien que mataba a sus parejas de una noche, seguía teniendo sexo con ellas hasta que empezaban a descomponerse los cuerpos, mientras que a otras procuraba que vivieran como robots a su servicio inyectando ácido clorhídrico en sus cráneos, y finalmente las troceaba y comía algunas de sus partes... podía no estar loco. Fred Berlin, psiquiatra de la defensa, lo expresó de un modo muy gráfico: «Si un hombre que hace lo imposible por tener sexo con cadáveres y taladra el cráneo de otro ser humano para intentar mantenerlo vivo en un estado zombi no tiene un trastorno psiquiátrico, pues apaga y vámonos. *¿A cuántas personas tienes que comerte para que te consideren un enfermo mental?*».

Incluso uno de los *mindhunters* de la Unidad de Ciencias del Comportamiento del FBI, nada menos que Robert Ressler, pensaba que Dahmer era esquizofrénico, manifestando tanto aspectos organizados como desorganizados, lo que le hacía particularmente único. Quería declarar para la defensa, pero el juez no lo permitió. «El rasgo principal del asesino organizado es la planificación del crimen: son premeditados, nunca espontáneos. Esta planificación es fruto de sus fantasías, que suelen desarrollarse y ampliarse durante años, hasta que estallan y se expresan abiertamente en los crímenes.» Ressler entendía que, en cambio, *el descuartizamiento y el canibalismo eran aspectos propios de los asesinos desorganizados*, lo que en su opinión era más relevante para evaluar la cordura de Dahmer que el hecho de que actuara de forma premeditada. Richard Tithecott, que estudió en profundidad el caso Dahmer, concluyó que: «Para que alguien sea considerado loco ha de actuar como un animal, es decir, debe mostrar de modo bien visible esa locura. Uno no puede parecer normal y ser un enfermo mental, sino que ha de actuar como un loco de remate». Y así es, porque el fiscal McCann en su alegato al jurado demostró que la carga de la prueba recaía en la defensa; es decir, si Dahmer estaba loco, ellos tenían que demostrarlo, porque la cuestión que se debatía en el juicio y que el jurado debía tener muy presente... «No es, ¿está cuerdo o enfermo? Sino que es: ¿ha demostrado [la defensa] con suficiente certeza que estaba enfermo? Porque, si no, la respuesta es no. No han de determinar si estaba cuerdo. Nadie les pide que determinen eso. Lo que les preguntan es: ¿demostró con suficiente certeza que estaba enfermo? En eso deben centrarse».

Es curiosa la pregunta —*¿A cuántas personas tienes que comerte para que te consideren un enfermo mental?*—, pues no son pocos los que, junto a la etiqueta de «puro mal» y «psicópata total», afirmaron que Hannibal Lecter mostraba también una grave enfermedad mental, pues no era posible que un psiquiatra pueda ejercer adecuadamente su profesión mientras va comiéndose a la gente.[7] Sin embargo, el agente del FBI Will Graham, que se enfrenta a Lecter en su primera aparición como personaje (*El dragón rojo*, 1981), hablando de él asegura que, «es un monstruo [...] pero parece del todo normal, y nadie diría lo contrario». Pero para él «monstruo» no es lo mismo que «loco». El escritor Brian Masters describió así a Dahmer: «Alguien desconcertantemente ordinario, incluso anodino, hasta que al final la disolución secreta de su personalidad entró en erupción sobre el mundo». Con «disolución secreta» se refería a que en él, por razones desconocidas, surgió una pulsión para asesinar, en vez de tomar el camino habitual de moverse en los círculos apropiados para disponer de compañía y satisfacer las necesidades humanas.

Lecter no explica por qué mata, *él se causó a sí mismo*, no tiene que dar explicaciones a nadie. Renuncia con desprecio a ser analizado por «los toscos instrumentos [cuestionarios] del FBI» que le ofrece Clarice. Es como si nos dijera: acepten que existe gente como yo, que elegimos hacer lo que hacemos. Dahmer nos plantea el mismo interrogante, y a pesar de ese amago de posesión demoníaca, no quiso excusarse. Supo en todo momento lo que hizo. Desde niño, lo que realmente le fascinaba era conocer el interior de los cuerpos; lo que satisfacía haciendo la disección de ardillas y gatos. Pero quizá fuese su incapacidad de comprender los sentimientos plenamente humanos, como ya describiera Hervey Cleckley en los años cuarenta, el origen de todo.

Hablando de su infancia y adolescencia, Dahmer manifestó:

J. DAHMER: No sé ni si era capaz de experimentar realmente un sentimiento de amor por aquel entonces. Ni tampoco ahora.

WENDY: ¿Quieres decir que no sabes amar?

J. DAHMER: Exacto, dudo que sepa. Dudo que la gente que sabe amar pueda hacer estas cosas.

El Dr. Park Dietz, que testificó para la fiscalía, estaba convencido de que Dahmer sabía que lo que hacía estaba mal, porque él mismo lo dijo en su momento. Pero además, aseguró, tomó muchas medidas en cada uno de sus asesinatos para no ser descubierto. Instaló cámaras de seguridad falsas, eliminaba las pruebas que podía, corría las cortinas cuando descuartizaba los cuerpos, entre otras conductas de precaución. Asimismo, según el Dr. Dietz, para matar muchas veces tenía que desinhibirse tomando alcohol.

Antes de que el juez dictara sentencia, Dahmer tuvo la oportunidad de tomar la palabra por última vez:

Nunca ha sido mi intención librarme de esto. Sinceramente, me deseo la muerte. Nunca odié a nadie. Sabía que en mí había enfermedad, maldad, o ambas. Ahora creo que era enfermedad. Asumo toda la culpa de lo que hice. Hice daño a mucha gente. Hice daño a mi madre, a mi padre y a mi madrastra. Los quiero muchísimo a todos. Espero que encuentren la misma paz que yo mismo busco.

Jeffrey Dahmer (que murió asesinado por un preso cuando, en contra de la opinión de la cárcel, pidió que le trasladaran a un módulo ordinario) representó el monstruo gótico en todo su esplendor: la «sombra» que desde joven le va ganando terreno en su peor versión de anhelo del poder necrófilo; el doble del joven convencional (operario en una fábrica de chocolate, su vecino lo describió como «un Clark Kent») y monstruo oculto; la identidad del «no muerto» como expresión de una vida enteramente dedicada a satisfacer su pasión absoluta por el poder que otorga el asesinato («*No existe mayor control en el mundo*»). El enigma de Dahmer es un ejemplo perfecto del impulso del gótico, en busca del mal incognoscible y misterioso.

Dahmer le dijo al escritor Brian Masters: «Mi única razón para existir era llevar a cabo ese acto [el homicidio y el proceso que le seguía de posesión total]. Podía sentir de modo repentino el poder y la lucha a muerte [...] por hacer realidad esa compulsión».

Epílogo

Cualquiera que siga la televisión y la abundante programación que contienen las numerosas plataformas de *streaming* puede reparar en la gran presencia del asesino en serie (y del psicópata criminal en general) en películas, series de ficción y documentales *true crime*. Aunque varían en calidad, el común denominador es su presentación compleja de esa realidad, en buena medida gracias a que pueden dedicar varios capítulos a desarrollar su contenido, disponiendo del tiempo necesario para reflejar la psicología del asesino, pero también la realidad de las víctimas, de la sociedad en la que surgieron y atacaron, y la respuesta que ofrecieron la policía y la justicia en un sentido más amplio. Series como *True Detective* (primera temporada) y *Mindhunter* son un ejemplo de calidad, de mirada crítica y profunda sobre los asesinos en serie. Además, se trata de un fenómeno global, que afecta a la industria de muchos países, y no solo de los Estados Unidos, donde tradicionalmente se han recogido estas historias. Vemos que países como España, India, Francia, Corea, Gran Bretaña, Italia... también exploran al asesino serial.

¿Por qué este interés? La clave está en los literatos góticos. El público actual se pregunta por la identidad de esos sujetos (*¿qué o quiénes* son?), y al tiempo que se sumerge en sus historias indaga —o al menos tiene la oportunidad de reflexionar— sobre la sociedad en la que vive. Gran parte de la fascinación con el *serial killer* proviene de su doble condición de persona y de monstruo. Se parece mucho a nosotros, de hecho pasa desapercibido, pero al mismo tiempo hace cosas inexplicables, monstruosas, transgrede los tabúes más firmes de la convivencia sin que haya una razón comprensible para ello. El espectador también puede prestar atención a las explicaciones que dan, a los errores y deficiencias que las instituciones sociales quizá mostraron en atender a sus necesidades cuando eran niños, o a la incompetencia y sesgos de la policía cuando les llegó el turno de ser perseguidos.

Los escritores góticos aceptaron el reto de enfrentarse a lo inexplicable, al crimen monstruoso que los criminólogos de la época habían despachado, considerándolos como meros *degenerados o subhumanos* (infraevolucionados). Y lo hicieron mediante la creación de protagonistas que llegaron al asesinato como una estrategia para forjarse una identidad alternativa a la que tenían en la sociedad convencional, con la cual se sentían perseguidos (la Criatura) o en un desacuerdo íntimo profundo (Jekyll, Dorian Gray, Kurtz, Moreau). Los escritores fueron capaces de profundizar en la psicología de sus monstruos como nadie nunca había hecho y, al hacerlo, pusieron los cimientos de la moderna investigación sobre estos asesinos, pues crearon la imagen cultural del psicópata criminal y del asesino en serie sobre la que se ha erigido tanto la investigación científica como la producción cultural en sus variedades literarias y audiovisuales.

Desde Shelley hasta Thompson, estos autores nos enseñaron que *cualquiera podía actuar como un monstruo*, porque nadie lo era por su nacimiento, clase social o aspecto. Si un científico es capaz de crear a la Criatura para luego someterla a una vida de tormentos por su abandono; si el probo Dr. Jekyll es también el perverso Mr. Hyde; si Dorian Gray es, además de un fino y bello aristócrata, el hombre que provoca en los demás la ruina moral que se manifiesta en el cuadro que tiene escondido, entonces debemos preguntarnos qué tipo de sociedad hemos construido, y qué significa realmente ser una persona. Una pregunta que adquiere mayor trascendencia si ampliamos la mirada hacia los demás y vemos, en compañía de Kurtz y el Dr. Moreau, la capacidad del psicópata para liderar asesinatos masivos.

Esas mismas inquietudes las recogen Highsmith y Thompson, que continúan la labor de los góticos de mostrar que nadie es un monstruo en un vacío. Tom Ripley encarna al chico simpático que persigue el sueño americano, pero en vez de permitir que este le destroce, utiliza al sistema a su favor y pone de relieve que la psicopatía es un buen modo de triunfar. La crítica es más brutal en la trama del ayudante de *sheriff* Lou Ford, porque él encarna tanto a la ley como al asesino.

Parece que la psicología del ser humano necesita la figura del monstruo. Con ella ponemos nombre a todo lo que nos provoca horror y traza una frontera que nos permite mantenernos a salvo como personas y como ciudadanos, ya sea de un enfermo mental (Norman Bates) o de un psicópata (Lecter). Pero los grandes escritores que nos han acompañado en estas páginas, al intentar sumergirse en el origen del mal monstruoso, nos dijeron que el psicópata y el asesino en serie que ellos crearon forman parte de quiénes somos. Y al revelarnos esta verdad, nos legaron la ingente tarea de escudriñar, detrás del monstruo, nuestra propia humanidad.

Anexos

Frankenstein en el tribunal de justicia

Al igual que lo que sucederá en las otras novelas que analizamos en este libro, el auxilio de la ley o bien no se requiere o es incapaz de ser de alguna utilidad. En *Frankenstein* hay una petición explícita de auxilio por parte del protagonista ante «un juez de lo criminal» al cual, después de la muerte de Elizabeth, le relata finalmente todo lo sucedido —es la única vez que Victor hace tal cosa—, pero este no le cree, si bien enmascara su negativa por una cuestión práctica: la policía nada podrá hacer ante un monstruo semejante.

> De buena gana le prestaría toda la ayuda posible, pero la criatura de la que usted me habla parece tener poderes capaces de desafiar todos mis esfuerzos. ¿Quién puede perseguir a un animal que puede cruzar el mar de hielo y vivir en grutas donde ningún hombre se aventuraría a entrar? Además, han transcurrido ya algunos meses desde que se cometieron los crímenes y nadie puede imaginar siquiera adónde puede haber ido o en qué lugares vivirá ahora.

Sin embargo, imaginemos que el juez hubiera sido más receptivo ante la petición de Victor y, como consecuencia de la actividad policial, la Criatura hubiera sido apresada. ¿Cómo tendría que haber respondido ante la ley? ¿Y Victor? ¿Tenía él alguna responsabilidad por los crímenes cometidos por aquella?

El derecho penal distingue con nitidez entre hechos y acciones. Así, los hechos pueden darse en fenómenos naturales (el rayo que mata) o animales (jauría de lobos que despedazan a un pastor), sin embargo, las acciones son patrimonio de la conducta humana, del hecho humano, porque la acción requiere actuar con sentido o voluntad. De modo que, en el caso de la Criatura no hay que atender a su condición de humano o no, que en las páginas precedentes se resuelve a favor de su condición de humano experimental (incompleto o fragmentado por la falta de entidad socializadora o *reconocimiento del otro*), sino a si cometió acciones delictivas, y la respuesta es ciertamente afirmativa.

Con tales fundamentos, la Criatura sería responsable de tres asesinatos (alevosos, como él mismo confirma):

> Pero es verdad que soy un miserable. He destruido todo lo bello y lo indefenso. He cazado a los inocentes mientras dormían y he estrangulado hasta la muerte el cuello de quien jamás me hizo daño. He conducido a mi creador al sufrimiento y lo he acosado hasta su muerte.

El hecho de que los asesinatos sean por venganza y que lleve a cabo una especie de violencia vicaria, no es obstáculo para su plena responsabilidad. No obstante, sí podría tener incidencia su falta de identidad, la ausencia de socialización, pues sin duda tal circunstancia altera su percepción de la realidad. Evidentemente no se trataría de una *eximente* (esto es, no se le consideraría un enfermo mental y por ello inimputable), sino de una *atenuación* de la responsabilidad a graduar.

Cuestión distinta es el caso de Victor Frankenstein, del cual tendríamos que distinguir dos aspectos. Por lo que respecta a que él fuera el creador de la Criatura, de lo relatado hasta ahora puede desprenderse fácilmente que tal acción fue legal: Victor no altera el genotipo, ni clona a nadie, puesto que trabaja con órganos de gente muerta, de manera que esa conducta —más allá de la posible ofensa a la memoria de los muertos—, carece de relevancia penal.

En lo que respecta a los crímenes de la Criatura, no cabe atribuirle a Victor responsabilidad penal: ni hay coautoría (no ayuda a la Criatura a matar), ni autoría mediata (no mata por medio del monstruo), ni participación alguna. No crea con la finalidad —ni era previsible— de que la Criatura matara, y menos a sus familiares. Ciertamente, cuando descubre que el monstruo es el autor de los crímenes y sus futuras intenciones, resulta poco diligente y su inacción incrementa el riesgo para terceros, pero no mata, ni deja matar; por el contrario, intenta poner remedios, por más que resultan inútiles. (No obstante, sí tendría que hacer frente a la responsabilidad civil, ya que la Criatura era responsabilidad suya.)

Finalmente, en el caso del ajusticiamiento de Justine, ya es otro cantar. Justine podría haberse salvado si Victor hubiera declarado que el autor era la Criatura (y si le hubieran creído). Pero aceptemos esta hipótesis como cierta y, por consiguiente, que su silencio fue determinante en la muerte de Justine. Aun en este caso, lo más probable es que Victor no hubiera sido responsable por ello ante la ley. ¿Por qué? Porque hubiera sido preciso demostrar que Victor tenía u ostentaba una posición de garante o protector, *un lazo familiar que le obligaba a actuar confesando*, y tal cuestión no está clara, pues si bien Justine era *como si fuera* de la familia, lo cierto es que era la institutriz de William. En otras palabras, hubiera sido muy difícil demostrar que Victor tenía la misma relación de actuar como garante o protector que, por ejemplo, tiene el guía alpinista frente al escalador, el marido o mujer frente a su cónyuge o ascendientes y descendientes, o el socorrista sobre los bañistas. No parece que aquí hubiera tal condición de garantía de salvamento y, a lo más, podría atribuírsele un delito de omisión de los deberes de impedir delitos o de promover su persecución.

ACERCA DE LA «SOMBRA» Y *EL EXTRAÑO CASO DEL DR. JEKYLL Y MR. HYDE*

El imaginario colectivo primitivo consideraba a la «sombra» como su alma o, en último caso, como parte vital de sí mismo y, por tanto, como una fuente de peligros para el individuo, pues si fuese maltratada, golpeada o herida, sentiría el daño como si lo hubiera sufrido su persona, y si queda separada de él por completo, como se cree posible, la persona morirá. En la tradición folclórica también se aprecia igual valor, pues el vampiro («no muerto») no se refleja en los espejos ni se proyecta en las sombras, condenado así a las tinieblas, a lo oscuro.

La «sombra», por tanto, es inaprensible, no es una cosa, un objeto, y menos parte del cuerpo humano, de ahí que las nuevas aportaciones psicoanalíticas la consideren la zona oscura u «oculta» de nuestra conciencia.

Así, *la sombra personal, esa que se va formando desde nuestra niñez, acoge aquello que reprimimos.* La «sombra» es, pues, una mochila que cargamos con lo que no aceptamos de nosotros mismos, pero que forma parte indisoluble de nosotros.

La sombra es, entonces, como *el otro en nosotros, ese otro yo que nos llena de embarazo y de vergüenza.* Sin embargo, *la luz no da sombra, sino que la sombra da luz* (Jung), porque la «sombra» es el inconsciente (aunque no todo el inconsciente) y cuando este se manifiesta nos da luz sobre nuestro yo. La «sombra» resulta imprescindible para la conformación de nuestra identidad (forma parte de esa identidad).

En efecto, no podemos huir de la «sombra», de una forma o de otra acaba apareciendo. Huir de nuestro yo es absurdo, porque es huir de nosotros mismos; mientras que enfrentarnos a nuestro yo es negar parte de ese yo; lo que procede es construir una identidad que lo recoja, lo que Jung llamaba el proceso de individuación.

Stevenson se anticipa a esta idea cuando expone que:

Y sucedió que mis estudios científicos mismos, que estaban encaminados hacia lo místico y lo trascendental, arrojaron una intensa luz sobre la conciencia que yo tenía de la guerra permanente *que sostenían las dos partes de mi yo.* De esta manera me fui acercando todos los días, y desde ambos extremos de mi inteligencia, a la verdad cuyo parcial descubrimiento me ha arrastrado a un naufragio tan espantoso: que el hombre no es realmente uno, sino dos [...] y me arriesgo a barruntar que acabará por descubrirse que el hombre es una simple comunidad organizada de personalidades independientes, contradictorias y variadas.

Cuando esas personalidades contradictorias entran en conflicto y dejan de ser armoniosas como forma de definir la identidad, *se establecen guerras suicidas internas que propician la aparición de las patologías propias de las identidades múltiples*, donde la contienda fratricida da lugar precisamente a lo contrario, a la pérdida de identidad, a una radical escisión (disociación) del yo. Por tanto, la función propia de la «sombra» es ese proceso tendente *al descubrimiento del yo total* en una construcción que integre el consciente y el inconsciente, si bien este proceso está cargado de peligros, pues la sombra se puede apoderar del consciente y, entonces, «¿Cómo puedes encontrar a un león que te ha devorado?» (Jung). Hyde, la «sombra», representa el arquetipo del león, una oscuridad que se expande hasta deteriorar el consciente, llegando al extremo de que la única forma de neutralizarla radica en la autoinmolación.

Sin embargo, no es esta la única solución ni la más acertada (la aniquilación del yo), pues:

> Para obtener una respuesta al problema del mal en la actualidad es absolutamente necesario el autoconocimiento, es decir, el mayor conocimiento posible de la totalidad del individuo. Debemos saber claramente cuál es nuestra capacidad para hacer el bien y cuántas vilezas podemos llegar a cometer. *Si queremos vivir libres de engaños e ilusiones debemos ser lo suficientemente conscientes como para no creer ingenuamente que el bien es real y que el mal es ilusorio y comprender que ambos forman parte constitutiva de nuestra propia naturaleza* (Jung).

De aquí la importancia de descubrir la sombra, porque supone reconocer ideas y deseos que también nos conforman, aunque en ocasiones entren en conflicto con las normas morales o incluso las leyes. Será tarea del individuo y de su criterio moral canalizar esos deseos de modo tal, que supongan una fuente de energía para su vida y que al mismo tiempo no atenten contra los derechos de las otras personas o de la comunidad.

Notas

1. EL HORROR, EL MONSTRUO Y EL ASESINO EN SERIE

1. Jack el Destripador como personaje literario o cinematográfico ha trascendido su condición de criminal histórico y se le puede ver en historias donde aparecen personajes como H. G. Wells, Sigmund Freud y, por supuesto, Sherlock Holmes.

2. LA CRIMINOLOGÍA A COMIENZOS DEL SIGLO XIX: EL ROSTRO DELATOR

1. Charles Dickens y Oscar Wilde, *El asesino de las bellas artes*, traducción de Susana Carral, Breviarios del Rey Lear, Madrid, 2012.

3. LA CRIMINOLOGÍA EN EL SIGLO XIX: NACE EL MONSTRUO MORAL

1. Sin embargo, cuando en el último tercio del siglo se impusieron las tesis hereditarias del crimen, los alienistas que todavía se sentían atraídos por las tesis frenológicas aceptaron que el cerebro se veía afectado en sus funciones por la herencia recibida de sus ascendientes, lo que ciertamente influía en su comportamiento de modo notable desde el nacimiento. Con ello, se acentuaba el carácter determinista de la Frenología, sobre todo para los criminales acérrimos.

2. Esta figura hace referencia a un sujeto armado con un gran cuchillo que deambulaba por los pueblos descuartizando a mujeres y niños para extraerles la grasa corporal, con el objetivo de preparar póci-

mas y ungüentos con ella. Gisela Baños, *El sacamantecas*, colección Los Rostros del mal, Salvat, 2022.

3. Las otras víctimas fueron, según confesó: Melitona Segura, el 2 de abril de 1870; Águeda Sabando y Alonso, el 12 de marzo de 1871; Antonia Berrosteguieta, el 21 de agosto de 1872; María Campos, el 29 de agosto de 1872; María de los Dolores Cortázar, el 7 de septiembre de 1879; y María Audícana, el 8 de septiembre de 1879.

4. En aquella época, la satiriasis era el equivalente a lo que hoy llamaríamos deseo sexual excesivo; la erotomanía era un concepto amplio por el que los sujetos desarrollaban vínculos afectivos y sexuales anómalos con personas u objetos.

5. Esta teoría rivalizó durante un tiempo con la teoría de Darwin, hasta que se reveló falsa. Pero durante buena parte del siglo XIX gozó de gran aceptación. Sostenía que las habilidades o capacidades que un organismo adquiría durante su vida se transmitían por herencia a sus descendientes.

4. *Frankenstein o el moderno Prometeo*

1. Seguimos la traducción de Lucía Márquez de la Plata que aparece en Leslie S. Klinger, *Frankenstein: edición anotada*, Akal, Madrid, 2017.

2. En la edición de 1831, Mary, para suavizar el tema espinoso del incesto, convierte a Elizabeth en una huérfana desde muy pequeña, al quedar del todo desvalida tras la muerte de un amigo del padre de Victor, por lo que ya no había relación familiar.

3. El término «científico» no se empleó hasta 1834. Hasta entonces, los estudiosos de las ciencias naturales se denominaban, como correspondía a su objeto de estudio, «filósofos de la naturaleza».

4. La adaptación se debió a Richard Peake y se llamó *Presumption, or the fate of Frankenstein* [La soberbia, o el destino de Frankenstein].

5. Alessandro Volta (1745-1827) fue físico y pionero en el estudio de la electricidad, creador de la pila eléctrica y el primero en producir corriente eléctrica continua. Fue amigo de Luigi Galvani que, en 1780, observó que el contacto de dos metales diferentes con el músculo de una rana originaba la contracción del músculo, lo que achacaba a la corriente eléctrica.

6. Jean-Jacques Rousseau, en su obra *Emilio o De la educación* (1762), defiende que el hombre es bueno por naturaleza, que su inclinación al mal proviene de la perversión que le transmite la socie-

dad. Por ello, en su obra busca enseñar de qué modo educar a los niños para que no se corrompan, regida por los intereses y los vicios que inevitablemente acompañan a la vida social. La teoría surge de los primeros postulados revolucionarios, del contrato social y de la concepción de que la sociedad está corrompida y necesita una reforma radical, ideas que impulsarán la Revolución francesa de 1789.

7. «He abocado al sufrimiento a mi creador, *ejemplo escogido de todo lo que merece ser amado y admirado en la especie humana*, y lo he acosado hasta su muerte irremediable.»

8. Se trata de un asesino en serie estadounidense que abusó sexualmente y mató a treinta y tres hombres jóvenes entre 1972 y 1978. Desde su posición de empresario de la construcción invitaba a jovencitos a su casa con la promesa de darles un empleo o de que ganarían algún dinero. Allí, les daba de beber y los mataba mediante estrangulamiento o a cuchilladas. Enterraba los cadáveres en un espacio hueco que había debajo del suelo de la casa. Era habitual que se vistiera de payaso cuando daba fiestas para recaudar fondos para obras sociales. Fue ejecutado en mayo de 1994.

9. Cinco si se cuentan a las mujeres de Burke y Hare, además del doctor Knox; seis, si se incluye también al ayudante del doctor que hacía de intermediario.

5. *El extraño caso del Dr. Jekyll y Mr. Hyde*

1. Por comodidad, en este capítulo se citará el título de la novela como *Jekyll y Hyde*, irá en cursiva para diferenciar el título de la mención a los personajes. Hemos seguido la edición de Unidad Editorial, Madrid, 1999, *El extraño caso del Dr. Jekyll y Mr. Hyde*, con traducción de Domingo Santos, así como *El extraordinario caso del doctor Jekyll y Mr. Hyde*, Robert Louis Stevenson, El Autor de la Semana 1996-2001, Facultad de Ciencias Sociales, Universidad de Chile, 2001. Selección y edición de textos: Óscar E. Aguilera.

2. Es un término que proviene de la tradición de la India. Aquí adquiere el significado de alguien poderoso, que arrolla todo lo que se encuentra en su camino.

3. Es un juego de palabras: *to hyde* es ocultar, y *to seek*, buscar. «Si él es el *señor oculto*, yo seré el *señor que busca*.»

4. Es el vocablo alemán para definir el doble *fantasmagórico* o *sosias* malvado de una persona viva. La palabra proviene de *doppel*,

que significa «doble», y *gänger*, «andante». Su forma más antigua, acuñada por el novelista Jean Paul en 1796, es *Doppelgänger*, «el que camina al lado». El término se utiliza para designar a cualquier doble de una persona, comúnmente en referencia al «gemelo malvado» o al fenómeno de la *bilocación* (Wikipedia).

5. También pudo conocer Stevenson *Los elixires del diablo* (1815), así como *El hombre de arena* (publicado en, *Cuentos nocturnos*, 1817), ambos de Ernst Theodor Amadeus Hoffmann, conocido como E. T. A. Hoffmann, un escritor prusiano inscrito en el movimiento romántico; o *El doble* (1846), de Dostoievski.

6. Estos dos casos aparecieron en los artículos adaptados del francés por el astrónomo y periodista Richard Proctor, titulados *Have we two brains?* (1875) y *Dual consciousness* (1877).

7. Es notable el uso de textos literarios que realiza Freud a lo largo de su obra para ejemplificar sus postulados, lo que no resulta extraño, dado que él mismo fue un extraordinario escritor; por otra parte, la influencia de la literatura gótica es del todo lógica, porque podemos decir que su visión de la mente humana tiene aspectos claramente góticos.

8. En aquellos años existían salones para el consumo de opio tolerados por la policía.

9. Stevenson no es del todo claro en este punto, se entiende que Hyde está convencido de que la policía lo detendrá y será ejecutado, pero él desconoce que una mujer ha presenciado el hecho y le ha reconocido, así que no sería extraño que él pensase salir indemne del crimen.

10. Charles Albright actuó en Dallas, estado de Texas. En 1991 fue condenado a cadena perpetua por matar a una mujer, pero la policía le adjudicó otras dos muertes. Su sadismo incluía extraer los ojos de las órbitas de sus víctimas.

11. «Una mujer se acercó a él para ofrecerle, creo, una caja de cerillas, pero él la apartó de un golpe en la cara y huyó», relata el Dr. Jekyll en su confesión.

12. Por las iniciales en inglés de atar (*Bind*), torturar (*Torture*) y matar (*Kill*).

13. Hay que tener en cuenta que la recogida de pruebas y su análisis fue totalmente deficiente, y que no se conservan todas las investigaciones oficiales de los homicidios.

14. Es lo que se conoce en Derecho como la *actio liberae in causa* («en su origen, el acto fue elegido libremente»).

15. Es el principio de la «autoría mediata».

6. El retrato de Dorian Gray

1. Hemos·seguido la edición de Espasa, *El retrato de Dorian Gray*, traducción y notas de Mauro Armiño, Madrid, 2010, así como la traducción que figura en *El retrato de Dorian Gray*, Oscar Wilde, Freeditorial, 2020.

2. En efecto, Wilde fue condenado por comportamiento «indecente» en 1895 a dos años de trabajos forzados, que dio lugar posteriormente a su célebre poemario, *La balada de la cárcel de Reading*.

3. Es una confesión que inequívocamente supone una declaración de amor en toda regla, enmascarada por Wilde tras palabras ardientes de admiración y fascinación por su persona.

4. El libro en el que se inspiró Wilde fue escrito por J. K. Huysmans en 1884, titulado *À rebours* (*Al revés*).

5. Un ejemplo reciente de este modelo de psicopatía integrada, que vendría a ajustarse en buena medida al modelo de Dorian Gray en cuanto pertenencia a una clase social elevada, presencia de gran magnetismo, habilidad para embaucar y comisión de *actos lascivos ilícitos*, se expone en el capítulo 10: Jeffrey Epstein.

6. El apodo del Hombre de Hielo se debió a que ocultaba muchas de sus víctimas en arcones congeladores para, una vez transportados y abandonados tiempo después, confundir a los forenses acerca de la fecha de la muerte del cadáver.

7. Repárese a continuación en expresiones como «espantosos impulsos» y «terrible objetivo», adjetivos que bien pueden encerrar el impulso homicida.

7. Drácula

1. Se ha seguido preferentemente la edición correspondiente a *Drácula anotado*, a cargo de Leslie Klinger con traducción de Julio Rodríguez Puértolas (Akal, Madrid, 2020). También hemos hecho uso de la edición que figura en Freeditorial.

2. Hasta 2008 se habían contabilizado ciento cincuenta películas basadas en la novela o el personaje de Drácula. *The New Yorker*, 9 de marzo, 2009.

3. El Prefacio apareció en la edición islandesa de *Drácula* en 1901.

4. Drácula afirma ser de origen *székely*, un pueblo húngaro que se había asentado en la Transilvania oriental.

5. Realizadas con la sangre donada por Arthur, John y el propio Van Helsing.

6. Peter Hawkins había fallecido y le había legado el bufete a Jonathan.

7. No está basado en Vlad el Empalador, como erróneamente se argumentó hace unos años. De él solo tomó el nombre de su dinastía (*Drakul*) y la idea general de que había sido un guerrero y dirigente notable.

8. «Mesmerismo» fue un término que durante buena parte del siglo XIX designaba la técnica de hacer entrar al paciente en estado de trance. Proviene del médico alemán Franz Anton Mesmer (1734-1815), que gozó de una gran fama por su habilidad para provocar esos trances o «crisis magnéticas», que él explicaba en función de su habilidad en el manejo de un fluido universal que, según creía, conectaba a todos los cuerpos del universo y que denominó, «magnetismo animal».

9. Como George Eliot y Arthur Conan Doyle que, a pesar de crear la figura más indeleble del detective que utiliza la razón como arma esencial de sus pesquisas, estaba plenamente convencido de que los espíritus y otras fuerzas ocultas intercedían en la vida ordinaria de las personas. Lombroso es otro ejemplo curioso de esta dualidad ciencia ortodoxa/ciencia de lo oculto ya que, si bien sus tesis académicas descansaban en el estudio del cuerpo y del cerebro de los criminales, en el ámbito privado estaba del todo convencido de que los muertos se dirigían a sus allegados mediante las sesiones dirigidas por los médiums.

10. Además, se nos antoja que el «amor» de Drácula se centra en la posesión total de ellas. «Guardaos mucho de tocarle, o tendréis que responder ante mí. La chica rubia, con una risa de escabrosa coquetería, se volvió para responderle: "Tú nunca has amado... ¡tú nunca amas!". Al oír esto las otras mujeres se unieron a ella, y por toda la habitación resonó una risa tal, tan áspera, carente de alegría y de alma, que casi me desmayé al oírla; parecía el placer de los demonios. Entonces el conde se volvió hacia ellas, tras observar detenidamente mi rostro, y dijo con un suave murmullo: "Sí, también yo puedo amar; vosotras mismas lo supisteis en el pasado. ¿No es así?".»

11. El lector no debería dejarse llevar por el Drácula romántico de la película rodada por Francis Ford Coppola titulada engañosamente, *Drácula de Bram Stoker* (1993), ya que, claramente, al presentar a un vampiro enfermo de amor por la pérdida de su esposa, se convierte en un ser que no tiene nada que ver con el Drácula original.

12. El propio Stoker no dejó pasar la oportunidad de vincular su novela con los crímenes del Destripador. Así, en el Prefacio que escribió a la edición islandesa de *Drácula* (1901), escribió: «Esta serie de crímenes [los cometidos por Drácula] no se ha borrado de nuestra memoria; crímenes que parecen tener el mismo origen y que también causaron tanta repugnancia entre las gentes como los asesinatos de Jack el Destripador, que tuvieron lugar poco después».

13. La conexión *Drácula-El silencio de los corderos* se analizará en un capítulo posterior.

14. Mina: «"Porque si encuentro en mí (y voy a vigilarme con todo cuidado) algún signo de que pueda ser causa de daños para alguien a quien amo, ¡debo morir!". "¿Se matará usted misma?", preguntó Van Helsing, con voz ronca". "Lo haré, si no hay ningún amigo que desee salvarme, evitándome ese dolor y ese esfuerzo desesperado"».

8. *El corazón de las tinieblas*

1. Seguimos la edición que prepararon y tradujeron Araceli García Ríos e Isabel Sánchez, *El corazón de las tinieblas*, Alianza Editorial, Madrid, 1976, así como la edición de Jorge Luis Marzo, con traducción de Sergio Pitol (editorial Lumen).

2. Por supuesto, muchas de las víctimas del Holocausto eran seleccionadas y llevadas a la muerte desde el principio, ya que su exterminio no estaba relacionado con su potencial productivo.

3. La producción original es de 1979, años después Coppola presentaría *Apocalypse Now Redux* (2003).

9. *La isla del Dr. Moreau*

1. Hemos seguido la edición de Alianza Editorial, *La isla del Dr. Moreau*, con traducción de Catalina Martínez Muñoz, Madrid, 2014.

10. El psicópata como personalidad criminal

1. La epigenética es el estudio de los mecanismos que regulan la expresión de los genes sin una modificación en la secuencia del ADN que los compone. Establece la relación entre las influencias genéticas

y ambientales que determinan un fenotipo. (Se denomina fenotipo a la expresión del genotipo en función de un determinado ambiente. El fenotipo se describe con rasgos tanto físicos como conductuales, por ejemplo, altura, peso, extrovertido, cooperador, etc.)

2. En un pueblo de Orense se produjo un incidente en septiembre de 2021 que puede considerarse como un precoz experimento de terror y, a nuestro juicio, interpretable en términos parecidos al caso de Cassie pero en una fase previa, más exploratoria. Un niño de trece años golpeó en la cabeza con una «pata de cabra» a una chica de catorce y posteriormente la lanzó al vacío desde un segundo piso, dejándola en estado crítico. El chico confesó a la policía que quería experimentar «qué se sentía al matar».

3. Las citas corresponden todas a su obra *The Mask of Sanity* [La máscara de la cordura].

4. En su libro, Cleckley pone el ejemplo de Neville Heath (1917-1946), que sedujo a una hija y su madre, ambas húngaras, durante una travesía en barco. Una vez que ambas descubrieron que él había amado a las dos, tanto la hija como la madre intercedieron por él ante sus respectivos maridos, ayudándole económicamente a que pudiera seguir con los negocios que, según les había hecho creer, eran de extrema importancia. Esto ocurrió antes que Neville Heath torturara, matara y descuartizara en el transcurso de tres semanas a dos chicas jóvenes: «A través de la autopsia —relata Cleckley— se pudo saber que Heath hizo todo lo posible para mantenerlas con vida, con objeto de poder disfrutar de su agonía propiciada por la tortura a la que las sometía».

5. No obstante, es importante señalar que un individuo puede puntuar alto en este rasgo sin hacer daño a nadie; sería el caso de las personas que participan regularmente en actividades recreativas de riesgo como la escalada, el parapente, las carreras de coches, etc., o bien que corre riesgos financieros de forma innecesaria o participa habitualmente en juegos con sumas significativas (para su estado financiero).

6. Manejamos la edición publicada por Anagrama (1998), traducción de Fernando Rodríguez.

7. Sobre la «audacia» y la posibilidad de que esta faceta sea la predominante en los psicópatas integrados que alcanzan el éxito, véase: Sellbom, Martin *et al.*, «Assessment of Psychopathy: Addressing Myths, Misconceptions, and Fallacies», en Luca Malatesti *et al.* (eds.), *Psychopathy: Its Uses, Validity and Status*, Springer, Suiza 2022, págs. 143-168.

8. Por cuestión de economía del lenguaje lo designaremos a continuación como «asesino múltiple».

9. Nos queda la duda de si Kohberger era en realidad un asesino en serie que había iniciado todo con un asesinato múltiple que, aunque infrecuente, tiene un claro precedente en BTK, como se comenta en esta obra.

10. Gary Gilmore (1940-1977) fue el personaje de la novela de no ficción que, siguiendo los pasos de Capote, escribió el literato también norteamericano Norman Mailer con el título de *La canción del verdugo* (1980). Gilmore debe su celebridad a que fue el primer condenado a pena capital y ejecutado, después de que el Tribunal Supremo de Estados Unidos terminara en 1976 con la moratoria de la pena de muerte que había aprobado años antes, debido precisamente a la insistencia de Gilmore en ser ejecutado.

11. EL TALENTO DE MR. RIPLEY

1. En su *Diario y cuadernos* escribió: «Si te parece que el mundo no tiene mucho sentido [...] tiene ligeramente más sentido después de una copa o dos» (2/11/54). Traducción de Eduardo Iriarte.

2. Seguimos la edición publicada por Anagrama (2019), con traducción de Jordi Beltrán.

3. No logra ningún beneficio, porque la estafa consiste en enviar cartas a ciudadanos haciéndose pasar por un inspector de Hacienda y diciendo que han de pagar una modesta cantidad porque en su declaración habían cometido algún error. Sin embargo, el cheque que recibe no lleva su nombre, porque Ripley no se quiere exponer a que la policía pueda identificarlo en caso de que la estafa llegara a su conocimiento.

4. Es decir, puede leer la mente de los demás, pero no comprende sus emociones de un modo profundo (empatía afectiva), que es uno de los rasgos esenciales del psicópata.

5. Podemos identificarnos con individuos que ni siquiera nos agradan si nuestra supervivencia está en juego, como se ha demostrado en los estudios sobre el «síndrome de Estocolmo», en el que un rehén asume la mentalidad de su captor porque eso le hace sentirse miembro de los que ostentan el poder y disminuir así la angustia de su cautiverio.

6. La entrevista la realizó Vicente Garrido en compañía de Marián Martínez.

12. El asesino dentro de mí

1. Seguimos la edición de RBA, traducción de Galvarino Plaza, RBA, Madrid, 2010.
2. Es una cita del libro de Eclesiastés de la Biblia.
3. Es lo que se conocen como las víctimas «doblemente olvidadas». Quinet, Kenna. «The Missing Missing: Toward a Quantification of Serial Murder Victimization in the United States», *Homicide Studies* 11.4 (2007), págs. 319-339.

13. El asesino en serie

1. Aunque no siempre, hay ocasiones donde una introspección cuidadosa puede revelarnos esos anhelos.
2. Es importante subrayar que ese lado oculto o «sombra» también forma parte de nuestro yo, ese del que no podemos ni debemos huir, porque es tanto como huir de nosotros mismos, de ahí que su mala gestión desestabilice de un modo grave a la persona.
3. Stephen Holmes y colaboradores propusieron una teoría de la identidad fracturada, pero no tiene el mismo sentido que la que proponemos nosotros: Holmes, Stephen T., Richard Tewksbury y Ronald M. Holmes, «Fractured Identity Syndrome: A New Theory of Serial Murder», *Journal of Contemporary Criminal Justice*, 15.3, 1999, págs. 262-272.
4. Son muchos autores los que ponen el énfasis en el origen de todo este proceso de desarrollo destructivo en el trauma, derivado de un fracaso en el vínculo (apego) primordial que se establece desde antes del nacimiento con la madre, y que incluye posteriormente al padre. El trauma en el apego puede perturbar muy gravemente el desarrollo normal de las emociones, del pensamiento y de la capacidad de vincularse con los demás, pudiendo dar lugar a episodios de disociación. Es decir, un apego ausente o deficitario en la primera infancia conduciría al colapso en el desarrollo integrado (sano) de la consciencia. Véase Liotti, Giovanni, «A Model of Dissociation Based on Attachment Theory and Research», *Journal of Trauma & Dissociation*, 7.4, 2006, págs. 55-73.
5. En octubre de 2021 —sigue la noticia—, una mujer aseguró en dependencias policiales del condado de Hertfordshire que Carrick la había atacado un año antes en un hotel de St. Albans, el Pre-

mier Inn. La agarró por el cuello, se definió a sí mismo como un «hijoputa dominador» y no dejó de insultarla. Curiosamente, cuando varios agentes acudieron al domicilio del acusado para proceder a la detención, su respuesta en la misma puerta fue: «¿Otra vez?».

6. No confundir con el asesino en serie conocido también como el Torso o el Carnicero Loco, que actuó en la década de los años treinta del pasado siglo en Cleveland (Ohio), que fue perseguido por el director de la policía en aquellos años, Eliot Ness. Este caso se explica en: Vicente Garrido, *Nuevos perfiles criminales*, Ariel, Barcelona, 2020.

7. Mónica Álvarez, «Todd Kohlhepp, el agente inmobiliario que reseñaba productos para sus crímenes en Amazon», *La Vanguardia*, 21 de mayo de 2021.

14. LOS ASESINOS EN SERIE COMO ICONOS DEL MAL MONSTRUOSO

1. Se trata del documental, *78/52. La escena que cambió el cine*, dirigido por Alexandre O. Philippe (2018). Los números del título se refieren al número de cortes y planos que consta la escena, respectivamente.

2. La popularidad de Norman Bates y de *Psicosis* se mantiene bien vigente, como lo prueba la serie de televisión *Bates Motel*, emitida con gran éxito entre 2013 y 2017 por la cadena A&E.

3. «¡Serán mis criaturas, para hacer lo que yo les ordene y para ser mis chacales cuando desee alimentarme!», les grita mientras repele el ataque.

4. En el mismo sentido: «Nietzsche rechazó la tesis de la Ilustración sobre la civilización, la razón y el progreso, y propuso su sustitución por una creatividad destructiva basada en la voluntad de poder y en el deseo de actuar». Natan Sznaider, *The Compassionate Temperament*, Rowman & Littlefield Publishing, Marylando, 2000, pág. 20.

5. Leopold y Loeb, en Chicago, quienes secuestraron y asesinaron en 1924 al niño Bobby Franks, conocido de ellos, para demostrar que estaban por encima del bien y del mal. De igual modo, Ian Brady, que junto con Myra Hindley mataron a cinco niños en los años sesenta en Inglaterra, escribió un libro donde reclamaba el derecho a asesinar por encima de toda moral convencional.

6. Los títulos son *Dahmer* y *Las cintas de Jeffrey Dahmer*, respectivamente, ambas producción de Netflix, 2022. Salvo que se indique lo

contrario, las citas literales de Dahmer están tomadas de la serie documental *Las cintas de Jeffrey Dahmer,* tal y como aparecen en Villalba, Javier, *True crime y Criminología: Análisis del discurso de Jeffrey Dahmer.* Universidad de Valencia, Valencia, 2023.

7. En *El dragón rojo,* su primera novela, Harris nos lo presenta como un brillante psiquiatra y cirujano, que mata a nueve de sus pacientes.

Fuentes y créditos de las imágenes

FIGURA 1. *El doctor Frankenstein* (*Frankenstein*), largometraje, James Whale, 1931. © Universal Pictures/Album

FIGURA 2. *El hombre y el monstruo* (*Dr. Jekyll and Mr. Hyde*), largometraje, Rouben Mamoulian, 1931. © Allstar Picture Library Ltd/Alamy/ACI

FIGURA 3. *El retrato de Dorian Gray* (*The Picture of Dorian Gray*), largometraje, Albert Lewin, 1945. © Colaimages/Alamy/ACI

FIGURA 4. *Drácula* (*Dracula*), largometraje, Tod Browning, 1931. © Universal Pictures/Album

FIGURA 5. *Apocalypse Now,* largometraje, Francis Ford Coppola, 1979. © Zoetrope/UA/Album

FIGURA 6. *La isla del Dr. Moreau* (*The Island of Dr. Moreau*), largometraje, Don Taylor, 1977. © Album

FIGURA 7. *El talento de Mr. Ripley* (*The Talented Mr. Ripley*), largometraje, Anthony Minghella, 1999. © Paramount Pictures/Album

FIGURA 8. *El demonio bajo la piel* (*The Killer Inside Me*), largometraje, Michael Winterbottom, 2010. © Revolution films/Album

FIGURA 9. *Psicosis* (*Psycho*), largometraje, Alfred Hitchcock, 1960. © Shamley Productions/Album

FIGURA 10. *El silencio de los corderos* (*The Silence of the Lambs*), largometraje, Jonathan Demme, 1991. © Orion Pictures/Album

Fuentes bibliográficas

Introducción

«Y justamente, como dice una experta en este campo»: Marie Léger-St-Jean, *Why They Kill: Criminal Etiologies in Mary Shelley's Franken-stein, R.L. Stevenson's Strange Case of Dr. Jekyll and Mr. Hyde, and Oscar Wilde's The Picture of Dorian Gray*, Tesis de Maestría en Artes, Universidad de Montreal, junio de 2009.

En busca del monstruo

La cita a la obra de 1927 de Carl Jung, *Estructura y dinámica de la psique*: Stephen T. Asma, «Judging and managing the monsters», en *On Monsters. An Unnatural History of our Worst Fears*, Oxford University Press, Oxford, 2009, págs. 226-228.

1. El horror, el monstruo y el asesino en serie

La cita de Richard Ramírez que encabeza el capítulo: Entrevista de Mike Watkiss a Richard Ramírez, YouTube, <https://www.youtube.com/watch?v=KQyjwLcUrNA>.

La historia de *El Intercambio* está tomada de Anthony Flacco, *The Road Out of Hell*, Union Square, 2009.

«Cuando se encontró a un chico en Dekalb, Illinois»: <https://forohistorico.coit.es/>.

La obra del filósofo Seguró: Miquel Seguró, *Vulnerabilidad*, Herder, Madrid, 2021.

«La persona y la cultura están en continuo diálogo»: Carlos Lalue-za-Fox, *Desigualdad. Una historia genética*, Crítica, Barcelona, 2022.

«El ser humano tiene capacidad de tomar decisiones libres»: Vicente Garrido y Virgilio Latorre, *El silencio de los corderos. Una exploración del mal*, Tirant lo Blanch, Valencia, 2016. Así como, Alessandra Bucella y Tomás Dominik, «Free will is only an illusion if you are, too», *Scientific American*, 16 de enero de 2023.

«El profesor de la Universidad de Sevilla Eduardo Bericat»: Eduardo Bericat, «La cultura del horror en las sociedades avanzadas: de la sociedad centrípeta a la sociedad centrífuga», *Revista Española de Investigaciones Sociológicas* (REIS), 110.1, 2005, págs. 53-89.

«Como ha detallado el antropólogo David Gilmore»: David Gilmore, *Monsters*, University of Pennsylvania, Pensilvania, 2003.

«O el profesor Stephen T. Asma»: Stephen T. Asma, *On Monsters. An Unnatural History of our Worst Fears*, Oxford University Press, Oxford, 2009, pág. 14.

«La imagen del mal es tan familiar hoy», en Roy Baumeister, *Evil: Inside Human Cruelty and Violence*, Freeman & Company, Londres, 1997.

«El psicólogo evolucionista Mathias Clasen ha encontrado una respuesta»: Mathias Clasen, «Evil monsters in horror fiction: an evolutionary perspective on form and function», en S. Packer y J. Pennington, *A History of Evil in Popular Culture: What Hannibal Lecter, Stephen King and Vampires Reveal about America 2*, Praeger, Westport, 2014, págs. 39-47. Véase también Mathias Clasen, «Monsters evolve: A biocultural approach to horror stories», *Review of General Psychology* 16.2, 2012, págs. 222-229.

«Escribe Stephen T. Asma»: Stephen T. Asma, «Monsters on the brain: An evolutionary epistemology of horror», *Social Research*, 81.4, 2014; págs. 941-968.

«Como señaló la profesora Nicola Dixon»: Nicola Nixon, «Making monsters, or serializing killers», en Robert K. Martin, *American Gothic: New Interventions in a National Narrative*, University of Iowa Press, Iowa, 1998, págs. 217-236.

David Schmid, *Natural Born Celebrities: Serial Killers in American Culture*, University of Chicago Press, Chicago, 2008.

«El hecho de matar de forma serial [...] se ajusta admirablemente a la narrativa moderna»: Robert Conrath, «The guys who shoot to thrill: Serial killers and the American popular unconscious», *Revue française d'études américaines*, 1994, págs. 143-152.

2. La Criminología a comienzos del siglo XIX: el rostro delator

Para el apartado de «La biografía de los condenados»: Marie Léger-St-Jean, *Why They Kill* (*opus cit.*). Karen Halttunen, *Murder most Foul: The Killer and the American Gothic Imagination*, Harvard University Press, Cambridge, Massachusetts, 1998.

«El sermón de ejecución de Esther Rogers»: *Murder most Foul* (*opues cit.*), págs. 7-8.

Para el apartado de «La Fisionomía» hemos tomado las obras de Nicole Rafter (ed.). *The Origins of Criminology: A Reader*, Routledge, Nueva York, 2009.

—, *The Criminal Brain*, New York University Press, Nueva York, 2008.

«Dado que Lavater era también clérigo»: Marie Léger-St-Jean, «A Portrait of the Monster as Criminal, or the Criminal as Outcast: Opposing Aetiologies of Crime in Mary Shelley's Frankenstein», *Romanticism and Victorianism on the Net*, 62, octubre de 2012.

«La relación existente entre diferentes tipos de narices...»: Anónimo (solo figuran las iniciales J. W. M., «The nose», *American Phrenological Journal and Life Ilustred*, vol. 43, n.º 5, mayo de 1866, pág. 138. David M. Horton (ed.), *Pioneering perspectives in Criminology*, Copperhouse Publishing Co., Nueva York, 2000.

3. La Criminología en el siglo XIX: nace el monstruo moral

«El siglo XIX fue también testigo del advenimiento de los exploradores de la mente»: Mary Rosner, «A total subversion of character: Dr. Jekyll's moral insanity», *Victorian Newsletter*, vol. 93, 1998.

«La Frenología»: En este apartado nos hemos basado en Nicole Rafter, *The Criminal Brain*, NYUP, Nueva York, 2008, así como en Nicole Rafter (ed.), *The Origins of Criminology: A Reader*, Routledge, 2009.

El análisis de Díaz de Garayo lo hemos tomado de Gisela Baños, *El Sacamantecas*, EMSE/EDAPP, Madrid, 2022.

«La locura moral (*Moral insanity*)». Los diferentes investigadores de la locura moral: Rafter, Nicole, *The Criminal Brain, opus cit.*

Nicole Rafter, «Psychopathy and the evolution of criminological knowledge», *Theoretical Criminology*, 1.2, 1997; págs. 235-259.

«realizaban comportamientos indignos, depravados, temerarios y del todo contrario a los principios morales»: Mary Rosner, «A total subversion of character: Dr. Jekyll's moral insanity», *opus cit.*

El apartado de «La teoría de la degeneración»: lo hemos tomado de Nicole Rafter, *The Criminal Brain, opus cit.*

«Uno de los grandes psiquiatras del siglo XIX, el Dr. Henry Maudsley»: Henry Maudsley, *Responsability in Mental Disease*, Appleton, Nueva York, 1874, págs. 170-171, citado en Melissa J. Ganz, «Carrying on Like a Madman: Insanity and Responsibility in Strange Case of Dr. Jekyll and Mr. Hyde» *Nineteenth-Century Literature*, 70.3, University of California Press, California, 2015, págs. 363-397.

El apartado de «La antropología criminal de Lombroso»: lo hemos tomado de Nicole Rafter y Per Ystehede, «Here Be Dragons: Lombroso, The Gothic and Social Control», *Sociology of Crime, Law and Deviance*, 14, 2010, págs. 263-284.

«Es claro, entonces, que los escritores góticos encajan perfectamente en esa corriente»: Mark Edmundson, *Nightmare on Main Street: Angels, Sadomasochism, and the Culture of Gothic*, Harvard University Press, Cambridge (Massachusetts), 1999.

«Escribe Kelly Hurley»: Kelly Hurley, *The Gothic Body: Sexuality, Materialism, and Degeneration at the fin de siècle*, vol. 8, Cambridge University Press, Cambridge, 1996.

«A la vista de esta calavera», escribe Lombroso: Cesare Lombroso y Gina Ferrero (1911), *Criminal Man According to the Classification of Cesare Lombroso*, citado en Rafter e Ystehede, «Here Be Dragons», *opus cit.*

Los apartados «Entran los alienistas en los juicios» y «La naturaleza del crimen, prueba de la locura»: los hemos tomado de Karen Halttunen, *Murder Most Foul: The Killer and the American Gothic Imagination, opus cit.*

LA ALIANZA ENTRE LOS LITERATOS Y LOS CIENTÍFICOS

«Las buenas historias de monstruos»: Stephen T. Asma, *On Monsters: An Unnatural History of our Worst Fears, opus cit.*

«H. P. Lovecraft dijo que el horror»: Howard Phillips Lovecraft, *El horror sobrenatural en la literatura: y otros escritos*, vol. 11, traducción de Álvaro Garrido, Edaf, Madrid, 2002.

«afilar en ellas nuestras habilidades, nuestros pensamientos»: Philip Ball, *The Modern Myths: Adventures in the Machinery of the Popular Imagination*, University of Chicago Press, Chicago, 2022.

Acerca del mito moderno: Philip Ball, *The Modern Myths, opus cit.*

«está continuamente poniendo finales a esas historias»: James Twit-
chell, *Dreadful Pleasures: An Anatomy of Modern Horror*, Oxford University Press, Oxford, 1985.

4. *Frankenstein o el moderno Prometeo*

«Para la escritora Esther Cross»: Esther Cross, *La mujer que escribió
Frankenstein*, Editorial Minúscula, Barcelona, 2022.

«En palabras del que fuera veinte años editor»: Philip Ball, *The Modern Myths, opus cit.*

«El gran estudioso de la obra de Mary Shelley, Charles Robinson» y las
otras citas de Robinson provienen de: Charles Robinson, «Introducción», a la edición de *Frankenstein, Bicentenario*, traducción de
José C. Vales y Vicente Campos González, Ariel, Barcelona, 2018.

El apartado de «Mary Shelley»: Leslie S. Klinger, Prólogo, *Frankenstein, edición anotada*, traducción de Lucía Márquez, Akal, Madrid,
2017.

«Tras la muerte de mi William, sentí que el mundo...»: cita de Mary
Shelley tomada de Esther Cross, *La mujer que escribió Frankenstein,
opus cit.*

El apartado «Génesis de *Frankenstein: La noche de los monstruos*», tomado de Robinson, Introducción a la edición de *Frankenstein: Bicentenario*, y Klinger, Leslie S., Prólogo a *Frankenstein: edición anotada*,
ambas obras citadas.

El apartado «La ciencia natural»: está tomado de Klinger, Leslie S.,
Prólogo a *Frankenstein: edición anotada*.

«Ni siquiera tiene nombre...»: La idea de la identidad fragmentada
de la Criatura aparece en Isabel Burdiel, en su estudio crítico a la
edición de Frankenstein publicada en Cátedra (1996).

La pugna entre la explicación fisionómica y social en el libro: Léger-
St-Jean, Marie, «A Portrait of the Monster as Criminal, or the Criminal as Outcast», *opus cit.*

«En esto consiste el argumento moral del libro...». Se recoge de Ball,
Philip, *The Modern Myths*.

El examen fisionómico de Mary Shelley: se recoge en Cross, Esther,
La mujer que escribió Frankenstein.

«La fealdad física de la criatura refleja»: Robinson, Introducción a la
edición de *Frankenstein: Bicentenario*.

El apartado «Los monstruos de *Frankenstein*: la Criatura», cita textos de Cross, Esther, *La mujer que escribió Frankenstein*.

En el apartado «Los monstruos de *Frankenstein*: Victor», la cita: «Esta opinión puede resumirse»: Elizabeth Bear, «Frankenstein reformulado; o el problema con Prometeo», en la edición de *Frankenstein: Bicentenario, opus cit.*, págs. 310-315.

El apartado «La tesis antropológica se impone en el imaginario popular»: Nicole Rafter y Michelle Brown, *Criminology Goes to the Movies: Crime Theory and Popular Culture*, NYU Press, Nueva York, 2011.

El apartado «Ladrones de cadáveres: los resurreccionistas», está tomado de la obra citada de Esther Cross y de Judith Flanders, *The Invention of Murder: How the Victorians Reveled in Death and Detection and Created Modern Crime*, Macmillan, Nueva York, 2013.

«El historiador Tim Marshall, en un libro dedicado a los ladrones de tumbas»: *Murdering to Dissect: Grave-robbing, Frankenstein and the Anatomy Literature*, Manchester University Press, 1995.

«La rabia, despecho o la ira»: Stephen T. Asma, *On Monsters*, pág. 210 y ss., *opus cit.*

5 *El extraño caso del Dr. Jekyll y Mr. Hyde.*

«Como escribió la profesora Barbara D'Amato»: Barbara D'Amato, «Jekyll and Hyde: A Literary Forerunner to Freud's Discovery of the Unconscious», *Modern Psychoanalysis*, 30.1, 2005, págs. 92-106.

«En la biografía que le dedica el escritor G. K. Chesterton»: La biografía comentada de Stevenson puede consultarse en G. K. Chesterton: <http://www.librodot.com>.

Acerca de Stevenson y la época victoriana: Introducción y notas, en Stevenson, *Strange Case of Dr. Jekyll and Mr. Hyde and Other Tales*, Oxford World's Classics, Oxford, 2006, págs. xvii-xxxiii.

El apartado «La recepción de la crítica literaria»: Capítulo «Unchaining the beast», en el libro ya citado de Philip Ball, *The Modern Myths*.

Para el apartado «El doble» y «La sombra» hemos consultado: Jung, Carl G., *et al.*, «Encuentro con la sombra. El poder del lado oculto de la naturaleza humana». Edición a cargo de Connie Zweig y Jeremiah Abrams. Recuperado en: <http://www. josepmariacarbo. cat/themes/demo/assets/docs/JUNG-CARL-Encuentro-con-la-sombra. pdf> (1991). Véase también: Marta Gómez Moreno y Elena Carolina Hewitt Hughes, «Estudio de la obra de Stevenson sobre la base de la teoría de Jung del arquetipo de la sombra en *El extraño caso del Dr. Jekyll y Mr. Hyde*», *Alpha* (Osorno), 42, 2016, págs. 51-76. Y finalmente: Juan Herrero Cecilia, «Figuras y significaciones del mito del doble en la literatura: teorías explicativas». *Çédille. Revista de Estudios Franceses* 2, 2011, págs. 17-48.

Finalmente, es importante conocer la aportación de Sigmund Freud sobre el doble, tal y como escribió en su «CIX. Lo siniestro», *Obras completas*, Biblioteca Nueva, primera edición, 1919.

«Por lo que respecta al primer punto, William Brodie»: Léger-St-Jean, Marie, *Why They Kill* (*opus cit.*).

Acerca de los estudios sobre el doble cerebro y el interés de Stevenson al respecto: Anne Stiles, «Robert Louis Stevenson's Jekyll and Hyde and the Double Brain», *SEL Studies in English and Literature*, 46.4, 2006, págs. 879-900. Un estudio médico y neurológico de *Jekyll y Hyde* y la influencia de la neurología de la época en Stevenson: L. C. Álvaro, «Dr. Jekyll y Mr. Hyde: Un caso de epilepsia a finales del siglo XIX», *Neurosciences and History*, 1.1, 2013, págs. 21-27.

Para el apartado «Precedente del inconsciente»: Barbara D'Amato, «Jekyll and Hyde: A literary forerunner to Freud's discovery of unconscious», *opus cit.*, y Roger Luckhurst, su «Introducción» a la edición de Oxford University Press de *Strange case of Dr. Jekyll and Mr. Hyde and Other Tales, opus cit.*

Para el apartado «Edward Hyde como psicópata» hemos consultado: Ganz, Melissa J., «Carrying On Like a Madman: Insanity and Responsibility in Strange Case of Dr. Jekyll and Mr. Hyde», *Nineteenth-Century Literature*, 70.3, 2015, págs. 363-397. La influencia de Lombroso y la teoría de la degeneración en la personalidad de Edward Hyde: Stephen D. Arata, «The Sedulous Ape: Atavism, Professionalism, and Stevenson's "Jekyll and Hyde"», *Criticism*, 37.2, 1995, págs. 233-259.

«La profesora Mary Rosher cita numerosos paralelismos»: Mary Rosher, «A Total Subversion of Character: Dr. Jekyll's Moral Insanity», *Victorian Newsletter*, 93, primavera de 1998, págs. 27-31.

El apartado «Edward Hyde como asesino en serie», la cita del «reputado criminólogo Eric Hickey»: Eric W. Hickey, *Serial Murderers and their Victims*, Cengage Learning, Boston, Massachusetts, 2015.

«Por ejemplo, John Wayne Gacy, asesino de más de treinta chicos con vidas complicadas». Véase: Veronyka James, «Denying the Darkness: Exploring the Discourses of Neutralization of Bundy, Gacy, and Dahmer», *Societies*, 9.2, 2019, pág. 46.

El apartado «Jack el Destripador» y la cita de Judith Flanders, *The Invention of Murder, opus cit.*

El estudio de perfilación del Destripador: Robert D. Keppel *et al.*, «The Jack the Ripper Murders: A Modus Operandi and Signature Analysis of the 1888-1891 Whitechapel Murders», *Journal of Investigative Psychology and Offender Profiling*, 2.1, 2005, págs. 1-21.

El apartado «Jack el Destripador y Edward Hyde», la cita de Hallie Rubenhold, *Las cinco mujeres: Las víctimas olvidadas de Jack el Destripador*, traducción de Mónica Rubio, Roca Editorial, Barcelona, 2020.

Las reacciones de la prensa comparando al Destripador y la novela de Stevenson están tomadas de Judith Flanders, *The Invention of Murder, opus cit.* También se comenta este paralelismo en Linda Dryden, *The Modern Gothic and Literary Doubles*, Palgrave Macmillan, Nueva York, 2003.

«Para la profesora Barbara D'Amato lo que hunde moralmente a Lanyon»: «Jekyll and Hyde: A Literary Forerunner to Freud's Discovery of the Unconscious», *opus cit.*

El apartado «El Dr. Jekyll en el banquillo»: Ganz, Melissa J., «Carrying on like a madman: Insanity and responsibility in Strange case of Dr. Jekyll and Mr. Hyde», *opus cit.* Y: Nicola Lacey, «Psychologising Jekyll, demonising Hyde: The Strange Case of Criminal Responsibility», *Criminal Law and Philosophy*, 4, 2010, págs. 109-133.

«Así pues —como reflexiona J. A. Sanford— si queremos que nuestro propio drama con la sombra»: en Jung, Carl G., *et al.*, «Encuentro con la sombra», *opus cit.*

6. EL RETRATO DE DORIAN GRAY

Las notas biográficas y las críticas a la obra aparecen en la introducción de Mauro Armiño para la edición publicada por Austral en el año 2000. También se ha utilizado una excelente biografía de Joseph Pearce, *Oscar Wilde: la verdad sin máscaras*, traducción de Ana Pérez Galván, Ciudadela Libros, Madrid, 2006.

Acerca de la teoría estética de Dorian Gray: Theodora Esther Gross, *The Monster and the Mirrow: Late Victorian Gothic and Anthropology*, tesis doctoral, Boston University, Boston, 2012.

El doble en *El retrato de Dorian Gray*: Dryden, Linda, *The Modern gothic and Literary Doubles, opus cit.*

Acerca de la herencia y su reflejo en *El retrato de Dorian Gray*: James Eli Adam, «History as Seduction: Wilde and the Fascination of Heredity», en Michael F. Davis y Petra Dierkes-Thrun, *Wilde's Other Worlds*, Routledge, Londres, 2018, págs. 40-59. También hemos consultado: Michael Wainwright, «Oscar Wilde, the Science of Heredity, and The Picture of Dorian Gray», *English Literature in Transition, 1880-1920*, 54.4, 2011, págs. 494-522.

La degeneración tanto heredada como adquirida en Dorian Gray: Nils Clausson, «Culture and Corruption. Paterian Self-Development versus Gothic Degeneration in Oscar Wilde's "The Picture of Dorian Gray"», *Papers on Language and Literature*, 39.4, 2003, págs. 339-364.

La influencia de la novela *A contrapelo* en Dorian Gray: L. C. Álvaro González, «Estudio neurológico de la novela decadentista *À rebours (A contrapelo)*, de Joris-Karl Huysmans», *Neurosciences and History*, 6. 4, 2018, págs. 125-137.

El apartado «El Hombre de Hielo»: Philip Carlo, *The Ice Man, Confessions of a Mafia Contract Killer*, HarperCollins Publishers, Nueva York, 2006.

La entrevista a Richard Kuklinski: *The Iceman Confesses: Secrets of a Mafia Hitman*, HBO, 2001.

«La filósofa Theodora Esther Goss lo resume de forma magistral»: *The Monster and the Mirrow: Late Victorian Gothic and Anthropology, opus cit.*

7. Drácula

Las notas biográficas de Bram Stoker: «El contexto de Drácula», en el libro editado por Klinger, Leslie S., *Drácula anotado*, Akal, Madrid, 2020. También se consultó David. J. Skal, *Algo en la sangre. La biografía secreta de Bram Stoker, el hombre que escribió Drácula*, Es Pop Ediciones, Madrid, 2017.

Las leyendas sobre los vampiros y el folclore del que se sirvió Stoker para escribir *Drácula*: Carme Agustí Aparici y Emilio Llorca Rodríguez, «Calmet, los enterrados vivos y los falsos muertos: aportaciones a la creación del mito literario del vampiro», *Revista de Humanidades*, 32, 2017, págs.101-124. De igual modo nos ha sido de mucha ayuda: «Calmet y el vampiro: un personaje del mal. Aproximación desde la antropología a la literaturización del fenómeno vampírico», *Cuadernos de Ilustración y Romanticismo. Revista digital del Grupo de estudios del siglo XVIII*, 22, 2016, págs. 179-203. Asimismo, hay información al respecto en «El contexto de Drácula», en el libro editado por Klinger, Leslie S., *Drácula anotado, opus cit.* Y finalmente, Clive Leatherdale, *Historia de Drácula*, Arpa, Madrid, 2019. es un libro muy útil sobre las fuentes de *Drácula*.

Sobre la constante actualidad del vampirismo y de *Drácula* en particular: Juan Acocella, «In the Blood. Why do Vampires Still Thrill?», *The New Yorker*, 9 de marzo de 2009.

«Entonces, ¿qué hizo especial a Drácula...?»: Benson Saler y Charles A. Ziegler, «Dracula and Carmilla: Monsters and the Mind», *Philosophy and Literature*, 29.1, 2005, pág. 218-227.

«El ser un "no muerto" viola poderosamente nuestros esquemas mentales»: Mathias Clasen, «Attention, predation, counterintuition: Why Dracula won't die», *Style*, 46.3-4, 2012, págs. 378-398.

«Finalmente, el antropólogo David Gilmore»: David D. Gilmore, *Monsters: Evil Beings, Mythical Beasts, and all Manner of Imaginary Terrors*, University of Pennsylvania Press, Pensilvania, 2012.

«Van Helsing y los suyos emplean continuamente la moderna ciencia y tecnología»: Anne Stiles, «Cerebral Automatism, the Brain and the Soul in Bram Stoker's Dracula», *Journal of the History of the Neurosciences*, 15.2, 2006, págs. 131-152.

La información acerca de la Sociedad para la Investigación Psíquica y la importancia de la parapsicología en la época de *Drácula*: John Gray, *La comisión para la inmortalización*, traducción de Carme Camps, Sexto Piso, Madrid, 2014.

«La meta de la Sociedad, de acuerdo a sus estatutos»: Stiles, Anne. «Cerebral Automatism, the Brain and the Soul in Bram Stoker's Dracula», *opus cit.*

«En palabras del antropólogo Mathias Clasen»: «Attention, predation, counterintuition: Why Dracula won't die», *opus cit.*

«Como indica la profesora Caroline Picart»: Caroline Joan Picart y Cecil Greek. «The Compulsion of Real/Reel Serial Killers and Vampires: Toward a Gothic Criminology», *Journal of Criminal Justice and Popular Culture*, 10.1, 2003, págs. 39-68.

Sobre Ted Kaczynski: Vicente Garrido, *Nuevos perfiles criminales*, Ariel, Barcelona, 2020.

Sobre la captura de Dennis Rader, alias BTK: John Douglas y Johnny Dodd, *Inside the Mind of BTK: The True Story Behind the Thirty-Year*

Hunt for the Notorious Wichita Serial Killer, John Wiley & Sons, Nueva Jersey, 2008.

«los cazadores muestran el beneficio de una ética igualitaria»: Mathias Clasen, «Attention, predation, counterintuition: Why Dracula won't die», *opus cit.*

Drácula como víctima sacrificial: Kathleen L. Spencer, «Purity and Danger: Dracula, the Urban Gothic, and the Late Victorian Degeneracy Crisis», *ELH*, 59.1, 1992, págs. 197-225.

8. *EL CORAZÓN DE LAS TINIEBLAS*

Los comentarios de Vargas Llosa: Mario Vargas Llosa, *La verdad de las mentiras*, Punto de Lectura, Madrid, 2003.

«De hecho, ese viaje también arruinó su salud»: Blogs de los Teatros del Canal, *El corazón de las tinieblas, de Joseph Conrad: ¿Qué historia se esconde entre sus páginas?*, 23 de abril de 2018. Tomado a su vez de Owen Knowles y Gene M. Moore (eds.), *Oxford Reader's Companion to Conrad*, Oxford University Press, Oxford, 2000.

«Lo que intento lograr [cuando escribo] es que el lector»: Joseph Conrad, en el Prefacio a su obra *Crónica personal*, Alba Editorial, Barcelona, 2016.

«Su impacto en la literatura del siglo XX fue colosal»: Fernando Galván y José Santiago Fernández, reseña a la edición de Jesús Varela Zapata, Conrad, *El corazón de las tinieblas*, Cátedra, Madrid, 2005.

«Algunos autores dijeron que era una obra racista»: Haili Ann Vinson, *The Time Machine and Heart of Darkness: H. G. Wells, Joseph Conrad, and the fin de siècle*, University of South Florida, Florida, 2011. Las críticas de racismo más comentadas las realizó el escritor nigeriano Chinua Achebe.

La cita de Jorge Luis Borges, prólogo, Joseph Conrad, *El corazón de las tinieblas*, Biblioteca Personal, Ediciones Orbis, Barcelona, 1986.

El apartado «La historia secreta tras *El corazón de las tinieblas*»: Vinson, Haili Ann, *The Time Machine and Heart of Darkness*, *opus cit.* Las citas literales están tomadas de: Jaime M. Cris, *Leopoldo II. El rey muerte*, EMSE EDAPP, Madrid, 2022.

«Joseph Conrad [...] afirmó que tras el Estado Libre del Congo»: *Oxford Reader's Companion to Conrad*, *opus cit.* Tomamos la cita de Blogs de los Teatros del Canal, 23-4-2018.

«Para aumentar los ritmos de la producción»: Wikipedia, entrada Leopoldo II de Bélgica.

9. *La isla del Dr. Moreau*

Acerca del darwinismo social y la obra de H. G. Wells: Haili Ann Vinson, *The Time Machine and Heart of Darkness*, opus cit. (capítulo 2). «Moreau no es un mero representante del grupo del "científico loco"»: nuestra opinión difiere de la que se comenta en Lourdes Santamaria Blasco, «Intertextualidades siniestras entre la literatura y el cine: Científicos locos, femmes fatales, Doppelgängers y mutilaciones corporales», *Tropelías: Revista de Teoría de la Literatura y Literatura Comparada*, 34, 2020, págs. 152-181.
El apartado «El Dr. Moreau y el Dr. Mengele»: los datos de las esterilizaciones provienen de Alfred Pasternak, *Inhuman Research: Medical Experiments in German Concentration Camps*, Akademial Kiado, Budapest, 2006. La carta de Mengele a sus padres está tomada de: Joan Solé, *Mengele, el Ángel de la Muerte*, EMSE EDAPP, Madrid, 2022.

10. El psicópata como personalidad criminal

La cita que encabeza el capítulo: Robert D. Hare, «Psychopaths and their Nature: Implications for the Mental Health and Criminal Justice Systems», en Theodore Million *et al.*, (eds.), *Psychopathy: Antisocial, Criminal, and Violent Behavior*, The Guilford Press, Nueva York,1998, pág. 16.
«El primer investigador de la mente humana que estudió al psicópata»: Hervey Cleckley, *The Mask of Sanity*, Mosby Co. (5.ª ed.), Augusta, Georgia, 1976.
«Su mérito fue liberar al concepto de la confusión»: Bruce A. Arrigo y Stacey Shipley, «The confusion over psychopathy (I): Historical considerations», *International Journal of Offender Therapy and Comparative Criminology*, 45.3, 2001, págs. 325-344.
«Es un lugar común mencionar que la antropóloga Jane Murphy»: Jane M. Murphy, «Psychiatric Labeling in Cross-Cultural Perspective: Similar Kinds of Disturbed Behavior Appear to be Labeled Abnormal in Diverse Cultures», *Science*, 191.4231, 1976, págs. 1019-1028.

«En la serie hoy de culto *Los Soprano,* la terapeuta de Tony Soprano»: Scott O. Lilienfeld y Hal Arkowitz, «What "Psychopath" Means», *Scientific American Mind,* diciembre de 2007-enero de 2008.

«Experimento de terror»: Danielle Tinning, «Inside the Grisly Case of Cassie Jo Stoddart», 11 de mayo de 2021. https://allthatsin teresting.com/cassie-jo-stoddart (hay también numerosos vídeos en YouTube).

El asesinato de Orense: M. Sánchez, «Un niño de 13 años quiso matar a una amiga en Carballiño para saber qué se sentía», *La Región,* 11 de septiembre de 2021, <https://www.laregion.es/articulo/o-car ballinho/nino-13-anos-quiso-matar-amiga-saber-que-sentia/20210 9110051481062163.html>.

El estudio realizado con Ted Bundy en 2006: Douglas B. Samuel y Thomas A. Widiger, «Clinicians' Judgments of Clinical Utility: A Comparison of the DSM-IV and Five-Factor Models», *Journal of Abnormal Psychology,* 115.2, 2006, pág. 298.

«El primer psiquiatra que definió al psicópata»: Scott O. Lilienfeld *et al.,* «Hervey Cleckley (1903-1984): Contributions to the Study of Psychopathy», *Personality Disorders: Theory, Research, and Treatment,* 9.6, 2018, págs. 510-520.

Los comentarios de Lykken a la obra de Cleckley: David T. Lykken, *The Antisocial Personalities,* Psychology Press, 2013 (original de 1995), págs. 196 y ss.

«El psicólogo canadiense Robert D. Hare [...] publicó en 1993 un libro que recogía»: Robert D. Hare, *Sin conciencia,* Paidós, Barcelona, 2003.

«Pero Hare fue bien consciente de que el psicópata del siglo xx»: Robert D. Hare y Craig S. Neumann, «Psychopathy as a Clinical and Empirical Construct», *Annual Review Clinical Psychology,* 4, 2008, págs. 217-246.

«Los rasgos esenciales del psicópata de Hare»: David Cooke y Chris Michie, «Refining the Construct of Psychopathy: Towards a Hierarchical Model», *Psychological Assessment,* 13.2, 2001, págs. 171-188.

Los asesinatos de *A sangre fría* se describen en: <https://es.wikipedia .org/wiki/Familia_Clutter>

«Stewart Justman, profesor de la Universidad Johns Hopkins»: Stewart Justman, «The Guilt-Free Psychopath», *Philosophy, Psychiatry & Psychology,* 28.2, 2021, págs. 87-104.

«Los profesores Thomas Widiger y Cristina Crego»: Thomas A. Widiger y Cristina Crego, «Psychopathy and Lack of Guilt» *Philosophy, Psychiatry & Psychology,* 28.2, 2021, págs. 109-111.

El caso de Jeffrey Epstein: *Asquerosamente rico,* documental dirigido por Lisa Bryant, Netflix, 2020.

El modelo triádico de la psicopatía: Patrick Christopher, D. C Fowles, y R. F. Krueger, «Triarchic Conceptualization of Psychopathy: Developmental Origins of Disinhibition, Boldness and Meanness», *Deviance Psychopathology,* 21, 2009, págs. 913-938.

«El caso del profesor de Criminología»: Información obtenida de Mike Baker, «10 Keys Revelations in the Idaho Murder Case», *The New York Times,* 12 enero de 2023; ver también Mike Barker, <https://www.vanityfair.com/style/2023/02/idaho-murders-victims-alleged-killer>. Y Nicholas Bogel-Burroughs, «Idaho Murders Suspect Felt "No Emotion" and "Little remorse" as a Teen», *The New York Times,* 13 de enero de 2023.

11. EL TALENTO DE MR. RIPLEY

«Ella nos sumerge en una psicología diabólica»: Eric Targan, «Identity Theft: The Amoral Vision of Patricia Highsmith», *The Mildwest Quaterly,* 56.4, 2015; págs. 308-323. La cita del modernismo procede de Daniel J. Singal, «Towards a Definition of American Modernism», *American Quarterly,* 39, 1, 1987, págs. 7-26. La cita al libro de Solomon, «El existencialismo», procede del mismo autor.

«Patricia Highsmith fue Tom Ripley sin su encanto»: Edmund White, «In *The Talented Mr. Ripley,* a Shape-Shifting Protagonist Who's Up to No Good», *The New York Times,* 24 de marzo de 2021.

«lo que incluía beber desde la mañana a la noche»: En *Diarios y cuadernos* escribió: «Si te parece que el mundo no tiene mucho sentido [...] tiene ligeramente más sentido después de una copa o dos» (2/11/54). Véase Anna von Panta (ed.), *Patricia Highsmith: Diarios y Cuadernos (1943-1945),* Anagrama, Barcelona, 2022.

«según reveló ella en su libro *Suspense*»: Patricia Highsmith, *Sus... pense: Cómo se escribe una novela de misterio,* Círculo de Tiza, Madrid, 2019.

«La propia Patricia Highsmith resumió el libro»: «El escenario del crimen», *El País,* suplemento *Babelia,* 28 de octubre de 2016.

«El crítico David Thomson»: David Thomson, *Murder and the Movies,* Yale University Press, New Haven, Connecticut, 2020.

«El profesor Alex Tuss señala»: Alex Tuss, «Masculine Identity and Success: A Critical Analysis of Patricia Highsmith's The Talented

Mr. Ripley and Chick Palahniuk's Fight Club», *Journal of Men's Studies*, 12.2, 2004, págs. 93-102.

«Tom posee lo que Harold Bloom denomina»: Harold Bloom, *Shakespeare: The Invention of the Human*, Riverhead Books, 1998, pág. 517. Citado en Alex Tuss, *opus cit.*

«Sí, yo diría que sí»: Leo Robson, «Criminal minds», *The New Statesman*, 16 de marzo-15 abril de 2021, págs. 83-84.

«Lo que predije que alguna vez haría»: Patricia Highsmith, *Diarios y cuadernos (1943-1945)*, *opus cit.*

Sobre el antihéroe: Las notas y los aspectos de la psicología del atractivo del antihéroe que mencionamos aparecen en Richard Keen, Monica McCoy y Elizabeth Powell, «Rooting for the Bad Guy: Psychological Perspectives», *Studies in Popular Culture*, 34.2, 2012, págs.129-148.

Dexter como asesino en serie: Sobre Dexter, Ripley y otros antihéroes, véase Fiona Peters y Rebecca Stewart (eds.), *Crime Uncovered: Antihero*, Intellect Books, Bristol, 2015.

«El crítico Leo Robson afirma»: Leo Robson, «Criminal minds», *opus cit.*

El caso de Angie: Mayka Navarro, «Los mossos descifran uno de los asesinatos más meticulosamente planificados jamás en Barcelona», *El Periódico*, 27 abril de 2008; Jesús García, «Las crueles fantasías de Angie», *El País*, 25 de marzo de 2012.

Patrick Bateman es el personaje de la novela *American Psycho*: Charlotte Seijger, *Fictitious Monsters: The Talented Mr. Ripley and American Psycho in Popular Culture*, Bachelor Thesis American Studies, 2019.

12. EL ASESINO DENTRO DE MÍ

«En la antología *Crime Novels* [...] se afirma que»: Véase la Introducción en la edición publicada por Robert Polito (ed.), *Crime Novels, American Noir 1930s & 40s*, Literary Classics of the United States, Inc., The Library of America, Nueva York, 1997.

Las notas biográficas de Thompson: Robert Polito, *Arte salvaje*, Es Pop Ediciones, Madrid, 2014.

«En palabras del escritor Juan Sasturain»: En la Introducción a *Arte Salvaje*, *opus cit.*

«Un malvado en una sociedad de gente malvada»: Véase Ebru Ceker, «The Sadomasochistic Serial Killer Protagonist in The Killer Inside Me», *International Journal of Arts & Sciences*, 7.4, 2014, pág. 187.

«Jim Thompson se adelantó cincuenta años a una corriente de la sociología criminal»: Los estudios acerca de los procesos alienantes del individuo empezaron ya al final del siglo XIX pero alcanzaron su apogeo a partir del último tercio del siglo XX. Kevin D. Haggerty, «Modern Serial Killers», *Crime, Media, Culture*, 5.2, 2009, págs. 168-187.

«Anthony Meoli es un hombre culto»: Katherine Ramsland. «Killers: "An interview with Anthony Meoli"», *The Forensic Examiner*, otoño de 2013, págs. 64-73.

13. EL ASESINO EN SERIE

«La teoría del fracaso en el desarrollo sano de la identidad de adulto»: Stephen T. Holmes, Richard Tewksbury y Ronald M. Holmes, «Fractured Identity Syndrome: A New Theory of Serial Murder», *Journal of Contemporary Criminal Justice*, 15.3, 1999, págs. 262-272.

«La profesora de la Universidad de Toronto Sasha Reid»: Sasha Reid *et al.*, «The Perfect Storm: Mapping the Life Course Trajectories of Serial Killers», *International Journal of Offender Therapy and Comparative Criminology*, 63.9, 2019, págs. 1621-1662.

El apartado sobre «Ted Bundy»: las citas provienen de Sarah Marshall, «The End of Evil», *The Believer*, febrero-marzo de 2018. Recogido en el volumen de Sarah Weinman (ed.), *Unspeakable Acts*, The Ecco Press, Nueva York, 2020, págs. 169-226.

La descripción del secuestro de Kimberly Leach: <https://es.wikipedia.org/wiki/Ted_Bundy#Fraternidad_Chi_Omega>.

Las explicaciones que ofrece Bundy a los escritores Stephen Michaud y Hugh Aynesworth y a su abogada Polly Nelson: Vicente Garrido, *Nuevos perfiles criminales, opus cit.*; en Stephen Michaud, Stephen G. y Hugh Aynesworth, *Ted Bundy: Conversations with a Killer*. Mirror Books, Londres, 2019; y en *Unspeakable Acts, opus cit.*

«Un violador serial oculto en Scotland Yard»: June Kelly *et al.*, BBC News, 7 de febrero de 2023. <https://www.bbc.com/mundo/noticias-internacional-64296370>.

«El policía de la unidad de élite de protección diplomática Wayne Couzens»: Specia, Megan, para *The New York Times*, 29 septiembre de 2021, al igual que su artículo «Sarah Everard Was Falsely Arrested by Her Murdered, Court Hears», *The New York Times*, 29 de septiembre de 2021.

Las secuencias del asesino en serie de Joel Norris: Joel Norris, *Serial Killers*, Anchor Press, Illinois, 1989.

Sobre Dennis Rader, alias BTK: Douglas, John, y Johnny Dodd: *Inside the Mind of BTK, opus cit.* El estudio del discurso de BTK aparece en Ross Bartels y Ceri Parsons, «The Social Construction of a Serial Killer», *Feminism & Psychology*, 19.2, 2009, págs. 267-280.

El libro que escribió Ramsland en entrevistas escritas a BTK: Katherine Ramsland, *Confession of a Serial Killer: The Untold Story of Dennis Rader, the BTK Killer*, University Press of New England, New Hampshire, 2016.

Al Carlisle, que estudió la disociación en Bundy y otros criminales: Al Carlisle, *I'm Not Guilty: The Case of Ted Bundy*, Carlisle Legacy Books, LLC, Utah, 2020.

El apartado «Richard Cottingham»: Nadia Fazzeni, *Through the Eyes of Serial Killers*, Dundurn Publishers, Ontario, 2015. Así como: Michael Wilson, «Long-buried Secrets: The Serial Killer and the Detective», *The New York Times*, 11 de octubre de 2021.

«Asesino por venganza: Todd Kohlhepp»: Mónica Álvarez, «Todd Kohlhepp, el agente inmobiliario que reseñaba productos para sus crímenes en Amazon», *La Vanguardia*, 21 de mayo de 2021, John Douglas, y Mark Olshaker, *The Killer Across the Table*, Dey Street Books, California, 2020.

Acerca de las neutralizaciones de los *serial killers*, las declaraciones que aparecen se han extraído de diversas fuentes, entre ellas: Veronyka James y Jennifer Gossett, «Of Monsters and Men: Exploring Serial Murderers' Discourses of Neutralization», *Deviant Behavior*, 39.9, 2018, 1120-1139. Veronyka James, «Denying the Darkness: Exploring the Discourses of Neutralization of Bundy, Gacy, and Dahmer», *Societies*, 9.2, 2019, pág. 46. Hare, Robert, *Sin conciencia, opus cit.*; Michaud, Stephen G. y Hugh Aynesworth. *Ted Bundy, opus cit.* Pero la cita de Richard Ramírez aparece en el documental: Tyler Russell (dir.), *Acosador nocturno: A la caza de un asesino en serie*, Netflix, 2021.

Los criminólogos que estudiaron las técnicas de neutralización: Gresham Sykes y David Matza, «Techniques of Neutralization: a Theory of Delinquency», *American Journal of Sociology*, 22, 1957, págs. 664-670.

El cine negro americano: Sheri C. Biesen, «Psychology in American Film Noir and Hitchcock's Gothic Thrillers», *Americana: The Journal of American Popular Culture, 1900 to Present*, 13.1, 2014.

Acerca de *Psicosis* como film trascendental en la historia del cine: James Kendrick, «Disturbing New Pathways: Psycho and the Priming of the Audience», *Journal of Popular Film & Television*, 38.1, 2010, págs. 2-9. Raymond Durgnat, *A Long Hard Look at Psycho*, British Film Institute, 2002.

J. Wakefield, *Are You Scared Yet? Meet Norman, The Psychopathic, MIT*, 2018, <https://www.bbc.com/news/technology-44040008>.

Norman Bates como un psicópata para el público: Adrian Furnham, Yasmine Daoud y Viren Swami, «How to Spot a Psychopath. Lay Theories of Psychopathy», *Social Psychiatry and Psychiatric Epidemiology*, 44, 2009, págs. 464-472.

Acerca del asesino serial precedente de *Psicosis*, Ed Gein: Katherine Ramsland, «The Ultimate Ghoul», «Necrophiles», <*crimelibrary*>, <https://web.archive.org/web/20131202224429/http://www.trutv.com/library/crime/serial_killers/notorious/necrophiles/index_1.html>.

Acerca de Hannibal Lecter y *El silencio de los corderos*: Sharon Packer y Jody Pennington, *A History of Evil in Popular Culture: What Hannibal Lecter, Stephen King, and Vampires Reveal About America*, Praeger, Connecticut, 2104. La relación entre Lecter y Clarice y otros muchos aspectos de la película se analizan en profundidad en Vicente Garrido y Virgilio Latorre, *El silencio de los corderos: Una exploración del mal*, Tirant Lo Blanch, Valencia, 2017.

«Lecter demuestra una capacidad para el análisis»: Susan Hatters Friedman y Cathleen A. Cerny, «From Hannibal Lecter to Alex Cross: Forensic Mental Health Experts in Popular Fiction», *Academic Psychiatry*, 37.5, 2013, págs. 345-351.

«El monstruo reside [...] en un mundo»: Alexandra Carroll, «"We're Just Alike": Will Graham, Hannibal Lecter, and the Monstrous-Human», *Studies in Popular Culture*, 38.1, 2015, págs. 41-63.

«No tienen un nombre para lo que es»: Enrique Cámara-Arenas, «"They don't have a name for what he is": The Strategic De-characterization of Hannibal Lecter», *International Journal of English Studies*, 19.1, 2019, págs. 77-95.

El carácter necrófilo: Erich Fromm, *El corazón del hombre*, Fondo de Cultura Económica, México, 1992 (original 1964).

El asesino serial sufre una muerte emocional: Christopher Bollas, *Cracking up: The Work of Unconscious Experience*, Psychology Press, Londres, 1995.

La voluntad de poder que une a Lecter y Drácula: E. M. Iglesias Casas y Enriqueta Barrera, «Drácula, Bram Stoker, Nietzsche y la filosofía hermenéutica de Van Helsing», *Revista Mexicana de Ciencias Agrícolas*, 1, 2015, págs. 239-249.

Fernando Savater sobre Nietzsche citado en: Manuel Fraijó, *Semblanza de grandes pensadores*, Trotta, Madrid, 2021.

El síndrome Schahriar en los asesinos en serie: Christer Claus y Lars Lidberg, «Serial Murder as a Schahriar Syndrome», *The Journal of Forensic Psychiatry*, 10.2, 1999, págs. 427-435. Y también: Paul Fouché, Hanlie Nel y Pravani Naidoo, «The Dracula Killer: A Psychobiographical Illustration of the Schahriar Syndrome Model for Serial Murder», *Journal of Psychology in Africa*, 25.5, 2015, págs. 419-428.

«Es su poder y manipulación lo que atrae al público»: Brian Masters y Jason Watkins, *Killing for Company: The Case of Dennis Nilsen*, J. Cape, Londres, 1985. Las citas de Masters corresponden a esta obra.

La escritora Jessica Winter: Jessica Winter, «Netflix's "Dahmer" and the Killer Who Cannot be "Explained"», *The New Yorker*, 2 de octubre de 2022.

El libro escrito por el padre del Caníbal: Lionel Dahmer, *A Father's Story*, William Morrow, Nueva York, 1994.

Las referencias a la relación de Dahmer con el diablo aparecen en Richard Tithecott, *Of Men and Monsters*, The University of Wisconsin Press, Wisconsin, 1997.

«En el caso de Dahmer no queda nada para la imaginación»: María Luisa Bacarlett Pérez, «Asesinos seriales. Arte y ontología» *El Ornitorrinco Tachado: Revista de Artes Visuales*, 14, 2021, pág. 4.

«Robert Ressler pensaba que Dahmer era un esquizofrénico»: Robert Ressler, *Asesinos en serie*, Ariel, Barcelona, 2016.

Sobre la posible enfermedad mental de Lecter: Paul Meehan, (ed.), *Horror Noir*, McFarland and Co., Carolina del Norte, 2010, págs. 238-253.

«Los asesinos en serie se parecen mucho a nosotros»: véase la introducción en la obra de Brett A. B. Robinson y Christine Daigle (eds.), *Serial Killers in Contemporary Television: Familiar Monsters in Post-9/11 Culture*, Routledge, Londres, 2022.

La complejidad en el análisis de los asesinos en serie en la actual producción audiovisual: Jason Mittell, *Complex TV: The Poetics of Contemporary Television Storytelling*, NYU Press, Nueva York, 2015.

Anexos

Fraser, Robert, *La rama dorada: magia y religión*, Fondo de Cultura Económica, 2015.

Jung, Carl *et al.*, *Encuentro con la sombra, opus cit.*